国家大学生文化素质教育基地规划教材
高等院校应用型法律人才培养实践教学教材

MOOT COURT PRACTICAL COURSE

模拟审判实务教程

主　编

刘潇潇　彭家明

副主编

周朝辉　樊安红

参编者

（按姓氏笔画排序）

王　翀　刘宇学　杨　成　单　亮

胡振华　胡祥彪　高英明　郭晶梅

中国政法大学出版社

2018·北京

图书在版编目（ＣＩＰ）数据

模拟审判实务教程/刘潇潇，彭家明主编.—北京：中国政法大学出版社，2018.10
ISBN 978-7-5620-8591-1

Ⅰ.①模…　Ⅱ.①刘…　②彭…　Ⅲ.①审判—中国—教材　Ⅳ.①D925

中国版本图书馆CIP数据核字(2018)第227127号

出　版　者	中国政法大学出版社
地　　　址	北京市海淀区西土城路 25 号
邮寄地址	北京 100088 信箱 8034 分箱　邮编 100088
网　　　址	http://www.cuplpress.com（网络实名：中国政法大学出版社）
电　　　话	010-58908289(编辑部) 58908334(邮购部)
承　　　印	保定市中画美凯印刷有限公司
开　　　本	720mm×960mm　1/16
印　　　张	26.75
字　　　数	410 千字
版　　　次	2018 年 10 月第 1 版
印　　　次	2020 年 8 月第 2 次印刷
定　　　价	69.00 元

目　录

第一编

模拟审判与法律实务能力素质

| 第一章 |

模拟审判教学概述

第一节　模拟审判教学的概念与特点

一、模拟审判教学的概念

模拟审判教学是指在教师或法官的指导下，由不同的学生扮演法官、检察官、当事人以及其他诉讼参与人等不同诉讼角色，按照法定程序在模拟法庭对刑事、民事以及行政案件进行模拟审判的一种综合性、设计性非常强的实践性教学活动。从这一定义可以分析出模拟审判具有下列基本含义：

（一）模拟审判是一种实践性教学活动

在法学教学活动中，模拟审判不仅仅是学生进行模拟审判的学习活动，而且也是教师进行实践性教学的一项重要的教学活动，是典型的教与学的有机结合。学生在开展模拟审判活动前需要教师或人民法院法官的理论指导，在进行模拟审判活动中需要教师或人民法院法官现场指导，在模拟审判活动结束后需要教师或人民法院法官的点评指导。反过来，学生模拟审判活动的成功与否，也是对教师教学效果的一次检验。因此，可以认为，模拟审判活动是一项教学相长的实践教学活动。

（二）模拟审判是一种综合性很强的实训课程

模拟审判是高等院校法学专业人才培养方案中的一门很重要的实践教学课程。目前，全国很多高等院校在法学专业人才培养方案中均设计了实践教学模块，开设了庭审旁听、司法调研、模拟审判等实践教学课程。这些课程一个共同的特点就是强调法律的应用性。其中模拟审判教学课程更具代表性，该课程更强调法科学生法律实务能力的全方位的培养，因而具有综合性的特点。法科学生的法律实务能力必须通过实实在在的训练，才能培养和提高。因此，模拟审判是一门理论与实践相结合的实训课程。该课程无论是为了提高学生的实际操作能力，改变死记硬背的学习方法，还是为了提高教师的教学水平，改革灌输式的教学方式，无疑都是法学教学中不可缺少的一个重要教学环节。开设模拟审判实训课程，旨在提高模拟审判在法学教学中应有的地位，切实提高法科学生的法律实务能力。

（三）模拟审判是一种将知识转化为能力的教学方法

模拟审判是法科学生将知识转化为能力的一种平台。要通过模拟审判将理论知识转化为能力必须精心设计模拟审判教学活动。一是精心设计一个正规的模拟法庭，没有一个正规的模拟法庭是难以取得应有的教学效果的。二是必须组成一个符合规范的模拟法庭，这个模拟法庭就是进行模拟审判的组织，没有一个规范的模拟法庭审判组织，也就无法开展模拟审判活动。三是必须精选模拟审判的案例、分派角色并及时进行评价和总结。在此过程中，学生不仅能将书本上所学的知识运用到庭审中，还能够进一步加深对书本知识的理解。同时，熟悉了法庭审判的程序，掌握举证、质证、辩论的技巧，动手能力大大增强。模拟审判较好地弥补了传统法学教育模式中实践能力训练和培养的不足，使学生从课本走向现实，从理论走向实践，是提高和锻炼法学学生实务能力的有效方式。

二、模拟审判教学过程的特点

在现代法学理论的教学过程中，学生最感性的学习方式是亲身感受法律应用的实践。而模拟审判实训课就是法律应用最生动的体现，也是法学课堂教学的重要组成部分。高校模拟审判实训课教育由于其自身学科的性质和特点，其教学过程除了具有高校教学的共性的特点如双边性、目的性、中介性外，亦具有其自身的特征。

（一）在教学目标上，具有教学内容与教育目的的一致性

随着经济、社会的不断发展和民主、法治的日益完善，随着经济全球化趋势的不断增强，我国经济生活、政治生活和社会生活都将纳入法治的轨道。各类经济关系、政治关系和社会关系将越来越多地归结为法律关系和法律问

题。各类纠纷最后也将越来越多地通过法律手段来解决。因此，从高校法学专业的课程设置，教学内容来看，主要是对学生进行法律理论知识的传授，其教育教学的价值取向，是通过对学生进行法律知识、职业伦理、法律技能的教育和训练，以培养具有综合知识的应用型法律人才，这就形成了法学教育课教学过程的目的，并且也是全过程的归宿。因此不难看出，法学教育课不仅要通过法学理论，法律、法规条款的基础知识教学，对学生进行法纪法规教育，而且这些基础知识本身就是法律教育的内容，直接为法科学生增强法律意识奠定了理论基础。从这种意义上来说，法学教育具有教学内容与教育目的的趋同性。法学界的同仁比较一致地主张，法学教育不仅要向学生传授现代法律知识，尤其要对学生进行职业伦理与法律技巧的训练。知名法学专家徐显明教授指出，"在本科阶段，四年的法学教育很少涉及职业伦理和法律技巧的训练，而这两方面的素养如何对法科学生走向社会就业后影响极大。"作为高等院校的法科学生"不仅要有法科知识的素养，还要有人文情怀和科学精神，秉持公平和正义应该是法科毕业生一生的追求"。这是法学教育课教学过程的显著特点。它对学生人生观、世界观的形成起着主导作用，这是任何其他学科和思想教育活动所无法替代的。

（二）在教学内容上，有一定的研究性与探索性

高校模拟审判实训课教学内容虽然以传授人类长期积累下来的法律知识经验为主，但是法科学生也要在老师的指导下，从事一定的科学研究，参与探索知识的活动，发展创造力，培养创新精神。这是由法学学科逻辑的独立性，法律、法规的浩繁性，法学理论的深邃性所决定的。因此，高校模拟审判实训课教学过程依旧具有教学内容的前沿性和教学活动的科研性等特点。

1. 教学内容的前沿性。高等学校法学教育改革的核心是根据新的发展形势以最快的速度和最有效的方式不断培养出具有全球视角和具有国际竞争力的应用型法律人才。这种学科的定位和人才培养模式的改革，最终要落实在课程体系设置和教学内容的调整上。随着经济全球化的迅速扩展，高等学校法学教育的国际化趋势日益明显。二十多年来，我国高校法学教育的课程设置和教学内容虽然有些变化，但与法律全球化的要求相距甚远。尤其是一些前沿性课程在国内各大学的法学学科中开设的尚不普遍，不少课程的内容和

体系也尚待完善。在所有课程的内容安排上，应紧跟法学发展的客观实际，及时增加高校模拟法庭实训课等新的内容。以保证教学内容的实效性，同时模拟法庭实训课教学还应有一定的超前性。在教材建设上，既应集中编写一本具有国内先进水平的教材，也需直接引进一批国外大学模拟审判实训课的优秀教材。高等学校的法律教学不仅要向学生传授已经有定论的科学知识和专业知识，而且还要向学生介绍最新科学成就，各种学术流派和学术观点以及各学科需进一步研究和探讨的问题。这样才有助于启发大学生的积极思考，走近学科前沿，深入创新学科领域，培养其创新和探索精神。

2. 教学活动的科研性。把科学研究引入模拟审判实训课教学过程，使模拟审判实训课教学活动具有科研性，这是当代高等学校法学教学过程突出的特点。从课程设置来说，法学专业除加强基础课和专业课教学外，还应增加高校模拟审判实训科学研究的理论和方法论方面的课程，培养学生从事科学研究的习惯和能力。从教学内容来说，教师一方面把自己的科研成果融入教学内容之中，使教学内容更为丰富和充实；一方面还要向学生介绍不同的学术观点，尤其是司法实践活动中法官、检察官、律师的学术研究动态以及需要进一步探讨的问题，逐步培养学生科学研究的意识和从事法学研究的兴趣。从教学活动方式来说，法学教师除在课内传授系统的科学知识之外，还要在课外广泛开展各种学术活动，如建立疑难案件分析小组，聘请知名学者专家讲学，定期举办学术讲座，等等。这些活动都有利于培养学生的创造性思维能力，有利于拓展学生的知识范围，培养研究兴趣，及时吸收科学最新成果。

（三）在教与学的关系上，学生的学习有相对的独立性

在模拟审判实训课的教与学的关系上，学生学习的独立性是指学生在教师的引导下，通过自己的独立思考，获得知识，并用所学知识，去分析问题和解决问题。显然，这里所说的独立性是要更多地发挥学生的主观能动性，教师通过传授知识，教会学生如何进行模拟法庭实训，掌握模拟审判的方法和技巧。因此，不能把学生学习的相对独立性理解为不要教师指导。

模拟审判实训课学习的相对独立性表现在学生的独立意识和独立能力等方面。独立意识指大学生在模拟法庭实训课学习中表现出来的独立发现问题的问题意识；独立地从多种角度思考问题的求异意识；敢于发表不同见解，

敢于坚持自己意见的独立的解疑意识；敢于评判同学、教师、专家和周围事物的独立评价意识。独立能力指大学生在模拟法庭实训课学习中的独立学习能力：掌握一定的学习方法；具备初步收集处理信息的能力；独立思考的能力。探索有利于学生形成独立意识和独立能力的模拟审判实训课课堂教学结构和策略，为学生提供充分的尝试学习的机会，能够使学生在生动活泼的学习中主动发展，为以后终身发展、成为创新人才积聚足够的基础能量。大学生学习的相对独立性是社会发展的客观要求。大学阶段，是学生从学校到工作岗位的过渡时期。这就要求大学必须着重培养学生独立的学习和工作能力，以便为走向社会做好充分准备。苏联著名教育家赞科夫曾经说过："无论学校的教学大纲编得多么完善，学生在毕业后必然会遇到他们所不熟悉的科学上的新发现和新技术。那时候，他们将不得不独立地、迅速地弄懂这些新东西并掌握它。只有具备一定的品质、有较高发展水平的人，才能更好地应付这种情况。"赞科夫的这一论述，说明培养学生独立的学习能力，是社会发展的客观要求。

第二节　学习和实施模拟审判的意义与途径

一、学习和实施模拟审判的意义

法学是一门不同于其他学科、有着自己鲜明特点的、实践性很强的应用性科学。随着中国高等教育由英才教育向大众教育的战略转变，中国的法学教育也由英才教育转向大众教育，由注重理论教育向注重实践教育转变。在这个转型过程中，各个法学院校纷纷加大对法律专业的实践教育，使大学的法学教育和实践教育有机地结合起来，从而满足社会对法律人才的需求。于是在近几年的法学教学改革中，各种实践性教学方法纷纷出现，如案例教学法、旁听法庭审判教学法、法律诊所教学法、模拟法庭教学法、法律咨询教学法、专业实习教学法，等等。其中模拟法庭教学法因其显著的实效性受到了各法学院校的青睐。学习和实施模拟审判的重大意义主要在于：

（一）有利于学生成为学习的真正主体

通过模拟法庭的教学使学生的学习从被动接受转变为主动参与，学生成为学习的真正主体。"模拟法庭"既是"说法",又是"演法",既避免了教师单纯说"法"教学带来的枯燥和乏味,又满足了学生好奇心强的特点,有效地激发学生的求知欲望。模拟法庭教学充分调动了教师与学生两大教学主体的积极性、主动性和参与性,尤其是最大限度调动了学生的主体意识,通过这个互动的过程,变"要他学"为"我要学",刺激了学生学习的兴趣,促使学生最大限度的发挥聪明才智和个性能力,使其成为学习的真正主体。

(二) 有利于培养学生的创造性思维

作为法学研究对象的法律,它不仅只是几个简单的条文,而是包括立法、司法、执法、法律监督、法律实施以及所产生的社会效应等一系列与社会现实密切联系的法律现象。模拟法庭教学法将静态的、枯燥的法律条文通过动态的、形象的方式展现给学生,促使他们仔细鉴别,去粗取精、去伪存真,学会如何在庭前形成法律意见和开庭时进行法庭陈述和辩论,并找出法律要素之间的冲突,从而启发学生的创造意识,促使他们进行创造性思考,培养学生在意志层面冲破常规思维的阻碍,顶住习惯势力的压力,坚持正确见解。因此,通过模拟法庭的实践活动,有助于培养学生的创造性思维,进一步培养学生的综合能力。

(三) 有利于培养学生的法律实务能力

通过模拟法庭的实践活动,能够让学生全面介入模拟诉讼活动,扮演各种诉讼角色,体现实际动手能力的综合"演习"。我国传统的法律教学模式是以听教师在课堂上讲授书本知识为主,学生的学习活动很大程度上依赖检测、考试。而模拟法庭则会给学生提供一个模拟的场所,学生在模拟法庭中体验法官、检察官、律师、原告、被告等角色的活动过程。更重要的是,学生在模拟法庭中必须从提供的零散案件材料入手,进行分析、归纳、筛选,从而形成向法庭陈述的事实,找出有关的法律要点、寻找适用的法律规范、形成自己的辩护或代理意见、案件审理等全部环节。在此过程中,学生不仅能将书本上所学的知识运用到庭审中,还能够进一步加深对书本知识的理解。同时,熟悉了法庭审判的程序,掌握举证、质证、辩论的技巧,动手能力大大增强。

法学本科教学的根本目标就是为了培养一大批掌握基本的法律专业理论

知识，有较熟练运用法律知识分析和解决实际问题能力、较强的适应社会能力、应变能力的法律应用人才。而模拟法庭教学则可以满足我们培养法律人才的需要。模拟法庭教学为学生提供了一个集中的模拟法律实践的场所和机会，让学生走出其原已熟悉的格式化法律条文和理论知识圈，在模拟的诉讼环境中熟悉、掌握具体的审判过程，较直接地面对法律实践问题的考验，促进理论化、体系化的书本知识转化为具有可感性、实用性、操作性的知识，让书本中的理论在实践工作中得到检验。模拟法庭教学不仅培养和巩固学生用法律规范约束自我，用法律手段解决问题的思维模式，同时还使学生掌握了运用法律知识分析问题、解决问题的方法，缩短了法学教学与法律工作实践的距离，使学生较深刻地体会到理论与实际情况的差异，有助于今后学习时进行查漏补缺。

模拟法庭是在特定场所内再现真实法庭场景，并对法庭审理过程进行模拟。在教师指导下，学生通过角色分配参与模拟法庭审理，参与者将实体法知识与程序法知识运用于具体案件，经过诉讼的每一环节，解决案件审理中的具体问题，从而使学生了解和掌握处理案件的方法和技巧，锻炼他们的理论知识应用能力、创造性思维能力、事实认证辨析能力、案例分析能力、应变能力、语言表达能力、协作应变能力、现代化办公设施操作能力等。通过模拟法庭的实践活动，还可以培养学生顺畅的表达、清晰准确的思维、稳定健康的心理、卓越的人际沟通能力。模拟法庭运作进程是一种师生互动的过程，具有随机性、亲历性，"法官"、"当事人"要根据"相对人"活动变化采取相应的措施和对策。学生通过讨论案情、制作相关法律文书、主持庭审、在庭上陈述、举证、质证、辩论、评议、宣判等过程，实务操作的能力得到了切实提高，并训练了司法速记、司法口才、司法文书写作等基本专业技能，有利于发挥其聪明才智和个性能力，培养综合法律素质，毕业后以便更好地适应社会。

二、学习和实施模拟审判的途径

（一）转变观念，树立以能力培养为核心的法学教育新理念

法学专业是一门实践性、操作性很强的专业。著名法学家付子堂教授关于我国法学教育"两张皮"的观点，笔者颇有同感。付子堂教授认为，我国

法学理论与法律实践长期以来存在着"两张皮"的现象，教师从书本到书本（哪怕是从外国的书本到中国的书本），这样产生的"学问"难免苍白无力。在法治和知识经济时代，若要做出较大的理论建树，必须勇于冲出书斋，对社会实际谋求充分的了解和深切的体验。唯其如此，才能够有的放矢，不至于言之无物。中国法学教育和法律职业群体最缺少两类人：具有丰富实践经验的法学理论家和具有深厚理论功底的法律实务家。为此，变革"重理论轻实践、重知识轻技能"的教育理念和传统法学教育遵循的"法条—法理—法哲学"的教学程序成为现代法学教育的必然。作为法学专业人才培养基地的大学，应该树立从法学家型教育转向法学理论和法律技巧并重的综合型实务教育、法学教育的理念，要实现"法条—法理—法实践"的逆向回归。借助法学本科教育阶段的全新教学模式，培养学生初步的法学思维方式和理念——法学理论和法律技能并重，从而训练学生的专业技能，全面提高学生的综合应用知识的能力。

（二）正确定位，科学建构法学教学内容和课程体系

1. 地方高校法学教育人才培养目标的定位。在我国，地方高校开办法学专业的时间并不长，1999年全国高校扩招后，地方高校纷纷开办法学专业，然而地方高校法学教育人才培养的目标应该怎样定位？学界目前尚无统一定论。近十年的办学实践表明，我们必须重新审视地方高校法学教育人才培养的目标。笔者认为，地方高校法学教育人才培养的目标定位的依据是学校类型的定位。地方高校是按照学校隶属关系进行的分类，地方高校是隶属于地方政府的院校，与之对应的是部委院校，隶属于国家各部委。地方高校无论是硬件，还是软件均不如隶属于国家各部委的高校，地方高校应定位于教学型学校，教学型学校人才培养的目标应是培养应用型人才。因此，地方高校法学教育人才培养的目标在于培养出专业知识全面、专业技能突出、素质过硬，能够适应现代社会和市场经济需要的有竞争力的应用型法律人才。具体来讲，应用型法律人才的培养应以三个基本素质的完善为目标的：一为现代法学职业精神素质，即法学职业的道德涵养、敬业奉献精神等；二为专业知识素质；三为专业技能素质。只有充分实现这三方面素质的健全和完善，才能优化应用型法律人才的培养路径。

2. 法学教学内容和课程体系的建构。在应用型法律人才培养的背景下，应建构怎样的教学内容和课程体系呢？我们认为，沿着应用型法律人才培养的路径，法学教学内容应由四个模块组成：即公共基础知识模块；专业基础知识模块，其中含边缘学科基础知识和跨学科基础知识两大部分，作为进一步学习专业知识的铺垫；专业及应用知识模块，其中含法学专业知识和运用法律及法律实践的知识；专业技能训练模块，其中包括一般现代高级人才应具备的工作技能和应用型法律人才应具备的专业技能两方面。围绕以上四大模块的知识构成和技能要求，其课程体系可作如下设置：

（1）公共基础课程。这是指作为一个法学应用型人才应学习的基础知识类课程，包括马克思主义基本理论课等。

（2）专业课程。这是法学应用型人才必须学习的法学基本知识方面的课程，包括四个方面：一为专业基础课程，如政治学、经济学、管理学、逻辑学、法社会学、法哲学、法伦理学、法律方法等；二为国内主要的实体法学，如民法学、商法学、行政法学、刑法学、劳动法学、环境法学等；三为程序法学和司法制度，如民事诉讼法学、刑事诉讼法学、行政诉讼法学、仲裁法学、律师和公证制度、狱政法学、检察学和审判学等；四为国际法学类，包括国际公法学、国际私法学、国际经济法学等。另外与前面课程不相冲突的特别法学也可以选择开设。这里需要说明的是，在开设上述课程的同时，要以法律部门的划分为依据，专门开设各部门法类的案例教学课程，以提高学生分析解决司法实践问题的能力。

（3）专业技能课程。专业技能是应用型法律人才的必备技能，课程可分为两类：一类是基本技能课程，如司法文书写作课程、法律外语口语训练课程、司法口才训练课程、计算机应用课程等；一类是应用型法律人才所必须掌握的特殊技能课程，如法律逻辑学课程、创新能力实训课程、以模拟法庭及法庭旁听教学为内容的庭审实训课程等。

（三）改革教学方法，创设技能演练的模拟场

1. 采用师生多项互动的"案例教学法"或"辩论式教学法"。在课堂教学中，改革传统的讲解式的教学方法或"填鸭式"的教学方法，采用师生多项互动"案例教学法"或"辩论式教学法"。讲解式的教学方法在法学教学

过程中以讲解法律条文为主，缺乏与实践的衔接。"填鸭式"的教学方法是靠教师单向传授知识的教学方法。其共同特点是教师一讲到底，学生记笔记，背笔记，考笔记，没有师生间必要的交流。而"案例教学法"或"辩论教学法"则正好克服其弊端，能使法学理论、法律条文和司法个案有机结合起来，能充分发挥学生的主观能动性，具有直接的学习效应。19世纪70年代哈佛大学法学院院长兰达尔首创"判例教学法"。其根据是：

（1）为了掌握法律的基本原则，必须研究法院的判决。

（2）上课时要用苏格拉底式讨论问题的方法来代替传统的学科讲授。其优势是：有助于学生生动活泼地学习；有助于培养学生独立思考、分析、推理和表达等能力；有助于掌握从事法律专业的技巧。我国不是实行判例法的国家，无法实行判例教学法，但为了培养学生分析、推理、思考、解决问题的能力，我们可以采用案例教学或辩论式教学以改变传统的"以教师为中心"的教学模式。案例教学法的特点是学生学习法律和法律原则，不是通过死记硬背具体的法律条文，而是通过学习、研究大量的案例来掌握法律的精神和基本原则。在上课之前，学生必须认真钻研老师发的案例汇编，查阅相关的资料。在课堂教学上，基本的方式是问答式，对话式或讨论式。教师在讲课中不断提问，与学生一起就某个虚拟的案例或实例进行讨论，在讨论中引导学生总结出法律的原则、规则以及各种法律之间的关系。实践证明，案例教学法能够让课堂教学气氛变得轻松活跃，启迪学生的积极思维，调动学生的主观能动性，提高学生的逻辑推理能力，提高教学质量。辩论式教学法，是指在教学过程中，教师通过提出某一具体事实中比较具有争议性而且具有辩论价值的命题，引导学生进行思考和辩论，在活跃课堂参与氛围的同时也增强学生识别分析问题的能力。在实际操作中，教师提出命题后，学生可以根据自己的观点自由组合成不同的派别，于课后搜集资料，然后在课堂上开展辩论。教师必须具备善于澄清学生意见和见解的能力。具备善于澄清学生意见和见解的能力才能及时避免观点混淆和学生间的误解。课堂交流的效果是好还是不好，首先体现在发言人是否准确地表达了自己的意见，听取发言的人是否完整地理解了发言人的意思，两者中有一方出了问题，误解就在所难免。因此，要使教学能有效地进行，教师就要从最初比较容易出现差错的地方着手，帮助学生表达和理解。

2. 创设技能演练的模拟场，定期举办"模拟审判演示"活动。实践证明，学生能力素质只能在法律实践的具体化、情景化的语境中，在学生的亲历亲为的实践活动中熟练掌握，因此，创设技能演练的模拟场是学生能力素质培养的关键问题。从目前我国法学教育的情况看，很多法学院校都在这个方面做了尝试。其中模拟审判教学方式开展是比较有代表性的做法。"模拟审判演示"是一种综合性、实践性非常强的教学活动，现为法学界众多教育专家所认同。一般来说，模拟审判活动经过五个环节，即：①选择典型案例。拟用的案例，可以从法院、律师事务所等单位收集、借阅、已审结的案例，也可以充分利用互联网。②分派角色。一般一个班的学生可以分成 10～15 人一组，组员之间根据兴趣和特长分派角色，担任审判员、审判长、陪审员、公诉人（刑事案件）、辩护人、证人、原被告双方当事人、法警等，按真实角色的身份各自做好准备。③准备材料。在正式开庭前，小组成员应按要求准备好相应的诉讼文书，如起诉书、公诉意见、证据目录和说明、辩护词、代理词等，有些文书应按法定程序传递给对方。④正式模拟开庭。这一阶段要求学生穿正式着装，法官着法袍，公诉人穿公诉人服，律师着律师服，造成一种严肃、正规的法庭气氛，使学生进入"实战"状态。⑤评价和总结。模拟法庭训练结束后，教师应对模拟法庭的全程做一个总结，指出优缺点，表扬先进，分析某些问题出现的原因，提出意见。学生也要在交流看法的基础上，对模拟法庭活动发表意见和实践体会，以进一步提高学习效果。学生在模拟法庭中必须从提供的零散案件材料入手，进行分析、归纳、筛选，从而形成向法庭陈述的事实，找出有关的法律要点、寻找适用的法律规范、形成自己的辩护或代理意见。地方高校应用型法律人才培养必须坚持走出去，请进来的教学形式。走出去，就是组织学生进行庭审观摩、司法调研或法律咨询；请进来就是把有丰富司法实践经验的法官、检察官请进大学课堂。这种走出去，请进来的教学形式，既能增加学生知识的宽度、厚度，又能少占课时，缓解与课时的矛盾。地方高校法学教育教学过程实践性的特点，反映了人们认识的规律。法科学生只有参加这些教学实践活动，才能顺利地实现从书本知识向社会实践的过渡。

第三节 模拟审判教学效果的评价体系

模拟审判教学效果的总结评价是非常重要的一个环节，这个总结评价体系一般包括两个方面：即学生能力评价体系和整体教学效果评价体系。

一、学生能力评价体系

学生能力评价体系是一个能综合反映学生能力的评价指标，这个评价标准应当明确、具体、合理，能分解与量化的应分解量化，并应事先为全体学生所知。评价的标准主要包括：①程序是否合法，操作是否规范；②法律运用是否准确，说理是否透彻；③语言表达是否流畅、精彩；④临场的应变能力如何，是否有创新思维；⑤法律文书的写作能力如何。

评价的方式有学生评价和老师评价两种。学生评价可以分为参加旁听的同学评价和各个小组的同学自行评价及相互评价。各小组评价时既要评价本组的长处与不足，又要评价其他组的优点与缺陷。并且，每一个参与庭审的同学都要写出体会，找出自己的优点与不足。评价时要全面、具体、客观、公正。最后，指导教师在充分听取学生的自我评价和相互评价后，对整个模拟法庭的全过程和个体学生的表现作出全面具体的评价。评价时要注重对整个过程中学生的独到见解给予充分肯定，比如评选出最佳审判员、最佳书记员、最佳辩护人等，对表现出色的同学予以表彰，肯定成功的一面，又要指出整个过程中的不足并且指出改进的一面，逐渐完善模拟法庭。

二、整体教学效果评价体系

一种教学方法是否成功，最终是由教学效果来评判的。常见的测评方法主要是民意测验和调查，包括对学生的民意测验，教师对学习氛围变化的感受比较报告，实施模拟法庭教学方法前后学生综合能力的比较调查，学生阶段实习和毕业实习的调研，毕业生的跟踪调查，等等。通过这些方式，了解和评价模拟法庭教学的成功和不足之处，在以后的教学实践中予以相应的改进，这样，模拟法庭教学才能不断完善，走上良性发展之路。

第二章

法律实务能力素质的构成要素

第一节　法律实务能力素质的内涵与特点

一、法律实务能力素质的内涵

素质是知识内化和升华的结果。单纯具有知识不等于具备一定的素质，知识只是素质形成或提高的基础。有的人掌握了很多的知识，大脑里贮存的信息很多，但不善于表达，不会运用，俗话说"炊壶里煮饺子——有货倒不出"，就是指的这种情况。这些知识只是"死的"知识，没有发挥作用，我们不能说这个人素质很高。这种人，只有继承，没有创造，对推动人类社会的进步贡献不大。或者掌握了很多知识，但心理不健全，甚至人格缺失，他所掌握的知识也不能很好地为人类服务，我们也不能说这个人素质很高。但是，素质的提高离不开知识，没有知识作基础，素质的养成和提高便不具有必然性和目标性。一个没有知识的人谈不上高素质，素质必须靠知识来升华。

"能力素质"是一个从西方引进的概念。早在 1973 年，美国哈佛大学教授麦克里兰（McClelland）博士在《美国心理学家》杂志上发表了一篇题为《测量能力特征而非智力》的文章，认为能力素质是指"从第一手材料直接发掘的、真正影响工作业绩的个人条件和行为特征。"此后，"能力素质"在管理学、心理学理论和实务上受到了愈来愈广泛的关注和认同。依据美国心理学家斯班瑟（Spencer）对"能力素质"所下的定义，能力素质"是指能和参照效标（优秀的绩效或合格绩效）有因果关系的个体的深层次特征"。法律实务能力素质是指法科学生与未来法律职业相适应的能够肩负起法律职业的能力集合体。或者说，是法科学生基础素质、思维方式、实践经验，以及对法律方法、技巧的把握程度在实施未来法律职业行为过程中的综合表现。法律实务能力素质是一种把内在综合素质外化为有效业绩的行为，是一种获得社会认同，适应外部环境并与环境互动的个体特征。

二、法律实务能力素质的特点

法律实务能力素质的显著特点有二：

（一）实践性

能力素质和各种法律实践活动联系在一起，只有通过法律实践活动才能发展法科学生的能力和了解法科学生的能力。但并不是所有在社会实践活动中表现出来的心理特征都是能力。只有那些直接影响法律活动效率、使法律活动的任务得以顺利完成的心理特征，才是法科学生的能力。如活泼、沉静、暴躁、谦虚、骄傲等心理特征，虽然和社会实践活动能否顺利进行有一定关系，但在一般情况下，不是直接影响法律活动的基本条件，因而不能称为能力。法科学生能力素质是法科学生表现出来的解决法律问题可能性的个性心理特征，是完成任务，达到目标的必备条件。法科学生能力素质直接影响法律活动的效率、是法律活动顺利完成的最重要的内在因素。

（二）互补性

在司法实践中，我们常常发现一个人的能力素质不可能样样突出，甚至还会有缺陷，但是人可以利用自己的优势或发展其他能力来弥补不足，同样也能顺利地完成任务或表现出才能。这种现象叫作能力的补偿作用。比如，有些人机械记忆能力比较薄弱或在成年后有所减退，但仍然可以依靠或发展自己特有的理解力、判断力去掌握各种知识，或作出有分量的决策，并不比其他人逊色。所有这些都表明，才能并不取决于一种能力，而有赖于各种能力的独特结合。

第二节　法律实务能力素质的构成要素

具体而言，法律实务能力素质应包括基本能力素质和专业能力素质。

一、法律实务的基本能力素质

所谓基本能力素质，是指在法律职业各种各样的活动中都必须具备的基本能力。具体包括听、说、读、写的能力。听的能力，即倾听能力，是指正确理解口语信息及暗示的能力；说的能力，即司法口才，亦即法律语言口头表达能力，是指用口头语言来系统地表达自己的思想、情感，以达到与人交流的目的的一种能力。读的能力，即法律文书的阅读能力，是指会搜集、理解法律书面文件；写的能力，即司法文书写作能力，是指正确书写法律文书、说明书等。

二、法律实务的专业能力素质

所谓专业能力素质，是指在法律专业实务活动中表现出来的能力。主要包括：思辨能力、创新能力、组织协调能力、社会交往能力和信息获取与处理能力等。

（一）思辨能力

思辨能力是指正确、合理思考问题的能力，即对事物进行观察、比较、分析、综合、抽象、概括、判断、推理的能力，以及采用科学的逻辑方法，准确而有条理地表达自己思维过程的能力。根据法律职业化的要求，其具体表现在：观察、发现和认知法律事实的能力；归纳、概括法律关系及洞悉矛盾焦点的能力；收集、分析、判断和采信证据的能力；准确认定案件性质和案件事实的能力；正确阐释法理和适用法律的能力；严谨的法律推理能力。

良好而独特的思维，在人类历史上创造了许多奇迹。东罗马帝国的灭亡就是典型的例子。东罗马帝国的首都君士坦丁堡位于欧洲南端，三面环海，只有西部与陆地相连，地形十分险要。1453 年，奥斯曼土耳其帝国的苏丹穆罕默德二世（Fatih Sultan Mehmet）亲率 20 万大军和 300 艘战舰，久攻不下，他们便从地势险要但防守松懈的西部下手，在山上开出一条简易的大道，铺上木板，再涂上牛油和羊油，将 80 艘战舰偷运到海边，再用人力拉到山上，通过简单山道运送到金角湾，一举攻下了君士坦丁堡，从此结束了延续达1000 多年的东罗马帝国的历史。要是他们不想出这一奇妙的"船行山路"的高招，仍然在对方防守严密的阵地上硬碰硬，说不定罗马帝国会继续延续一段时间，世界历史也许是另一番样子了。以上例子的思维，都具有创造性的特点。良好的思维方法不仅仅指创造性思维。创造性思维是指独特、新奇、有助于科学发现和技术发明，有利于开拓人类认识新领域，解决新难题的思维活动。它表现为思维的主动性、新颖性、多向性、跨越性，它构成了良好的思维方法中最核心、最重要的内容。但是，良好的思维方法仅仅包括思维的创造是不够的，如思维的逻辑性、严密性、超前性，都是我们必须要严格训练、认真掌握的，思维的逻辑性、严密性对我们任何一项工作都有普遍重要的意义，大到国民经济发展、导弹发射、卫星上天，小到日常生活、柴米油盐，"差之毫厘、失之千里"的例子比比皆是，我们在此用不着多加讨论了。思维的超前性，可能法科学生对其重要性认识不足。我们必须有意识地训练自己的超前思维能力。

超前思维，关系到我们能否在未来世界中抓住机遇，迅速发展的大问题。机会总是属于那些有准备的人。要有准备，准备什么，都需要超前思维作出判断。日本人是具有超前思维能力的。1995年，日本提出国家的教育要国际化、社会化、个性化。国际化是什么意思？用他们的话说就是要"培养世界的日本人"。他们大到教育方针，小到生活细节，都为这一目标奋斗。比如，他们让日本的孩子中午一定吃面包。为什么要吃面包？日本人一贯是吃稻米的，他们认为，日本将来要走向世界，孩子就得从小练习，为以后成为国际性的经济人才、政治人才作准备。因为日本人看到了世界正在朝着一体化的方向迈进，世界经济的全球化、跨国化，正淡化国界的作用，日本要向世界扩张，没有这批国际性人才就无法完成任务，所以便加紧了这方面的人才的培养。

法科大学生是否具备超前思维能力，直接关系到自己对未来的把握以及自己在未来的发展。对未来的前景和走向缺乏理性的认识，对世界发展的潮流缺少敏锐的洞悉，对自己的未来缺乏客观的设计，必然像一个无头苍蝇，到处乱撞，即使遇到再好的机遇，也只能眼看别人捷足先登，自己只能扼腕而叹，后悔不迭了。

要想自己掌握超前的思维方法，必须不断获取新的知识。只有不断地获取新知识，只有思维具有超前性，才对新的知识具有敏感性，因而才更有利于获取新的知识，这两者是相辅相成的。培养自己的超前思维并不困难，关键是要从现在做起，有意识地积累和锻炼。

（二）创新能力

创新能力是指法科学生在顺利完成以原有知识经验为基础的创建新事物的活动中表现出来的潜在的心理品质。创新能力的本质是进取，是推动人类文明进步的激情。创新就要淘汰旧观念、旧技术、旧体制，培育新观念、新技术、新体制；创新能力的本质是不做复制者。《中华人民共和国高等教育法》明确指出："高等教育的任务是培养具有创新精神和实践能力的高级专门人才，发展科学技术文化，促进社会主义现代化建设。"在当前科技革命日新月异，世界各国科学技术竞争日趋激烈的时期，我们更应该认识到培养创新精神的紧迫性和重要性，因此，创新能力，应是当代法科大学生能力要求的首要之点。法科学生的创新能力主要包括：

1. 洞察力。洞察力是人们对个人认知、情感、行为的动机与相互关系的透彻分析。通俗地讲，洞察力就是透过现象看本质；这是一种敏锐地、迅速地、准确地抓住问题要害的能力。大量的关于创造问题的研究告诉我们，创造始于问题，历史上所有做出过重大创造的人，都是在特定领域中首先意识到问题所在的人。正确的发现和提出问题，是成功解决问题的一半。这里的全部困难在于，问题常常是隐藏在纷繁复杂的法律现象背后，因而难于识别。许多人正是因为不能看出问题或看错问题而无所作为，甚至犯错误。作为未来法律人要勤于实践、勤于思考，要锻炼出一双"洞若观火"的慧眼，在工作中敏锐的识别问题。

2. 预见力。预见力是超前地把握发展趋势的能力。如果不能对事物的发展规律和趋势作出准确的判断，任何创新都是无从谈起的。预见力是洞察力的向前延伸，如果说洞察力是对现有关系的直觉力，那么预见力就是对未来关系的想象力。凡不能大胆想象和正确想象的人，都是缺乏创造力的人。

3. 决断力。这是迅速作出选择，下定决心，形成方案的能力，也就是实际决策能力。在司法活动过程中，每作出一种选择，都必须与利害、压力、责任等问题相牵连。所以，法律人必须要有当机立断的魄力与胆略。优柔寡断、患得患失，瞻前顾后、举棋不定等，作为法律职业者都是必须避免的。

4. 应变力。这是一种在法律问题的偶然性面前，善于随机处置的能力。客观事物是复杂的，法律职业者的认识能力和预见能力再强，也不可能完全预见事物发展变化的所有可能性。偶然性总是存在的，突发事件也常常是难免的。这就要求法律职业者必须具备处变不惊、临危不惧、随机应变的能力。

当前，我国高等法科学校在培养学生创新能力方面还存在很大差距。影响大学生创新能力的形成，有多方面原因。从客观上讲，创新人才培养和使用制度上的缺陷、学校教学内容和教学方法的陈旧，社会对创新人才观念上的落后，都影响学生创新能力的形成。主观上也有多种原因：一是对权威的盲目崇拜。其表现是对学术权威的老师上课不敢提问，被动地学习。如上课习惯于坐后排，尽可能避开老师的目光等。在学习中则缺乏向权威挑战的勇气，缺乏质疑精神。二是传统就业观的惰性影响。同学们在经过"千军万马过独木桥"的考验后，认为可以找到理想的工作，从而降低了创新的激情。三是缺乏对社会的理解。由于缺乏社会实践，看不到社会发展对人才的要求产生了急剧变化，特别是看不到知识经济对人才提出的全新的要求，对创新没有紧迫感。知识经济是一种全新的基于新的科技和人类知识精华的经济形态，它以不断创新的科学知识为重要基础。知识经济时代是以"人力资源"为本的时代。它的灵魂是创新，它的第一资源是智力资源。在知识经济时代，只有具备创新和创业意识，善于创造性思维，有开拓精神的人才能有所作为、有所成就。我们应该充分认识知识经济的特点，着重培养自己的创新能力，以迎接知识经济的时代的挑战，培养创新能力。

（三）组织协调能力

法科学生的组织协调能力，即组织和驾驭庭审或谈判活动的能力。组织和驾驭庭审能力在组织管理庭审过程中体现得最多，运用得最充分。在一次庭审活动中，能否发挥庭审参与人的积极性，使每一个人的才能得到充分发挥，使每一分时间都得到充分的利用，关键在审判长指挥是否得当。不然，一项活动中，有的人任务繁重，有的人无所事事，不仅浪费人力和时间，也会挫伤一部分人的积极性。我们要善于利用层级管理的方法，发挥骨干的作用，一层一层明确责任权利，层层管理。同时也要善于了解每一个人的情绪、愿望，不能把人当作机械的对象，像机器一样使用，而应该注意培养群体的向心力、凝聚力。要用响亮的口号把人们团结在周围，为共同的目标而奋斗。要善于发现内部的矛盾，发现离心的倾向，及时地化解、制止，防止蔓延和发展。在实际运作过程中，一句表扬、一个批评，都会有强烈的导向作用，要善于利用各种手段，通过各种途径和方法调动每个人的积极性。在庭审过程中，身先士卒是重要的，有强烈的示范作用、鼓舞作用。但是如用得过头，变成只埋头拉车，不抬头看路，把一个审判员混同于一个老百姓，忘掉了自己作为一个主要的角色，那就是舍本求末了。所以，审判员在任何时候都要头脑清醒，必须做到胸有全局、胸有成竹。特别是在发生突发事件和危急关头，更要做到镇定自若、高瞻远瞩、有条不紊。

要提高组织协调能力，一是要学习一些科学的管理理论，只有用正确的理论指导才能够做到头脑清醒，事半功倍。二是要在实践中学习，在实践中锻炼和提高。同学们要积极主动地担任一些社会工作，如担任班级、学生会和党团组织内的工作，不要认为担任这些工作耽误了学习，其实在这些工作中，学到了课堂上学不到的许多东西；不要认为担任这项工作是为同学们服务，为他人作嫁衣裳，其实，在实践中，能力得到了锻炼，最大的受益者还是自己。除了担任一定的社会工作外，还要积极参加一些课外活动，如组织一些业余的科研活动、文体活动、勤工俭学活动、社会调查活动，在活动中培养和发展自己的组织管理能力。三是要善于观察，时时处处做有心人，在参加某项活动时，观察组织者是怎样指挥的，通过多种媒体观察各类工作、活动的组织指挥行为，细心品味其谋略、部署，分析其利弊得失，设想一下，如果是由我来组织这项活动，我将怎么办？如此长期坚持，一定会有所收获。

（四）社会交往能力

当代社会正改变着人们的社会交往方式。人与人之间的交往变得越来越频繁、越重要。信息的畅通、交通的发达，让人们感觉到地球越来越小了。社交能力与个人性格有很大关系，在特定的性格支配下，每个人都有特定的行为风格与模式。心理学家将这些风格和模式简化为四类，我们可以将自己的行为风格与之对照，采取相应的措施来修正，使自己能与人和谐相处：

1. 活泼外向类。这一类人性格活泼，善于表达，富有幽默感，喜欢接触人，喜欢一些热闹的场合。在与陌生人的交往中，能给人留下较好的印象。这是属于社交能力较强的一类。这类人要注意的是如何使自己的言谈举止更加得体，避免使人感到幽默但失之油滑，热情却缺少诚恳，要把与人初次接触时好印象巩固下来。给人以信赖感、可靠感，发展成稳固的关系。要做到这一点，关键是要在"诚"、"信"上下功夫。

2. 专横武断类。这种人喜欢凡事按自己的意愿行事，自我意识强，以自我为中心，喜欢当领导人物。做事急躁又没有耐心，不能容忍愚蠢的人和事物，听不进别人的意见。如果这一特点在与人初次接触的时暴露较多，则使人有很难接近的感觉。因此，这类人在与人交往时，应注意尊重对方，倾听别人的意见，耐心分析对方的观点、建议，不要居高临下，不要盛气凌人，不要固执己见。要谦虚谨慎、平等待人，要善于换一个角度思考问题与对方交换角色思考问题。要做到这一点，关键是要做到"平等"、"谨慎"。

3. 亲切温和类。这类人十分在意别人对他的喜欢程度，在乎别人的眼光与评论。他们通常显得热心且体贴人，不愿去得罪任何人。这类人容易被人接纳成为朋友，但不易引起人们的重视，在集体场合与人初次接触时，难以给人留下深刻的印象。这类人应该发扬自己性格温和的优点，使对方感到与之交往温暖而愉快，但应该增强自己的独立意识，做事增强主动性和积极性，要在别人面前巧妙而得体地展示自己的才华，使对方有刮目相看的感觉。从而产生对你的敬佩或者青睐。要做到这一点，要牢记"自信"与"主动"。

4. 求是安静类。这类人独立工作能力较强，喜欢独处静静地做自己的工作，不喜欢毫无根据的抬杠行为。做事深思熟虑，必须听过所有的意见之后才会谨慎地下决定。一旦决定下来的事很难改变。这类人内心丰富而语言表达能力较弱，与人相处不会寒暄，缺少幽默感，习惯于在封闭的环境里做工作。这类人特别应该有意识地加强同外界的联系，多参加一些群体活动，保持开朗、开放的心态。要多和别人讨论一些问题，以训练自己的口才。要克服自己的害羞感、谨慎感，不怕说错话，不怕做错事，大胆尝试，大胆参与。要特别注意参加一些非正式的轻松场合的活动，在与人轻松的交往中提高表达能力，增强幽默感，从而适应环境，提高社交能力。

以上只是粗略的分类。每个人的性格行为模式都有自己的特点，并不见得完全符合哪一类，也许还有以上模式没有概括的新类型。提出以上行为模式的目的，是要法科学生学会如何扬长避短，理性地分析自己的性格特点，找出自己应该努力之处，在平常的生活中，有意识地训练自己的社交能力，使短处得到克服，长处得到发挥，全面健康地发展。

（五）信息获取与处理能力

信息社会的到来要求人们具有相应的信息素质。信息素质（quality）或信息素养（literacy）是指个体对信息及其特点、价值的认识和获得、利用、开发信息等方面的能力，包括信息知识、信息能力、信息观念、信息道德方面。信息社会的到来要求个体具备一定的信息能力。信息能力包括获取和评价信息、组织和保持信息、传译和交流信息以及使用计算机处理信息的能力。

1. 个体应在心理结构上建立一个开放的、全方位的信息接收机制，对过去、现在、未来的信息，纵向与横向的信息，正向与逆向的信息都加以接纳和捕捉，以适应社会的发展。

2. 个体应在接受大量信息的基础上，对各种信息进行判断、评价和选择。在信息社会，人们生活在信息的海洋之中，这些信息有真假之分，有有序和无序之分，有正负价值之分，为技术资料所压垮的科学家，抱怨信息的污染，并且指责说做实验所用的时间比找出这项实验是不是已经做过还要少。过量的信息辐射会对人的精神产生强烈冲击，如果不对外界信息进行选择，而是对多种信息全盘接受，人的心理必然承受不了各种信息的轰击，容易导致各种心理疾病。因此，个体应具有吸收、判断和选择信息的能力。"整个信息社会的重点，于是从供给转为选择。"

3. 个体应具有组织和保持信息的能力。个体应从新的需要的角度对原有的信息、知识进行叠加、重组，或将各部分知识和信息在新角度、新层次上进一步系统化。这种工作有利于打破传统的观念，形成新的思想。

4. 个体传译和交流信息的能力是信息科学发展的客观要求。非平衡态的开放系统，由于不断从外界取得负熵流，就能走向有序，建立新的有序结构；平衡态的、封闭的系统，由于没有新信息的输入，只能是一潭死水。无论自然系统、社会系统还是人脑系统，概莫能外。信息交流是头脑内信息和认知结构不断更新的源头活水。

5. 利用计算机处理信息的能力。计算机技能是人们学习的重要工具，"在新信息社会，没有电子计算机技能，就像漫游在国会图书馆那样大的藏书地方而束手无策一样，书都是随意乱放着。"计算机技能是新型劳动者必备的技能，也是现代文明人必备的生活技能。

第二编

刑事公诉案件第一审程序模拟审判

| 第三章 |

刑事公诉案件第一审程序的基本原理

第一节　刑事公诉案件第一审程序的概念与特点

一、刑事公诉案件第一审程序的概念

刑事案件分刑事公诉案件与刑事自诉案件两种。刑事公诉案件第一审程序是指人民法院对人民检察院提起公诉的刑事案件进行初次审判时所必须遵循的步骤和方式、方法。

要掌握刑事案件审判程序，先得了解刑事审判的含义。刑事审判是指人民法院在控、辩双方及其他诉讼参与人参加下，依照法定的权限和程序，对于依法向其提出诉讼请求的刑事案件进行审理和裁判的诉讼活动。审理主要是对案件的有关事实进行调查、举证、辩论；而裁判是在审理的基础上，依法就案件的实体问题或某些程序问题作出公正的处理决定。审理是裁判的前提和基础，裁判是审理的目的和结果，二者构成一个辩证统一的整体。据此，换言之，刑事案件第一审程序，就是人民法院在审理公诉或自诉案件时，查明案件事实，并依法作出裁决的步骤和方式、方法。

刑事案件第一审程序是人民法院整个审判程序的第一个重要环节。所有刑事案件都要先经过人民法院的第一审审判。第一审人民法院的裁判，如果过了法定期限，当事人没有上诉，人民检察院没有抗诉，或者在法定期限内，当事人提出了上诉，人民检察院提出了抗诉，而第二审人民法院维持原判的，第一审裁判即发生法律效力，就应依法执行。第一审程序以后可能发生的第二审程序，死刑复核程序，审判监督程序，都是在第一审人民法院作出的裁判基础上进行的。可以说，一个刑事案件，必须经过一审程序，但不一定经

过二审、再审程序，而且刑事诉讼法对第一审程序的具体规定，有许多程序内容还适用于其他审判程序。因此，第一审程序是人民法院审判刑事案件的基本程序，它在整个刑事诉讼中占有十分重要的地位。

第一审程序可分为公诉案件的第一审程序和自诉案件的第一审程序。刑事诉讼法对公诉案件的第一审程序作了比较详细的规定；对自诉案件的第一审程序仅根据自诉案件的特点作了若干规定，没有规定的，应当参照公诉案件第一审程序的规定进行。修订后的刑事诉讼法在第一审程序中增设了"简易程序"一节。简易程序是基层人民法院对某些简单轻微的刑事案件，依法适用较普通审判程序简易的一种审判程序，有其诸多特点。所以，本章讲述的刑事案件第一审程序，主要是指公诉刑事案件第一审普通程序。

二、刑事公诉案件第一审普通程序的特点

（一）程序法定

刑事诉讼法及其相关司法解释对刑事案件第一审普通程序均作出了具体明确的规定，在审理第一审刑事案件时，不得违背和遗漏。如违背或遗漏重要程序，如违反有关公开审判规定的；违反回避制度的；剥夺或限制当事人的法定诉讼权利，可能影响公正审理的；审判组织的组成不合法的，均是无效的审判，如果当事人上诉或人民检察院提出抗诉，第二审人民法院应当裁定撤销原判，发回原审人民法院重新审判。即使是适用简易程序的案件，在审理时，重要程序也不得违背或遗漏。

（二）审判长主导

整个庭审活动由审判长主持，审判长宣布庭审每个环节的开始和终结，诉讼参与人在庭上发表意见和相互辩论，须经审判长许可。

（三）凸显当事人参与

刑事案件第一审程序，当事人必须到庭参加诉讼。只有第二审程序中，对事实清楚的案件，可以不开庭审理，当事人也可不到庭参加诉讼，二审法官即可进行书面审理。我国刑事诉讼法没有规定，在第一审程序审理时，被告人不到庭的情况下，可以开庭审理和判决。这是我国刑事诉讼有别于民事诉讼程序和某些国外刑事诉讼程序以及其他诉讼程序的显著特点。

（四）庭审活动实行控、辩、审分离的制度

刑事诉讼程序中，控、辩、审分离机制是近现代刑事诉讼的一个基本特征，我国几千年以来的封建审判制度，在法庭上集控诉与审判于一体，剥夺了被告人的一些诉讼权利。资产阶级产业革命后，把三种诉讼职能相分离，这在人类诉讼史上是一大进步。我国现行刑事审判程序继承了人类诉讼文化的遗产，同时，也总结了我国司法历史经验。在刑事案件庭审中，控、辩、审各司其职，各负其责，相互配合制约，一改以往法官唱"独角戏"的做法，共同完成刑事审判任务。

（五）强化当事人诉讼权利的保护

刑事诉讼法明确规定，在刑事案件第一审程序中，当事人享有辩护权利，最后陈述的权利，申请通知新的证人到庭作证，调取新的物证，申请重新鉴定或者勘验的权利。

（六）淡化庭前对公诉案件实体审查程序

我国修正后的刑事诉讼法，对原刑事诉讼法规定的对公诉案件的审查程序，采取了改革和弱化的做法，其改革要点有三：一是对移送案件的证明要求不再是"犯罪事实清楚，证据充分"，而是有明确的指控犯罪事实，并附相关证据目录；二是对移送的材料，同审判方式的改革相适应，不再移送全部材料，只移送起诉状，有关证据目录，证人名单及主要证据材料的复印件或照片；三是审查后的处理，规定只要符合开庭条件的，应决定开庭审判，废除了可以退回补充侦查，可以要求人民检察院撤回起诉的规定。这些重大改革的目的，在于同我国庭审方式改革相适应，以解决"先定后审"、"先判后审"的错误倾向。

第二节　刑事公诉案件第一审程序诉讼参与人

一、审判人员

基层人民法院、中级人民法院适用普通程序审理的一审刑事案件，由审判员（含代理审判员）三人或由审判员和人民陪审员三人组成合议庭进行审判。合议庭由院长或者庭长指定审判员一人担任审判长，院长或者庭长参加审判案件的时候，自己担任审判长。审判员和人民陪审员三人组成合议庭，只能由审判员一人，人民陪审员二人组成，或者由审判员二人，人民陪审员一人组成，不得由三名人民陪审员组成合议庭。由审判员和人民陪审员组成合议庭时，审判员担任审判长，人民陪审员不得担任审判长。人民陪审员在参加合议庭审理案件时，同审判员有同等的权利。基层人民法院适用简易程序审理案件，可以由审判员一人独任审判。

二、书记员

法律对书记员的人数没有作出明确规定，司法实践中，一般由一名书记员作庭审记录，现在对大型的庭审活动，也常常由二名书记员作庭审记录，一名书记员作笔录，一名书记员用电脑做记录。

三、公诉人

法律对出庭支持公诉的公诉人的人数没有作明确规定，既可以是一人，也可以是数人。基层人民法院适用简易程序审理的刑事案件，公诉机关也可以不派员出庭。

四、附带民事诉讼原告人

被害人，已经死亡被害人的近亲属，无行为能力或限制行为能力的被害人的法定代理人，有权提出附带民事诉讼，成为附带民事诉讼的原告人。附带民事诉讼的原告人，除了委托特别授权的诉讼代理人以外，应到庭参加诉讼。

五、自诉人

自诉人一般提出了附带民事诉讼，即使委托了特别授权诉讼代理人的，也应到庭参加诉讼。自诉人经两次依法传唤，无正当理由拒不到庭的，或者未经法庭准许中途退庭的，应当按撤诉处理。

六、被告人和附带民事诉讼被告人

刑事案件的被告人必须到庭。对于取保候审、监视居住的被告人，经传票传唤不到庭的，可以拘传到庭。外逃不能到案的，人民法院可以将案件退回检察机关。人民检察院、人民法院对于外逃的被告人，可以变更强制措施，批准或决定逮捕被告人，保证诉讼活动的进行。刑事附带民事诉讼被告人应当到庭参加诉讼。对于不是刑事案件被告人的附带民事诉讼被告人，如委托特别授权的诉讼代理人参加诉讼，本人不到庭的，则庭审活动仍可进行。

七、辩护人和诉讼代理人

被告人除了自行辩护外，还可以委托 1 至 2 名辩护人出庭为其辩护。对于被告人是盲、聋、哑人或者是限制行为能力的、开庭时不满 18 周岁的、认为可能被判处死刑的，如果被告人没有委托辩护人的，人民法院应当为其指定辩护人。对于被告人家庭困难的或重大影响的案件等情形，如果被告人没有委托辩护人的，人民法院可以为其指定辩护人。附带民事诉讼原告人、被告人可以委托诉讼代理人。

八、被害人、证人、鉴定人、翻译人员

有些刑事案件如果有被害人、证人、鉴定人或者需要翻译人员参加的，应传唤或通知到庭参加一审诉讼，被害人、证人、鉴定人、诉讼代理人经人民法院传唤或通知未到庭，不影响开庭审判的，人民法院可以开庭审理。

除上述八类人员参加刑事案件一审诉讼以外，未成年被告人的法定代理人、限制行为能力的监护人，也应通知其参加诉讼。一个刑事案件一审程序中参加诉讼的人员多少不一，因案而异，最少的有 3 人，多则十余人，数十人，乃至上百人。此外，虽然不是诉讼参与人的提押被告人或值庭的法警，也是必不可少的。

第三节 刑事公诉案件第一审程序中常用法律文书与写作

一、刑事起诉书的写作方法与格式

（一）刑事起诉书的概念

起诉书是检察机关对侦查机关侦查终结移送起诉的案件以及检察机关自行侦查后移送的案件，经过审查，认为指控犯罪嫌疑人的犯罪事实清楚，证据确实充分，人民检察院依法代表国家向人民法院提起公诉，指控犯罪并要求追究被告人刑事责任的重要法律文书。它是人民法院对公诉案件依法进行审判活动的合法依据，也是庭审中公诉人出庭指控犯罪，发表公诉意见，参加法庭调查和辩论，以及被告人及辩护人对指控的犯罪进行法庭辩护的基础。起诉书的制作，标志着一个刑事案件侦查活动的终结，审判活动的开始。

（二）起诉书的写作方法

起诉书的制作应当符合规范性、客观性、准确性以及逻辑性的要求。形式应完整规范，内容应表达明确、条理清晰，书写应用词准确，语句通顺、语体严谨，标点符号使用正确。起诉书的形式应由首部、被告人基本情况、案由和案件的审查过程、案件事实、证据、起诉的理由和依据、尾部共七个部分组成。

1. 首部。首部包括起诉书标题和起诉书文号两部分。起诉书标题要写明制作起诉书的检察院的全称，如"湖南省常德市鼎城区人民检察院"，涉外案件应加注国名；还要写明起诉书的名称。起诉书文号由制作起诉书的人民检察院的简称，案件性质，起诉年度，案件顺序组成，即"院简称+检刑诉+（年度）+顺序号"。其中，年度须用四位阿拉伯数字表述。

2. 被告人（被告单位）基本情况。被告人基本情况由姓名、性别、出生日期、身份证号码、民族、文化程度、职业或工作单位及职务、住址、曾受到行政处罚、刑事处罚的情况和因本案被采取强制措施的状况等部分组成。被告人如有与案件有关的别名、化名或者绰号的，应在其姓名后面用括号注；被告人是外国人的，应当在其中文译名后面用括号注明外文姓名。被告人的出生日期一般应以公历为准。除未成年人外，如确无法查清出生日期，可只注明被告人年龄。对尚未办理身份证的情况，应在起诉书中加以注明。被告人是外国人时，应注明其国籍、护照号码、国外居所。书写被告人的民族时应使用该民族的全称。被告人的文化程度一般要写明被告人所受正规文化教育的情况；不识字的，可写为"文盲"。被告人的职业一般应真实反映被告人被查获时所正在从事的工作的性质。被告人的住址一般指被告人的经常居住地；经常居住地与户籍所在地不一致的，应在经常居住地后用括号加以注明。被告人如曾受过刑事处罚，应注明受到处罚的时间、原因、种类、决定的机关、释放的时间；如曾受过与定罪量刑有关的行政处罚，也应注明受到处罚的时间、原因、种类及处罚的单位；刑事处罚与行政处罚并存时，一般应按先行政后刑事的顺序叙写。对于采取强制措施的情况，应按照执行时间的先后顺序注明被采取强制的时间、原因、种类以及批准或决定的机关名称。同案被告人有二人以上的，按照主从关系的顺序叙写。当单位犯罪、自然人犯罪并存时，应按照先单位后自然人的顺序叙写。单位犯罪的，应写明犯罪单位的名称、住所地、法定代表人的姓名、职务以及诉讼代表人的姓名、性别、年龄、工作单位、职务；如果还有应当负刑事责任的"直接负责的主管人员"、"其他直接责任人员"，则应当按上述被告人的基本情况叙写。

3. 案由和案件审查过程。起诉书中的案由要按照侦查机关移送审查起诉时认定的罪名叙写改变管辖、变更起诉等诉讼活动的时间、缘由；同时，还应载明是否已依法告知犯罪嫌疑人、被害人诉讼权利及听取其本人、辩护人、诉讼代理人意见的情况，真实反映审查起诉过程的全貌。

案由和案件审查过程一般应表述为："本案由×××（侦查机关）侦查终结，以被告人×××涉嫌×××罪，于××××年×月×日向本院移送审查起诉。本院受理后，在法定期限内已告知被告人有权委托辩护人，告知被害人及其法定代理人（或者近亲属）、附带民事诉讼的当事人及其法定代理人有权委托诉讼代理人，依法讯问了被告人，（听取了被害人的诉讼代理人和被告人的辩护人的意见），审查了全部案件材料，因××于×月×日×次（按实际情况叙写）将案件退回侦查机关补充侦查。鉴于××，期间延长审查期限×次（按实际情况叙写）"。

对于本院侦查终结并审查起诉的案件，表述为："被告人×××涉嫌××

×罪一案，由本院侦查终结。本院在法定期限内已告知被告人有权……"

对于其他人民检察院侦查终结需变更管辖权的案件，表述为："本案由×××人民检察院侦查终结，以被告人×××涉嫌×××罪，于××××年×月×日向本院移送审查起诉。本院受理后，在法定期限内已告知被告人有权……"

对于侦查机关移送审查起诉的需变更管辖权的案件，表述为："本案由×××（侦查机关）侦查终结，以被告人×××涉嫌×××罪，于××××年×月×日向×××人民检察院移送审查起诉。×××人民检察院于××××年×月×日转至本院审查起诉。本院受理后，在法定期限内已告知被告人有权……"

4. 案件事实。案件事实部分是起诉书的重点，在叙写案件事实时应遵循原则性与灵活性相结合的原则，在简明扼要的基础上，客观真实地反映案件的原貌。案件事实为检察机关审查认定的犯罪事实，包括犯罪时间、地点、经过、手段、目的、动机、危害后果等与定罪有关的事实要素。起诉书所指控的所有犯罪事实，无论是一人一罪、多人一罪，还是一人多罪、多人多罪，都必须逐一列举。对普通刑事案件，一般也应当详细写明案件事实，对其中作案多起但犯罪手段、危害结果等方面相同的案件事实，可以先对相同的情节进行概括叙述，然后再逐一列举出每起事实的具体时间、结果等情况，不必一一详述每起犯罪事实的过程，做到层次清楚、重点突出。叙述案件事实，可根据案件不同情况，按照先单位犯罪后自然人犯罪、先共同犯罪后单独犯罪、先主犯后从犯、先重罪后轻罪及犯罪时间的先后等合理顺序叙述，突出单位犯罪、共同犯罪、主犯及重罪。对于共同犯罪与单独犯罪共存的案件，在写明犯罪嫌疑人的共同犯罪事实及各自在共同犯罪中的地位和作用后，应按照犯罪嫌疑人罪行的轻重顺序，分别叙明各个犯罪嫌疑人的单独犯罪事实。对共同犯罪案件中有同案犯在逃的，应在其后写明"另案处理"的字样。对于涉及量刑情节的事实，可在案件事实之后作客观表述。

5. 证据。起诉书应针对案件事实部分所指控的犯罪事实列举相关证据。这部分的证据应包括能够证明犯罪事实的主要证据的名称、种类，但不必对证据与事实、证据与证据之间的关系进行具体的分析、论证。分列的主要证据是指《刑事诉讼法》第48条所规定的证据。一般应采取"一事一证"的方式，即在每一起犯罪事实后写明据以认定的主要证据。对于作案多起的一般刑事案件，对案件事实部分可以进行概括性地叙述，证据的叙写也可以采取"一罪一证"的方式，即在该种犯罪后概括写明主要证据的名称与种类，而不再指出认定每一起案件事实的证据。建议适用普通程序审理"被告人认罪案件"及适用简易程序审理的其他案件，书写证据时，应适当明确、详尽。分列证据时，如涉及国家秘密、商业秘密、个人隐私不宜写入起诉书的情形，可以采取概括叙述的方式予以处理。

6. 起诉的理由和根据。起诉的理由和根据部分应针对起诉书所指控犯罪的基本特征，对被告人行为性质、危害程度、情节轻重、指控犯罪的依据等起诉书重要内容加以表述，做到语言准确、精练。起诉的理由和根据一般表述为："本院认为，……（应结合犯罪的各构成要件概括犯罪的性质、危害程度、情节轻重），其行为触犯了《中华人民共和国刑法》第 × 条（引用罪状、法定刑条款），犯罪事实清楚，证据确实充分，应当以×××罪追究其刑事责任。根据《中华人民共和国刑事诉讼法》第 141 条的规定，请依法判处。"对法律条文的引用，要完整、具体、写明条、款、项。适用普通程序审理的公诉案件，对被告人具备的法定从轻、减轻或者从重处罚情节在起诉书中应作出认定。适用简易程序审理的公诉案件，对于具体法定量刑情节的，应当在起诉书中作出认定；对于酌定量刑情节，可以根据案件的具体情况，从有利于审判的角度出发，决定是否在起诉书中作出认定。对于自首这一重要法定量刑情节，不宜在起诉书中认定。但对于主动归案、如实供述等情节应在案件事实部分做客观表述。是否认定自首，应根据庭审审理情况灵活掌握。对量刑情节的认定一般表述为："鉴于被告人（被告单位）××（概括写明共同犯罪的主从、立功等具体量刑情节），依照刑法第 × 条，应当（或者可以）从轻、减轻处罚"。

7. 尾部。起诉书应当署明具体承办案件公诉人（应为检察员或代理检察员，不包括书记员）的法律职务及姓名。

提起公诉的日期应为起诉书的签发日期。

起诉书应加盖提起公诉的人民检察院院印，院印应当端正地盖在起诉书的日期上。

附注的内容包括：

（1）被告人（被告单位）现在处所或住所地。具体包括在押被告人的羁押场所和监视居住、取保候审的被告人处所或被告单位的注册地、办公经营地。

（2）证据目录、证人名单的主要证据复印件，并注明数量；对适用简易程序的案件起诉书，附注内容应为"全部案卷和证据材料"。

（3）有关涉案款物的情况。

（4）被害人（单位）附带民事诉讼的情况。

（5）其他需要附注的事项。

此外，起诉书所用纸张应为国际标准 A4 型。

起诉书标题应在页面顶端居中位置分两行书写，其中检察院名称使用黑体小一号字体书写，起诉书名称使用宋体小初号字体（加粗）书写；起诉书文号用仿宋体写的该行的最右端，上下各空一行；起诉书除首部外，其余部分统一使用仿宋小三号字体书写。

起诉书中使用数字时，除文书编号、顺序号、身份证号码、身高、体重、门牌号码、材料目录、医疗鉴定、汽车及机械型号等一些专用术语和其他必须使用阿拉伯数码者外，一般均应使用汉字书写。

引用法规中章、节、条、款、项、目数字时，应按照原法规中所用数字叙写。

（三）起诉书的基本格式

××省××市××区人民检察院
起 诉 书

××检刑诉［××××］×××号

被告人……（写明姓名、性别、出生年月日、身份证号码、民族、文化程度、职业或者工作单位及职务、住址，曾受到行政处罚、刑事处罚的情况和因本案采取强制措施的情况等。）

本案由×××（侦查机关）侦查终结，以被告人×××涉嫌×××罪，于××××年×月×日向本院移送审查起诉。本院受理后，于××××年×月×

日已告知被告人有权委托辩护人，××××年×月×日已告知被害人及其法定代理人（或者近亲属）、附带民事诉讼的当事人及其法定代理人有权委托诉讼代理人，依法讯问了被告人，听取了被害人的诉讼代理人×××和被告人的辩护人×××的意见，审查了全部案件材料……（写明退回补充侦查、延长审查起诉期限等情况。）

对于侦查机关移送审查起诉的需变更管辖的案件，表述为："本案由××（侦查机关）侦查终结，以被告人×××涉嫌×××罪，于××××年×月×日向×××人民检察院移送审查起诉。×××人民检察院于××××年×月×日转至本院审查起诉。本院受理后，于××××年×月×日已告知被告人有权……"

对于本院侦查终结并审查起诉的案件，表述为："被告人×××涉嫌×××罪一案，由本院侦查终结。本院于××××年×月×日已告知被告人有权……"

对于其他人民检察院侦查终结的需变更管辖权的案件，表述为："本案由×××人民检察院侦查终结，以被告人×××涉嫌×××罪，于××××年×月×日向本院移送审查起诉。本院受理后，于××××年×月×日已告知被告人有权……"

经依法审查查明：……（写明经检察机关审查认定犯罪事实包括犯罪时间、地点、经过、手段、目的、动机、危害后果等与定罪有关的事实要素。应当根据具体案件情况，围绕刑法规定的该罪构成要件叙写。）

（对于只有一个犯罪嫌疑人的案件，犯罪嫌疑人实施多次犯罪的犯罪事实应逐一列举；同时触犯数个罪名的犯罪嫌疑人的犯罪事实应该按照主次顺序分类列举。对于共同犯罪的案件，写明犯罪嫌疑人的共同犯罪事实及各自在共同犯罪中的地位和作用后，按照犯罪嫌疑人的主次顺序，分别写明各个犯罪嫌疑人的单独犯罪事实。）

认定上述事实的证据如下：

……（针对上述犯罪事实，分列相关证据）

本院认为，……（概括论述被告人行为的性质、危害程度、情节轻重），其行为触犯了《中华人民共和国刑法》第×条（引用罪状，法定刑条款），犯罪事实清楚，证据确实、充分，应当以×××罪追究其刑事责任。根据

《中华人民共和国刑事诉讼法》第一百七十二条的规定，提起公诉，请依法判处。

  此致

×××人民法院

检察员：×××

××××年×月×日

（院印）

附：

  1. 被告人现在处所。具体包括在押被告人的羁押场所和监视居住、取保候审的处所。

  2. 证据目录、证人名单和主要证据复印件，并注明数量。

  3. 有关涉案款物情况。

  4. 其他需要附注的事项。

二、公诉词的写作方法与格式

（一）公诉词的概念

公诉词有广义和狭义之分，广义的公诉词，是出庭支持公诉的公诉人，在刑事法庭上，就其指控的被告人的犯罪事实和证据，以及应承担的法律责任等发表的一切意见。狭义的公诉词，是指出庭支持公诉的公诉人，在刑事法庭上法庭调查之后，法庭辩论之始，就其指控的被告人的犯罪事实和证据，以及应承担的法律责任等问题发表的集中性意见。本节介绍的即为后者。

（二）公诉词的写作方法

公诉词不是法定的刑事诉讼文书，也没有固定的格式，它由公诉人当庭发表，然后由法院记录后入卷。公诉词在刑事诉讼程序中占据重要位置，一篇好的公诉词，它有利于当庭厘清案情，揭露犯罪，协助法院正确定罪量刑；它有利于被告人服判认罪；它有利于旁听人员知法守法。公诉词尽管没有固定格式，但写作仍有规律可循，一般由导语、正文、结束语三部分组成。

导语的主要内容是，表明发表公诉词的公诉人的身份，出席法庭的职责及法律依据。一般表述为：根据《中华人民共和国刑事诉讼法》第 184 条、第 198 条、第 203 条的规定，我们受×××人民检察院的指派，以国家公诉人的身份、出席法庭支持公诉，并依法对刑事诉讼实行法律监督。

公诉词正文的第 1 项内容是：首先概述起诉书指控被告人的犯罪事实，紧接着阐述在法庭调查阶段已经举证作为指控犯罪事实的支撑。本部分不是对证据简单的罗列，而是按照证据"三性论"进行阐述。向法庭说明证据的来源的合法性、收集证据的程序合法性、证据的形式合法性，证据与本案的犯罪事实的关联性，证据存在的客观性。对于以直接证据起诉的犯罪案件，公诉人就证据方面无须费更多的口舌，而以间接证据起诉的犯罪案件，公诉人根据每个案件的差异，还要对定案的证据如下一些内容作进一步的阐述：间接证据与案件事实有客观联系，能够证明案件的某些事实或情节；间接证据已经形成一个完整的证明体系，案件事实的各个部分均有相应的间接证据加以证明；间接证据之间，间接证据与案件事实之间协调一致，矛盾得到合理排除；依照间接证据形成的证明体系已对案件事实得出肯定结论，并排除其他一切可能性。公诉词正文的第 2 项内容是：公诉人根据被告人的犯罪事实，依据有关法律规定，发表被告人构成什么罪，在共同犯罪中各处什么位置，以及应当从重或从轻、减轻处罚的意见。公诉词正文的第 3 项内容是：充分揭露被告人犯罪行为的社会危害性，指出被告人（尤其是未成年被告人）实施犯罪行为的主客观原因，有关行政单位、基层组织、被告人的家庭对本案的发生，应该承担行政上的、道义上的、伦理上的相关责任，被告人及其家属、相关组织应从本案中汲取的教训，鼓励被告人树立改恶从善，重新做人的勇气。此部分的公诉词，公诉人重点结合具体案情，作必要的法制宣传和教育工作，达到审理一案，教育一片的社会效果。

公诉词的结束语，主要是简要归纳案情，指出起诉的本案犯罪事实清楚，证据确实、充分，建议人民法院采纳公诉意见，并建议人民法院对被告人科处什么样的刑罚。在某些国外刑事诉讼程序中，公诉机关有向人民法院的具体求刑权。近两年来，人民检察院试行了书面量刑建议函。在公诉人当庭发表的公诉词中，对被告人的处罚建议是必不可少的。

整个公诉词，通篇应以证据为支撑，以事实为基础，以法律为准绳，语体规范，语言精练、语句通顺、准确严谨、符合逻辑、庄重朴实、表达贴切、繁简适宜、褒贬得当。

（三）公诉词的格式

×××人民检察院
公诉意见书

被告人×××

案由：××××

起诉书号×××

审判长、审判员（人民陪审员）：

根据《中华人民共和国刑事诉讼法》第184条、第198条、第203条的规定，我（们）受×××人民检察院的指派，以国家公诉人的身份，出席法庭支持公诉，并依法对刑事诉讼实行法律监督。现对本案证据和案件情况发表如下意见，请法庭注意。

……（结合案情重点阐述以下问题）

1. 根据法庭调查的情况，概述法庭质证情况、各证据的证明作用，并运用各证据之间逻辑关系证明被告人的犯罪事实清楚，证据确实、充分。

2. 根据被告人的犯罪事实，论证应适用的法律条款并提出定罪及从重、从轻、减轻处罚等意见。

3. 根据庭审情况，在揭露被告人犯罪行为的社会危害性的基础上，作必要的法制宣传和教育工作。

综上所述，起诉书认定本案被告人×××的犯罪事实清楚、证据确实充分，依法应当认定被告人有罪，并应从重、从轻与减轻处罚。

公诉人：×××

××××年×月×日

三、刑事辩护词的写作方法与格式

(一) 刑事辩护词的概念

刑事辩护词，是辩护人为了维护刑事被告人的合法权益，在法庭辩论阶段，根据事实和法律，说明被告人无罪、罪轻或者应当减轻、免除刑事责任的发言。

根据我国《刑事诉讼法》第 32 条和第 35 条的规定，在刑事案件审判阶段，被告人除自己依法行使辩护权外，有权委托 1 至 2 名律师、监护人、亲友、人民团体或者被告人所在单位推荐的人担任其辩护人，还可以接受人民法院指定的辩护人为其辩护。辩护人的责任是根据事实和法律，提出证明被告人无罪、罪轻或者减轻、免除其刑事责任的材料和意见，维护被告人的合法权益。

法庭辩护词是与公诉人的公诉词相对而存在的，两者分别从不同的角度剖析案件事实，论证案件性质，并提出适用法律的意见。辩护人与公诉人通过针锋相对的辩论，使人民法院能客观、全面地了解案情，查明案件事实真相，正确定罪量刑，公正处理案件。因此，制作一份有力、完善的辩护词对促进公正审判、维护法律尊严和保护被告人的合法权益是具有积极意义的。就形式而言，法庭辩护词体现为言辞形式，在司法实践中，律师或其他辩护人为有效辩护起见，一般都事先详细写出书面辩护词，并在法庭审判阶段不断地加以补充和完善，然后在适宜的时机进行宣传或阐述。在某些情况下，有的规范性文件对法庭辩护词的形式也有限制性的规定。例如：《律师办理刑事案件规范》第 130 条规定。二审案件不开庭审理的，律师应向法庭提交书面辩护意见。

(二) 刑事辩护词的写作方法

法庭辩护词不是法定格式文书，在实践中也未形成统一的固定格式。但是，作为一种在法庭上宣读或递交法庭的意见，辩护词在制作上还是有一定规律可循的。通常，法庭辩护词的制作要点有：

1. 首部。首先要写明标题。标题可写辩护词或关于 ×××（姓名）××（案由）一案的辩护词字样，然后要有称呼语，即写明该辩护词的听取人，可以直接写审判长、审判员、人民陪审员或各位法官等，具体选择可根据法庭组成人员和辩护人的用语习惯来确定。

2. 正文。在这一部分里，辩护人应充分阐述自己的辩护意见，应针对控诉方的指控，从事实是否清楚，证据是否确实、充分，适用法律是否准确无误，诉讼程序是否合法以及因果关系和被告人的认罪态度等不同方面进行分析论证，并提出关于案件定罪量刑的理由。

在具体制作法庭辩护词时，可分两段来写。在第一段，一般应写明三个方面的内容：

（1）向法庭说明出庭行使辩护权的根据。即讲明辩护权的来源，或为接受被告人委托，或为接受人民法院的指定。

（2）向法庭讲明辩护发言的根据。即简要叙述辩护人为出庭所进行和各种准备工作，如：阅读起诉书，会见被告人，阅读案卷材料，进行调查收集证据等活动的有关情况。

（3）简要但明确地概述辩护人对案件的基本看法。即初步提出辩护人的辩护观点，如：人民检察院起诉书或自诉人的自诉状在认定案件事实上是否符合客观事实，提出的证据是否确实、充分，对被告人罪名的认定是否准确，适用法律是否得当等。

在第二阶段，即可对前述辩护观点展开充分的理由论证。根据《刑法》、《刑事诉讼法》以及由最高人民法院等机关作出的有关司法解释，辩护人在拟定法庭辩护词时，一般可以从下面几个角度来进行阐述：

（1）从控诉方对犯罪事实的认定方面来辩护。案件事实是对被告人定罪量刑的基础，如果犯罪事实不存在，或者没有确实、充分的证据来证明该犯罪事实确实存在，就有可能从根本上否定犯罪。因此，在制定法庭辩护词时，辩护人应当根据亲自阅卷、询问被告人或调查取证而得来的实际情况，仔细找出起诉书中对事实认定的不实或不当之处，并以确凿的证据来进行有力的反驳，以证明自己辩护意见的正确性。

（2）从法律适用方面进行辩护。即对起诉书中适用法律错误或不当的地方进行反驳。具体表现为：①运用犯罪构成理论的刑法有关具体规定，来评断已经查清的事实是否能够成为认定被告人有罪或无罪的根据，以及被告人的行为是一罪还是多罪。辩护人应抓住可以决定犯罪性质的关键事实，来说明控诉方认定的被告人罪名是否确切。如果辩护人为被告人作无罪辩护，应主要从以下方面进行：控诉方指控的证据不足，不能认定被告人有罪；控诉或辩护人提供的证据，能够证明被告人行为情节显著轻微、危害不大，不认为是犯罪，或者被告人行为系合法行为；或者被告人没有实施控诉方所指控犯罪行为时，依据法律应当认定被告人无罪以及其他依法应当认定被告人无罪等。如果辩护人为被告人作有罪辩护，则应着重从案件定性和对被告人从轻、减轻或者免除处罚等方面进行。尤其对被告人具有法定的从轻、减轻或者免除处罚的情节，而控诉方予以回避，或者虽然提到，但力图确定这些情节存在的情况，辩护人应深入分析论证并援引有关法律条款，据理予以有力驳斥。②指出案件在公安司法机关的办理过程中，有无诉讼程序上的违法现象。如：在侦查、起诉过程中有无刑讯逼供的现象，收集调取证据是否符合法定程序和方式，对犯罪嫌疑人有无超期羁押或滥用强制措施的情况等。还要指出在人民法院审判案件时，是否有违反法定公开审理要求的情形，是否违反了回避制度，是否非法剥夺或限制了被告人的法定诉讼权利以及法院审判组织的组成是否合法等。③从情理方面进行辩护。以上是从法理和法律规定的角度为辩护人提出观点理由。在法庭辩论中，辩护人可以联系被告人一贯表现，犯罪的起因、结果以及其犯罪后的认罪态度和悔罪表现等方面，来对被告人犯罪行为作出解释，并力图说服法庭在被告人具体定罪量刑时应考虑被告人的个人情况。

（三）刑事辩护词的写作格式

法庭辩护词的主要结构：一般由前言、辩护理由、结束语三部分组成。

1. 前言。主要三项内容：一是申明辩护人的合法地位；二是辩护人在出庭前进行了哪些工作；三是辩护人对全案的基本看法。

2. 辩护理由。是辩护词的核心内容。是辩护人为维护被告人的合法权益所要阐明的主旨，应该从被告人的行为事实出发，对照有关的法律规定，论证被告人无罪、罪轻或应该予以减轻甚至免除其刑事责任的意见和根据。因此，通常要围绕是否构成犯罪，属于何种罪名，有无从轻、减轻处罚的法定条件以及诉讼程序是否合法等问题的展开辩论和论述。

3. 结束语。是对辩护词进行归纳和小结。一般讲两个内容：一是概括辩护词的中心观点；二是向法庭提出对被告人的处理建议。

（四）刑事辩护词的写作范例

现提供湖南××律师事务所主任律师×××为一起重大刑事案件被告人进行刑事辩护范例一份：

辩 护 词

审判长、审判员：

湖南×××律师事务所依法接受本案被告人齐××近亲属的委托，并征得其本人同意，指派本律师为其辩护人，参与诉讼，通过查阅案卷材料，使本律师对本案案情有了一个详细的了解，根据《中华人民共和国刑事诉讼法》第35条："辩护人的责任是根据事实和法律，提出证明犯罪嫌疑人、被告人无罪、罪轻或者减轻、免除其刑事责任的材料和意见，维护犯罪嫌疑人、被告人的合法权益"之规定，发表以下辩护意见，供合议庭参考，望予采纳：

1. 现有证据材料只能说明被告人齐××存在"默许"被告人姚××犯罪的情形，并不存在"雇用关系"。

雇用犯罪，是雇主以某种利益作为利诱的手段，诱使他人接受雇用，实施其犯罪目的。受雇人的犯罪是雇主利诱的结果。而本案根本不存在齐××利诱姚××犯罪这一情况，姚××的供述说得非常清楚，姚××说，"昨天的事情，讲陈××的儿子邀人殴打同德学院保安的事，怎样处理的，是否要他帮忙"。被告人齐××只是回答；"派出所正在调查，你不要给我把事情搞乱了，不要搞出大事来，你也是在社会混的，做什么事情要规矩，点到为止"。也就是说：①不存在齐××利诱姚××；②姚××主动提出是否要他帮忙时，齐××是带制止口吻的，派出所在调查。当然这种制止也不是彻底的也不坚决。齐××也说了，做事要讲规矩，点到为止，不要搞出大事情来。按齐××自己当时的说法，就是可以骂陈××一顿，甚至打二耳光或告诫陈××要其管教儿子，但绝没有要打伤、砍伤陈××的意思。但齐××毕竟默许了，要姚××"点到为止"。故其也构成共同犯罪，但其主观恶性和社会危害性显然不大。

2. 本案存在犯罪行为实行过限的情节。

被告人齐×××"默许"行为，其故意内容只是"点到为止"。而被害人陈×被砍致死的结果就远远超出齐××的犯罪内容。本案中其他被告人实施犯罪行为造成了被害人陈×死亡的结果是被告人齐××所不愿见到的，远远超出了其主观故意的范围。因此即使认定被告人齐××构成共同犯罪，最多也只应在故意伤害的范围内承担刑事责任，其他被告人实施的超过被告人齐××主观故意范围的犯罪行为属于实行过限，故他们只能在共同故意的范围内成立共同犯罪。

3. 被告人齐××具有立功表现，积极认罪，悔过态度较好。

立功的本质是被告人实施了有利于社会的行为，帮助司法机关及时侦破案件或抓获了其他疑犯，是为国家与社会做出贡献的行为。另一方面，立功的本质还反映出被告人在犯罪后将功补过、改过从善的愿望和悔罪表现，表现其犯罪后的人身危险有一定程度的减少，这也是判断立功与否的一个重要方面。本案中，被告人齐××具有立功表现情节，2007年9月份，被告人齐××要龙×帮忙转告某区公安局检举了一抢劫团伙，并在现场抓获了犯罪嫌疑人。因此，对被告人齐××是可以从轻或减轻处罚的。

4. 对被告人齐××从宽处理符合我国当前宽严相济刑事政策的要求和本案的案情。

目前，我国的刑事政策是当严则严，该宽则宽，宽严相济，罚当其罪。对于被告人具有坦白、立功等法定和酌定情节的，法律上予以宽宥，在本应判处较重之刑的情况下判处较轻之刑，其目的在于体现刑法对于犯罪分子的感化，鼓励其悔过自新，实现惩罚与教育相结合的立法目的。在本案中，对被告人齐××应从宽处理，理由有三：

（1）被告人齐××有立功的情节，表明其具有积极的悔罪态度，法定上应从轻或减轻处理。

（2）被告人齐××其家属愿意对被害人家属予以积极赔偿，争取被害人家属的谅解，这不仅反映出被告人齐××主观上具有悔罪态度，客观上也愿意通过实际的赔偿行为，来弥补被害人家属的精神伤害，这也是酌定可以从轻处理的情节。

（3）被告人齐××曾讲"点到为止"，这说明故意伤害致人死亡的危害结果违背其意志，超出其故意的范围，对超出故意范围的部分不应承担刑事上的责任。

综上所述，本案是一起特殊的共同犯罪案件，被告人齐××在事前既没有与其他被告人通谋形成共同犯意，也没有直接实施故意伤害的行为，只是在得知被告人姚××可能要实施犯罪行为后，被告人齐××知情不举，对其先前提供的物质帮助不予以追索，存在间接上的故意，在共同犯罪中属于帮助犯，其作用相对较小。另外，其认罪、悔罪态度较好，且具有立功情节，并愿意通过积极的赔偿来争取被害人家属的谅解，缓解被害人家属精神上痛苦。恳请法庭考虑以上诸情况，给被告人齐××一个改过自新、重新做人的机会，予以从轻判处。

此致

××××人民法院

辩护人：湖南×××律师事务所

×××　律师

××××年×月×日

四、刑事自诉状的写作方法与格式

（一）刑事自诉状的概念

刑事自诉状，是自诉人认为自己的某些权利，受到他人的不法侵害（主要是被轻伤、被侮辱，被诽谤、财产被侵占），要求人民法院追究不法侵害人刑事责任的起诉状。自诉状一般由自诉人书写，也可以委托他人书写，经自诉人签名后递交人民法院。自诉人书写自诉状困难的，可以口头告诉，由人民法院工作人员作出口诉笔录，向自诉人宣读确认无误后，再由自诉人签名或者盖章。

（二）刑事自诉状的写作方法

刑事自诉状主要由首部、正文、尾部组成，此外还有"附项"。

1.首部。标题，居中写明"刑事自诉状"。当事人的基本情况，依次写明自诉人及被告人的身份等基本情况。自诉人与被告人为自然人的应写明姓名、性别、出生年月日或年龄、民族、职业、工作单位及职务、住址等。自诉人与被告人为法人的则应写明单位的全称和地址、法定代表人的姓名职务。自诉人、被告人为2人或2人以上的，应一一写明。如果自诉人委托诉讼代理人，则应写明诉讼代理人的姓名、所在单位或律师事务所名称。案由和诉讼请求。案由，就是案件的性质，即自诉人认定被告人所犯罪行。诉讼请求就是诉讼的目的和要求，刑事自诉状的诉讼请求就是自诉人所要求人民法院追究的被告人的刑事责任。一件刑事自诉案件中，如果有两个以上案由，可以一一列出诉讼请求；有两个或两个以上被告人，应逐人逐项写明。

2. 正文。正文主要写事实和理由，这是刑事自诉状的核心部分。

事实，就是被告人犯罪的具体事实，即被告人实施犯罪时间、地点、动机、目的、手段、危害结果和证实其实施犯罪行为的证据。理由，就是以本案事实为依据，以有关法条为准绳，分析被告人的犯罪行为给自诉人造成的损失和危害，以及被告人的犯罪行为所触及的罪名和追究其责任的法律依据。写作中，一般于正文最后用一段文字总结事实和理由，指明被告人的犯罪行为所触及的罪名，重申诉讼请求。写明向人民法院提供的证明所指控被告人犯罪事实的证据和名称，并写明证据来源、证人的姓名和住址。

3. 尾部。致送本刑事自诉状的人民法院的名称。自诉人签名盖章。如果律师仅代写刑事自诉状，而非本案自诉人的委托代理人则应在诉讼状的最后写上代书律师的姓名及代书律师所在的律师事务所名称、起诉时间。

4. 附项。附项多是根据有关规定而提供的一些与文书有关的资料信息。附项一般有三种资料信息：①文书正文副本信息；②证据资料信息；③其他资料信息，如身份证明书、授权委托书等。

（三）刑事自诉状的写作格式

刑事自诉状

自诉人：姓名、性别、出生年月日，民族、籍贯、职业、工作单位和职务、住址等。

被告人：姓名、性别等情况，出生年月日不详者可写其年龄。

案由：被告人被控告的罪名。

具体的诉讼请求。

事实与理由：

被告人犯罪的时间、地点，侵害的客体、动机、目的、情节、手段及造成的后果，理由应阐明被告人构成犯罪的罪名的法律依据。

证据和证据来源，证人姓名和地址：

主要证据及其来源，证人姓名的住址。如证据、证人在事实部分已经写明，此处只需点明证据名称、证人详细住址。

此致

×××人民法院

自诉人：×××

代书人：×××

××××年×月×日

附：本诉讼副本　　份

（四）刑事自诉状的写作范例

刑事自诉状

自诉人：王×，女，27岁，汉族，××市人，系××市××厂工人，现住该厂职工家属楼。

被告人：李××，男，30岁，汉族，××市人，系××市××学校工人，现住学校单身宿舍。

被告人：丁×，女，25岁，汉族，××市人。系××市××工厂工人，住工厂家属院。

被告人李××与被告人丁×犯了重婚罪，强烈要求人民法院依法予以惩处。

被告人李××与自诉人王×，于××××年×月×结婚，婚后感情较好。××××年×月被告人李××调到××市××学校工作，后来与被告人丁×相识。由于被告人李××存在喜新厌旧思想，便与丁×勾搭成奸，并采用欺骗手段从单位开出证明信于××××年×月与丁×登记结婚。根据《中华人民共和国刑法》第258条规定，李××与丁×已构成重婚罪，请求人民法院依法追究被告人李××与丁×重婚罪的刑事责任。

　　此致
×××县人民法院

具状人：王×
××××年×月×日

　　附：

1. 本诉状副本3份

2. 书证一份（单位证明信）

3. 证物一份（结婚证书）

五、刑事一审判决书的写作方法与格式

（一）刑事一审判决书的概念

　　刑事一审判决书，是人民法院对于同级人民检察院以国家名义提起公诉的刑事案件，或者自诉人提起自诉刑事案件，按照《刑事诉讼法》规定的第一审程序进行审理终结之后，根据已经查明属实的事实，依照刑事法律的规定，就被告人是否犯罪，犯什么罪，应否受到刑事处罚和判处什么刑罚作出结论的司法文书，也就是对刑事案件作出实体处理的书面决定。

　　人民法院的一审刑事判决书，在司法文书中，占有十分突出重要位置。人民法院审判刑事案件，通过有罪判决，使危害社会的犯罪分子受到应有的惩罚，通过无罪判决，让无罪的人通过侦查、起诉的考验，最终还是能够受到国家法律的保障，这对于提高社会主义法制的信誉，促进社会和谐，有着重要意义。人民法院审判的刑事案件，对于被告人被指控的犯罪事实，经过查证后，依照法律作出处理决定，用一审刑事判决书郑重地予以宣告，便于被告人和公诉机关确切了解之后，有不同意见的可以提出上诉、抗诉，及时提请上级人民法院进行审理评断的依据。被告人没有上诉，检察机关没有抗诉，产生法律效力的一审刑事判决书向社会公开，用具体的刑事案例向人民

群众进行法制宣传教育，可以提高群众的法律意识和辨别是非的能力，促进公民自觉守法，敢于保护自己的正当权利，以及维护正义，敢于同犯罪分子进行斗争。

（二）刑事一审判决书的写作方法

刑事一审判决书的写作方法较为严格，几经修改，现行的写作样式由标题、首部、事实、理由、判决结果和尾部几个部分组成。适用普通程序审理一审刑事判决书的具体写作方法如下：

1. 标题。法院名称，一般应与院印的文字一致，但是基层人民法院的名称前应冠以省、自治区、直辖市的名称；判处涉外案件时，各级人民法院均应冠以"中华人民共和国"的国名。案号，由立案年度、制作法院、案件性质、审判程序的代字和案件的顺序号组成。如湖南省常德市鼎城区人民法院2017 年立案的第 18 号刑事案件，表述为"（2017）鼎刑初字第 18 号"。案号写在文书名称下一行的右端，其最末一字与下面的正文右端各行看齐。案号上下各空一行。

2. 首部。公诉机关，直接写"公诉机关×××人民检察院"。在"公诉机关"与"×××人民检察院"之间不用标点符号，也不用空格。被害人和法定代理人、诉讼代理人出庭参加诉讼的，在审判经过段的"出庭人员"中写明（未出庭的不写）。被告人的基本情况有变化时，应在样式要求的基础上，根据不同情况作相应改动：被告人如有与案情有关的别名、化名，应在其姓名后面用括号加以注明。被告人的职业，一般应写工人、农民、个体工商户，等等；如有工作单位的，应写明其工作单位和职务。被告人的"出生年月日"，应写被告人准确的出生年月日；确实查不清出生年月日的，也可以写年龄。但对于未成年被告人，必须写出生年月日。被告人曾受刑事处罚、行政处罚、劳动教养或者在限制人身自由期间有逃跑等法定或者酌定从重处罚情节的，应当写明其事由和时间。因本案所受强制措施情况，应写明被拘留、逮捕等羁押时间，以便于折抵刑期。被告人项内书写的各种情况之间，一般可用逗号隔开；如果某项内容较多，可视行文需要，另行采用分号或者句号。被告人的住址应写住所地；住所地和经常居住地不一致的，写经常居住地。同案被告人有二人以上的，按主从关系的顺序列项书写。被告人是外国人的，应在其中文译名后用括号写明其外文姓名、护照号码、国籍。被告人是未成年人的，应当在写明被告人基本情况之后，另行续写法定代理人的姓名、与被告人的关系、工作单位和职务以及住址。辩护人是律师的，只写姓名、工作单位和职务，即"辩护人×××。×××律师事务所律师"；辩护人是人民团体或者被告人所在单位推荐的，只写姓名、工作单位和职务；辩护人是被告人的监护人、亲友的，还应写明其与被告人的关系；辩护人如果是人民法院指定的，写为"指定辩护人"，并在审判经过段中作相应的改动。同案被告人有二人以上并各有辩护人的，分别在各被告人项的下行列项书写辩护人的情况。案件的由来和审判经过段中检察院的起诉日期为法院签收起诉书等材料的日期；出庭的被告人、辩护人有多人的，可以概写为"上列被告人及其辩护人"；出庭支持公诉的如系检察长、副检察长、助理检察员的，分别表述为"检察长"、"副检察长"、"代理检察员"。对于前案依据《刑事诉讼法》第 195 条第 3 项规定作出无罪判决，人民检察院又起诉，原判决不予撤销，但应在案件审判经过段"×××人民检察院以×检×诉〔　　〕××号起诉书"，一句前，增写"被告人×××曾于××××年×月×日被×××人民检察院以×××罪向×××人民法院提起公诉。因证据不足，指控的犯罪不能成立，被×××人民法院依法判决宣告无罪"。对于经第二审人民法院发回重审的案件，原审法院重审以后，在制作判决书时，在"开庭审理了本案"一句之后，增写以下内容："于××××年×月×日作出（××××）×刑初字第××号刑事判决，被告人×××提出上诉（或者×××人民检察院抗诉）。×××人民法院于××××年×月×日作出（×××）×刑终字第××号刑事裁定，撤销原判，发回重审。本院依法另行组成合议庭，公开（或者不公开）开庭审理本案。"

3. 事实。事实是判决的基础，是判决理由和判决结果的根据。制作判决书，首先要把事实叙述清楚。书写判决事实时，应当注意以下几点：

按照相关规定，事实部分包括四个方面的内容：人民检察院指控被告人犯罪的事实和依据；被告人的供述、辩解和辩护人的辩护意见；经法庭审理查明的事实和定案的证据，并分四个自然段书写，以充分体现控辩式的审理方式。

叙述事实时，应当写明案件发生的时间、地点、被告人的动机、目的、手段，实施行为的过程、危害结果和被告人在案发后的表现等内容，并以是否具备犯罪构成要件为重点，兼叙影响定性处理的各种情节。依法公开审理的案件，案件事实未经法庭公开调查的，不能认定。

叙述事实要层次清楚，重点突出。一般按时间先后顺序叙述；一人犯数罪的，应当按罪行主次的顺序叙述；一般共同犯罪案件，应当以主犯为主线进行叙述；集团犯罪案件，可以先综述集团的形成和共同的犯罪行为，再按首要分子、主犯、从犯、胁从犯或者罪重、罪轻的顺序分别叙述各处被告人的犯罪事实。

认定事实的证据必须做到：

（1）依法公开审理的案件，除无需举证的事实外，证明案件事实的证据必须经法庭公开举证、质证，才能认证；未经法庭公开举证、质证的，不能认证。

（2）特别是注意通过对证据的具体分析、认证来证明判决所确认的犯罪事实。防止并杜绝作"以上事实，证据充分，被告人也供认不讳，足以认定"的抽象、笼统的说法或者用简单的罗列证据的方法，来代替对证据的具体分析、认证。法官认证和采信证据的过程应当在判决书中充分体现出来。

（3）证据要尽可能写明确、具体。证据的写法，应当因案而异。案情简单或者控辩双方没有异议的，可以集中表述；案情复杂或者控辩双方有异议的，应当进行分析、认证；一人犯数罪或者共同犯罪案件，还可以分项或者逐人逐罪叙述证据或者对证据进行分析、认证。对控辩双方没有争议的证据，在控辩主张中可不予叙述，而只在"经审理查明"的证据部分具体表述，以避免不必要的重复。

叙述证据时，应当注意保守国家秘密，保护报案人、控告人、举报人、被害人、证人的安全和名誉。

4. 理由。理由是判决的灵魂，是将犯罪事实和判决结果有机联系在一起的纽带。其核心内容是针对案件特点，运用法律规定、政策精神和犯罪构成理论，阐述公诉机关的指控是否成立，被告人的行为是否构成犯罪，犯的什么罪，依法应当如何处理，为判决结果打下基础。书写判决理由时，应当注意以下几点：

理由的论述一定要有针对性，有个性。要注意结合具体案情、充分摆事实、讲道理。说理力求透彻，逻辑严密，无懈可击，使理由具有较强的思想性和说服力。防止理由部分不说理或者说理不充分，只用法律条文，不阐明适用法律的道理；切忌说空话、套话，理由千篇一律，只有共性，没有个性。尽量使用法律术语，并注意语言精练。

确定罪名，应当以刑法和《最高人民法院关于执行〈中华人民共和国刑法〉确定罪名的规定》为依据。一人犯数罪，一般先定重罪、后定轻罪；共同犯罪案件，应在分清各被告人在共同犯罪中的地位、作用和刑事责任的前提下，依次确定首要分子、主犯、从犯或者胁从犯、教唆犯的罪名。

如果被告人具有从轻、减轻、免除处罚或者从重处罚等一种或者数种情节的，应当分别或者综合予以认定。

对控辩双方适用法律方面的意见应当有分析地表明是否予以采纳，并阐明理由。

判决的法律依据，根据《最高人民法院关于司法解释工作的若干规定》，应当包括司法解释在内。在引用法律条文时，应当注意：

要准确、完整、具体。准确，就是要恰如其分地符合判决结果；完整，就是要把据以定性处理的法律规定和司法解释全部引用；具体，就是要引出法律依据条文外延最小的规定，即凡条文分款分项的，应写明第几条第几款第几项；有的条文只分项不分款的，则写明第几条第几项。

要有一定条理和顺序。一份裁判文书应当引用两条以上的法律条文的，应当先引用有关定罪与确定量刑幅度的条文，后引用从轻、减轻、免除处罚或者从重处罚的条文；判决结果既有主刑，又有附加刑内容的，应当先引用主刑的条文，后引用适用附加刑的条文；某种犯罪需要援引其他条款和法定处罚（即援引法定刑）的，应当先引用本条条文，再按本条的规定，引用相应的他罪条文；一人犯数罪的，应当逐罪引用法律条文；共同犯罪的，既可集中引用有关法律条文，也可逐人逐罪引用有关的法律条文。

引用的法律依据中，既有法律规定又有司法解释规定的，应当先引用法律规定，再引用相关的司法解释；同时适用修订前后刑法的，对修订前的刑法，称"1979 年《中华人民共和国刑法》"；对修订后的刑法，称"《中华人民共和国刑法》"。

5. 判决结果。判决结果（又称"主文"）是依照有关法律的具体规定，对被告人作出的定性处理的结论，应当字斟句酌，认真推敲。书写判决结果时，应当注意以下几点：

判处的各种刑罚，应按法律规定写明全称。既不能随意简化，如将"判处死刑，缓期二年执行"的，简写为判处"死缓"；也不能"画蛇添足"，如将宣告缓刑的，写为"判处有期徒刑××××年，缓刑××××年执行"。

有期徒刑的刑罚应当写明刑种、刑期和主刑的折抵办法以及起止时间。如系判处死刑缓期二年执行的，起止时间表述为："死刑缓期二年执行的期间，从高级人民法院核准之日起计算"；如系判处管制的，表述为："刑期从判决执行之日起计算，判决执行以前先行羁押的，羁押一日折抵刑期二日，即自××××年×月×日起至××××年×月×日止"。

关于对三类特殊案件判决结果的表述。根据《最高人民法院关于适用〈中华人民共和国刑事诉讼法〉的解释》第241条第6、7项的规定，对被告人因不满16周岁不予刑事处罚和被告人是精神病人，在不能辨认或者不能控制自己行为的时候造成危害结果不予刑事处罚的，均应当在判决结果中宣告"被告人×××不负刑事责任"。依照本条第9项的规定，对被告人死亡的案件，根据已查明的案件事实和认定的证据材料，能够确认被告人无罪的，应当在判决结果中宣告"被告人×××无罪"。

适用《中华人民共和国刑事诉讼法》第195条第3项规定宣告被告人无罪的，应当将"证据不足，×××人民检察院指控的犯罪不能成立"，作为判决的理由，而不应当作为判决的主文。

追缴、退赔和发还被害人、没收的财物，应当写明其名称、种类和数额。财物多、种类杂的，可以在判决结果中概括表述，另列清单，作为判决书的附件。

数罪并罚的，应当分别定罪量刑（包括主刑和附加刑），然后按照刑法关于数罪并罚的原则，决定执行的刑罚，切忌综合（即"估堆"）量刑。

一案多人的，应当以罪责的主次或者判处刑罚的轻重为顺序，逐人分项定罪判处。

6. 尾部。如果适用《中华人民共和国刑法》第63条第2款的规定在法定刑以下判处刑罚的，应当在交代上诉权之后，另起一行写明："本判决依法由最高人民法院核准后生效"。判决书的尾部应当由参加审判案件的合议庭组成人员或者独任审判员署名。合议庭成员有陪审员的，署名为"人民陪审员"；合议庭成员有助理审判员的，署名为"代理审判员"；助理审判员担任合议庭审判长的，与审判员担任合议庭审判长一样，署名为"审判长"；院长（副院长）或者庭长（副庭长）参加合议庭的，应当担任审判长，均署名为"审判长"。判决书尾部的年月日，为作出判决的日期。当庭宣判的，应当写当庭宣判的日期；定期或者委托宣判的，应当写签发判决书的日期（裁定书亦同）。当庭宣告判决的，其不服判决的上诉和抗诉的期限，仍应当从接到判决书的第二日起计算。判决书原本上不写"本件与原本核对无异"。此句文字应制作成专用印戳，由书记员将正本与原本核对无异之后，加盖在正本末页的年月日左下方、书记员署名的左上方。

上述刑事一审判决书的写作方法，是各种刑事判决书的写作基础，许多方法可供二审、再审刑事判决书写作时参考，只是根据判决审级的不同，作一些必要的变动。

即使是一审刑事判决书，由于不同的情形，写作方法也有所不同。

制作未成年人刑事判决书，应当根据案件的实际情况，充分体现"教育、感化、挽救"的方针和"教育为主，惩罚为辅"的原则，反映"寓教于审，惩教结合"的特点。在判决书的首部，要在被告人之后，列"法定代理人"项，被告人没有委托辩护人的，要列"指定辩护人"项。根据《最高人民法院关于审理未成年人刑事案件的若干规定》的规定，在写经审理查明的事实和证据之后，还要概述被告人的家庭情况，社会交往，成长经历、性格特点，走上犯罪道路的原因等同被告人实施被指控犯罪密切相关的情况，以及实施被指控犯罪的前后表现。如果可能判处被告人非监禁刑的，概述所具备的监护、帮教条件等情况。在理由部分，结合庭审查明的未成年被告人成长轨迹，剖析未成年被告人走上犯罪道路的主客观的原因。

基层人民法院办理一审刑事案件，适用简易程序的比例较大。为了提高办案效率，节约诉讼成本，适用简易程序的刑事判决书，按照最高人民法院有关司法解释的规定，力求简洁、明晰。由于适用简易程序的前提是"事实清楚、证据充分"的较轻的犯罪案件，在通常情况下，控辩双方对指控的事实和证据没有原则分歧。因此，在制作这类判决书时，只需简要概括起诉书指控的犯罪事实内容。经审理查明部分，无须再写被告人的犯罪事实，可在公诉机关指控的犯罪事实之后，表述为"上述事实，被告人在开庭审理过程中亦无异议，并有××证据证实，足以认定"即可。在写证据方面，只需写定案的证据名称，无须写证据证明的内容。可见，适用简易程序的刑事判决书，与适用普通程序的刑事判决书相比，删除了"被告人及其辩护人的辩护意见"、"经审理查明"和证据的具体内容等部分，整体上判决书也体现了简易的特点。

（三）刑事一审判决书的格式

制作适用普通程序的一审判决书的方式和格式，是制作适用其他程序刑事判决书最基础、最基本的要求。制作适用简易程序的刑事判决书，是基层人民法院最常用的技巧。故下面提供适用普通程序一审刑事判决书格式和适用简易程序一审刑事判决书格式各一份。

1. 一审公诉案件适用普通程序刑事判决书格式。

××省××市××区人民法院
刑事判决书

（××××）×刑初字第××号

公诉机关×××人民检察院。

被告人………（写明姓名、性别、出生年月日、民族、出生地、文化程度、职业或者工作单位和职务、住址和因本案所受强制措施情况等，现羁押处所）。

辩护人……（写明姓名、工作单位和职务）。

×××人民检察院以×检×诉〔   〕××号起诉书指控被告人×××犯××罪，于××××年×月×日向本院提起公诉。本院依法组成合议庭，公开（或者不公开）开庭审理了本案。×××检察院指派检察员×××出庭支持公诉，被害人×××及其法定代理人×××，诉讼代理人×××，被告人×××及其法定代理人×××、辩护人×××，证人×××，鉴定人×××，翻译人员×××等到庭参加诉讼。现已审理终结。

×××检察院指控……（概述人民检察院指控被告人犯罪的事实、证据和适用法律的意见）。

被告人×××辩称……（概述被告人对指控的犯罪事实予以供述、辩解、自行辩护的意见和有关证据）。辩护人×××提出的辩护意见是……（概述辩护人的辩护意见和有关证据）。

经审理查明，……（首先写明经庭审查明的事实；其次写明经举证、质证定案的证据及其来源；最后对控辩双方有异议的事实、证据进行分析、认证）。

本院认为，……（根据查证属实的事实、证据和有关法律规定，论证公诉机关指控的犯罪是否成立，被告人的行为是否构成犯罪，犯的什么罪，应否从轻、减轻、免除处罚或者从重处罚。对于控辩双方关于适用法律方面的意见，应当有分析地表示是否予以采纳，并阐明理由）。依照……（写明判决的法律依据）的规定，判决如下：

写明判决结果。分三种情况：

一、定罪判刑的，表述为："①被告人×××犯×××罪，判处……（写明主刑、附加刑）。（刑期从判决执行之日起计算。判决执行前先行羁押的，羁押一日折抵刑期一日，即自××××年×月×日起至××××年×月×日止）。②被告人×××……（写明决定追缴、退赔或者发还被害人，没收财物的名称，种类和数额）。"

二、定罪免刑的，表述为："被告人×××犯×××罪，免予刑事处罚（如有追缴、退赔或者没收财物的，续写第二项）。"

三、宣告无罪，无论是适用《刑事诉讼法》第195条第2项还是第3项，均应表述为："被告人×××无罪"。

如不服本判决，可在接到判决书的第二日起十日内，通过本院或者直接向×××人民法院提出上诉。书面上诉的，应当提交上诉状正本一份，副本　份。

审判长　×××

审判员　×××

审判员　×××

××××年×月×日（院印）

本件与原本核对无异　　　　　　　　　　　书记员　×××

2. 一审公诉案件适用简易程序刑事判决书格式。

××省××市××区人民法院
刑事判决书

（××××）刑初字第××号

公诉机关×××人民检察院。

被告人×××，性别，××××年×月×日出生于××省××市××区，×族，××文化，工作单位和职务、住址。因本案于××××年×月×日所受强制措施情况。现羁押于×××看守所。

辩护人×××，工作单位和职务。

×××人民检察院以×检×诉（200×）××号起诉书指控被告人×××犯×××罪，于200××××年×月×日向本院提起公诉。本院依法适用简易程序，实行独任审判，公开（或不公开）开庭审理了本案。×××检察院未派员出庭支持公诉（公诉机关派员出庭的表述为×××人民检察院指派检察员×××出庭支持公诉），被告人×××及其辩护人×××到庭参加了诉讼。现已审理终结。

公诉机关指控被告人（简要概括起诉书指控犯罪事实内容）。

上述事实，被告人×××在开庭审理过程中亦无异议，并有物证××、书证××、证人×××的证言，被害人×××的陈述，×××公诉机关（检察机关）勘验、检查笔录和××鉴定结论等证据证实，足以认定。

本院认为，被告人×××的行为已构成×××罪。

（对控辩双方采纳的控辩理由）。（从轻、减轻或者免除处罚的理由）。依照《中华人民共和国刑法》第×条第×项之规定，判决如下：

被告人×××犯×××罪，判处……（写明判处的具体内容，先写刑种，再写刑期）。（刑期从判决执行之日起计算。判决执行前先行羁押的，羁押一日，折抵刑期一日。即自××××年×月×日起至××××年×月×日止）

如不服本判决，可在接到判决书的第二日起十日内，通过本院或者直接向×××人民法院提出上诉。书面上诉的，应当提交上诉状正本一份，副本　份。

审判员　　×××

××××年×月×日（院印）

本件与原件核对无异　　　　　　　　　书记员　　×××

第四节　与公诉案件第一审程序相关问题的规定

一、法庭审判笔录

根据《刑事诉讼法》第 201 条的规定，法庭审判笔录的制作与核对，包括以下几项：

1. 法庭审判的全部活动，应当由书记员写成笔录，经审判长阅读后，由审判长和书记员签名。

2. 法庭笔录中的证人证言部分，应当当庭宣读或者交给证人阅读，证人在承认没有错误后，应当由证人签名或者盖章。

3. 笔录应当交给当事人阅读或者向他宣读，当事人认为记载有遗漏或者差错的，可以请求补充或者改正。在其承认没有错误后，应当签名或盖章。

由于法庭审判笔录是重要的诉讼文书，它不仅是合议庭研究、评议和判决案件的重要依据，尤其是庭审方式的改革，诉讼案卷的移送，不再是原卷和全卷，庭审中展示的证据是判决的唯一根据，而且庭审笔录也是审查一审审判活动是否合法的主要依据。因此，对庭审笔录的记载必须做到准确无误，字迹清楚。

二、延期审理

（一）延期审理的概念

《刑事诉讼法》第 198 条规定，在法庭审判过程中，遇有下列情形之一，影响审判进行的，可以延期审理：

1. 需要通知新的证人到庭，调取新的物证，重新鉴定或者勘验的。

2. 检察人员发现提起公诉的案件需要补充侦查，提出建议的。

3. 由于申请回避而不能进行审判的。

根据上述规定，延期审理是指人民法院在开庭审理时，因出现不能继续审判的情形，而延展法庭审理的日期。延期审理与中止审理、休庭不同。延期审理是在法庭审理中，因故不能继续进行，依法将审理时间推迟，待原因消失后，再行开庭审理。中止审理指人民法院受理案件以后，因发现某种情况而将正在进行的诉讼暂时停止，待中止障碍消除后再恢复诉讼。中止审理是整个诉讼活动的暂时停止，延期审理是暂时停止审理，其他诉讼活动，仍应视为进行，并不停止。另外中止审理不受诉讼时限的制约，而延期审理要受审理期限的制约。法庭休庭只是审判庭的短暂休息，或退庭评议，或研究解决审判中突然发生的某些具体问题，并不延展审判日期。当然，如发生《刑事诉讼法》第191条所规定的情形，即"法庭审理过程中，合议庭对证据有疑问的，可以宣布休庭，对证据进行调查核实"。这种情形是先宣布休庭，后再宣告因证据查证问题而延期审理。

延期审理的开庭日期，可以在当庭确定，也可能在休庭以后另外确定，当庭确定的，应当当庭公开宣布下次开庭的时间、地点；当庭不能确定的，另行确定并即日通知控、辩双方和其他诉讼参与人。但延期审理不能违反刑事诉讼关于审理期限的规定。

（二）延期审理的法定理由

《刑事诉讼法》第198条规定了延期审理的法定理由，有三种情形：第一种是指在庭审过程中，当事人、辩护人、诉讼代理人申请新的证人到庭，调取新的物证，申请重新鉴定或者勘验，经法庭研究认为申请有理，而当庭一时又解决不了问题，法庭可以决定休庭，宣告延期审理。第二种情形是指在审理的过程中，检察人员发现了新的情况，认为原来起诉的案件，事实尚需进一步查清，或者证据不够充分，尤其是在法庭上辩方提出了反证，公诉人发现案件的事实和证据必须进行补充侦查，应立即向法庭提出申请补充侦查的建议，法庭可做出延期审理的决定由人民检察院进行补充侦查。第三种情形是由于当事人申请回避不能进行审判。即申请回避导致更换审判人员，需要重新组成合议庭等，必须延期审理。

另外,《刑事诉讼法》第 191 条规定关于"法庭审理过程中,合议庭对证据有疑问的,可以宣布休庭,对证据进行调查核实。"遇此情形,实质上也会导致延期审理。在审理的过程中,即在正式开庭期日内,被告人以正当的理由提出更换辩护人的要求,法庭同意的,以及公诉人或自诉人变更指控范围,导致辩护一方要求重新进行辩护准备的等等均可延期审理。

三、法庭秩序

(一) 法庭秩序的概念

法庭秩序是指《中华人民共和国人民法院法庭规则(试行)》所规定的诉讼参与人和旁听人员应当遵守的秩序和纪律。包括诉讼参与人不得喧哗、吵闹;陈述、发言、辩论等须经审判长许可;公民凭人民法院发出的旁听证进入法庭,旁听人员不得录音、录像和摄影,不准进入审判区等妨碍审判活动的行为。

法庭审判是行使国家审判权的严肃的法律行为,也是刑事诉讼的重要环节。因此,当事人和其他诉讼参与人,甚至旁听群众都应维护法庭的尊严,不得违反法庭秩序,保证审判工作的顺利进行。但是,在刑事审判工作中,违反庭审秩序的情况时有发生,针对实际需要,《刑事诉讼法》规定了违反法庭秩序的司法处罚的种类和程序,以及对严重违反法庭秩序,构成犯罪的,应依法追究刑事责任。

(二) 违反法庭秩序的处理

违反法庭秩序和破坏法庭纪律的行为,可根据行为情节和危害结果的不同,分别做出警告制止、责令强行带出法庭、罚款和拘留四种司法处罚,其中罚款最多不能超过 1000 元,拘留不能超过 15 日。罚款、拘留必须经过人民法院的院长批准,罚款、拘留应当制作决定书,被罚款、拘留的人对决定不服的,可以向上一级人民法院申请复议,但复议期间不停止对决定的执行。其目的是为了保证司法处罚有效性,防止时过境迁,达不到处罚的目的。对于被拘留的人,如在拘留期间承认并改正错误的,人民法院还可决定提前解除拘留,不能一拘了事,不管不问,经了解只要有悔改表现的,就应提前解除。解除拘留权属于人民法院。

对于严重扰乱法庭秩序，构成犯罪的，依照刑法规定以扰乱法庭秩序罪，追究其刑事责任。有的国家称之为"蔑视法庭罪"，有的称"破坏法庭秩序罪"。

关于追究扰乱法庭秩序刑事责任的案件管辖和程序，修正后的《刑事诉讼法》未作具体规定，我们认为要区别轻、重、缓、急和危害程度分别处理，或由法庭即审即判；或依简易程序审理，即符合简易程序条件的案件；构成重伤害、杀人等罪的，按照立案管辖的规定，移送立案、侦查、起诉。

四、第一审程序的期限

第一审程序的期限是指人民法院审判第一审公诉案件，从受理到宣判的最长时间期限。《刑事诉讼法》第202条对第一审程序的审理期限作了详细规定。其主要内容有：

1. 人民法院审理公诉案件，应当在受理后2个月内宣判，至迟不得超过3个月。

2. 对于可能判处死刑的案件或者附带民事诉讼的案件，以及有本法第156条规定情形之一的，经上一级人民法院批准，可以延长3个月；因特殊情况还需要延长的，报请最高人民法院批准。

3. 如遇人民法院改变管辖的条件，从改变后的人民法院收到案件之日起计算审理期限。

4. 人民检察院补充侦查的案件，补充侦查完毕移送人民法院后，人民法院重新计算审理期限。

| 第四章 |

刑事公诉案件模拟审判第一审程序操作规程

第一节　庭前审查

一、庭前审查的含义

现行刑事诉讼法，淡化了庭前审查，但并不排除必要的审查。对公诉案件的审查是人民法院行使国家审判权的开始程序，其法律性质是对案件的接受审查，其任务是解决是否将被告人实行法庭审判的问题，案件是否符合开庭审判的条件，而不是确定被告人是否有罪，其本质是属于程序性措施，决不能把审查同审判混为一谈。紧紧围绕是否将被告人交付法庭审判，亦即是否符合开庭审判的条件，不从实体上解决案件的定性量刑问题。程序性审查的具体内容应包括案件的管辖、侦查、起诉程序是否合法，各种诉讼文书是否完备齐全，起诉书的指控是否有明确的犯罪事实，并附有相应的证据目录说明等。至于案件事实是否清楚，罪名是否成立，证据是否充分、确实，均由开庭审判时加以解决。

二、庭前审查的时限

一个刑事案件由公诉机关移送法院后，并非法院必然受理，而是在审查时限内予以审查。依据《最高人民法院关于适用〈中华人民共和国刑事诉讼法〉的解释》第181条的规定，人民法院对于按照普通程序审理公诉案件，决定是否受理，应当在7日内审查完毕。

三、庭前审查的内容和方法

（一）庭前审查的内容

《刑事诉讼法》第181条规定："人民法院对提起公诉的案件进行审查后，对于起诉书中有明确的指控犯罪事实的，应当决定开庭审判。"根据这一规定，对公诉案件的审查，主要围绕是否具备开庭条件进行的。其具体内容，根据《最高人民法院关于适用〈中华人民共和国刑事诉讼法〉的解释》第180条的规定，对公诉案件的审查包括有：

（1）是否属于本院管辖。

（2）起诉书是否写明被告人的身份，是否受过或者正在接受刑事处罚，被采取强制措施的种类、羁押地点，犯罪的时间、地点、手段、后果以及其他可能影响定罪量刑的情节。

（3）是否移送证明指控犯罪事实的证据材料，包括采取技术侦查措施的批准决定和所收集的证据材料。

（4）是否查封、扣押、冻结被告人的违法所得或者其他涉案财物，并附证明相关财物依法应当追缴的证据材料。

（5）是否列明被害人的姓名、住址、联系方式；是否附有证人、鉴定人名单；是否申请法庭通知证人、鉴定人、有专门知识的人出庭，并列明有关人员的姓名、性别、年龄、职业、住址、联系方式；是否附有需要保护的证人、鉴定人、被害人名单。

（6）当事人已委托辩护人、诉讼代理人，或者已接受法律援助的，是否列明辩护人、诉讼代理人的姓名、住址、联系方式。

（7）是否提起附带民事诉讼；提起附带民事诉讼的，是否列明附带民事诉讼当事人的姓名、住址、联系方式，是否附有相关证据材料。

（8）侦查、审查起诉程序的各种法律手续和诉讼文书是否齐全。

（9）有无《刑事诉讼法》第15条第2项至第6项规定的不追究刑事责任的情形。

上述所说的主要证据包括：

（1）起诉书中涉及的《刑事诉讼法》第48条规定的证据种类中的主要

证据。

（2）同种多个证据中被确定为主要证据的；如果某一种类证据中只有一个证据，该证据即为主要证据。

（3）作为法定量刑情节的自首、立功、累犯、中止、未遂、防卫过当等证据。

（二）庭前审查的方法

审查的方法，以书面审查为主，即通过审阅移送的案卷材料，了解起诉指控的案件事实和证据情况，尤其是起诉书指控的犯罪事实、情节是否有相应的证据加以证明，把移送的主要证据的复印件或照片同案件事实、情节加以对照。人民法院在庭前审查中不宜提审被告，或询问有关证人、被害人。

四、审查后的处理

根据《最高人民法院关于适用〈中华人民共和国刑事诉讼法〉的解释》第181条的规定，案件经审查后，应当根据不同情况分别处理：

1. 属于告诉才处理的案件，应当退回人民检察院，并告知被害人有权提起自诉。

2. 不属于本院管辖或者被告人不在案的，应当退回人民检察院。

3. 不符合前条第2项至第8项规定之一，需要补充材料的，应当通知人民检察院在3日内补送。

4. 依照《刑事诉讼法》第195条第3项规定宣告被告人无罪后，人民检察院根据新的事实、证据重新起诉的，应当依法受理。

5. 依照本解释第242条规定裁定准许撤诉的案件，没有新的事实、证据，重新起诉的，应当退回人民检察院。

6. 符合《刑事诉讼法》第15条第2项至第6项规定情形的，应当裁定终止审理或者退回人民检察院。

7. 被告人真实身份不明，但符合刑事诉讼法第158条第2款规定的，应当依法受理。

对于决定开庭审判的案件，人民法院应当适用决定书，载明经过审查，符合开庭条件，将被告人交付法庭审判。决定书一旦做出，案件即进入开庭前的准备阶段。

第二节　开庭审判前的准备

根据《刑事诉讼法》第 182 条的规定和审判工作的实际需要，人民法院决定开庭审判的案件，开庭审判前要做好如下各项准备工作：

一、确定合议庭的组成人员

人民法院对人民检察院提起公诉的案件，根据《刑事诉讼法》第 178 条的规定，应当组成合议庭进行审判，但是基层人民法院适用简易程序的案件也可以由审判员一人独任审判。因此，人民法院经过对公诉案件的审查，凡是决定开庭审判的案件，首先要确定合议庭组成人员。合议庭的组成应先确定审判长，而审判长的产生应由院长或者庭长指定一名审判员担任，院长或庭长参加审判时，自己担任审判长。合议庭的其他组成人员，一般由人民法院的刑事审判庭庭长确定。担任合议庭记录工作的书记员，也应同时确定。合议庭的成员确定后，应立即着手审判前的各项准备工作。如查阅移送的有关材料，审查证据目录和出庭证人、鉴定人名单、熟悉案情，拟定庭审提纲及分工等。庭审提纲一般包括：

1. 合议庭成员在庭审中的分工。
2. 起诉书指控的犯罪事实部分的重点和认定案件性质方面的要点。
3. 讯问被告人时需要了解的案情要点。
4. 控、辩双方拟出庭的证人、鉴定人和勘验、检查笔录制作人的名单。
5. 当庭宣读的证人证言笔录、物证和其他证据目录。
6. 庭审中可能出现的问题及拟采取的措施。

二、送达起诉书副本并告知相关权利

给被告人送达起诉书副本，并对其没有委托辩护人的，应当告知可以委托辩护人或者依法为被告人指定辩护人。为了保障被告人行使辩护权，应将人民检察院的起诉书副本在开庭前 10 日送达被告人。其目的是让被告人及早

知道被指控的罪名及事实根据，做好充分的准备，充分行使辩护权。这是刑事诉讼法修正的一个重要原则，即强化诉讼中辩护职能，充分保障被告人的辩护权。对于被告人未委托辩护人的，应当告知被告人可以委托辩护人，或者在必要时为被告人指定辩护人。这是对人民法院贯彻被告人有权获得辩护，保障被告人辩护权诉讼原则的要求，以保证未委托辩护人或该指定辩护未指定辩护人的被告人的辩护权，维护被告人的合法权益。

三、派员出庭支持公诉

由于人民法院决定开庭审判的公诉案件，人民检察院要派员出庭支持公诉，并对审判活动是否合法，实行监督。因此，人民法院应将开庭的时间、地点，在开庭3日以前通知人民检察院。出庭支持公诉的检察员要做好出庭准备工作。例如，进一步熟悉案情，尤其是按照刑事诉讼法的规定，对庭审中要出具的各项证据，要出庭的各个证人、鉴定人的情况，审讯被告人的提纲，庭审中可能出现的问题及对策等等，都要按照出庭支持公诉的要求，一一做好准备。

四、通知相关诉讼参与人到庭

由于当事人、辩护人、诉讼代理人、证人、鉴定人和翻译人员，都是诉讼参与人，这些人出庭与否，直接影响到庭审的进行和质量。在法庭审判过程中，根据本法规定，被告人要接受法庭各方讯问或发问，并要进行自我辩护，辩护人要为被告人行使辩护权；被害人要与公诉人相配合行使控诉职能并陈述案件事实，诉讼代理人要维护被害人的合法权益，协助其行使诉讼权利；证人、鉴定人要出庭作证，并接受控、辩双方的询问和质证，翻译人员要贯彻诉讼适用本民族的语言文字进行的原则，做好翻译工作。因此，人民法院决定开庭后，应当对必须到庭的当事人、辩护人、证人、鉴定人和翻译人员的传票或通知书最迟在开庭3日以前送达，使上述人员各自做好出庭的准备工作。特别是当事人的辩护人，要根据起诉书中所指控的罪名、事实、证据和法律的适用拟定辩护提纲，准备反驳控诉的证据，制作辩护词等等，在3日内必须完成，以保证正确合法地行使辩护职能。

五、对社会公开审判案件的要求

根据公开审判原则的要求，凡是公开审判的案件，允许公民到庭旁听，允许新闻记者采访，要对社会公开。因此，公开审判的案件要先其贴出公告，公布案由、被告人的姓名、开庭的时间和地点，限期为"在开庭 3 日以前"，其目的是为了让人民群众和其他旁听人员，做好工作、生产上的安排，有一个较充分的准备时间。关于旁听和新闻记者采访问题，由于我国每个法庭的容量有限，多年来我国实行事先领取旁听证和采访证的办法，旁听群众要凭旁听证进入法庭，记者凭人民法院发出的采访证进入法庭。外国人旁听或外国新闻记者要求采访的，可向主管部门提出，经人民法院许可，也凭人民法院发的旁听证或者采访证进入法庭。所有旁听人员和记者，进入审判庭后都要严格遵守人民法院公布的法庭纪律，对庭审活动有意见的，可以在闭庭后用书面向人民法院提出。旁听人员违反法庭秩序，要根据情节轻重不同，依法追究其责任，直至刑事责任。

由于上述各项准备工作，都是依法进行的诉讼活动，每一项活动直接涉及诉讼活动能否顺利进行，关系到法庭审判的质量，甚至影响到判决的效力。因此，人民法院应分别制成笔录，由审判长和书记员签名，并附案卷保存备查。

第三节　宣布开庭

一、书记员应做的工作

开庭审理前，书记员应当依法做好下列工作：①查明公诉人、当事人、证人及其他诉讼参与人是否到庭；②宣读法庭规则；③请公诉人、辩护人入庭；④请审判长、审判员或陪审员入庭，并当庭向审判长报告开庭前的准备工作已经就绪。在审判人员入庭时，请全体人员起立，以示法庭之威严。

二、宣告开庭的内容与程序

根据《刑事诉讼法》第 185 条的规定，宣告开庭的内容与程序包括：

1. 审判长宣布开庭并传唤被告人到庭。

（1）查明被告人的姓名、出生年月日、民族、籍贯、出生地、文化程度、职业及住址等，对刑事被告人还应查明。

（2）是否被采取强制措施及种类、时间。

（3）收到人民检察院起诉书副本的日期；如果有刑事附带民事诉讼的，附带民事诉讼被告人收到附带民事诉状的日期。

2. 审判长公布案件的来源，起诉的案由，附带民事诉讼原告人和被告人的姓名（名称）及是否公开审理，对不公开审理的案件，当庭公布不公开审理的理由。

3. 审判长宣布合议庭组成人员、书记员、公诉人、辩护人、诉讼代理人、鉴定人和翻译人员名单。

4. 审判长用通俗的语言告知当事人、法定代理人、辩护人、诉讼代理人在法庭审理过程中依法享有的诉讼权利。包括：

（1）可以申请合议庭组成人员、书记员、公诉人、鉴定人和翻译人员回避。

（2）被告人有权自行辩护和依法委托他人辩护。

（3）当事人和辩护人可以申请审判长对证人、鉴定人发问或者请求审判长许可直接发问。

（4）当事人和辩护人在法庭审理的过程中，可以提出证明被告人无罪、罪轻、从轻或减轻处罚的证据，申请通知新的证人到庭，调取新的物证，申请重新鉴定或勘验。

（5）经审判长允许，当事人和辩护人、诉讼代理人有权同对方对证据和案件情况发表意见和互相辩论。

（6）被告人在法庭辩论结束后最后陈述的权利。

在实际工作中，告知上述权利，可以在开庭阶段集中告知，也可以依法庭审理顺序分别告知，两种做法均可。但是，对于共同犯罪的案件，应将各被告人同时传唤到庭，查明身份及基本情况后，集中告知，以节省开庭时间。

第四节　法庭调查

一、法庭调查的概念

法庭调查是在审判长主持下，控、辩双方和其他诉讼参与人的参加下，当庭对案件事实和证据进行审查、核实的活动。

法庭调查是法庭审判的一个中心环节。因为能否正确认定案件事实，能否正确定罪量刑，都要以经过法庭调查程序对核实的证据为基础，凡是没有经过法庭调查的证据，不能作为定案的根据。案件的质量如何，直接取决于法庭调查的成败。

我国的法庭调查是科学性与法律性的高度统一。从辩证唯物主义的认识来讲，它是审判人员正确认识案情、查明事实真相的一个必经阶段，尤其是经过修正的刑事诉讼法，它所确立的审判方式，对庭前审查程序相对弱化，改变了过去那种周密而又详细的庭前实体审查，强化了法庭审理程序。对案件定性判决的基础工作，就是法庭调查，审判人员要从双方的举证与辩论之中，分清是非，查明真相。所以，法庭调查是审判人员认识案情的一个必经阶段；从诉讼程序来讲，它是完成刑事诉讼任务，贯彻各项诉讼原则和制度，认定案件事实的法定程序。因此，法庭调查是科学的认识论与法律性的高度统一。

二、法庭调查的范围

法庭调查的范围，是起诉书所指控的被告人的犯罪事实及证明被告人有罪、无罪、罪重、罪轻的各种证据。起诉书指控的被告人的犯罪事实为两起以上的，法庭调查时，一般应当就每一起事实分别进行。

三、法庭调查的步骤和程序

根据《刑事诉讼法》第 186 条至第 193 条的规定，法庭调查的步骤和程序如下：

（一）公诉人宣读起诉书

审判长宣布法庭调查开始后，首先由公诉人宣读起诉书。

宣读起诉书是人民检察院当庭向人民法院指控被告人犯罪，需要追究刑事责任，要求法庭依法予以惩罚。宣读起诉书是庭审的必须程序，因为起诉书是法院审判的基础，法院未经人民检察院起诉而径行审判的行为，违背控审分离原则，也违背了我国刑事诉讼法规定的诉讼程序。同时，宣读起诉书可以使当事人和其他诉讼参与人，以及旁听群众，了解被告人犯罪嫌疑的基本情况，为当事人进行辩护，其他诉讼参与人参与诉讼提供依据，更有利于旁听群众监督庭审活动，并接受法制宣传、教育。

宣读起诉书要在审判人员的主持下，由公诉人宣读。《刑事诉讼法》第184条规定："人民法院审判公诉案件，人民检察院应当派员出席法庭支持公诉。"根据这一规定，人民检察院必须派员出席法庭。作为控诉方出席法庭，理所当然要亲自宣读起诉书。修正后的刑事诉讼法不存在公诉人不出席法庭的问题，更不存在由审判人员代为宣读起诉书的问题。

（二）被告人、被害人陈述和审讯被告人

《刑事诉讼法》第186条规定："公诉人在法庭上宣读起诉书后，被告人、被害人可以就起诉书指控的犯罪进行陈述，公诉人可以讯问被告人。被害人、附带民事诉讼的原告人和辩护人、诉讼代理人，经审判长许可，可以向被告人发问。审判人员可以讯问被告人。"根据本条规定所列举的顺序：

1. 宣读起诉书后，不再是"审判人员开始审问被告人"，而是由"被告人、被害人可以就起诉书指控的犯罪进行陈述"。

2. 双方陈述后，先由公诉人讯问被告人，然后由被害人、附带民事诉讼的原告人及其诉讼代理人发问。

3. 经审判长许可，辩护人向被告人发问。

4. 最后才规定审判人员可以讯问被告人。上述程序，一改过去那种由审判长自始至终包揽审问的做法。即把以审判长审问为主，公诉人及其诉讼参与人也可以选择时机，请求讯问或发问，修改为先由双方陈述，公诉人讯问，再由被害人和其他诉讼参与人发问。审判人员的讯问是建立在双方陈述、双方讯问、发问的基础上，有针对性地进行。对于共同犯罪案件中的被告人，应当分别进行讯问。合议庭认为必要时，可以传唤共同被告人同时到庭对质。

以上是我国审判方式改革的重要内容。为了加强各种诉讼职能，增加查明事实的透明度，必然要求在宣读起诉书后，先由双方陈述，公诉人审讯，双方再进行发问，只有在控方审讯，双方发问不清或审判人员认为有必要的时候，或讯问、发问出现僵局时，审判人员可以直接讯问被告人或者直接向被害人和附带民事诉讼的原告人发问。

法庭调查要由审判长主持。尽管法庭调查程序改革后，不再由审判长担任主审，但控、辩双方的陈述、讯问、发问等活动，仍要由审判长主持进行，对于双方的讯问、发问必须经审判长许可。因为确保法庭准确高效地查明事实真相，揭露犯罪、证实犯罪、保障无罪的人不受刑事追究，必须要精心组织、精心设计，不仅要严格依照法定程序进行，而且还要有科学的审问、发问策略。审判长对于控、辩双方讯问、发问被告人、被害人和附带民事诉讼的原告人、被告人的内容与本案无关或者讯问、发问的方式不当的，应当制止。对于控、辩双方认为对方讯问或者发问的内容与本案无关或者讯问、发问的方式不当并提出异议的，审判长应当判明情况予以支持或者驳回。

（三）出示、核实各种证据

根据《刑事诉讼法》第189、190条的规定，审讯被告人后，应当当庭核查各种证据。因为只有经过法庭调查核实的证据，才能作为人民法院认定案件事实的根据。出示、核实各种证据的程序包括：

1. 询问证人、鉴定人。我国刑事诉讼法贯彻言词原则和直接原则的精神，对证人作证、鉴定人的鉴定，要在法庭上经过控、辩双方讯问、质证，才能作为定案的根据。证人应当出庭作证，根据《最高人民法院关于适用〈中华人民共和国刑事诉讼法〉的解释》第206条规定，符合下列情形，经人民法院准许的，证人可以不出庭作证：①在庭审期间身患严重疾病或者行动极为不便的；②居所远离开庭地点且交通极为不便的；③身处国外短期无法回国的；④有其他客观原因，确实无法出庭的。具有前款规定情形的，可以通过视频等方式作证。

《刑事诉讼法》第59条规定："证人证言必须在法庭上经过公诉人、被害人和被告人、辩护人双方质证并且查实以后，才能作为定案的根据。法庭查明证人有意作伪证或者隐匿罪证的时候，应当依法处理。"《刑事诉讼法》第189、190条还规定了法庭调查讯问证人、鉴定人的具体程序。

证人作证，审判人员应当先核实证人的身份、与当事人以及本案的关系，告知他要如实地提供证言和有意作伪证或者隐匿罪证要负的法律责任。证人作证前，应当在如实作证的保证书上签名。因为凡是知道案件情况的人，都有作证的义务，知情不举，知情不到案，知情而有意提供伪证，或隐匿罪证，都属违法行为，理应根据情况，受到不同的法律处罚。经人民法院通知，证人没有正当理由不出庭作证的，人民法院可以强制其到庭，但是被告人的配偶、父母、子女除外。证人没有正当理由拒绝出庭或者出庭后拒绝作证的，予以训诫，情节严重的，经院长批准，处以10日以下的拘留。被处罚人对拘留决定不服的，可以向上一级人民法院申请复议。复议期间不停止执行。同时，对于证人有意作伪证或者隐匿罪证的，要负法律责任。即根据《刑法》第148条的规定，按伪证罪追究其法律责任。对于鉴定人提供假鉴定的，也应照此规定，追究其刑事责任。

公诉人询问证人，被害人及其诉讼代理人，经审判长许可，对证人发问。根据举证责任理论，先由审判人员告知证人作证义务，然后由公诉人开始询问证人。询问时，要查明证人的基本情况，让证人就其了解的情况作全面、充分地陈述，最后再根据案件的需要向他提问。公诉人询问后，经审判长许可，被害人及其诉讼代理人发问。被告人和辩护人经审判长许可，可以向控方证人发问，其发问的重点应针对被告人无罪、罪轻、从轻或免除被告人刑事责任的方面，提出问题，找出漏洞和矛盾，进行发问，为行使辩护权提供事实和证据。

对辩方证人的询问和发问。法庭调查的过程中，当事人和辩护人有权提出证人，并可申请通知新的证人到庭。对于法庭同意到庭的证人，先由被告人、辩护人进行询问，然后，经审判长允许再由公诉人询问，被害人及其诉讼代理人也可以发问。

对于控、辩双方出庭证人作证，在双方进行主询问和发问的过程中，审判人员可根据案件证明的需要，对证人进行询问。审判人员的询问不受双方询问的限制。双方询问或反询问，对审判人员均无预定的效力。

控、辩双方的主询问和反询问都要在法庭的主持下进行，审判人员认为询问发问的内容与案件事实无关，或者询问、发问的方式不当的，应当制止。对于控、辩双方认为对方发问的内容与本案无关或者发问的方式不当并提出异议的，审判长应当判明情况予以支持或者驳回。讯问证人应当遵循的规则：①发问的内容应当与案件的事实相关；②不得以诱导的方式提问；③不得威胁证人；④不得损害证人的人格尊严。这些规定也适用于对被告人、被害人、附带民事诉讼原告人和被告人、鉴定人的讯问、发问或者询问。

对鉴定人和勘验、检查笔录录制作人的询问，可参照以上程序进行。

审判人员认为必要时，可以询问证人、鉴定人。向证人、鉴定人发问应当分别进行。证人、鉴定人经控、辩双方发问或者审判人员询问后，审判长应当告知其退庭。证人、鉴定人不得旁听对本案的审理。

2. 出示物证、宣读和核实证言笔录、鉴定结论、勘验笔录和其他作为证据的文书。

《刑事诉讼法》第190条规定："公诉人、辩护人应当向法庭出示物证，让当事人辨认，对未到庭的证人的证言笔录、鉴定人的鉴定结论、勘验笔录和其他作为证据的文书，应当当庭宣读。审判人员应当听取公诉人、当事人和辩护人、诉讼代理人的意见。"根据这一规定，出示物证和核实各种作为证据的书面材料依照以下程序进行。

公诉人、辩护人分别向法庭出示物证，让当事人辨认。双方出示的物证，都要经过对方当事人的辨认，即做出明确回答，是或者不是，并记录在案。关于出示程序，在出示前，应当先由出示一方的当事人说明该物证的来源、特征，然后将本证物出示，让双方辨认，并明确回答辨认意见。控、辩双方可以互相质问、辨认。对于不便和不能拿到法庭上出示的物证，应当向被告人出示原物的照片或投影。例如，小汽车、各种家用电器、住宅等。

3. 宣读未到庭的证人的证言笔录、鉴定人的鉴定结论、勘验笔录和其他作为证据的文书。

如前所述，证人、鉴定人等，在通常情况下应当出庭作证，接受控、辩双方询问。但在审判实践中，由于种种原因而不能到庭，对于未到庭而又作为证据适用的各种书面证据材料，都要当庭宣读，并一一质证。即在宣读后，控、辩双方对该证据的证据力和证明力分别发表意见。其宣读程序是由控、辩双方分别依次宣读，每宣读一份都要分别由本方和对方当事人和辩护人、诉讼代理人发表是否同意的质证意见。如果在宣读后，任何一方认为没有听明白，或者提出疑义，则要重新宣读，或作必要的解释，或引用其他证据加以说明，以排除疑问，判明真伪，认真地核对，审判人员应当认真听取双方的意见。

当庭出示的证据、宣读的证人证言、鉴定结论和勘验、检查笔录等，在出示、宣读后，应即将原件移交法庭。对于确实无法移交的，应当要求出示、宣读的一方在休庭后 3 日内移交。

对于公诉机关在法庭上宣读、播放未到庭证人的证言，如果该证人提供不同的证言，法庭应当要求公诉人将该证人的全部证言在休庭后 3 日内移交。如果人民法院发现公诉人宣读和播放的证人证言材料，与庭审调查的案件事实有重大出入的，且可能影响正确裁判的，应当决定恢复法庭调查。

在法庭调查的过程中，公诉人要求出示开庭前送交人民法院的证据目录以外的证据，辩护方提出异议的，审判长如认为该证据出示的必要，可以准许出示。如果辩护方提出对新的证据做必要准备时，可以宣布休庭，并根据具体情况确定必要的准备的时间，确定时间期满后，应当继续开庭审理。

在法庭调查的过程中，合议庭对于证据有疑问的可以宣布休庭，对该证据进行调查核实。人民法院调查核实证据时，可以进行勘验、检查、扣押、鉴定和查询、冻结。必要时，可以通知检察人员、辩护人到场。人民法院使用这些手段，其法律性质属于对证据的核实行为，属于调查行为，不能认为这是侦查行为。对于法院核查的证据材料，仍然要在法庭上经过控、辩双方质证，听取双方意见，消除矛盾后，才能作为定案的根据。

当事人和辩护人申请通知新的证人到庭，调取新的证据，申请重新鉴定或者勘验的，应当提供证人的姓名、证据的存放地点，说明所要证明的案件事实，要求重新鉴定或者勘验的理由。审判人员根据具体情况，认为可能影响案件事实认定的，应当同意该申请，并宣布延期审理，不同意的，应当告知理由并继续审理。

合议庭在案件审理过程中，发现被告人可能有自首、立功等法定量刑情节，而起诉和移送的证据材料中没有这方面的证据材料的，应当建议人民检察院补充侦查。

在庭审过程中，如果人民法院向人民检察院调取需要调查核实的证据材料，或者根据辩护人、被告人的申请，向人民检察院调取在侦查、审查起诉中收集的被告人无罪和罪轻的证据材料，应当通知人民检察院在收到调取证据材料决定后 3 日内移送。

第五节　法庭辩论

一、法庭辩论的概念和目的

法庭辩论是在审判长的主持下，控、辩双方对案件的证据和案件事实，以及法律适用等问题，提出论点，发现意见，进行论证和互相辩驳的活动。

法庭辩论的目的是通过辩论双方各自对证据和案件情况发表意见，消除疑问和矛盾，使审判人员兼听则明，公正裁判。

二、法庭辩论的具体程序

修正后的《刑事诉讼法》加强了法庭辩论程序。原《刑事诉讼法》把法庭辩论限制在法庭调查后发表总结意见，并且可以互相辩论。修正后的《刑事诉讼法》取消了这一限制性规定，强调双方随时都可以对证据或案件情况发表意见并且可以互相辩论，其立法本意是要把双方的辩论贯彻在庭审程序之中，以查清事实为核心，允许双方及时发表不同意见。这样使法庭审理的透明度、民主性更强，更有利于保证庭审质量。但是，为了便于从学理上对庭审阶段划分，我们还是把庭审辩论作为独立的一个诉讼阶段，一般应在法庭调查后进行。可是，并不排除在法庭调查中对某一证据或事实情节的双方辩论，可以根据个案的实际需要将分散辩论与集中辩论相结合。

集中辩论的具体程序：第一轮法庭辩论先由公诉人发言，被害人及其诉讼代理人发言；然后由被告人自行辩护，辩护人进行辩护。控、辩双方进行辩论。第一轮辩论后还可以进行第二轮、第三轮等依次进行发言和辩论，直至审判长认为案件事实已经查清，犯罪的性质、罪责已经明确，双方的意见得以充分发表，审判长即可宣布辩论结束。实践中，审判长在宣布辩论结束前，要征询被告人和辩护人是否还有新的意见。

附带民事诉讼部分的辩论应当在刑事诉讼部分的辩论结束后进行，先由附带民事诉讼的原告人及其诉讼代理人发言，然后由被告人及其诉讼代理人答辩。

法庭辩论中的公诉词和辩护词。在实践中，把法庭辩论第一轮的公诉人的发言称作发表公诉词，辩护人的发言称作发表辩护词。公诉词和辩护词都是根据各自的诉讼职责，对法庭调查的事实和证据，以及案件中涉及的法律问题，做出总结性的评价，公诉词在总结性的评价后，要阐述犯罪的危害及后果，要揭示犯罪的根源和原因，提出有建设性的预防措施和意见，搞好庭审法制教育，贯彻综合治理的方针。辩护词要针对指控的不实之处和证据、事实、法律适用的分歧之点展开论证，说明理由和根据，并在最后提出辩护人对法庭判决无罪、罪轻、从轻或免除被告人刑事责任的请求。

三、法庭辩论的规则

法庭辩论必须坚持以事实为根据，以法律为准绳的诉讼原则。由于我国的法庭辩论是以对立统一的辩证唯物主义的科学世界观与方法论为指导，辩论的目的是通过双方不同意见的相互辩驳，使案情越来越明，以达到兼听则明之效果；同时，我国的控、辩双方的诉讼地位及职责，也有别于西方国家的"攻击与防御"的诉讼法律关系。所以，我国法庭辩论的突出特征就是坚持实事求是的原则，以事实为准绳。双方都要做到有理、有据、有节。

法庭辩论要由审判长主持进行。审判长及合议庭其他人员不仅要认真听取控、辩双方的意见，而且要注意抓住双方分歧之点积极引导，使辩论紧紧围绕案件事实、证据及法律适用进行。对于与案件无关、重复或者相互指责的发言，审判长应当及时制止。

在法庭辩论过程中，如果合议庭发现新的事实，认为有必要进行调查时，审判长可以宣布暂停辩论，恢复法庭调查，待该事实查清后继续法庭辩论。

第六节　被告人最后陈述

《刑事诉讼法》第193条规定："审判长在宣布辩论终结后，被告人有最后陈述的权利"。根据这一规定被告人最后陈述是法庭审判的一个独立的阶段，不能与法庭辩论混同进行。因为被告人在法庭审理的最后陈述是我国法律赋予被告人的一项重要诉讼权利。同时，在合议庭评议与判决之前，给被告人以最后陈述的权利，使其还有一次为自己充分辩解的机会，把自己要讲的话讲完，可以使合议庭进一步听取被告人的意见，有利于作出正确的判决，防止发生错判。另外，多数情况下，被告人通过庭审调查和辩论已认罪服法，他在最后陈述说明犯罪原因，认识犯罪危害还可以扩大审判效果，搞好法制宣传教育。因此，必须切实保障被告人最后陈述的权利，审判人员应认真听取其陈述，在陈述的时间上一般不应加以限制，让被告人把话讲完。只有在陈述的内容重复或与本案无关的时候，应当予以引导与制止。如果借最后陈述之机，发表反动言论，应立即制止，并予以批驳；被告人在最后陈述中提出了新的事实、证据，合议庭认为可能影响正确裁判的，应当恢复法庭调查，如果被告人提出新的辩解理由，合议庭认为确有必要的，可以恢复法庭辩论。新的事实和证据一时查不清的，可延期审理。附带民事诉讼部分可以在法庭辩论结束后当庭调解。不能达成协议的，可以同刑事部分一并判决。

第七节　评议和宣判

一、合议庭评议

被告人最后陈述后，审判长应当宣布休庭，法庭审判即进入评议和宣判阶段。

评议是合议庭组成人员在法庭审理的基础上，对案件的事实和证据进行分析、判断并依法对案件作出处理决定的诉讼活动。

合议庭评议的任务，根据《刑事诉讼法》第195条的规定："已经查明的事实、证据和有关的法律规定"，对被告人有罪或无罪、犯的什么罪、适用什么刑罚以及执行方法，或者免除刑罚做出判决。对于有刑事附带民事诉讼的案件，有关经济赔偿问题，一般也同时做出处理。对于随案移送的赃款、赃物、作案工具等，也应依照《刑事诉讼法》第234条的规定，做出判决。

合议庭的评议由审判长主持进行，但要充分发扬民主，要坚持实事求是的原则，坚持以事实为根据，以法律为准绳，充分注意法庭审理中出现的各种情况和控、辩双方的意见，深入分析研究，切忌先入为主。按照最高法院出台的相关规则，合议庭在评议发表意见时，组成合议庭的其他成员先发表意见，审判长（含担任审判长的院长或庭长）最后发表意见，防止审判长的意见影响其他审判员。根据《刑事诉讼法》第179条的规定："合议庭进行评议的时候，如果意见分歧，应当按多数人的意见作出决定，但是少数人的意见应当写入笔录。评议笔录由合议庭的组成人员签名。"这就是说，评议既要按照少数服从多数的原则，对案件的处理做出决定，又要注意少数人的意见，个别情况下，少数人的意见也可能是正确的。尤其是当合议庭的意见产生分歧，难以对案件处理做出决定时，根据《刑事诉讼法》第180条的规定，由合议庭提请院长决定提交审判委员会讨论决定。在审判委员会讨论时，少数人的不同意更要充分地反映和发表。审判委员会在听取各种不同意见后，依法作出决定。审判委员会的决定，合议庭应当执行。合议庭的评议一律秘密进行。

二、宣告判决

宣判是将判决的内容向当事人和群众宣告。在宣告判决前，人民检察院要求撤回起诉的，人民法院应当审查人民检察院撤回起诉的理由，并作出是否准许的裁定。人民法院在审理中发现新的事实，可能影响定罪的，应当建议人民检察院补充或者变更起诉；人民检察院不同意的，人民法院应当就起诉指控的犯罪事实，依法作出裁判。

根据《刑事诉讼法》第195条的规定，合议庭的评议结果有以下三种情形：

1. 对于"案件事实清楚，证据确实、充分、依据法律认定被告人有罪的"，应当适用判决书，做出有罪判决。

2. 依据法律认定被告人无罪的，应当适用判决书，判决被告人无罪。

3. 对于经过审理和评议，"证据不足，不能认定被告人有罪的"，也应当适用判决书，作出"证据不足，指控的犯罪不能成立的无罪判决"。

上述三种情形的处理决定，改变了实际工作中存在的那种"存疑判决"的做法。对于经过法庭审理，仍然处于证据不足，指控的犯罪事实不能得到确实、充分的证据加以证明，已经形成疑案，除非检察人员提出建议，需要补充侦查而延期审理的以外，一律按照"证据不足，指控的犯罪不能成立"而作出无罪判决，不能再采用事出有因，查无实据，"挂起来"的做法。新的《刑事诉讼法》吸收了"无罪推定"中的合理因素，对于疑罪的处理，一律按无罪判决，这是我国民主与法制的进步。

最高人民法院以《刑事诉讼法》第 195 条第 3 项的规定为基础，总结司法实践的经验，在《最高人民法院关于适用〈中华人民共和国刑事诉讼法〉的解释》第 241 条中规定了审判后如何处理案件的具体情形：

（1）起诉指控的事实清楚，证据确实、充分，依据法律认定指控被告人的罪名成立的，应当作出有罪判决。

（2）起诉指控的事实清楚，证据确实、充分，指控的罪名与审理认定的罪名不一致的，应当按照审理认定的罪名作出有罪判决。

（3）案件事实清楚，证据确实、充分，依照法律认定被告人无罪的，应当判决宣告被告人无罪。

（4）证据不足，不能认定被告人有罪的，应当以证据不足，指控的犯罪不能成立，判决宣告被告人无罪。

（5）案件事实部分清楚，证据确实、充分的，应当依法作出有罪或者无罪的判决；对事实不清，证据不足部分，不予认定。

（6）被告人因不满 16 周岁，不予刑事处罚的，应当判决宣告被告人不负刑事责任。

（7）被告人是精神病人，在不能辨认或者不能控制自己行为的时候造成危害结果，不予刑事处罚的，应当判决宣告被告人不负刑事责任。

（8）犯罪已过追诉时期限，并且不是必须追诉或者经特赦令免除刑罚的，应当裁定终止审理。

（9）被告人死亡的，应当裁定终止审理；对于根据已查明的案件事实和认定的证据材料，能够确认被告人无罪的，应当判决宣告被告人无罪。

宣判有当庭宣判和定期宣判两种。当庭宣判是法庭审理后，经过退庭评议作出决定，立即复庭由审判长口头宣告判决主文或主要内容的活动。即审即判可以节省人力和时间，更好地发挥法庭审判的教育作用。因此，应当更多地运用当庭宣判的形式。当庭宣告判决的，应当在 5 日内将判决书送达当事人及法定代理人、诉讼代理人和提起公诉的人民检察院、辩护人和被告人的近亲属。定期宣判是人民法院经过审理后，另行确定日期宣告判决书的活动。定期宣判的案件，合议庭应当在宣判的前一天，公告宣判的时间和地点，传唤当事人并通知公诉人以及有关的诉讼参与人。地方各级人民法院宣告第一审判决时，应当明确告知当事人和他的代理人，在法定期限内有权依法提出上诉，判决书应当写明上诉的期限和上诉的法院。判决书宣告应当立即送达当事人、法定代理人、诉讼代理人、提起公诉的人民检察院、辩护人和被告人的近亲属。

宣告判决一律公开进行，并且应当由本合议庭成员进行。对于有重大影响或者教育意义的案件，也可以召开大会，扩大范围进行宣判。

宣告判决时，法庭内全体人员应当起立。

宣判时，公诉人、辩护人、被害人、自诉人或者附带民事诉讼的原告人未到庭的，不影响宣判的进行，但在庭审后将判决书送达给上述人员。

| 第五章 |
刑事公诉案件第一审程序模拟审判剧本

第一节　熊 ×、 李 × 抢劫案第一审程序模拟审判剧本

一、案情简介

被告人：熊 ×，男，× × × ×年 ×月 ×日出生，无业。因涉嫌犯抢劫罪，于 × × × ×年 ×月 ×日被逮捕。

法定代理人及辩护人：熊 × ×，系被告人熊 ×的伯父。

被告人：李 ×，男，× × × ×年 ×月 ×日出生，无业。因涉嫌犯抢劫罪，于 × × × ×年 ×月 ×日被逮捕。

法定代理人：雷 × ×，系被告人李 ×的母亲。

辩护人：李 × ×，系被告人李 ×的父亲。

× × × ×年 8 月 26 日晚，被告人熊 ×伙同被告人李 ×预谋抢劫。随后，二被告人持刀窜至常山市金山开发区以租车为由将摩的司机粟 × ×骗至苏家渡。被告人李 ×强行将其摩托车钥匙拔掉，被告人熊 ×则谎称被害人粟 × ×曾得罪其师傅，要被害人粟 × ×将手机交出来，尔后二被告人又将被害人粟 × ×的摩托车骑走。事后，被告人熊 ×将所抢摩托车、手机销赃得款 400 元。经鉴定，被抢摩托车价值 2500 元，被抢手机价值 430 元，总价值共计 2930 元。

× × × ×年 9 月 3 日，被告人熊 ×、李 ×窜至常山市永定区新感觉网吧，见被害人王 × ×、张 ×正在上网，遂预谋抢劫。随后，被告人李 ×将二被害人骗至网吧二楼一杂物间，被告人熊 ×则用皮带抽打被害人张 ×的头部（经法医鉴定为轻微伤），后套问出被害人王 × ×曾与他人打架一事，并以此为借

口索要赔偿，被害人王××因害怕将其小灵通交给二被告人，后被告人熊×又将被害人王××的100元现金抢走。此时，二被告人仍觉得钱少，遂逼问被害人王××家的电话号码，被告人熊×则用抢来的小灵通给被害人王××的家人打电话并索要500元现金。在等待汇款中，二被告人又将被害人王××、张×带至"乌姐住宿"。后二被告人见汇款未到账，便从被害人张×身上搜出邮政储蓄卡一张，在逼问其密码后，由被告人熊×下楼取钱。期间，被告人李×怀疑密码是假的遂继续逼问被害人张×的银行卡密码，在得知密码是假的之后，被告人李×即下楼告知被告人熊×。此时，被害人王××、张×趁机逃离。经鉴定，所抢小灵通价值人民币170元。

在侦查期间，被告人李×的父亲退赔2000元，所抢摩托车的收赃人退赔1700元，二项共计3700元。已由公安机关将其中的3200元已退赔给被害人粟××，270元已退赔给被害人王××。

常山市永定区人民检察院以被告人熊×、李×犯抢劫罪向常山市永定区人民法院提起公诉。

二、案件争议焦点

二被告人均系未成年人，对公诉机关指控抢劫犯罪事实均无异议，自愿认罪。

三、熊×、李×抢劫案第一审程序模拟审判剧本

序幕　开庭前的准备

对公诉案件的程序性审查。常山市永定区人民法院对常山市永定区人民检察院提起的被告人熊×、李×抢劫一案审查后，发现起诉书中有明确的指控犯罪事实，并且附有证据目录、证人名单和主要证据的复印件、照片，决定开庭审判。

开庭前的准备。在决定开庭审判后，常山市永定区人民法院依法进行了以下开庭前的准备工作：

1. 决定由审判员×××、×××、×××依法组成合议庭，由×××担任审

判长。

2. 在开庭 10 日以前，将人民检察院的起诉书副本送达了被告人熊 ×、李×。

3. 将开庭的时间、地点在开庭 3 日以前通知了常山市永定区人民检察院。

4. 在开庭 3 日以前，将传唤被告人熊 ×、李 × 的传票送达看守所，向法定代理人、辩护人送达出庭通知书。

5. 在开庭 3 日以前先期公布案由、被告人姓名、开庭的时间和地点。上述活动均写入笔录，由主审法官 ××× 和书记员 ××× 签名。主审法官 ×××还拟就了法庭审理提纲。

第一幕　开　庭

（书记员首先进入法庭）

书： 请安静。现在宣读法庭纪律。①法庭内要保持安静，不得鼓掌、喧哗，禁止吸烟；②不得随便走动和进入审判区；③未经法庭允许不准录音、录像和拍照；④未经法庭允许不准发言或者提问；⑤所有诉讼参与人以及旁听人员须将随身携带的寻呼机、手机关闭。对违反法庭规则的人，将视具体情况分别予以警告、训诫、没收录音录像和摄像器材、责令退出法庭、罚款、拘留直至追究刑事责任。

书： 全体起立。请审判长、审判员入庭！

审： 常山市永定区人民法院刑事审判庭现在开庭。传被告人熊 ×、李 ×到庭。请司法警察卸下械具。

审： 被告人熊 ×，你还有其他名字没有？

熊： 诨名"勇儿"。

审： 被告人熊 ×，常山市永定区人民检察院的起诉书副本你收到没有？

熊： 收到超过 10 天了。

审： 起诉书认定你的出生时间、出生地、身份证号码、文化程度、民族、职业、住址及因涉嫌本案被拘、捕的时间是否正确？

熊： 正确。

审： 你以前受到过什么法律处分没有？

熊：没有。

审：被告人李×，你还有其他名字没有？

李：曾用名邓×，诨名"超儿"。

审：被告人李×，常山市永定区人民检察院的起诉书副本你收到没有？

李：收到超过 10 天了。

审：起诉书认定你的出生时间、出生地、身份证号码、文化程度、民族、职业、住址及因涉嫌本案被拘、捕的时间是否正确？

李：正确。

审：你以前受到过什么法律处分没有？

李：没有。

审：常山市永定区人民法院刑事审判庭今天依法不公开审理常山市永定区人民检察院提起公诉的被告人熊×、李×抢劫一案。由常山市永定区人民法院刑事审判庭审判员×××担任审判长，与审判员×××、×××依法共同组成合议庭，书记员×××担任记录，常山市永定区人民检察院指派检察员××出庭支持公诉。被告人熊×的法定代理人兼辩护人熊××、被告人李×的法定代理人雷××、辩护人李××参与诉讼。

审：被告人熊×、李×，对刚才宣布的上述合议庭组成人员、书记员、公诉人的名单你们是否听清楚了？

熊：听清楚了。

李：听清楚了。

审：根据《中华人民共和国刑事诉讼法》第 28 条、第 29 条、第 185 条、第 192 条、第 193 条之规定，在庭审过程中，当事人依法享有以下权利：

1. 可以申请合议庭组成人员、书记员、公诉人回避。

2. 可以提出证据，申请通知新的证人到庭、调查新的证据、重新鉴定或者勘验、检查。

3. 被告人除委托辩护人为其辩护外，还可以自行辩护。

4. 法庭辩论终结后，被告人可以做最后陈述。

以上交代的权利，被告人熊×、李×，你们听清楚了没有？

熊： 听清楚了。

李： 听清楚了。

审： 根据《中华人民共和国刑事诉讼法》的有关规定，被告人在庭审过程中享有申请回避的权利。就是说，如果认为合议庭组成人员、书记员、公诉人与本案有利害关系或者其他原因可能影响公正审判，可以提出事实和理由申请回避。

审： 被告人熊×、李×，你们是否申请回避？

熊： 不申请。

李： 不申请。

第二幕　法庭调查

审： 现在开始法庭调查。首先由公诉人宣读起诉书。

公： 宣读起诉书……（略）

审： 被告人熊×、李×，刚才公诉机关宣读的起诉书你们是否听清楚了，与你们收到的起诉书副本的内容是否是一致的？

熊： 听清楚了，是一致的。

李： 听清楚了，是一致的。

审： 请司法警察将被告人李×带出法庭候审。

审： 被告人熊×，你对公诉机关指控你犯抢劫罪的犯罪事实和罪名有无异议？

熊： 属实，没有异议。

审： 公诉人有无发问？

公： 没有。

审： 辩护人有无发问？

熊（法、辩）： 你们第一次抢劫时拿出刀没有？

熊： 没有拿出刀来，被害人就把手机给我们了。

审： 被告人熊×，你把第一次抢劫的情况讲一下？

熊： 李×给我发短信，要我到金山找他，后来喊了几个小伢叫他们一起搞抢劫，但是最后他们走了，我和李×两个人抢的摩托车，李×从摩托车下来时就把摩托车的钥匙拔下来了。后来我又找他拿手机，他就给了我，我就和李×骑摩托车走了，我一个人卖了摩托车和手机，得了400元，钱我和李×一起花了。

审：你是如何认识李×的？

熊：通过一个朋友认识的。

审：这次抢劫是谁提议的？

熊：是另外三个小孩。

审：谁带的刀？

熊：那几个小伢带有一把刀，后来给李×了，我也有一把刀。

审：谁收的摩托车钥匙？

熊：李×收的。

审：谁骑走摩托车的？又是谁销赃的？

熊：都是我，销赃得款400元，钱是一起用的。

审：你在公安机关交待是否属实？

熊：属实。

审：请司法警察将被告人熊×带出法庭候审，提被告人李×到庭。

审：被告人李×，你对公诉机关指控你犯抢劫罪的犯罪事实和罪名有无异议？

李：属实，没有异议。

审：公诉人有无问题要问？

公：有。你在公安、检察机关交待是否属实？

李：属实。

审：被告人的法定代理人、辩护人有无发问？

熊（法、辩）：你第一次抢劫时拿刀了没有？

李：没有拿刀比着被害人。

审：你和熊×是怎么认识的？

李：在网吧通过一个朋友认识的。

审：第一次抢劫是谁提出的？

李：是熊×提议的。

审：车钥匙是谁拔下来的？

李：是我。

审：摩托车是谁骑走的？手机是谁从被害人手中拿走的？

李：都是熊×。

审：你们第一次抢劫时带刀了没有？

李：都带刀了，是别人给我的。

审：你们第一次抢劫时将刀拿出来没有？

李：刀是拿在手上的。

审：第二笔抢劫是谁提议的？

李：是共同商量的。

审：是谁先进的网吧？

李：是熊×先进去的。

审：钱是谁拿走的？

李：是熊×拿的，给我分了二三十元钱。

审：第一次抢劫你分了多少钱？

李：100元，后来熊×打牌输了又拿回去了。但是抢劫的财物是谁销的赃不清楚。

审：请法警将被告人熊×带入法庭。

审：公诉人有无发问？

公：有。你们在公安、检察机关交待是否属实？

熊：属实。

李：属实。

审：被告人的法定代理人、辩护人有无发问？

熊（法、辩）：没有。

李（法、辩）：没有。

审：你们第一次抢劫是谁提议的？

熊：谁都没提议，是那三个小孩提议的。

李：是那三个小孩提议偷摩托车，但是三个小孩走后，是熊×提议抢劫的。

审：销赃是谁？销赃得款是怎么分的？

熊：是我销赃，得了多少钱没有跟他讲，但是钱是一起用的，吃饭、打牌、上网等用了。

李：是的。

审：现在由公诉机关就指控的犯罪事实向法庭出示证据。

公：1. 户卡，见侦查卷 63~64 页，证明被告人熊×作案时已满 14 周岁，未满 16 周岁；被告人李×作案时已满 16 周岁，未满 18 周岁。

审：被告人及其法定代理人、辩护人质证。

熊：无异议。

李：无异议。

熊（法、辩）：无异议。

李（法、辩）：无异议。

审：公诉人继续举证。

公：2. 抓获材料，见侦查卷第 73 页，证明二被告人均系被公安就干抓获归案的情况。

审：被告人及其法定代理人、辩护人质证。

熊：无异议。

李：无异议。

熊（法、辩）：无异议。

李（法、辩）：无异议。

审：公诉人继续举证。

公：3. 扣押物品文件清单，见侦查卷第 55~56 页，证明公安机关从被告人李×父亲和收赃人处分别扣押了 2000 元和 1700 元的情况。

审：被告人及其法定代理人、辩护人质证。

熊：无异议。

辩：无异议。

熊（法、辩）：无异议。

李（法、辩）：无异议。

审：公诉人继续举证。

公：4. 发放清单及领条，见侦查卷第57~58页，证明被害人粟××和王××分别从公安机关领取了3200元和270元的情况。

审：被告人及其法定代理人、辩护人质证。

熊：无异议。

李：无异议。

熊（法、辩）：无异议。

李（法、辩）：无异议。

审：公诉人继续举证。

公：5. 价认鉴字（×）282号价格认证书，见侦查卷第52~54页，证明被抢摩托车和手机价值人民币共计2930元的情况。

审：被告人及其法定代理人、辩护人质证。

熊：无异议。

李：无异议。

熊（法、辩）：无异议。

李（法、辩）：无异议。

审：公诉人继续举证。

公：6. 价认鉴字（×）246号价格认证书，见侦查卷第121~123页，证明被抢小灵通价值人民币170元的情况。

审：被告人及其法定代理人、辩护人质证。

熊：无异议。

李：无异议。

熊（法、辩）：无异议。

李（法、辩）：无异议。

审：公诉人继续举证。

公：7. 凯司鉴［×］临鉴字第09322号中总第448号司法鉴定意见书，见侦查卷第119~120页，证明被害人张×钝性作用所致头部损伤，其损伤构成轻微伤的情况。

熊：无异议。

李：无异议。

熊（法、辩）：无异议。

李（法、辩）：无异议。

审：公诉人继续举证。

公：8. 证人王××的证言，见侦查卷第 109~110 页，证明被告人要其向被告人账户汇款 500 元的情况。

熊：无异议。

李：无异议。

熊（法、辩）：无异议。

李（法、辩）：无异议。

审：公诉人继续举证。

公：9. 证人高××的证言，见侦查卷第 111~112 页，证明其所经营的网吧二楼有个杂物间的情况。

审：被告人及其法定代理人、辩护人质证。

熊：无异议。

李：无异议。

熊（法、辩）：无异议。

李（法、辩）：无异议。

审：公诉人继续举证。

公：10. 证人吴××的证言，见侦查卷第 59~62 页，证明其从被告人熊×手中收购赃物的情况。

审：被告人及其法定代理人、辩护人质证。

熊：无异议。

李：无异议。

熊（法、辩）：无异议。

李（法、辩）：无异议。

审：公诉人继续举证。

公：11. 被害人粟××的陈述，见侦查卷第 17~21 页，证明其被二被告人持刀抢劫的时间、地点及经过。

审：被告人及其法定代理人、辩护人质证。

熊：无异议。

李：无异议。

熊（法、辩）：无异议。

李（法、辩）：无异议。

审：公诉人继续举证。

公：12. 被害人王××的陈述，见侦查卷第 100~104 页，证明其被二被告人抢劫的时间、地点及经过。

审：被告人及其法定代理人、辩护人质证。

熊：无异议。

李：无异议。

熊（法、辩）：无异议。

李（法、辩）：无异议。

审：公诉人继续举证。

公：13. 被害人张×的陈述，见侦查卷第 105~108 页，证明其被二被告人抢劫的时间、地点及经过。

审：被告人及其法定代理人、辩护人质证。

熊：无异议。

李：无异议。

熊（法、辩）：无异议。

李（法、辩）：无异议。

审：公诉人继续举证。

公：14. 被告人熊×、李×的供述，见侦查卷第 22~43、93~99、44~50、83~92 页，证明二被告人实施二次抢劫的情况。

审：二被告人，你们在公安机关的供述是否属实？

熊：是我叫的李×，其他都属实。

李：我的交待是属实的。第一次抢劫时我们刀是拿在手里，但是被害人看到没有不清楚。

审：公诉人继续举证。

公：证据出示完毕。

审：被告人熊×、李×及其法定代理人、辩护人，你们有无证据向法庭提供？

熊：没有。

李：没有。

熊（法、辩）：没有。

李（法、辩）：没有。

审：以上证据经庭审质证，二被告人、公诉人均未提出异议，证据能够证明本案事实，本庭予以确认。

第三幕　法庭辩论

审：法庭调查结束，现在进行法庭辩论。先由公诉人发言。

公：①被告人熊×、李×的行为已构成抢劫罪；②二被告人系共同犯罪，被告人熊×系主犯，被告人李×系从犯；③二被告人犯罪时均系未成年人，且被告人李×归案后，其父亲已代其向被害人进行了赔偿，请求法庭在量刑时酌情考虑。

审：被告人及其法定代理人、辩护人发表辩护意见。

熊：没有。

李：没有。

熊（法、辩）：没有。

李（法、辩）：没有。

第四幕　未成年人法庭教育

审：法庭辩论终结。根据《最高人民法院关于审理未成年人刑事案件的若干规定》的规定，现在由本庭主持对二被告人进行法庭教育。

审：由被告人先讲讲自己为什么会走上犯罪道路。

熊：我父亲在坐牢，母亲跑了，我没有生活来源，所以才会去抢劫，以后不再做坏事了，出来后学点手艺，希望法庭对我从轻处理。

李： 这次事件对我教育很深刻，以后出来后好好改造自己，做个有用的人。希望法庭对我从轻处理。

审： 法定代理人进行法庭教育。

熊（法）： 熊×是跟着他奶奶生活的，年初他奶奶死了没人管才变坏的，希望法庭对其从轻判决。

李（法）： 李×毕业后在外打工，我们没有管好他，但是平时在家时他还是表现很好的，以后好好管教，希望法庭对其从轻判决。

公： 希望被告人能改过自新，好好做人。

审： 希望被告人能改过自新，好好做人。

第五幕　被告人的最后陈述

审： 法庭教育结束。根据《中华人民共和国刑事诉讼法》第 193 条之规定，法庭辩论终结后，被告人有最后陈述的权利。被告人熊×、李×，你们还有什么陈述的？

熊： 没有。

李： 没有。

第六幕　休庭合议

审： 现在休庭合议，合议结果定期宣判，宣判时间另行通知。

审： 现请司法警察将被告人押回监所。

第七幕　定期宣判

时间：××××年 12 月 29 日 9：00

地点：常山市永定区人民法院第六审判庭

审： 继续开庭。现在对被告人熊×、李×抢劫一案进行宣判。经审理查明，××××年 8 月 26 日晚，被告人熊×伙同被告人李×预谋抢劫。随后，二被告人持刀窜至常山市金山开发区以租车为由将摩的司机粟××骗至苏家渡。被告人李×强行将其摩托车钥匙拔掉，被告人熊×则谎称被害人粟××曾得罪其师傅，要被害人粟××将手机交出来，尔后二被告人又将被害人粟××的摩托车骑走。事后，被告人熊×将所抢摩托车、手机销赃得款400元。经鉴定，被抢摩托车价值2500元，被抢手机价值430元，总价值共计2930元。××××年9月3日，被告人熊×、李×窜至常山市永定区新感觉网吧，见被害人王××、张×正在上网，遂预谋抢劫。随后，被告人李×将二被害人骗至网吧二楼一杂物间，被告人熊×则用皮带抽打被害人张×的头部（经法医鉴定为轻微伤），后套问出被害人王××曾与他人打架一事，并以此为借口索要赔偿，被害人王××因害怕将其小灵通交给二被告人，后被告人熊×又将被害人王××的100元现金抢走。此时，二被告人仍觉得钱少，遂逼问被害人王××家的电话号码，被告人熊×则用抢来的小灵通给被害人王××的家人打电话并索要500元现金。在等待汇款中，二被告人又将被害人王××、张×带至"乌姐住宿"。后二被告人见汇款未到账，便从被害人张×身上搜出邮政储蓄卡一张，在逼问其密码后，由被告人熊×下楼取钱。期间，被告人李×怀疑密码是假的遂继续逼问被害人张×的银行卡密码，在得知密码是假的之后，被告人李×即下楼告知被告人熊×。此时，被害人王××、张×趁机逃离。经鉴定，所抢小灵通价值人民币170元。在侦查期间，被告人李×的父亲退赔2000元，所抢摩托车的收赃人退赔1700元，二项共计3700元。已由公安机关将其中的3200元已退赔给被害人粟××，270元已退赔给被害人王××。本院认为，被告人熊×、李×无视国家法律，以非法占有为目的，采用暴力、胁迫手段劫取他人财物，其行为均已构成抢劫罪。常山市永定区人民检察院指控被告人熊×、李×犯抢劫罪的事实清楚，证据确实、充分，指控的罪名成立。二被告人系共同犯罪，被告人熊×在共同犯罪中行为积极，起主要作用，系主犯，被告人李×在共同犯罪中起次要作用，系从犯，本院依法对被告人李×予以从轻处罚。被告人熊×在犯罪时已满14周岁未满16周岁，被告人李×在犯罪已满16周岁未满18周岁，本院依法对二被告人均予以减轻处罚。鉴于被告人李×的法定代理人能加强对李×的监督与管教，能落实管教措施，对被告人李×适用缓刑不致再危害社会，本院依法对其宣告缓刑。据此，对被告人熊×适用《中华人民共和国刑法》第二百六十三条、第二十五条第一款、第二十六条第一、四款、第十七条第二、三款、第五十二条之规定；对被告人李×适用《中华人民共和国刑法》第二百六十三条、第二十五条第一款、第十七条第一、三款、第二十七条、第五十二条、第七十二条、第七十三条第二、三款之规定，判决如下：

一、被告人熊×犯抢劫罪，判处有期徒刑二年六个月，并处罚金人民币 8000 元。

（刑期从判决执行之日起计算，判决执行以前先行羁押的，羁押一日折抵刑期一日，即自×××× 年 9 月 12 日起×××年 3 月 11 日止。罚金限于本判决生效后 3 个月内缴纳。）

二、被告人李×犯抢劫罪，判处有期徒刑二年，缓刑二年，并处罚金人民币 8000 元。

（缓刑考验期限，从判决确定之日起计算。）

审：被告人熊×、李×，你们服不服本判决？

熊：服从判决。

李：服从判决。

审：是否上诉？

熊：不上诉。

李：不上诉。

审：现在闭庭。请公诉人退庭。

四、案件简要评析

本案是一起被告人为未成年人的较为典型的抢劫犯罪案件。二被告人在庭审过程中对所犯抢劫事实均无异议，自愿认罪。最终，合议庭根据本案具体情况对二被告人进行了恰当的定罪量刑。

本案与成年人犯罪案件庭审程序不同之处主要体现在两个方面：其一，

本案为不公开开庭审理。根据现行《刑事诉讼法》第274条"审判的时候被告人不满18周岁的案件，不公开审理。"法律之所以做出这样的规定，目的是为了保护未成年人的身心健康，以利于其今后的成长。其二，庭审程序中，有一个法庭教育环节。根据最高人民法院《关于审理未成年人刑事案件的若干规定》，审理未成年人犯罪案件，应在法庭辩论终结后，在法庭主持下，组织到庭的诉讼参与人对未成年被告人进行教育，帮助其分析犯罪原因，教育、感化未成年被告人，并积极制定既定帮教措施。在进行未成年人犯罪案件剧演时，应特别注意以上两点。

五、熊×、李×抢劫案第一审程序模拟审判中基本诉讼文书

（一）刑事起诉书

浙江省常山市永定区人民检察院
起 诉 书

浙常永检刑诉［20××］394号

被告人熊×（诨名"勇儿"），男，××××年×月×日出生于常山市山城区，身份证号码：×××××××，汉族，小学文化，无业，住常山市山城区石门桥镇二港桥村1组。因涉嫌抢劫罪，××××年9月12日被常山市公安局金山分局刑事拘留，同年9月25日经本院批准逮捕，当日由该局执行逮捕。

被告人李×（曾用名邓×，诨名"超儿"），男，××××年×月×日出生于浙江省定远县，身份证号码：××××××，汉族，初中文化，无业，住浙江省定远县安德乡民阜村13022号。因涉嫌抢劫罪，××××年9月5日被常山市公安局永定区分局刑事拘留，同年9月25日经本院批准逮捕，同年9月27日由该局执行逮捕。

本案由常山市公安局金山分局侦查终结，以被告人熊×、李×涉嫌抢劫罪，于××××年11月20日向本院移送审查起诉。本院受理后，于次日已分

别告知被告人有权委托辩护人及被害人有权委托诉讼代理人，依法讯问了被告人，审查了全部案件材料。

经依法审查查明：

1. ××××年8月26日晚，被告人熊×伙同被告人李×预谋抢劫。随后，二被告人持刀窜至本市金山开发区以租车为由将摩的司机粟××骗至苏家渡。被告人李×强行将其摩托车钥匙拔掉，被告人熊×则谎称被害人粟××曾得罪其师傅，要被害人粟××将手机交出来，尔后二被告人又将被害人粟××的摩托车骑走。事后，被告人熊×将所抢摩托车、手机销赃得款400元。经鉴定，被抢摩托车价值2500元，被抢手机价值430元，总价值共计2930元。

2. ××××年9月3日，被告人熊×、李×窜至本市永定区新感觉网吧，见被害人王××、张×正在上网，遂预谋抢劫。随后，被告人李×将二被害人骗至网吧二楼一杂物间，被告人熊×则用皮带抽打被害人张×的头部（经法医鉴定为轻微伤），后套问出被害人王××曾与他人打架一事，并以此为借口索要赔偿，被害人王××因害怕将其小灵通交给二被告人，后被告人熊×又将被害人王××的100元现金抢走。此时，二被告人仍觉得钱少，遂逼问被害人王××家的电话号码，被告人熊×则用抢来的小灵通给被害人王××的家人打电话并索要500元现金。在等待汇款中，二被告人又将被害人王×、张×带至"乌姐住宿"。后二被告人见汇款未到账，便从被害人张×身上搜出邮政储蓄卡一张，在逼问其密码后，由被告人熊×下楼取钱。期间，被告人李×怀疑密码是假的遂继续逼问被害人张×的银行卡密码，在得知密码是假的之后，被告人李×即下楼告知被告人熊×。此时，被害人王××、张×趁机逃离。经鉴定，所抢小灵通价值人民币170元。

案发后，被告人李×的父亲为其退赔2000元，所抢摩托车的收赃人退赔1700元，二项共计3700元。其中，3200元已退赔给被害人粟××，270元已退赔给被害人王××。

认定上述事实的证据如下：①证人王明定、吴和平、高春枝的证言；②被害人粟××、王××、张×的陈述；③二被告人的身份证明材料及抓获材料；④二被告人的供述与辩解；⑤常价认鉴字（×）第××号、××号价格认证书及常凯司鉴［×］临鉴字第×××号总第××号司法鉴定意见书；⑥扣押物品、文件清单及发还凭证；⑦领条一份。

本院认为，被告人熊×、李×无视国家法律，以非法占有为目的，采取暴力、胁迫手段劫取他人财物，其行为已触犯《中华人民共和国刑法》第二百六十三条之规定，犯罪事实清楚，证据确实、充分，应当以抢劫罪追究二被告人的刑事责任。二被告人系共同犯罪，且被告人熊×在共同犯罪中起主要作用，系主犯；被告人李×在共同犯罪中起次要作用，系从犯；被告人熊×在犯罪时已满14周岁未满16周岁，被告人李×在犯罪时已满16周岁未满18周岁，还应分别适用《中华人民共和国刑法》第二十五条第一款、第二十六条第一、四款、第二十七条、第十七条第一、二、三款。根据《中华人民共和国刑事诉讼法》第一百四十一条之规定，提起公诉，请依法判处。

此致
浙江省常山市永定区人民法院

代检察员：黎××

××××年十二月五日

附：

1. 被告人熊×现羁押于常德市第二看守所，被告人李×现羁押于常德市第一看守所。

2. 送证据目录、证人名单一份及主要证据复印件叁册。

（二）辩护词

辩护词（1）

审判长、审判员：

我是被告人熊×的伯父。根据《刑事诉讼法》的有关规定，我接受被告人熊×的委托，以公民身份担任熊×辩护人，现根据案件事实和法律，发表以下辩护意见，供法庭参考：

1. 被告人熊×抢劫犯罪，给他人及社会造成了严重危害，理应接受法律的制裁。

2. 被告人熊×犯罪时已满 14 周岁未满 16 周岁，依法可以从轻或减轻处罚。

3. 被告人熊×自愿认罪，有悔罪表现，我们家长今后一定加强监督和管教，请法院酌情对其从轻处罚。

辩护人：熊××

××××年十二月二十四日

辩护词（2）

审判长、审判员：

我是被告人李×的父亲。根据《刑事诉讼法》的有关规定，我接受被告人李×的委托，以公民身份担任李×辩护人，现根据案件事实和法律，发表以下辩护意见，供法庭参考：

1. 被告人李×抢劫犯罪，侵犯了他人的人身和财产权利，给社会造成了严重危害，应受到法律的处罚。

2. 被告人李×犯罪时已满 16 周岁未满 18 周岁，依法可以从轻或减轻处罚。

3. 被告人李×自愿认罪，表示一定痛改前非，我们家长今后一定加强监督和管教，请法院酌情对其从轻处罚。

辩护人：李××

××××年十二月二十四日

（三）刑事判决书

浙江省常山市永定区人民法院
刑事判决书

（×）永刑初字第×号

公诉机关常山市永定区人民检察院。

被告人熊×（诨名"×儿"），男，××××年×月×日出生于常山市山城区，身份证号码××××××，汉族，小学文化，无业，住常山市山城区石门桥镇二港桥村1组。因涉嫌犯抢劫罪于××××年9月12日被刑事拘留，同年9月25日被逮捕，现押常山市第二看守所。

法定代理人及辩护人熊××，系被告人熊×的伯伯。

被告人李×（曾用名邓×，诨名"×儿"），男，××××年×月×日出生于浙江省定远县，身份证号码××××××，汉族，初中文化，无业，住浙江省定远县安德乡民阜村13022号。因涉嫌犯抢劫罪于××××年9月5日被刑事拘留，同年9月27日被逮捕，现押常山市第一看守所。

法定代理人雷××，系被告人李×的母亲。

辩护人李××，系被告人李×的父亲。

常山市永定区人民检察院以浙常永检刑诉［×］394号起诉书指控被告人熊×、李×犯抢劫罪，于××××年12月5日向本院提起公诉。本院受理后，依法组成合议庭，不公开开庭审理了本案。常山市永定区人民检察院指派代理检察员黎×出庭支持公诉，被告人熊×及其法定代理人及辩护人熊××、被告人李×及其法定代理人雷××、辩护人李××均到庭参加诉讼。现已审理终结。

常山市永定区人民检察院指控：

1. ××××年8月26日晚，被告人熊×伙同被告人李×预谋抢劫。随后，二被告人持刀窜至本市金山开发区以租车为由将摩的司机粟××骗至苏家渡。被告人李×强行将其摩托车钥匙拔掉，被告人熊×则谎称被害人粟××曾得罪其师傅，要被害人粟××将手机交出来，尔后二被告人又将被害人粟××的摩托车骑走。事后，被告人熊×将所抢摩托车、手机销赃得款400元。经鉴定，被抢摩托车价值2500元，被抢手机价值430元，总价值共计2930元。

2. ××××年9月3日，被告人熊×、李×窜至本市永定区新感觉网吧，见被害人王××、张×正在上网，遂预谋抢劫。随后，被告人李×将二被害人骗至网吧二楼一杂物间，被告人熊×则用皮带抽打被害人张×的头部（经法医鉴定为轻微伤），后套问出被害人王××曾与他人打架一事，并以此为借口索要赔偿,被害人王××因害怕将其小灵通交给二被告人,后被告人熊×又将被害人王××的100元现金抢走。此时,二被告人仍觉得钱少,遂逼问被害人王××家的电话号码,被告人熊×则用抢来的小灵通给被害人王××的家人打电话并索要500元现金。在等待汇款中,二被告人又将被害人王××、张×带至"乌姐住宿"。后二被告人见汇款未到账,便从被害人张×身上搜出邮政储蓄卡一张,在逼问其密码后,由被告人熊×下楼取钱。期间,被告人李×怀疑密码是假的遂继续逼问被害人张×的银行卡密码,在得知密码是假的之后,被告人李×即下楼告知被告人熊×。此时,被害人王××、张×趁机逃离。经鉴定,所抢小灵通价值人民币170元。

在侦查期间,被告人李×的父亲退赔2000元,所抢摩托车的收赃人退赔1700元,二项共计3700元。已由公安机关将其中的3200元已退赔给被害人粟××,270元已退赔给被害人王××。

常山市永定区人民检察院认为,被告人熊×、李×的行为已触犯了《中华人民共和国刑法》第二百六十三条之规定,应当以抢劫罪追究二被告人的刑事责任,二被告人系共同犯罪,且被告人熊×在共同犯罪中起主要作用,系主犯,被告人李×在共同犯罪中起次要作用,系从犯,被告人熊×在犯罪时已满14周岁未满16周岁,被告人李×在犯罪时已满16周岁未满18周岁,要求依法判处。

被告人熊×及其法定代理人及其辩护人,被告人李×及其法定代理人、辩护人对公诉机关指控的抢劫事实均不持异议。

经审理查明:常山市永定区人民检察院指控被告人熊×、李×犯抢劫罪的事实清楚,证据确实、充分,本院予以确认。

上述事实,有检察机关提交,并经法庭质证、认证的下列证据予以证明:①户籍资料,证明被告人熊×作案时已满14周岁未满16周岁,被告人李×作案时已满16周岁未满18周岁的事实;②抓获材料,证明二被告人均系被公安干警抓获归案的事实;③扣押物品文件清单,证明公安机关从被告人李×父亲和收赃人处分别扣押了2000元和1700元的事实;④发放清单及领条,证明被害人粟××和王××分别从公安机关领取了3200元和270元的事实;⑤常价认鉴字(×)282号价格认证书,证明被抢摩托车和手机价值人民币共计2930元的事实；⑥常价认鉴字（×）246号价格认证书，证明被抢小灵通价值人民币170元的事实；⑦常凯司鉴（×）临鉴字第09322号中总第488号司法鉴定意见书，证明被害人张×系钝性作用所致头部损伤，其损伤构成轻微伤的事实；⑧证人王××的证言，证明被告人要其向被告人账户汇款500元的事实；⑨证人高××的证言，证明其所经营的网吧二楼有个杂物间的事实；⑩证人吴××的证言，证明其从被告人熊×手中收购赃物的事实；被害人粟××、王××、张×的陈述，证明被二被告人持刀抢劫的时间、地点及经过；被告人熊×、李×的供述。

根据最高人民法院《关于审理未成年人刑事案件若干规定》的规定，在法庭审理过程中，本院了解到被告人熊×的父母亲已离异，父亲现在服刑，母亲已改嫁，现家里无人管教；被告人李×平常不爱学习，初中毕业后就在外打工，因交友不慎，走上了犯罪道路。通过法庭教育，二被告人均认识到自己抢劫行为的社会危害性，表示一定痛改前非。被告人李×的法定代理人亦表示一定加强对被告人李×的管教，督促被告人改过自新，重新做人，并希望法庭能给被告人李×一个改过自新的机会，好让其重新做人。

本院认为：被告人熊×、李×无视国家法律，以非法占有为目的，采用暴力、胁迫手段劫取他人财物，其行为均已构成抢劫罪。常山市永定区人民检察院指控被告人熊×、李×犯抢劫罪的事实清楚，证据确实、充分，指控的罪名成立。二被告人系共同犯罪，被告人熊×在共同犯罪中行为积极，起主要作用，系主犯，被告人李×在共同犯罪中起次要作用，系从犯，本院依法对被告人李×予以从轻处罚。被告人熊×在犯罪时已满14周岁未满16周岁，被告人李×在犯罪已满16周岁未满18周岁，本院依法对二被告人均予以减轻处罚。鉴于被告人李×的法定代理人能加强对李×的监督与管教，能落实管教措施，对被告人李×适用缓刑不致再危害社会，本院依法对其宣告缓刑。据此，对被告人熊×适用《中华人民共和国刑法》第二百六十三条、第二十五条第一款、第二十六条第一、四款、第十七条第二、三款、第五十二条之规定；对被告人李×适用《中华人民共和国刑法》第二百六十三条、第二十五条第一款、第十七条第一、三款、第二十七条、第五十二条、第七十二条、第七十三条第二、三款之规定，判决如下：

1. 被告人熊×犯抢劫罪，判处有期徒刑二年六个月，并处罚金人民币八千元。

（刑期从判决执行之日起计算，判决执行以前先行羁押的，羁押一日折抵刑期一日，即自××××年9月12日起2011年3月11日止。罚金限于本判决生效后三个月内缴纳。）

2. 被告人李×犯抢劫罪，判处有期徒刑二年，缓刑二年，并处罚金人民币八千元。

（缓刑考验期限，从判决确定之日起计算。）

如不服本判决，可在接到判决书的第二日起十日内，通过本院或者直接向浙江省常山市中级人民法院提出上诉。书面上诉的，应当提交上诉状正本一份，副本九份。

审判长　×××

审判员　×××

审判员　×××

××××年十二月二十五日

书记员　×××

六、附证据材料

1. 证据之一：户籍资料。证明被告人熊××作案时已满14周岁未满16周岁，被告人李×作案时已满16周岁未满18周岁。

2. 证据之二：抓获材料。

（1）被告人均系被公安干警抓获归案的事实。被告人熊×抓获材料（略）。

（2）线索来源及被告人李×抓获材料（略）。

3. 证据之三：扣押物品、文件清单（略）。证明公安机关从被告人李×父亲和收赃人处分别扣押了2000元和1700元的事实。

4. 证据之四：扣押物品、文件发还凭证及领条（略）。证明被害人粟××和王××分别从公安机关领取了3200元及270元的事实。

5. 证据之五：常价认鉴字（×）282 号价格认证书（略）。证明被抢摩托车和手机价值人民币共计 2930 元的事实。

6. 证据之六：常价认鉴字（×）246 号价格认证书（略）。证明被抢小灵通价值人民币 170 元的事实。

7. 证据之七：常凯司鉴（×）临鉴字第 09322 号中总第 488 号司法鉴定意见书（略）。证明被害人张 × 系钝性作用所致头部损伤，其损伤构成轻微伤的事实。

8. 证据之八：证人王 ×× 的证言。证明被告人要其向被告人账户汇款 500 元的事实。

询问笔录

时间：××××年 9 月 8 日 11 时 10 分至××××年 9 月 8 日 11 时 45 分

地点：城西派出所

侦查员姓名、单位：桑××、彭×，单位：城西派出所

记录员：桑××，单位：城西派出所

被询问人：王××，性别：男，年龄：45 岁，单位：无，住址：新源县漳江镇，联系电话：××××××

问：你来派出所有什么事？

答：我来派出所反映情况的。

问：我们是永定区公安分局城西派出所的民警，现在依法对你进行询问，你要如实回答我们的提问，讲假话、作伪证是要负法律责任的，与案件无关的问题，你可以拒绝回答，听清楚了吗？

答：我听清楚了。

问：你反映什么情况？

答：××××年 9 月 3 日下午 1 时许，我在家里接到一个电话（家里座机），电话是面是一个男子的声音，电话里说"你儿子王×× 去年曾和他同校的同学打架，把对方打伤了，我是对方的表哥，这个事还没了结，你替儿子王×× 汇 500 元过来，作为我表弟的医疗费补偿，

你的儿子现在在我的手上，如果不汇钱来就打破他的头，我的账号是：×××××，户名是李×，你把钱汇到这个账号上"。我当时犹豫不决没有去银行汇款。二十分钟后，这名男仔又打了一个电话过来，电话里说"怎么还没把钱汇过来，我真的要打破你儿的头了"，我接到这个电话后还是不太相信，没有去银行。又过了二十分钟后，这名男仔再次打电话来说："你是不是在耍我，你再不汇钱过来，你就见不到你儿子了"，我听后很害怕，就急忙来到建设银行，并要这名男子打我的手机联系（号码为：×××××），准备给对方汇款。过了一会，这名男仔打电话到我手机上面说"你怎么还没把钱汇过来啊"？我回答说"我现在已经在银行里了，银行里很多人，我正在排队"。后来，我接到我儿子给我发来的信息，信息里讲"爸爸，我跑掉了"。我接到这个信息就没有给他们汇款了。

问：你以上所讲是否属实？

答：属实。

以上两页我看过和我讲的一样。

王××

××××年9月8日

侦查员：桑××　彭×

9. 证据之九：证人高××的证言。证明其所经营的网吧二楼有个杂物间的事实。

询问笔录

时间：××××年9月6日10时54分至××××年9月6日11时08分

地点：永定区新光社区新感觉网吧

侦查员姓名、单位：桑××、李××，单位：城西派出所

记录员：李××，单位：城西派出所

被询问人：高××，性别：女，年龄：52岁，单位：新感觉网吧，住址：新光社区34号，联系电话：×××××

问： 我们是永定公安分局的干警，现依法对你进行询问，望你如实回答，不得隐瞒真情，说假话、作伪证是要负法律责任的，你听清楚了吗？

答： 听清楚了。

问： 你开设的新感觉网吧是租的，还是自己的房子？

答： 是我自己的房子。

问： 你讲下你家二楼的房间布置？

答： 二楼有一套二室二厅的房子，还有一个杂物间。

问： 刚才我们在杂物间提取了一根没有扣子的皮带，这根皮带是哪里来的？

答： 我不清楚，这杂物间平时门都开起的，我们很少进来。

问： ××××年9月3日，谁在这里当班？

答： 是我当班。

问： 你好好回想一下，那天中午发生过什么事？

答： 让我想想（想了约3分钟），我记得没有发生什么事，也许我打瞌睡去了，不知道发生过什么事。

问： 平时来你这里上网的都是些什么人？

答： 大部分是社会上玩的男男女女和租住在这里的年轻伢儿。

问： 你以上所述是否属实？

答： 属实。

以上两页笔录我看过和我讲的一样。

高××

××××年9月6日

侦查员：李××　桑××

10. 证据之十：证人吴××的证言。证明其从被告人熊×手中收购赃物的事实。

询问笔录

时间：××××年9月27日12时40分至××××年9月27日13时20分

地点：金山派出所

侦查员姓名、单位：朱××、唐×，单位：金山派出所

记录员：唐×，单位：金山派出所

被询问人：吴××，性别：男，年龄：38岁，单位：无，住址：江阴县（现江阳市）张公庙镇盘山村6组，联系电话：××××××

问：我们是金山派出所的民警（出示警官证），现在依法对你进行询问有关事项，希望你如实回答我们的提问，不要讲假话、作伪证，否则，要负法律责任的，听清楚了吗？

答：听清楚了。

问：你的基本情况？

答：我叫吴××，1970年9月22日出生，汉族，初中文化，家住江阴县张公庙镇盘山村6组，现暂住在永定镇常沅五组，以收、拣废品为业。

问：你的家庭情况？

答：家有三口人：妻子：陈××，37岁，现暂住在永定镇常沅五组，做家务外还收拾废品；儿子吴××，9岁，常沅完小读书。

问：你的个人简历？

答：1977~1983年　本村小学读书

1983~2005年　本村务农

2005年至今　在永定镇常沅五组暂住，以收、拣废品为生。

问：你以前被公安机关或司法机关处罚过没有？

答：没有。

问：你是做什么的？

答：我是收废品的。

问：都收哪些废品？

答：废纸、塑料、废铁等。

问：单车、摩托车也收吗？

答：收。

问：前段时间你收过摩托车吗？

答：收过。

问：什么时间？

答：大约距现在一个月左右的时间，我确定是在上个月，也就是 8 月份。

问：在什么地方？

答：在从海利化工厂到康家吉的丁字路处，那里有一个卖肉的。

问：那天具体什么时间？

答：那天大约是 11 时左右。

问：卖给你摩托车的有几个人？

答：当时我正在回去的路上，有一个男儿骑着摩托车叫我回去收东西；我回到丁字路口处（卖肉附近）看到一个男儿推着摩托车。

问：这个推摩托车的男儿长得什么样子？

答：大约十六七岁，身高约 1.6 米左右，偏瘦，上身穿红色短袖，下身穿泛白的牛仔裤（可能是）。

问：这个男儿将要卖给你摩托车的时候，你检查（询问）该男儿的身份证或摩托车的行驶证了吗？

答：没有看这个男儿的身份证和摩托车的行驶证。

问：没看这些东西，你怎么区分摩托车的来历是否正当？

答：我只是问了一下。

问：你是多少钱买的这台摩托车？

答：350 元。

问：当时这辆摩托车都有什么特征？

答：男式 125，白色的，无牌。

问：你买回去以后，这辆摩托车是怎么处理的？

答：回去以后，当天下午我就把这辆摩托车拆了，拆下的铝、铁是分开卖的。

问：总共卖了多少钱？

答：总共卖了将近 500 元。

问：你知不知道收购来历不明的摩托车是违法的？

答：知道。

问：你还有什么要补充的吗？

答：没有。

问：以上所讲属实吗？

答：属实。

问：你怀疑过这辆摩托车的来历吗？

答：怀疑过。

问：你怀疑过这辆摩托车的来历不正当，为什么不看这个男儿的身份证和摩托车的行驶证，为什么还要收购呢？

答：我看收购这辆摩托车有利可图，如果继续问或查看下去，可能就收不成了。

问：你收废品，办证了吗？

答：没有。

以上四页我看过和我讲的一样。

吴××

××××年9月27日

询问人：朱×× 唐×

11. 证据之十一：被害人粟××、王××、张×的陈述。证明二被告人抢劫的时间、地点及经过。

金山公安分局询问笔录

（1）对被害人粟××的询问笔录

时间：××××年8月27日8时10分至××××年8月27日9时5分
地点：金山公安分局老码头派出所
主办民警：胡×，单位：老码头派出所

协办民警：金××，单位：老码头派出所

记录员：金××，单位：老码头派出所

被询问人：粟××，性别：男，年龄：36 岁，单位：常山恒安纸业，住址：常山市山城区韩公渡镇金申村，联系电话：××××××

问：我们是金山公安分局老码头派出所民警（出示证件），现依法询问你，问你要如实回答，讲假话或作伪证是要负法律责任的，对与案件无关问题，你有拒绝回答权利，你听清楚没有？

答：我听清楚了。

问：你来公安机关有什么事情？

答：报案，我的一辆红色的摩托车被人抢了。

问：你的摩托车是什么样子的车？

答：我的车是豪江牌 HJ125 型两轮摩托车，约 9 成新，我是 2007 年 6 月 25 日到金山棉纺总厂小黄摩托车店买的，当时花 3980 元买的。

问：你摩托车的车驾号码和发动机的号码是多少？

答：车架号为 LD3PGJS1871434972，发动机号为 07038822。

问：你的摩托车是在什么地方何时被人抢的？

答：在金山和尚桥过后往九中方向转弯约 5 米处于 ×××× 年 8 月 27 日深夜 0 时 30 分左右被两个男仔抢走的。

问：抢走你摩托车的两个男仔你认识吗？他两个有什么特征？

答：抢我摩托车的两个男仔我不认识，其中一个男仔较高，身高大约 1.70 米，头发较短，是个瓜子脸，上身穿白色短袖衣（肋部有黑色条状颜色）；另外一个男仔身高只有 1.60 米，他打赤背，左臂文身了，他们两人都讲常山本地话，他俩都只有 20 岁左右。

问：这两个男仔还抢走什么物品？

答：还抢走了一部闪星牌小哥小手机一部，手机号码为 ××××××，颜色为黑色。

问：你被抢的这部手机是何时买的？几成新？

答：我 2007 年 5 月在金山棉纺总厂移动公司分店花 630 元买的，大约有 7 成新。

问：这两个男伢是如何抢走你摩托车和手机的？

答：当时这两个男伢手里各拿一把马叶子刀（长约2尺左右，宽20多厘米）对着我威胁我抢的。

问：你把被抢的经过讲一下？

答：是这样的。××××年8月26日晚上大约12点钟我从金山恒安纸业下班骑我摩托车回家，在金山棉纺分厂门口往南山入口处已是12点20分左右，我当时就在那个入口处搞摩托车出租，这时抢我摩托车和手机那两个男伢就从南山入口右边中国银行向我走来，其中那个高个子男伢对我讲："到苏家渡去"，我问他："到哪里?"他回答我说："到街上"，这样他们两个就上我摩托车，我就发动摩托车载他们沿莲池路往棉纺分厂行驶，然后沿路经洞药厂、造纸厂上和尚桥，刚过完和尚桥那个高个子伢就跟我讲：我住九中这边的，往这边（九中）这样我就往右拐行驶约5米处大堤上时那个高个子男伢就用右手抓住我摩托车钥匙强行熄火后，左手抓住我背部衣服把我往车下拉讲，下来，另外那个矮个子男伢从车上跳下来后就从他背部拿出一把马叶子刀对我讲："跪下，你得罪俺师傅的"，我讲："你师傅是哪个?"那矮个男伢没有回答并对我讲："把手机拿来"，我看到矮个男伢右手举起马叶子刀对着我，我就把我的手机给了他，那矮个男伢就用我手机打电话，我听他讲："是29776"，我就对他讲："我是ZM735"，他接着回答我："不是你就好"。

问：那高个男伢呢？

答：他把我抓下车后也从背部拿出一把马叶子刀压在我背部的。

问：后来呢？

答：矮个子男伢对高个子男伢讲：把车钥匙给我，这样高个子男伢就把钥匙给他，矮个子男伢发动我摩托车，当时高个子男伢还用那刀压在我背部的，后来高个子男伢就放开我上了摩托车，矮个子男伢就对我讲："等5分钟我就来"，就开我车载那个高个子男伢往九中方向向下驶去了。

问：你怎么弄的？

答：我看见他们抢我车和手机形势不对，我就跑到造纸厂门口用门口座机电话拨打"110"报警后，我又跑到和尚桥去了，结果那两个抢我车的男仔我没有等到来，后来"110"民警来现场后把我带到派出所来了。

问：当时你被抢时附近有行人吗？

答：没有。

问：你以前和别人发生过矛盾吗？

答：从来没有得罪什么人。

问：你当时在南山入口处搞出租时旁边有哪些人？

答：只有我一个人，没有其他人。

问：你以上讲的都是事实吗？

答：全部属实。

以上笔录我看过与我说的相符。

粟××

××××年8月27日

侦查员：胡×　金××

（2）对被害人王××的询问笔录

时间：××××年9月4日21时14分至××××年9月4日22时28分

地点：城西派出所

侦查员姓名、单位：桑××，李××，单位：城西派出所

记录员：桑××，单位：城西派出所

被询问人：王××，性别：男，年龄：17岁，单位：常山技校，住址：新源县漳江镇二里岗居委会，联系电话：×××××

问：我们是永定区公安分局城西派出所的民警，现在依法对你进行讯问，你要如实回答我们的提问，讲假话、作伪证是要负法律责任的，与案件无关的问题，你可以拒绝回答，听清楚了吗？

答：我听清楚了。

问：你来派出所有什么事？

答：我来报案的，我被人抢了。

问：你是什么时间？在什么地点被抢的？

答：昨天（××××年9月3日）中午12点钟在常山电视台新感觉网吧二楼一个杂物间里被抢的。

问：被抢了些什么财物？

答：被抢了一台小灵通和100块钱。

问：被抢的是一台什么样的小灵通？何时何地购买？买成多少钱？有无发票？

答：一台中信牌银灰色小灵通，2007年2月份在新源县邮电局买的，买成680元（含话费150元），购买发票已丢失了。

问：什么样的人抢的你？你描述一下其长相特征？

答：两个年轻的伢儿抢的，年龄17~18岁的样子。其中一个个子高些，另一个矮些，长相我不讲不好，看到人了我能认出来。

问：他们带了什么凶器没有？

答：个子矮些的伢儿带了一根皮带。

问：你讲讲你被抢的经过？

答：昨天中午，我与我同学张×一起在常山电视台的新感觉网吧上网。大约12点多钟的时候，一个男伢莫名其妙地问我俩是不是美景计算机学校的，我告诉他是的。过了几分钟，一个高个子伢儿喊我俩，要我俩同他一起走。我俩也不知是怎么回事，跟着高个子伢儿一起来到了网吧的二楼。上楼后又来了一个矮些的伢儿，他俩强行将我俩带入了二楼的一间杂物间。

问：那两个伢儿怎样强行将你俩带入那间杂物间的？

答：个子矮些的伢儿吼我俩说："怎么还不进去，是不是等那个人来"。我和张×摸不着头脑，心里也有些慌，便进了那间杂物间。

问：继续讲？

答：我俩进杂物间后，矮个子伢问我俩在学校里有没有打人，我们讲没有。矮个子伢儿拿出一根皮带，指着张×吼道："你老不老实，到底打人了没有？"张×还是回答没有。接着矮个子伢儿抽了张×一皮带，抽在张×的头上。高个子伢儿抓住我的手控制我，不让我动弹。矮个子伢儿又问我昨天是不是3个人来的（指上网），我们昨天确实是两个人来的，所以我们都回答只有我们两个人来上网。矮个子伢儿又问我们在学校是不是打架了的，我告诉他俩去年我与益阳一个叫代刚同学打过架。矮个子伢儿讲就是他，高个子伢儿又补充说代刚是他一个朋友的表弟。高个子伢儿要我们给代刚赔医药费，他说他朋友请他吃饭了的，并委托他全权处理这个事，给兄弟一个交代。如果我们不出钱也行，就要断掉我们的一只手，要我们自己选择。我讲身上没有钱，他俩不信，高个子伢儿开始搜我的身，我害怕，主动拿出了自己的小灵通，高个子伢儿一把将我的小灵通抢了过去，并在我的裤子口袋里搜出了一张100元的现金。他俩嫌少了，又逼问我家里的电话，我只好告诉他们我家的电话（×××××）。接着高个子伢儿将小灵通交给矮个子伢儿，矮个子伢儿就给我家打电话，打通之后，矮个子伢儿要我家里准备500块钱，打入他的卡上，他报的卡号我忘记了。十几分钟后，高个子伢儿在杂物间继续控制我俩，矮个子伢儿出去喊来一张的士车，他俩将我俩带入的士车，押到了金叶宾馆不知是三楼还是四楼的一间房里。进房间后，他俩开始等我家里人汇款的电话，等了两个小时左右，中途我家里和学校打了几个电话问我们的位置，但他俩不准我们讲，家里和学校很着急。后来，他俩问张×有没有银行卡，张×讲没有，他俩不信，开始搜张×的身，结果矮个子伢儿搜出张×身上的一张邮政储蓄卡。矮个子伢凶凶巴巴地对张×讲，你还不老实，并用银行卡飞打张×，但没有打到要害。之后，矮个子伢儿逼问张×的银行卡密码，张×告诉了他一个假密码，矮个子伢儿接着就下楼取钱去了。高个子伢儿不相信，追问张×密码是不是真的，张×讲是假的，高个子伢儿一生气，踢了张×几脚，我被关在厕所里的，在门口我看得蛮清楚。张×被逼得又讲了一个密码。接着高个子伢儿下楼，估计是找矮个子去了。事后张×告诉我他讲的第二个密码也是假的。高个子伢儿走了之后，我俩才得以挣脱控制，并回到了学校。

问：你家里到底给他们汇款了没有？

答：没有。

问：你以上所讲是否属实？

答：属实。

以上四页和我讲的一样。

王××

××××年9月4日

侦查员：桑××　李××

（3）对被害人王××的询问笔录

时间：××××年9月15日11时20分至××××年9月15日11时42分

地点：城西派出所

侦查员姓名、单位：桑××，李××，单位：城西派出所

记录员：桑××，单位：城西派出所

被询问人：王××，性别：男，年龄：17岁，单位：美景计算机学校，住址：新源县漳江镇二里岗居委会，联系电话：×××××

问：你来派出所有什么事？

答：我来反映我被抢的那台小灵通型号的。

问：我们是永定区公安分局城西派出所的民警，现在依法对你进行讯问，你要如实回答我们的提问，讲假话、作伪证是要负法律责任的，与案件无关的问题，你可以拒绝回答，听清楚了吗？

答：我听清楚了。

问：××××年9月3日在永定区新光社区新感觉网吧二楼一杂物间你被抢走的那台小灵通是什么型号的？

答：是一台中兴V16型小灵通，虽然没有发票的，但说明书还在，我看说明书了的。

问：说明书呢？

答：放在新源老家的，我忘记带来了。

问：你以上所讲是否属实？

答：属实。

以上记录我看过，和我讲的一样。

王××

××××年9月4日

侦查员：桑××　李××

（4）对被害人张×的询问笔录

时间：××××年9月4日22时32分至××××年9月4日23时40分

地点：城西派出所

侦查员姓名、单位：桑××，李××，单位：城西派出所

记录员：桑××，单位：城西派出所

被询问人：张×，性别：男，年龄：16岁，单位：美景计算机学校，住址：汉寿县百禄桥镇庄稼村，联系电话：×××××

问：我们是永定区公安分局城西派出所的民警，现在依法对你进行询问，你要如实回答我们的提问，讲假话、作伪证是要负法律责任的，听清楚了吗？

答：听清楚了。

问：你来派出所什么事？

答：我也是来报案的，我与我同学王××被抢了。

问：什么时间？在什么地点被抢的？

答：昨天（××××年9月3日）中午12点多钟在常山电视台新感觉网吧二楼一杂物间里被抢的。

问：被抢了些什么财物？

答：我被抢了一张邮政储蓄卡，我同学王××被抢了一台小灵通和100块钱现金。

问：什么人抢的你们？描述一下其长相特征？

答：两个年轻伢抢的，17~18岁的样子，一个高个子，一个矮个子，长

相我描述不好，但看到人了我认得出来。

问：他们带了什么凶器没有？

答：矮个子带了一根皮带。

问：你讲讲你们被抢的经过？

答：昨天中午，我和同学王××一起到常山电视台的新感觉网吧上网。
12点多钟的样子，一个矮个子伢莫名其妙地问我们是不是美景计算
机学校的，王××讲是的。过了几分钟，一个高个子伢便要我俩同
他一起走，说是找我们有事，于是我们跟着高个子一起来到了网吧
的二楼。上楼后在一杂物间里一矮个子伢等着我们的，高个子、矮
个子强行要我俩进入那间杂物间。进杂物间后，他们讲楼下还有他们
三个兄弟等着的，如果我们不听招呼，楼下的三个兄弟也会上来的。

问：那两个伢怎样强行要你俩进入那间杂物间的？

答：矮个子吼我俩说："怎么还不进来"。我们慌慌张张地便进了那间杂
物间。

问：继续讲？

答：我俩进去后，矮个子先问我们有没有打架，我讲没有。矮个子拿出
一根皮带，指着我吼道："你到底打架没有？"我还是讲没有。接着
矮个子抽了我一皮带，抽在我头上了。矮个子又问我们昨天是不是
三个人来的（指上网——侦查员注），我们回答只有两个人。矮个子
又问王××在学校是不是打架了的，王××吓不过，告诉他们去年
曾与同学代刚打过架。矮个子讲就是他，高个子还补充说代刚是他
一个朋友的表弟，高个子要王××给代刚赔医药费，高个子还说他
朋友请他吃饭了的，他要给朋友一个交代。如果不赔医药费，就要
断掉我们一只手。王××讲他身上没有钱，他俩不信，高个子准备
搜王××的身时，王××主动拿出了自己的小灵通，高个子一把将
小灵通抢了过去，矮个子还抢走了王××的100元现金。他俩嫌钱
少了，又逼问王××家里的电话，王××只好告诉了他们。接着高
个子将小灵通交给矮个子，矮个子就用王××的小灵通打电话。电
话中矮个子要王××家准备500块钱，打入他的卡上，他还报了卡

号。又过了一会，王××家也没有汇款过来，矮个子和高个子两人商量，没听清讲些什么。后来矮个子喊来一张的士车，他俩将我们带入的士车，押到了一家小招待所，好像是三楼的一间房。进房间后，他俩继续等王××家汇款，等了一个多小时，中途王××家打来好几个电话，想问我们的位置，但我们又不敢讲。可能是怕公安的来抓，他俩不同王××家谈汇款的事了，开始转向我。高个子先问我有没有银行卡，我讲没有，接着矮个子又逼问我，还做出搜身的架势，后来矮个子搜出我身上的一张邮政储蓄卡。矮个子凶巴巴地讲我不老实，用银行卡飞打我，还好，没有打到要害部位。之后，矮个子逼问我的银行卡密码，我告诉了他一个假密码，矮个子接着就下楼取钱去了。高个子不相信，他先把王××推进厕所，然后将我推倒到床上，继续追问我密码是不是假的，我告诉高个子那是我一个月的生活费，打死我也不得讲。高个子一生气，踢了我二脚，接着高个子下楼，估计是找矮个子去了，高个子走了之后，我俩趁机逃了出来，并回到了学校。

问：你头部的伤怎样？

答：被打肿了，现在头还有些昏昏沉沉的。

问：你以上所讲是否属实？

答：属实。

以上记录我看过和我讲的一样。

张×

××××年9月4日

侦查人：桑×× 李××

12. 证据十二：被告人熊×、李×的供述

（1）对被告人熊×的讯问笔录

时间：××××年9月16日22时00分至××××年9月16日22时35分

地点：金山派出所

侦查员姓名、单位：朱××，金山派出所

记录员：王××，单位：金山派出所

犯罪嫌疑人：熊×，男，1992 年 9 月 13 日生，石门桥镇二港桥村 1 组。

问： 我们是金山派出所的民警（出示警官证），现就有关情况依法对你进行询问，你一定要如实回答，否则是要负法律责任的，听明白了吗？

答： 听明白了。

问： 你继续交待问题。

答： 我偷摩托车之后没得好久，到金山和尚桥抢了一辆摩托车。

问： 具体什么时间还记得吗？

答： 不记得，我不记得什么日子，就是三个多月前。

问： 你和谁抢的？

答： 我和超儿。

问： "超儿"是指谁？哪里人？多大年纪？

答： 叫什么我不知道，新源人，20 岁。

问： 你怎么认识"超儿"的？

答： 在常山市电视台旁边一个摆夜市摊上认得的，我去和他扯白话。

问： 你们平时待在一起？

答： 没有。

问： 那你们俩怎么联系？

答： 用上网 QQ，"超儿" QQ 号码在我 QQ 上有，具体是多少我不记得，QQ 名字全部是符号，我不认得。

问： 你和"超儿"怎么策划抢摩托车的？你将抢车经过讲一下。

答： 那天我和"超儿"在网上聊天，"超儿"在紫桥华海网吧，我在康家吉八和网吧，"超儿"在网上跟我说："没得钱了，去搞点路子去"，我就讲"要得沙"，然后他就打的到康家吉来接我，然后我们就坐的士到金山了，这时已经是晚上八点多钟了，我们坐的士到了金山之后，就下车到处寻摩托车出租的，准备租摩托车到偏僻处抢走，到十字路口租了一辆摩托车，"超儿"说到苏家渡街上去，这摩托车就送我们去，在经过和尚桥时，"超儿"就把车钥匙抽了，然后就拿了一把刀出来，提在手上，然后把车钥匙给我了，这时摩托车司机就问我们：你们搞么？我就说：没搞什么，就是借你的摩托车到前面办个事去，然后我们两个就骑摩托车走了，朝苏家渡走的，骑到康家吉湾堤去了。

问： 你们将车放在哪里？什么时候卖的？

答： 当晚把车藏到棉花地里，第二天当废铁卖了，又是到康家吉口上碰到上次那个荒货佬（收偷的摩托车的），卖给他了。

问： 怎么当废铁卖了？卖了多少钱？

答： 当天晚上我将车骑到坎底下去了，车子被水淹了，发不活了，我就将车扯起来当废铁卖了，也是卖的 350 元。

问： 是台什么摩托车？有什么特征？车主长什么样子？

答： 是男式 125 型红色的，大约五六成新，车主长得蛮高，大约三四十岁。

问： 卖车的钱你们怎么分的？怎么用的？

答： 买了一包极王、几瓶饮料，然后我和"超儿"一人分了 150 元，"超儿"就走了，我拿这 150 元到何家堤打牌输了。

问： 你以上讲的是否属实？如属实请签名捺印。

答： 是，好。

以上三页和我说的一样。

熊 ×

×××× 年 9 月 16 日

讯问人：朱×× 　王××

（2）对被告人熊 × 的讯问笔录

时间：×××× 年 9 月 18 日 15 时 31 分至 ×××× 年 9 月 18 日 16 时 20 分

地点：市第二看守所

侦查员姓名、单位：李××，金山公安分局

记录员：李××，单位：金山公安分局

犯罪嫌疑人：熊 ×

问：你的基本情况？

答：我叫熊 ×，诨名"勇儿"，男，1992 年 9 月 13 日生，小学文化，汉族，家住山城区石门桥镇二港桥村 1 组。

问：你第一次抢劫是什么时候？抢劫什么东西？

答：××××年 8 月份的一天晚上在金山苏家渡九中的河堤上抢摩托车一辆，小哥小手机一部。

问：哪些人参与抢劫？

答：我和超儿二个人各自从康家吉带一把刀（长 60 厘米，宽 10 多厘米），在金山棉纺厂前马路上租车到苏家渡九中的河堤上抢的。

问：这次抢劫是谁提出的？怎么计划的？哪些人参与商量？

答：那天晚上我和超儿在康家吉上网，在网上联系到彭 ×（男，十六七岁，邬塘岗人）、魏 ×（男，14 岁，七星庵人）和另一个我不认识，陈 ××认识（男，年龄看不出来，哪里人不知道），于是我和超儿步行到七星庵与他们三个人会合后，超儿说：没有钱和了，我们去偷摩托车去，我们一起到路上寻找摩托车去偷，但没有找到车，彭 ×说以前和陈 ×（陈 ××）玩过一次套路，几个人租摩托车到偏僻的地方，故意从车上掉下来，以此来敲诈司机的钱，我们今年也去搞一次，我同意了，就要那三个伢儿去金山租车来苏家渡的河堤上，我和超儿在河堤上等他们来一起搞司机的钱，结果那三个伢儿去金山后两个小时没有来，我和超儿一商量就到金山租车到河堤上再用刀把摩托车抢到手。

问：你抢的摩托车是怎么处理的？

答：我和超儿将抢来的摩托车骑到湾堤村的河边，将车的挡风玻璃、挡泥板、车牌及盖油箱的皮子都拆下来，有的扔到河里，有的扔到棉花地里，超儿去上网了，我把摩托车放在藕塘里用荷叶盖住，第二天上午将我二伯给我的 100 元钱给了超儿，作为卖摩托车的钱给他，实际上我到晚上七八点钟时在七星庵往康家吉的水泥路的交汇处将摩托车卖给了一个收废品的人，卖 350 元钱。

问：收废品的人你认识吗？具体情况？

答：我不认识，男，40多岁（大概四十二三岁），哪里人不知道，他骑一辆后三轮红色摩托车，经常到康家吉收废品，他还给了我电话号码，我不记得了，是138开头，要我下次有东西就卖给他。

问：他知道你的摩托车的来历吗？

答：不知道。

问：你还用哪些人搞过坏事？

答：赵×（男，18岁，二港桥人，现在押）、超儿（昨天城西派出所来人提审我时才知道他叫李×，李×我认得照片，现在押）、贵州佬、陈×（陈××，男，17岁，二港桥人）、张×（男，十八九岁，洞阳观）。

问：你是怎么认识他们的？

答：赵×、陈×、张×是我们一个地方的，在上网的时候认识的，贵州佬是去年年底通过常山的朋友（男，十三四岁，我不知道名字）介绍认识的，我俩在一起搞一次，就是在风采超市，他有老大，他老大不让他和我在一起。超儿和我认识只有一个多月，是在电视台后面新三和网吧上网时认识的，没有和贵州佬在一起玩了以后才认识超儿，我们在一起在电视台后新感觉网吧搞了一次，在苏家渡河堤上抢了二次摩托车，一次成功，一次没有抢到手。

问：据说你把张×的摩托车骑出去给卖了，是真的吗？

答：是真的，9月上旬的一天下午，我和张欢在湾堤的网吧上网。找张×借摩托车出去，是因为派出所要抓我，张×要我快跑，就把摩托车给我骑着跑了，我骑到二港桥，由于身上没有钱，就把车卖给七婆儿（男，四五十岁，他儿子都比我大），卖800元钱。

问：你还有什么要交待的？

答：没有。

问：你刚才讲的是否属实？

答：属实。

问：你看后签名。

以上看过是我说的。

熊 ×

××××年 9 月 18 日

讯问人：李×× 李××

（3）对被告人熊×的讯问笔录

时间：××××年 9 月 27 日 10 时 20 分至××××年 9 月 27 日 10 时 50 分
地点：市第二看守所
侦查员姓名、单位：李××、朱××，金山派出所
记录员：李××，单位：金山派出所
犯罪嫌疑人：熊×，男。

问：你抢的摩托车是卖给谁的？

答：是卖给一个收荒的，我不认识人，他开的一台红颜色的三轮摩托车。

问：是什么时候卖给他的？

答：大约是 8 月底（27 号左右）上午卖给他的。

问：当时你是几个人去卖的？

答：当时我是一个人去卖的。

问：你是怎么将摩托车卖给收荒的人的？

答：那天晚上，我抢了摩托车后，将车停在了我二伯家。上午我就将车搞出来卖了。当时车子发不来了，我就从"三弟"网吧喊的"胖子"用他的黑颜色的女式踏板车（没有牌子）帮我拖到路口（就是在七星庵的路口边），就要他回去了。当时车子放在路口边的一条小路上的。大约等了半个小时，我就在车路上拦到了那个收荒的人。因为前面他收了我一台偷的摩托车，知道他收车，我就给他讲有一台车卖给你，他讲，又在"何止"搞的车，我说"抢的"，他就答应了，我们就将车搞到他的车上，当时他用绳子吊的，我在下面帮他抬的。

问：你们两个人能将车搞上他的三轮车上吗？

答：当时我拦他的车时，他有一个"同伙"，一起收荒的，也开了一辆三轮车（比他的三轮车小些，和他的一样），那个"同伙"脸上有疤，所以我们三个人搞的。当时车好像是搞上那个有疤的人的车上的，他两个人在车上吊，我在下面帮着推。

问：当时你卖了多少钱？是谁给的钱？

答：卖了350元钱，那个收荒的给了我250元，脸上有疤的人给了100元钱。

问：当时你们还讲了些什么话？

答：当时那个收荒的讲（脸上无疤的人），到时候你抓到了，不把我讲出来的哦，我这么帮了你，不要害我啊。

问：当时你卖车时，还有什么人看见吗？

答：还有一个老妈子，手里提的一个篮子，往那里路过，她还问过我说：小伢儿，你在何止搞的车子，几时搞好的了，跟我家搞一台好不，我说要得。

问：老妈子多大年龄？是什么时候讲的话？

答：有五六十岁了，在我还没有将车卖的时候，找我讲的。

问：以上讲的是不是实话？

答：是实话。

讯问人：朱××　李××

（4）对被告人熊×的讯问笔录

时间：×××年9月17日16时00分至×××年9月17日17时50分
地点：城西派出所
侦查员姓名、单位：桑××、李××，城西派出所
记录员：李××，单位：城西派出所
犯罪嫌疑人：熊×

问：我们是永定区公安分局的干警（出示警官证），现依法对你进行讯问，你要如实回答我们的提问，讲假话、作伪证是要负法律责任的，

与本案无关的讯问，你有权拒绝回答，你听清楚了吗？

答： 听清楚了。

问： 你的基本情况？

答： 我叫熊×，诨名"勇儿"，男，1992年9月13日生，汉族，初中文化，现无业，家住山城区石门桥镇二港桥村一组。

问： 你的个人简历及家庭情况？

答： 自幼读书，初中文化，后无业，父亲坐牢，由伯伯熊跃军监护，母亲已改嫁。

问： 你是什么时间？因为什么事情被刑事拘留的？

答： 在本月12日，因为抢劫被刑事拘留的，金山抓的我。

问： 你是否清楚我们今天因为什么事情来讯问你？

答： 因为上次在电视台抢劫的事。

问： 那是什么时间的事？有多少人参加抢劫？

答： 在本月的3日上午，是我和"蠢××"抢的。

问： "蠢××"是谁？有何特征？家住哪里？

答： 我不知道他叫什么名字，也不知道住哪里，他比我高将近一个头。

问： 刚才我们出示了"蠢××"的照片，你也认出了他，现在我们告知你，他叫李×，是定远人，你听清楚了没有？

答： 听清楚了。

问： 李×还有什么别的绰号？

答： 别人都喊他"超儿"，我有时也这么喊。

问： 你讲讲你和"超儿"抢劫的事。

答： 在今年9月3日上午我和"超儿"到常山电视台"新感觉"网吧上网，快到中午的时候，网吧里进来了两个学生模样的伢儿，我印象中有一个伢儿去年（2007年）在外面与别人打过架，就想"敲"他们一下，要他们搞钱，我将我的想法跟"超儿"讲了，因我对这网吧的楼上很熟，有一套二室二厅的房子，还有一个杂物间，平时房子是锁起的，杂物间是开起的，我就叫"超儿"把那两个学生喊到楼上去，事后有好处的，"超儿"同意了。

问：继续交待。

答：后来"超儿"就把他们喊到楼上，我也跟了上去，并叫那两个学生快点进去（到杂物间），我怕他们不听招呼，还对"超儿"讲，楼下的三个兄弟是不是还在下面，等会儿再把他们喊上来，"超儿"回答要得，这样那两个学生就进了杂物间。

问：楼下到底有没有你的兄弟？

答：没有，是吓唬他们的。

问：继续交待。

答：到杂物间后，我见到桌子上有一根没有扣的皮带，就拿着皮带问其中一个学生有没有打架，开始他们不承认，过了一会儿，有一个人讲去年他同一个叫"代刚"的同学打过架，我接着就讲："就是他"，他就是"超儿"（用手指）的表弟，现在这事委托他（用指手"超儿"）处理。

问：代刚是不是"超儿"的表弟？

答：根本没有这回事，我们只是想找个借口。

问：为什么要找这样的借口。

答：是想找他们搞点钱用。

问：后来怎么实施的？

答：我提出为代刚的事，要对方赔500块钱，那学生讲没钱，我讲那你们把手举起来，并用手上拿着的皮带抽了其中一个学生的头顶一下，嘴里讲：你以后讲话不要太狂了，是要吃亏的，那个学生才拿出一台小灵通，交给了我，还露出了一百元钱，我也拿了，我见他们钱少，就逼问那学生家里的电话，用那台小灵通打他家里的电话，要他家汇500元钱到"超儿"的建行卡上（"超儿"讲的有张建行卡），原因是编造的：他儿子在外打了人要赔钱，如果不赔钱，我们就要打他人了，并告诉了对方"超儿"的建行卡号（现不记得了），对方当时电话里是同意打500元钱的，等了约半个小时，我又打电话给他家里，他爸爸接电话讲讲跟我们送过来（500元钱），我就跟"超儿"商量，他们家里可能会报警，我们得换个地方，我就叫"超儿"看着，自己到楼下去喊了一张的士车等着，再回到楼上和"超儿"一起把那两个学生带到的士车上，开到电视台里面的"乌姐住宿"，开了一间 30 元的房。

问： 继续交待你进房间之后的事

答： 到房间后，我们开始等学生家里打电话来（电话一直是我拿着的），后来接了几个电话，对方讲钱汇不进来，又要户主，又是说在排队，我感到不对，就干脆逼问那被我打过一皮带的学生有没有银行卡，他讲没有，我就搜，从他身上搜出了一张邮政储蓄卡，搜出后，就逼问密码，他跟我给了一个密码（现在想不起来了），我就拿着卡下楼去了，我刚到楼下，"超儿"也跑了下来，跟我讲，他给的假密码，我们再次返回房间时，那两个学生就没有见到了。后来，我给了"超儿"20 元钱，剩下的钱我自己用了。

问： 抢的那台小灵通到哪里去了？是一台什么型号的？

答： 是一台银灰色的小灵通，那天我和"超儿"分手后，我就回到石门桥家里去了，到了晚上我又回到桥南商贸城和朋友玩，之后，发现手机欠费停机，就把那手机摔到马路上了。

问： 那根打学生的皮带你带走了吗？

答： 没有，从楼上转移地方的时候，我又把皮带放到了那杂物间的桌子上了。

问： 你为什么要伙同"超儿"搞学生的钱财。

答： 你搞点钱用，身上没钱花了。

问： 你以上所述是否属实？

答： 事实。

以上五页笔录念给我听过和我讲的一样。

熊 ×

××××年 9 月 17 日

侦查员：桑×× 李××

（5）对被告人李×的讯问笔录

时间：××××年9月18日9时44分至××××年9月18日10时20分
地点：常山市第一看守所
侦查员姓名、单位：朱××、李××，金山公安分局
记录员：李××，单位：金山公安分局
犯罪嫌疑人：李×

我叫李×，曾用名：邓×，喊名"超儿"，男，1991年9月18日出生，初中文化，汉族，家住定远县安德乡民阜村13组，现在暂住市电视台后新三和网吧附近，与祝成福等人同住，无业。

问：你的家庭情况？

答：父亲：李××，45岁，在家务农
母亲，雷××，43岁，在家务农。

问：你的个人简历？

答：1991年9月18日生，1998年9月至2007年7月在校读书，2007年8月至今到常山市打工。

问：我们是金山公安分局的干警，现就有关问题依法对你进行讯问，你要如实回答问题，不得说谎、歪曲、捏造事实，否则是要负法律责任的，知道吗？

答：我知道。

问：你以前是否被公安机关查处过？

答：没有。

问：你是因什么事被关押在看守所？

答：是因涉嫌抢劫被城西派出所刑拘到看守所的。

问：你是什么时候在什么地方抢谁的什么东西？

答：××××年9月3日下午1时许，我和勇儿（叫什么名字不知道，男，16岁左右，康家吉的人）在市电视台后面新感觉网吧里面，被抢的那个小伢儿（不知道姓名，男，十七八岁，在美景计算机学校读书），抢了他100元现金，一部小灵通，一张邮政储蓄卡，当时我

们逼迫他告诉我们卡的密码（1××××4），勇儿拿卡去取钱时，我就向被抢的人是真密码还是假密码，那伢说是假的，没有取到钱。

问：是怎么抢的？

答：那天我们在新感觉网吧上网，勇儿对我说：我们搞点钱用，你去把网吧里的两个伢儿叫来，我就去把那两个伢儿叫到网吧的楼上的一间房子，以那两个伢儿打人为由（根本就没有的事）找那两个伢的麻烦，用捡来的皮带抽打其中一个伢儿，勇儿打那伢儿的时候逼迫他把身上的东西搜出来，并且勇儿已摸了那伢儿的身上，在那伢儿将钱和手机及邮政卡拿出来，勇儿将东西拿了过来，当问清密码是假的时候，勇儿已经拿着卡下楼准备去银行取钱，我喊勇儿说卡的密码是假的，这时那两个伢儿就跑了。

问：你叫来两个伢儿怎么会只抢一个伢儿的钱和东西？

答：当是我们叫他们来是想以那人打人为由找他要钱，那个伢说没有打人，就找被抢的那个伢搞的，所以只找一个伢，另一个没有找他要，后来也跑了。

问：我们今天找你是什么事？

答：是因我参与抢劫的事。

问：什么时候在什么地方抢的什么东西？

答：××××年8月下旬的一天晚上，我和勇儿（另三个伢儿只参加商量，没有参加抢劫）在苏家渡的河堤上抢了一辆摩托车是第一次，第二次是第一次之后的一个星期，可能是9月初的一天晚上凌晨，我和勇儿及勇儿的朋友（我不认识，男，十八九岁，康家吉的人）在市造纸厂的河堤上抢摩托车，但没有抢到。

问：你把第一次抢劫的事详细讲一遍。

答：开始我们五个人在康家吉三弟网吧上网，勇儿说：现在手里没有钱了，日子没有办法过了，我问他：怎么办，勇儿说：我们去偷摩托车，搞点钱用。勇儿安排那三个我不认识的伢去金山喊摩托车，我和勇儿在苏家渡的河堤上等他们，他们坐出租的摩托车来时，以从摩托车上摔下来为由按摩托车司机要钱，我和勇儿在河堤上等了1

个多小时，仍不见他们来，我俩就到金山去找他们三个，没有找到，勇儿就说我们两个去抢摩托车，于是我们俩就在金山一家吃烧烤的路边上租了一辆摩托车，到苏家渡的河堤上时，勇儿指示我把车钥匙抽掉，让车熄火，我们下车，抽出随身从康家吉带来的刀，要那司机站在路边，以司机打了我们的朋友为名，找他的麻烦，司机说没有打人，勇儿把司机的手机拿过来假装调查是不是他打的人，其实根本就没有这件事，然后，我和勇儿骑着他的车说去找朋友问清楚，就这样我们把摩托车和一部小哥小手机抢走了。

问： 你们抢的摩托车是什么样子，怎么处理的？

答： 品牌不知道，有车牌，但不记得了，一辆男式的二轮摩托车，车型和颜色记不得了，后来勇儿和我将车骑到一个有一条河的地方，将车上的车牌、挡风玻璃及盖油箱的皮子拆下扔在河里，第二天上午勇儿和他们朋友将车卖了，得 600 元钱，分给我 100 元。

问： 第二次呢？

答： 我和勇儿及另一个我不认识的人到桥南商贸城的路上转，我和勇儿准备到商店里去买烟，但钱不够，就买了一把水果刀，勇儿去路边上捡了一块钢砖，去商贸城的圆盘租一辆摩托车，根据勇儿的安排，我坐前面，勇儿坐中间，另一个伢儿坐后面，摩托车到造纸厂的河堤上，我把车钥匙拿掉，让车熄火，我们要司机下车，司机下车后说：你们干什么是要钱还是要什么，你们这一行我懂。勇儿说：你是不是打了人，司机说没有。我和勇儿就与司机打了起来，勇儿把我手上的刀拿过去了，勇儿说用刀划了那司机二刀，具体有没有抽到司机我不知道，这时另一个我不认识的伢儿坐在一边看摩托车，司机大喊：抓抢劫犯。我不认识的伢儿看到保安来了，就要我们快跑，我们跑到附近屋下面时，那伢儿说有保安来了，在那里躲了一会儿后，就到金山十字路口打的回康家吉了。

问： 这次有没有抢到什么东西？

答： 没有。

问： 你们这一次抢车时用的什么刀？现在刀在哪里？

答：刀长约 60 厘米、宽约 10 多厘米，共有三把刀，我和勇儿各带一把，另一把是那三个伢中的一个个子高的伢带着的，我们抢车后将刀扔在不知哪里的鱼塘里了。

问：你还在哪里作案？

答：没有。

问：你今天就讲到这里，下次再提审你，好吗？

答：好。

问：你刚才讲的是否属实？

答：属实。

问：你看后签名。

以上五页材料我看过，记录属实。

李×

××××年 9 月 18 日

讯问人：朱×× 李××

（6）对被告人李×的讯问笔录

时间：××××年 9 月 5 日 10 时 10 分至××××年 9 月 5 日 13 时 17 分
地点：城西派出所
侦查员姓名、单位：桑××、李××，城西派出所
记录员：桑××，单位：城西派出所
犯罪嫌疑人：李×

问：我们是永定区公安分局城西派出所的民警（出示警官证），现在依法对你进行讯问，你要如实回答我们的提问，讲假话、作伪证是要负法律责任的，与案件无关的问题你有拒绝回答的权力，听清楚没有？

答：我听清楚了。

问：交待你的基本情况？

答：我叫李×，男，1991 年 9 月 18 日出生，汉族，现无业，家住定远县安德乡民阜村 13022 号。

问：你的个人简历及家庭成员？

答：我自幼读书，2007 年来常山新天地 KTV 城当服务员，后在 V8 当服务员，2007 年年底辞去服务员工作，现无业。父亲叫李××，母亲叫雷××，都在家务农。

问：你以前是否受过公安机关的什么处罚？

答：没有。

问：你属于未成年人，对你的讯问要通知你的家人到场，如何通知他们？

答：我家没有安装电话，无法通知我的家人。

问：你是否清楚我们今天因为什么事将你带到公安机关来的？

答：因为前天，也就是××××年 9 月 3 日搞学生伢儿的小灵通和 100 块钱的事。

问：你是单独还是伙同他人搞的？

答：我是同一个叫"勇儿"的伢儿搞的。

问：你和"勇儿"谁高些？

答：我比"勇儿"高将近一个头。

问：你们搞的是哪个学校的学生？讲讲学生的情况？

答：美景计算机学校的两个学生，年龄十七八岁的样子，跟我的年龄差不多。

问：你们搞的一台什么样的小灵通，100 块钱是一张新版还是老版的？

答：一台翻盖的银灰色小灵通，100 块钱是一张新版 100 元的。

问：你如实交待你和"勇儿"搞两个学生伢儿小灵通和 100 块钱的经过？

答：××××年 9 月 3 日上午 9 点多钟，"勇儿"在"新三和"找到我，邀我去玩。之后我俩来到常山电视台的新感觉网吧上网。当天上午 11 点钟左右，网吧里进来了两个学生模样的伢儿。"勇儿"走到他们身边，不知同他们讲了句什么话，之后又将我喊到网吧外，我便明白了"勇儿"的意图，就是准备搞那两个学生伢儿，但具体怎么搞我不清楚，因为我出来玩的时间不长。

问："勇儿"当时同你怎么讲的？

答：他要我先把那两个学生伢儿喊到楼上去，找他们有点事，我就问么得事，"勇儿"要我莫问那么多，反正事后有好处的。商量好后，我走到两个学生伢儿身旁，对他俩讲："出来一下，找你有点事"，两个学生伢儿同我一起上了网吧的二楼。上楼后我看到了"勇儿"在一杂物间里，便将两个学生带到杂物间门口，并推开杂物间的门。两个学生愣了一下，"勇儿"凶巴巴地对两学生吼道："怎么还不进来？"一吼，两个学生就进了杂物间。"勇儿"问我楼下的三个兄弟还在下面是吧？等哈哈再把他们喊上来，我回答要得。

问：你们到底有几个人参与搞学生伢的钱财？

答：其实只有我和"勇儿"两个人，讲楼下来了三个兄弟是吓学生的。"勇儿"问我时我马上心领神会了，这个之前我俩并没有商量。

问：继续交待？

答：在杂物间里，"勇儿"拿着一根皮带问其中一个学生打架没有，那学生讲没有，"勇儿"便抽了他一皮带，并追问他到底打架没有，那学生还是讲没有打架。坐了一会，"勇儿"又问另一个学生打架没有，那学生也讲没有打架。"勇儿"要他好好想想。过了一会，那学生讲他去年同一个叫代刚的同学打过架。"勇儿"接着讲"就是他，就是他"，还指着我说代刚是我表弟。我补充说是我的一个朋友的表弟，我朋友请我吃饭了的，要我做个交代，委托我全权处理这个事。

问：代刚是你哪个朋友的表弟？

答：其实我根本没有这个朋友，我也不认识什么代刚，那都是我和"勇儿"打的一个借口。

问：你们为什么要编这样的借口？

答：目的是为了找他们搞钱。

问：找这样的借口你和"勇儿"事先商量过没有？

答：我们没有商量得这么细，只是上二楼杂物间后"勇儿"同我讲，要我接住砣，他讲什么我就跟着讲什么，要配合好。

问：继续交待？

答：我提出要对方为代刚的事赔300~400块钱，"勇儿"讲我做伢伢事，提出要对方赔500块钱。那学生讲他没有钱，交房租了。"勇儿"要他举起手，准备搜他的身，那学生吓得拿出了身上的一台小灵通，还不小心露出了 100 块钱，被我发现了。后来，我拿过那台小灵通交给了"勇儿"，100 块钱也是"勇儿"拿起的。我们嫌他的钱少了，"勇儿"便逼问那学生家里的电话号码，那学生吓得告诉了我们。之后，"勇儿"使用那台小灵通打他家的电话，要他家汇 500 块钱到我的建行卡上，卡号为：×××××。"勇儿"在电话中恐吓他家里的人，如果不汇款来，就把他的伢儿打一顿。我们在杂物间等了二十几分钟，他家里的人还没有汇款过来，"勇儿"便同我商量，转移一个地方，开个房，怕他家里人报警，公安的找来了，我讲要得。后来，"勇儿"喊来一张的士车，我便将两个学生带到电视台"乌姐住宿"的 303 号房。进房间后，我们继续等那学生家里汇款来，那学生的父亲打来了几个电话，先是讲钱汇不进去，要问银行卡的户主，我只告诉了他户主姓李，后来又讲正在银行排队，我们感觉到对方可能报案了，正在同我们"要保"（指拖延时间，想报警后抓到我们——侦查员注）。后来我们干脆不同他家里的人谈了。

问： 继续交待？

答： 我们看到要对方家里汇款比较危险，行不通。于是我们又逼问被打过一皮带的学生有没有银行卡。我先问的，之后"勇儿"问，那学生讲没有。后来"勇儿"在那学生身上搜出一张邮政储蓄卡。搜出卡后，"勇儿"问对方的密码，那学生接着就讲密码是"1××××4"。"勇儿"要我在房间里等着，他下楼取钱去了。我想那学生肯定讲的假密码，于是我先将另一个学生推进房间的厕所里，要他莫出来，然后将那名持卡的学生推到床边，逼问他刚才讲的密码是不是真的，那学生讲打死他也不会讲真的。之后我下楼找"勇儿"去了，并要两个学生莫出房间。当我找到"勇儿"再次返回房间时，发现那两个学生已经走了。后来我和"勇儿"坐摩托车跑到南站去了，临分手时，我要"勇儿"给我 30 块钱，但他只给了我 20 块钱。

问： 你得的那 20 块钱呢？

答： 我用完了。

问： 你当时逼问银行卡密码时，动手打那学生没有？

答：我只是用手将他推倒到床上。

问：你讲讲"勇儿"的情况？

答："勇儿"与我年龄差不多，具体姓名、住址我不清楚，听说他是康家吉的人。

问：怎么与"勇儿"认识的？

答：与朋友一起玩时认识的，他在电视台混得还不错，我与他一起玩了十几天了。

问：你为什么要伙同"勇儿"搞那两个学生的钱财？

答：还不是想搞两个钱用，最近我没搞事，身上没钱用了。

问："勇儿"打人用的那根皮带呢？

答：可能在新感觉网吧二楼的杂物间里。

问：你以上所讲是否属实？

答：属实。

以上六页，我看过，和我讲的一样。

李×

××××年9月5日

侦查员：桑××　李××

第二节　谢××故意伤害案第一审程序模拟审判剧本

一、案情简介

被告人谢××，男，××××年×月×日出生，无业。因涉嫌犯故意伤害罪，于××××年×月×日被逮捕。

××××年9月25日下午3时许，被告人谢××带三名女孩到×市万和酒店联系打工事宜时，恰遇前来万和酒店消费的平安驾校学员赵×等人，被害人赵×等人即上前调戏在此等候的三名女孩。被告人谢××即上前阻止，双方发生争执，被害人赵×即对被告人谢××打了一拳，双方扭打，被告人谢××被被害人赵×及其两个同伴打倒在地，即拿出随身携带的水果刀对被害人赵×刺二刀，后爬起逃跑，被害人赵×追赶，双方扭打，被告人谢××又对其刺一刀，后逃跑。被害人赵×胃、肾、肝脏被刺伤，经法医鉴定为重伤，分别构成胃七级、肾九级、肝脏九级伤残。

常山市永定区人民检察院以被告人谢××犯故意伤害罪向常山市永定区人民法院提起公诉。

二、案件争议焦点

1. 被告人谢××的行为是否构成正当防卫？
2. 如果构成正当防卫，是否属于防卫过当？

三、谢××故意伤害案第一审程序模拟审判剧本

序幕　开庭前的准备

对公诉案件的程序性审查。常山市永定区人民法院对常山市永定区人民检察院提起的被告人谢××故意伤害一案审查后，发现起诉书中有明确的指控犯罪事实，并且附有证据目录、证人名单和主要证据的复印件、照片，决定开庭审判。

开庭前的准备。在决定开庭审判后，常山市永定区人民法院依法进行了以下开庭前的准备工作：①决定由审判员×××、×××、×××依法组成合议庭，由×××担任审判长；②在开庭10日以前，将人民检察院的起诉书副本送达了被告人谢××；③将开庭的时间、地点在开庭3日以前通知了常山市永定区人民检察院；④在开庭3日以前，将传唤被告人谢××的传票送达看守所，向辩护人送达出庭通知书；⑤在开庭3日以前先期公布案由、被告人姓名、开庭的时间和地点。上述活动均写入笔录，由主审法官×××和书记员×××签名。主审法官×××还拟就了法庭审理提纲。

第一幕　开　庭

书：请安静。现在宣读法庭纪律。①法庭内要保持安静，不得鼓掌、喧

哗，禁止吸烟；②不得随便走动和进入审判区；③未经法庭允许不准录音、录像和拍照；④未经法庭允许不准发言或者提问；⑤所有诉讼参与人以及旁听人员须将随身携带的寻呼机、手机关闭。对违反法庭规则的人，将视具体情况分别予以警告、训诫、没收录音录像和摄像器材、责令退出法庭、罚款、拘留直至追究刑事责任。

书： 全体起立。请审判长、审判员入庭。

审： 常山市永定区人民法院刑事审判庭现在开庭。传被告人谢××到庭。请司法警察卸下械具。

审： 被告人谢××，你还有其他名字没有？

谢： 没有。

审： 被告人谢××，常山市永定区人民检察院的起诉书副本你收到没有？

谢： 收到了。

审： 收到多少天了？

谢： 收到超过 10 天了。

审： 起诉书认定你的出生时间、出生地、身份证号码、文化程度、民族、职业、住址及因涉嫌本案被拘留、逮捕的时间是否正确？

谢： 正确。

审： 你以前受到过什么法律处分没有？

谢： 因吸毒 1995 年 3 月被常山市人民政府劳动教养管理委员会决定劳动教养 2 年；因吸毒 1998 年 2 月被常山市人民政府劳动教养管理委员会决定劳动教养 1 年 6 个月；因吸毒 2004 年 11 月被常山市人民政府劳动教养管理委员会决定劳动教养 2 年。

审： 常山市永定区人民法院刑事审判庭今天依法公开审理常山市永定区人民检察院提起公诉的被告人谢××故意伤害一案。由常山市永定区人民法院刑事审判庭审判员×××担任审判长，与审判员×××、×××依法组成合议庭，书记员×××担任记录，常山市永定区人民检察院指派检察员×××出庭支持公诉。被告人的辩护人常山市永定区××局干部黄××出庭参加诉讼。

审： 被告人谢××，对刚才宣布的上述合议庭组成人员、书记员、公诉人的名单你是否听清楚了？

谢： 听清楚了。

审： 根据《中华人民共和国刑事诉讼法》第 28 条、第 29 条、第 185 条、第 192 条、第 193 条之规定，在庭审过程中，当事人依法享有以下权利：

1. 可以申请合议庭组成人员、书记员、公诉人回避；

2. 可以提出证据，申请通知新的证人到庭、调查新的证据、重新鉴定或者勘验、检查。

3. 被告人除委托辩护人为其辩护外，还可以自行辩护。

4. 法庭辩论终结后，被告人可以做最后陈述。

以上交代的权利，被告人谢××，你听清楚了没有？

谢： 听清楚了。

审： 根据《中华人民共和国刑事诉讼法》的有关规定，被告人在庭审过程中享有申请回避的权利。就是说，如果认为合议庭组成人员、书记员、公诉人与本案有利害关系或者其他原因可能影响公正审判，可以提出事实和理由申请回避。

审： 被告人谢××，你是否申请回避？

谢： 不申请。

第二幕　法庭调查

审： 现在开始法庭调查。首先由公诉人宣读起诉书。

公： 宣读起诉书……（略）

审： 被告人谢××，刚才公诉机关宣读的起诉书你是否听清楚了，与你收到的起诉书副本的内容是否是一致的？

谢： 听清楚了，是一致的。

审： 现在由被告人谢××就起诉书指控的犯罪事实做出陈述。

谢： 有异议。①我上前阻止被害人一伙调戏女孩时，双方并未发生争吵。②不是只有被害人一个人对我进行殴打，他们一伙三个人都动了手，证人中就有两个。③他们在酒店走廊调戏女孩时，走廊上没有其他人④我被他们打后一直没有还手，被打趴下后我起身就往回走，他们三人又继续对我拳打脚踢，我用挂在我腰上钥匙环上的小水果刀捅了他们，那个刀很小。

审：公诉人有无发问？

公：没有。

审：辩护人有无发问？

辩：没有。

审：你赔偿被害人没有？

谢：没有。

审：你带去打工的三个女孩子是否看到了整个案发经过？

谢：我被打倒在地爬起来后，就往回跑，刺伤被害人是过了一个弯道后的走廊上发生的，她们可能没有看到。

审：现在由公诉机关就指控的犯罪事实向法庭出示证据。

公：1. 被害人赵×的陈述，见侦查卷第29～31页，证明其被伤害的经过。

审：被告人及其辩护人质证。

谢：赵×一伙人当时都是喝了很多酒的，满嘴酒气。他们当时至少是3个人打我，我在公安机关时曾申请公安机关调取酒店监控录像资料，但是至今未获答复。

辩：没有异议。

审：公诉人继续举证。

公：2. 证人周××的证言，见侦查卷第32～34页，证明被害人调戏他人而引发打斗，致一人被刺伤的情况。

审：被告人及其辩护人质证。

谢：无异议。

审：公诉人继续举证。

公：3. 证人刘××的证言，见侦查卷第35页，证明其听说被害人赵×调戏他人而引发打斗并被刺伤的情况。

审：被告人及其辩护人质证。

谢：无异议。

辩：证人与被害人有利害关系，并且只是听说被害人受伤，并未看见案发经过。

审：公诉人继续举证。

公：4. 证人徐×的证言，见侦查卷第 37~39 页，证明其听说被害人赵×调戏他人而引发打斗并被刺伤的情况。

审：被告人及其辩护人质证。

谢：没有异议。

辩：证人与被害人有利害关系，并且只是听说被害人受伤，并未看见案发经过。

审：公诉人继续举证。

公：5. 证人陈××的证言，见侦查卷第 40~42 页，证明其听说被害人调戏他人而引发打斗并被刺伤的情况。

审：被告人及其辩护人质证。

谢：无异议。

辩：证人陈××只是听说被害人受伤，并未看见案发经过。

审：公诉人继续举证。

公：6. 证人谭××的证言，见侦查卷第 43~45 页，证明其听说被害人调戏他人而引发打斗并被打伤的情况。

审：被告人及其辩护人质证。

谢：无异议。

辩：证人谭××只是听说被害人受伤，并未看见案发经过。

审：公诉人继续举证。

公：7. 证人严××的证言，见侦查卷第 46~47 页，证明其把被害人赵×抬走抢救的经过。

审：被告人及其辩护人质证。

谢：无异议。

辩：没有异议。

审：公诉人继续举证。

公：8. 证人李×的证言，见侦查卷第 48~51 页，证明被害人被刺伤后其拨打 110、120 的经过。

审：被告人及其辩护人质证。

谢：李×参与打我了。

辩：无异议。

审：公诉人继续举证。

公：9. 司鉴［×］医鉴字第 916 号法医学鉴定书，见侦查卷第 17～21 页，证明被害人赵×构成重伤，分别构成七、九、九级伤残。

审：被告人及其辩护人质证。

谢：无异议。

辩：与起诉书指控不符。

审：公诉人继续举证。

公：10. 扣押物品、文件清单及作案工具照片，见侦查卷第 14、15 页，证明公安机关收缴作案工具的情况。

审：被告人及其辩护人质证。

谢：无异议。

辩：无异议。

审：公诉人继续举证。

公：11. 抓获材料，见侦查卷第 5 页、检察卷第 5 页，证明被告人系被公安机关抓获归案。

审：被告人及其辩护人质证。

谢：无异议。

辩：无异议。

审：公诉人继续举证。

公：12. 被告人谢××被劳动教养材料，见侦查卷第 52～53 页，证明被告人因吸毒 1995 年 3 月被常山市人民政府劳动教养管理委员会决定劳动教养 2 年；因吸毒 1998 年 2 月被常山市人民政府劳动教养管理委员会决定劳动教养 1 年 6 个月；因吸毒 2004 年 11 月被常山市人民政府劳动教养管理委员会决定劳动教养 2 年。

审：被告人及其辩护人质证。

谢： 无异议。

辩： 无异议。

审： 公诉人继续举证。

公： 13. 被告人谢××的供述，见侦查卷第 22~28 页，证明其故意伤害被害人的时间、地点及经过。

审： 被告人谢××，你在公安机关的交待是否属实？

谢： 属实。

审： 公诉人继续举证。

公： 证据出示完毕。

审： 以上证据经庭审质证，对被告人未提出异议的证据，本庭予以确认，可以作为定案依据；对被告人有异议的证据，待合议庭评议后再予以确认。

审： 被告人谢××及其辩护人，你们有无证据向法庭提供？

谢： 没有。

辩： 被告人曾要求公安机关调取案发现场监控录像，但至今公安机关未予答复。

审： 你当时向公安机关递交书面申请没有？

谢： 只是口头提出。

第三幕　法庭辩论

审： 法庭调查结束。现在进行法庭辩论。首先由公诉人发言。

公： ①被告人谢××持刀致一人重伤，其行为已构成故意伤害罪；②被害人在本案中有过错，请求法庭在对被告人谢××量刑时，酌情从轻考虑。

审： 被告人及其辩护人发表辩护意见。

谢： 没有。

辩： 被告人不应负刑事责任。①被告人的行为具有正义性，其是为了阻止他人调戏女孩子，是见义勇为的行为；②被害人赵×等三人的行为具有违法性，三人殴打被告人一人，力量对比悬殊，被告人刺伤被害人是正当防卫；③被告人的行为属见义勇为和正当防卫，所以不应承担刑事责任。

审：各方是否还有新的辩论意见要发表？

公：被害人赵×在陈述中说的是双方发生扭打时，被告人谢××就拿出刀了，被告人谢××防卫的时间不是正在受到不法侵害时，与正当防卫的构成要件不相符。因此，被告人谢××的行为不构成正当防卫。

谢：没有。

辩：被告人谢××当时是一对三，力量对比悬殊。

公：没有证据证明是一对三。

第四幕　被告人的最后陈述

审：法庭辩论终结。根据《中华人民共和国刑事诉讼法》规定，法庭辩论终结后，被告人有最后陈述的权利。被告人谢××，你还有什么陈述的？

谢：请求法庭对我从轻处罚。

第五幕　休庭合议

审：现在休庭，判决结果另行宣判。请司法警察将被告人押回监所。

第六幕　定期宣判

时间：××××年3月26日9：00
地点：常山市永定区人民法院第一审判庭

审：继续开庭，现在对被告人谢××故意伤害一案进行宣判。经审理查明，××××年9月25日下午3时许，被告人谢××带三名女孩到×市万和酒店联系打工事宜时，恰遇前来万和酒店消费的平安驾校学员赵×等人，被害人赵×等人即上前调戏在此等候的三名女孩。被告人谢××即上前阻止，双方发生争执，被害人赵×即对被告人谢××打了一拳，双方扭打，被告人谢××被被害人赵×及其两个同伴打倒在地，即拿出随身携带的水果刀对被害人赵×刺二刀，后爬起逃跑，被害人赵×追赶，双方扭打，被告人谢××又对其刺一刀，后逃跑。被害人赵×胃、肾、肝脏被刺伤，经法医鉴定为重伤，分别构成七级、九级、九级伤残。本院认为，被告人谢××无视国家法律，故意伤害他人身体，致人重伤，其行为已构成故意伤害罪。公诉机关指控被告人谢××犯故意伤害罪的事实清楚，证据确实、充分，指控的罪名成立。被害人赵×在本案发生过程中与其同伴首先殴打被告人谢××，有重大过错，但被告人谢××实施防卫超过了必要限度，属防卫过当，依法应当减轻处罚。被告人谢××及其辩护人提出的其行为属正当防卫的辩护意见，与法律规定不符，对其辩护意见不予支持。据此，依照《中华人民共和国刑法》第234条之规定，判决如下：

被告人谢××犯故意伤害罪，判处有期徒刑1年6个月。

（刑期自判决执行之日起计算。判决执行以前先行羁押的，羁押1日折抵刑期1日。即自××××年12月3日起至××××年6月2日止。）

如不服本判决，可在接到判决书的第二日起10日内，通过本院或者直接向××省××市中级人民法院提出上诉。书面上诉的，应当提交上诉状正本1份、副本9份。

审：被告人谢××，你服不服本判决？

被：服从判决。

审：是否上诉？

被：不上诉。

审：现在闭庭。请公诉人退庭，请司法警察将被告人押回监所。

四、案件简要评析

本案是一起较为典型的故意伤害（防卫过当）案件。在认定防卫是否过当的案件时，既要坚持正当防卫的目的，鼓励、支持公民同违法犯罪行为做斗争，又要防止滥用正当防卫权利，随意伤人、杀人，造成不应有的危害。现行《刑法》第 20 条第 2 款规定："正当防卫明显超过必要限度造成重大损害的，应当负刑事责任，但是应当减轻或者免除处罚。"如何正确理解和确定"必要限度"在办案实践中是个很复杂的问题，从本质上讲，必要限度就是以防卫行为足以制止住正在进行的不法侵害为必要限度。一般说，"足以制止住"这个限度包括的具体内容有三种情况：①能用较缓和的手段制止住不法侵害时，就不允许采取激烈的防卫手段；②为了避免较轻的不法侵害，不允许防卫造成严重的危害后果；③对于没有明显危及人身安全或者国家和人民重大利益的不法侵害行为，不允许采取重伤、杀死的手段去防卫。在本案中，被告人谢××在受到被害人赵×等一行徒手殴打后，即采取以刀刺的防卫手段将赵×先后刺了三刀，防卫手段过于激烈，且造成了重伤的严重后果，合议庭在综合考虑本案情节后，最终认定被告人谢××的行为构成了防卫过当，定性是非常正确的。

五、谢××故意伤害案第一审程序模拟审判中基本诉讼文书

（一）刑事起诉书

浙江省常山市永定区人民检察院
起 诉 书

浙常永检刑诉 ［×］××号

被告人谢××，男，××××年×月×日出生于浙江省常山市，身份证号码：××××，汉族，初中文化，无业，住常山市永定区人民东路 581 号。因吸毒 1995 年 3 月被常山市人民政府劳动教养管理委员会决定劳动教养二年；因吸毒 1998 年 2 月被常山市人民政府劳动教管理委员会劳动教养一年六个月；因吸毒 2004 年 11 月被常山市人民政府劳动教养管理委员会决定劳动教养二年。因涉嫌故意伤害罪××××年 12 月 3 日被常山市公安局永定区分

局刑事拘留，同年12月12日经本院决定批准逮捕，当日由常山市公安局永定区分局执行逮捕。

本案由常山市公安局永定区分局侦查终结，以被告人谢××涉嫌故意伤害罪，于××××年1月14日向本院移送审查起诉。本院受理后，于××××年1月15日已告知被告人有权委托辩护人及被害人有权委托诉讼代理人，依法讯问了被告人，审查了全部案件材料。

经依法审查查明：

××××年9月25日下午3时许，被告人谢××带三名女孩到本市万和酒店联系打工事宜时，恰遇前来万和酒店消费的平安驾校学员赵×等人，被害人赵×等人即上前调戏在此等候的三名女孩。被告人谢××即上前阻止，双方发生争执，被害人赵×即对被告人谢××打了一拳，双方扭打，被告人谢××被打倒在地，即拿出随身携带的水果刀对被害人赵×刺一刀，后爬起逃跑，被害人赵×追赶，双方扭打，被告人谢××又对其刺二刀，后逃跑。被害人赵×胃、肾、心脏被刺伤，经法医鉴定为重伤，分别构成七级、九级、九级伤残。

认定上述事实的证据如下：①被害人赵×的陈述；②证人周××、刘××、徐×、陈××、谭××、严××、李×的证言；③常司鉴（×）医鉴字第716号法医学鉴定书；④常山市公安局永定区分局扣押物品清单；⑤抓获材料；⑥（×）常劳教字第××号劳动养决定书；⑦被告人谢××的供认与辩解。

本院认为：被告人谢××无视国家法律，故意伤害他人身体，致人重伤，其行为触犯了《中华人民共和国刑法》第二百三十四条，犯罪事实清楚，证据确实、充分，应当以故意伤害罪追究其刑事责任。根据《中华人民共和国刑事诉讼法》第一百四十一条之规定，提起公诉，请依法判处。

此致
浙江省常山市永定区人民法院

检察员：陈××

××××年二月十一日

附：

1. 被告人谢××羁押在常山市第一看守所。

2. 移送证据目录、证人名单和主要证据复印件二册。

（二）刑事辩护词

辩 护 词

审判长、审判员：

根据《刑事诉讼法》的有关规定，我接受被告人谢××父亲的委托，以公民身份担任谢××辩护人，现根据案件事实和法律，发表以下辩护意见，供法庭参考：

被告谢××属正当防卫，应不负刑事责任，其理由是：

1. 谢××的行为具有正义性。谢××发现受害人赵×在调戏三个女同伴，而上前制止，其行为具有正义性，是一种见义勇为的行为。

2. 被害人赵×等三人的行为具有违法性。被害人赵×对谢××的制止行为不但不引以为戒，反而对谢××大打出手，将谢××打倒在地，且赵×的两个同伴也帮忙对谢××殴打，在此力量明显悬殊的情况下，谢××拿出随身带的钥匙上小水果刀对赵伟刺一刀，这是正当防卫，其目的在于使自身的人身权利免受赵×等正在进行的不法侵害。且谢××刺一下后，没有扩大事态，继续刺杀赵×，而是采取避让的态度，从地上爬起来后往外跑开。但赵×等人仗着人多势众，继续对谢××进行疯狂追打，在此情况下，谢××为了保护自己的人身权利免受继续侵害，又刺了二下。本辩护人认为，谢××仍然是在自卫。在当时那种状况之下，如果不采取这种方式，那么今天被审判对象应该是赵×等三人，受害人则可能变成谢××。

根据《刑法》第20条"为了使国家、公共利益、本人或者他人的人身、财产和其他权益免受正在进行的不法侵害，而采取的制止不法侵害的行为，对不法侵害人造成损害的，属于正当防卫，不负刑事责任。"本案中的受害人赵×在公共场合调戏侮辱妇女，其性质就是一种违法犯罪行为。对谢××的制止，非但不认识到自己的罪过，反而大打出手，群起而攻之，这是一种应遭到谴责的行为。谢××先是保护他人的人身权益，继而在自身的人身受到不法侵害时，因制止不法侵害的继续发生而采取的制止行为，是一种见义勇为的行为，是正当防卫，应该予以支持，法庭和社会不应该去惩罚他，而应该予以褒奖，否则，我们的社会正义何在，正气何见?!

综上所述，被告谢××属正当防卫，依法应不负刑事责任。

辩护人：黄××

××××年三月十日

（三）刑事判决书

浙江省常山市永定区人民法院
刑事判决书

（×）永刑初字第×号

公诉机关常山市永定区人民检察院。

被告人谢××，男，1975年2月15日出生于浙江省常山市，身份证号码×××××××，汉族，初中文化，无业，住常山市永定区人民东路581号。因吸毒1995年3月被常山市人民政府劳动教养管理委员会决定劳动教养二年；因吸毒1998年2月被常山市人民政府劳动教管理委员会劳动教养一年六个月；因吸毒2004年11月被常山市人民政府劳动教养管理委员会决定劳动教养二年。××××年12月3日因涉嫌犯故意伤害罪被刑事拘留，同年12月12日被逮捕。现押常山市第一看守所。

辩护人黄××，男，住常山市山城区武陵镇康乐园1巷1号。

常山市永定区人民检察院以×常永检刑诉［×］××号起诉书指控被告人谢××犯故意伤害罪，于××××年2月11日向本院提起公诉。本院依法组成合议庭，公开开庭审理了本案。常山市永定区人民检察院指派检察员陈××出庭支持公诉，被告人谢××、辩护人黄××到庭参加诉讼。现已审理终结。

常山市永定区人民检察院指控：××××年9月25日下午3时许，被告人谢××带三名女孩到本市万和酒店联系打工事宜时，恰遇前来万和酒店消费的平安驾校学员赵×等人，被害人赵×等人即上前调戏在此等候的三名女孩。被告人谢××即上前阻止，双方发生争执，被害人赵×即对被告人谢××打了一拳，双方扭打，被告人谢××被打倒在地，即拿出随身携带的水果刀对

·149·

被害人赵×刺一刀，后爬起逃跑，被害人赵×追赶，双方扭打，被告人谢×
×又对其刺两刀，后逃跑。被害人赵×胃、肾、心脏被刺伤，经法医鉴定为
重伤，分别构成七级、九级、九级伤残。该院认为，被告人谢××无视国家
法律，故意伤害他人身体，致人重伤。要求依法判处。

被告人谢××辩称，公诉机关指控的基本事实我没有异议，但是我们双
方发生纠纷时，对方是三个人殴打我一个人，将我打到墙角倒下时，我才将
随身携带的小刀将被害人刺伤，我认为我的行为是防卫。

被告人的辩护人黄××提出的辩护意见：被告人谢××发现受害人赵×
在调戏三个女同伴，而上前制止，其行为具有正义性，是一种见义勇为的行
为。被害人赵×对被告人谢××的制止行为不但不引以为戒，反而对被告人
谢××大打出手，将被告人谢××打倒在地，且赵×的两个同伴也帮忙对被
告人谢××殴打，在此力量明显悬殊的情况下，被告人谢××拿出随身携带
的钥匙上小水果刀对赵×刺一刀，这是正当防卫，其目的在于使自身的人身
权利免受赵×等正在进行的不法侵害。且被告人谢××刺一下后，没有扩大
事态，继续刺杀赵×，而是采取避让的态度，从地上爬起来后往外跑开。但
赵×等仗着人多势众，继续对被告人谢××进行疯狂追打，在此情况下，被
告人谢××为了保护自己的人身权利免受继续侵害，又刺了二下。其行为属
正当防卫，应不负刑事责任。

经审理查明：××××年9月25日下午3时许，被告人谢××带三名女孩
到本市万和酒店联系打工事宜时，恰遇前来万和酒店消费的平安驾校学员赵
×等人，被害人赵×等人即上前调戏在此等候的三名女孩。被告人谢××即
上前阻止，双方发生争执，被害人赵×即对被告人谢××打了一拳，双方扭
打，被告人谢××被被害人赵×及其两个同伴打倒在地，即拿出随身携带的
水果刀对被害人赵×刺二刀，后爬起逃跑，被害人赵×追赶，双方扭打，被
告人谢××又对其刺一刀，后逃跑。被害人赵×胃、肾、肝脏被刺伤，经法
医鉴定为重伤，分别构成七级、九级、九级伤残。

认定上述事实，有公诉机关提供并经法庭举证、质证、认证的证据有：
①被害人赵×的陈述，证明案发事实、经过及被被告人谢××用刀刺伤的事
实经过；②证人周××的证言，证明被告人谢××带三个女同伴到其开办的

洗脚按摩店联系打工事宜，并证实被害人赵×首先拳打被告人谢××及双方发生扭打的事实经过；③常司鉴（×）医鉴字第716号法医学鉴定书，证明被害人赵×的伤情已构成重伤及伤残；④常山市公安局永定区分局扣押物品清单，证明被告人谢××所用凶器被公安机关收缴的事实；⑤抓获材料，证明被告人谢××系抓获归案；⑥（×）常劳教字第××号劳动教养决定书，证明被告人谢××因吸毒被劳动教养的事实；⑦被告人谢××的供述。

本院认为，被告人谢××无视国家法律，故意伤害他人身体，致人重伤，其行为已构成故意伤害罪。公诉机关指控被告人谢××犯故意伤害罪的事实清楚，证据确实、充分，指控的罪名成立。被害人赵×在本案发生过程中与其同伴首先殴打被告人谢××，有重大过错，但被告人谢××实施防卫超过了必要限度，属防卫过当，依法应当减轻处罚。被告人谢××及其辩护人提出的其行为属正当防卫的辩护意见，与法律规定不符，对其辩护意见不予支持。据此，依照《中华人民共和国刑法》第二百三十四条之规定，判决如下：

被告人谢××犯故意伤害罪，判处有期徒刑一年六个月。

（刑期自判决执行之日起计算。判决执行以前先行羁押的，羁押一日折抵刑期一日。即自××××年12月3日起至××××年6月2日止。）

如不服本判决，可在接到判决书的第二日起十日内，通过本院或者直接向浙江省常山市中级人民法院提出上诉。书面上诉的，应当提交上诉状正本一份、副本九份。

审判长　　×××

审判员　　×××

审判员　　×××

××××年三月二十六日

书记员　　×××

六、附证据材料

1. 证据之一：被害人赵×的陈述（略）。证明案发起因、经过及被被告人谢×用刀刺伤的事实经过。

2. 证据之二：证人周××的证言（略）。证明被告人谢××带三个女同伴到其开办的洗脚按摩店联系打工事宜，并证实被害人赵×首先拳打被告人谢××及双方发生扭打的事实经过。

3. 证据之三：常司鉴（×）医鉴字第 716 号法医学鉴定书。证明被害人赵×伤情已构成重伤及伤残（略）。

4. 证据之四：××市公安局××分局扣押物品清单（略）。证明被告人谢××所持凶器被公安机关收缴的事实。

5. 证据之五：抓获材料（略）。证明被告人谢××被抓获的经过。

6. 证据之六：（×）常劳教字第 332 号劳动教养决定书。证明被告人谢××曾因吸毒被劳动教养的事实（略）。

7. 证据之七：被告人谢××的供述（略）。证明被告人谢××持刀刺伤被害人的原因及事实经过。

第三节　付××交通肇事案第一审程序模拟审判剧本

一、案情简介

被告人付××，男，××××年×月×日出生，职业司机。因涉嫌犯交通肇事罪，于××××年×月×日被逮捕。

××××年 11 月 9 晚，被告人付××与同事酗酒后，于次日凌晨驾驶车主贺××的鄂 D34×××雅阁 HG×××小型客车，送同事到山城区红旗镇，在返回市区途经洞庭大道××公司路段时，与在此洞庭大道北侧步行的被害人胡××相撞之后，致使被害人胡××的身体抛起再次与付××驾驶室前的挡风玻璃相撞滚落在地死亡。被告人付××继续驾车逃逸至青年路面粉厂路段时，又与骑人力三轮车的刘××相撞，造成两车受损，被害人刘××当场死亡的交通事故，被告人付××第二次交通肇事后，又继续驾车逃逸，往 207 国道行驶至常山火车站附近一巷内停下，然后打电话给车主贺××，告诉其发生交通事故的事实，接着贺××又打电话给被告人付××的姐夫彭××，彭××接到电话后，从临澧赶到常山火车站与被告人付××见面，在征得被告人付××的同意后，彭××向交警部门打电话报警，并要求投案自首，交通警察接到电话后前往常山火车站附近一巷内将被告人付××带至交警二大队接受审查，被告人付××如实供了上述二次交通肇事的事实。常山市公安局法检所尸体检验报告书认定，被害人胡××、刘××均系交通事故致重度颅脑损伤而死亡。常山市公安局交通警察支队直属二大队交通事故认定书认定，被告人付××饮酒后驾驶机动车辆发生交通事故后驾车逃逸，应负事故的全部责任，被害人胡××、刘××无交通违法行为，不负该事故的责任。在本院审理期间，被害人胡××的亲属王××、曾×、何××向本院提起附带民事诉讼，要求被告人付××赔偿死亡赔偿费、丧葬费、抚养费、交通费、生活补助费、处理交通事故的误工费等费用共计人民币 280 704.05 元，经本院主持调解，双方当事人已达成一致意见，由被告人付××赔偿附带民事诉讼原告人王××、曾×、何××经济损失共计人民币 250 000 元，已当庭履行，本院予以确认。

常山市永定区人民检察院以被告人付××犯交通肇事罪、以危险方法危害公共安全罪向常山市永定区人民法院提起公诉。

二、案件争议焦点

被告人付××的第二次驾车撞人的行为应定以危险方法危害公共安全罪还是交通肇事罪？

三、付××交通肇事案第一审普通程序模拟审判剧本

序幕　开庭前的准备

对公诉案件的程序性审查。常山市永定区人民法院对常山市永定区人民检察院提起的被告人付××交通肇事、以危险方法危害公共安全一案审查后，发现起诉书中有明确的指控犯罪事实，并且附有证据目录、证人名单和主要证据的复印件、照片，决定开庭审判。

开庭前的准备。在决定开庭审判后，常山市永定区人民法院依法进行了以下开庭前的准备工作：①决定由审判员×××、×××、×××依法组成合议庭，由×××担任审判长；②在开庭 10 日以前，将人民检察院的起诉书副本送达了被告人付××；③将开庭的时间、地点在开庭 3 日以前通知了常山市永定区人民检察院；④在开庭 3 日以前，将传唤被告人付××的传票送达看守所，向辩护人送达出庭通知书；⑤在开庭 3 日以前先期公布案由、被告人姓名、开庭的时间和地点。上述活动均写入笔录，由主审法官×××和书记员×××签名。主审法官×××还拟就了法庭审理提纲。

第一幕 开 庭

书：请安静。现在宣读法庭纪律。①法庭内要保持安静，不得鼓掌、喧哗，禁止吸烟；②不得随便走动和进入审判区；③未经法庭允许不准录音、录像和拍照；④未经法庭允许不准发言或者提问；⑤所有诉讼参与人以及旁听人员须将随身携带的寻呼机、手机关闭。对违反法庭规则的人，将视具体情况分别予以警告、训诫、没收录音录像和摄像器材、责令退出法庭、罚款、拘留直至追究刑事责任。

书：全体起立。请审判长、审判员入庭!

审：常山市永定区人民法院刑事审判庭现在开庭。传被告人付××到庭。请司法警察卸下械具。

审：被告人付××，你还有其他名字没有?

被：没有。

审：被告人付××，常山市永定区人民检察院的起诉书副本你收到没有?

被：收到超过 10 天了。

审：起诉书认定你的出生时间、出生地、身份证号码、文化程度、民族、职业、住址及因涉嫌本案被拘、捕的时间是否正确?

被：正确。

审：你以前受到过什么法律处分没有?

被：没有。

审：常山市永定区人民法院刑事审判庭今天依法公开审理常山市永定区人民检察院提起公诉的被告人付××交通肇事一案。由常山市永定区人民法院刑事审判庭审判员×××担任审判长，与审判员××、×××依法共同组成合议庭，书记员×××担任记录，永定区人民检察院指派检察员×××出庭支持公诉。今天出庭参加诉讼的还有被告人付××的辩护人熊××，系浙江×××律师事务所律师。

审：被告人付××，对刚才宣布的上述合议庭组成人员、书记员、公诉人的名单你是否听清楚了？

被：听清楚了。

审：根据《中华人民共和国刑事诉讼法》第 28 条、第 29 条、第 185 条、第 192 条、第 193 条之规定，在庭审过程中，当事人依法享有以下权利：

　　1. 可以申请合议庭组成人员、书记员、公诉人回避；

　　2. 可以提出证据，申请通知新的证人到庭、调查新的证据、重新鉴定或者勘验、检查。

　　3. 被告人除委托辩护人为其辩护外，还可以自行辩护。

　　4. 法庭辩论终结后，被告人可以做最后陈述。

　　以上交代的权利，被告人付××，你听清楚了没有？

被：听清楚了。

审：根据《中华人民共和国刑事诉讼法》的有关规定，被告人在庭审过程中享有申请回避的权利。就是说，如果认为合议庭组成人员、书记员、公诉人与本案有利害关系或者其他原因可能影响公正审判，可以提出事实和理由申请回避。

审：被告人付××，你是否申请回避？

被：不申请。

第二幕　法庭调查

审：现在开始法庭调查，首先由公诉人宣读起诉书。

公：宣读起诉书……（略）

审：被告人付××，刚才公诉机关宣读的起诉书你是否听清楚了，与你收到的起诉书副本的内容是否是一致的？

被：听清楚了，是一致的。

审：被告人付××，你对起诉书指控你犯交通肇事罪、以危险方法危害公共安全罪的事实有无异议？

被：无异议。

审：你是否自愿认罪？

被：我自愿认罪。

审：公诉人有无问题讯问被告人？

公：没有。

审：辩护人有无问题对被告人发问？

辩：没有。

审：被告人付××，起诉书上说你送醉酒的朋友回家，这个人你是否
　　认识？

被：认识，是我同事。

审：你喝酒没有？

被：喝了。

审：喝了多少？

被：四两的样子。

审：开车时你是否清醒？

被：开始还清醒，后来把朋友送到南站后就不清醒了。

审：《道路交通安全法》第91条规定酒后不能驾车，你知道吗？

被：知道。

审：撞到第一个人后，你为何要逃逸？

被：撞到后我心里很害怕，就跑了。

审：你撞了第二人后，将车停在哪里？

被：停在火车站附近。

审：报警没有？

被：我给车主打了电话，还给姐夫打了电话，姐夫跟着也赶过来了。姐
　　夫赶来后我们一起向交警报案，随后交警来人将我带走了。

审：现在由公诉机关就指控的犯罪事实向法庭出示证据。

公：1. 户籍资料，见检察卷第11页，证明被告人的基本情况。

审：被告人及辩护人质证。

被：无异议。

辩：无异议。

审：公诉人继续举证。

公：2. 驾驶证复印件，见侦查卷第 1 页，证明被告人是取得驾驶证的驾驶员。

审：被告人及辩护人质证。

被：无异议。

辩：无异议。

审：公诉人继续举证。

公：3. 抓获材料，见侦查卷第 2 页，证明在接到被告人的报案后，公安人员赶到现场将其抓获归案。

审：被告人及辩护人质证。

被：无异议。

辩：无异议。

审：公诉人继续举证。

公：4. 现场勘查图及笔录，见侦查卷第 18~41 页，证明案发现场情况。

审：被告人及辩护人质证。

被：无异议。

辩：无异议。

审：公诉人继续举证。

公：5. 常公法鉴字［×］第 1913、1914 号尸体检验报告书，见侦查卷第 76~79 页，证明被害人胡××、刘××均系重度颅脑损伤而死亡。

审：被告人及辩护人质证。

被：无异议。

辩：无异议。

审：公诉人继续举证。

公：6. 两被害人的身份证明，见侦查卷第 44~45 页，证明两被害人的基本情况。

审：被告人及辩护人质证。

被：无异议。

辩：无异议。

审：公诉人继续举证。

公：7. 公交认字［×］第00039号交通事故责任认定书，见侦查卷第80~ 81页，证明被告人付××对二起交通事故负全部责任，二被害人无责任。

审：被告人及辩护人质证。

被：无异议。

辩：无异议。

审：公诉人继续举证。

公：8. 交通事故车辆技术检验报告、痕迹鉴定书，见侦查卷第71~74 页，证明事故车辆技术状况良好，未发现与事故发生有直接关系的故障；人力三轮车车身后部痕迹系与鄂D34816号轿车接触所致。

审：被告人及辩护人质证。

被：无异议。

辩：无异议。

审：公诉人继续举证。

公：9. 公鉴（刑）字［×］第446号物证检验鉴定报告，见侦查卷第 75页，证明被告人付××的血液中有乙醇成分。

审：被告人及辩护人质证。

被：无异议。

辩：无异议。

审：公诉人继续举证。

公：10. 证人彭××的证言，见侦查卷第58~63页，证明被告人驾车撞人后打电话给彭，彭赶到现场并向公安机关报警的事实经过。

审：被告人及辩护人质证。

被：无异议。

辩：无异议。

审：公诉人继续举证。

公：11. 证人易××的证言，见侦查卷第64~66页、检察卷第22、26 页，证明被告人驾车两次肇事的事实经过。

审：被告人及辩护人质证。

被：无异议。

辩：无异议。

审：公诉人继续举证。

公：12. 车主贺××的证言，见侦查卷第 67~70 页，证明案发前其与被告人一起喝过酒及案发后被告人打电话告诉其撞了人的事实经过。

审：被告人及辩护人质证。

被：无异议。

辩：无异议。

审：公诉人继续举证。

公：13. 证人杨××的证言，见检察卷第 19~21 页，证明案发当晚一辆黑色小车闯红灯高速行驶及后来听说有车撞死人的事实。

审：被告人及辩护人质证。

被：无异议。

辩：无异议。

审：公诉人继续举证。

公：14. 证人蒋××的证言，见检察卷第 23~24 页，证明其与被害人胡××一起行走，一辆黑色小车将胡××撞飞的事实经过。

审：被告人及辩护人质证。

被：无异议。

辩：无异议。

审：公诉人继续举证。

公：15. 赔偿协议及收条，见检察卷第 12~13 页，证明被告人付××赔偿刘××经济损失 21 万元，取得被害方家属的谅解，请求对被告人从轻处罚。

审：被告人及辩护人质证。

被：无异议。

辩：无异议。

审：公诉人继续举证。

公：被告人付××的供述，见侦查卷第49~57页、检察卷第2~10页，证明其酒后驾车撞死二人的时间、地点及事实经过。

审：被告人付××，你在公安机关与检察机关的供述是否属实？

被：属实。

审：公诉人继续举证。

公：证据出示完毕。

审：以上证据经庭审质证，被告人均未提出异议，证据能够证明本案事实，本庭予以确认。

审：被告人付××，你有无证据向法庭提供？

被：没有。

审：辩护人有无证据向法庭提供？

辩：说明一下，被害人胡××家属已与被告人付××达成调解协议，请求对被告人付××从轻处罚。

第三幕　法庭辩论

审：法庭调查结束，现在进行法庭辩论。首先由公诉人发言。

公：通过刚才的法庭调查，当庭讯问了被告人，并且出示了大量的证据，证实被告人付××无视国家法律，违反道路交通安全法，交通肇事致一人死亡；在逃逸过程中，又以危险方法危害公共安全致一人死亡，其行为已构成犯交通肇事罪和以危险方法危害公共安全罪，事实清楚，证据确实、充分，应依法追究被告人的刑事责任。被告人付××犯数罪，应数罪并罚。以上公诉意见供合议庭参考。

审：被告人自行辩护。

被：没有。我感到对不起死者家属，我非常惭愧。

审：下面由辩护人发表辩护意见。

辩：①对公诉机关指控被告人付××犯交通肇事罪不持异议，但对指控犯危险方法危害公共安全罪有异议。以危险方法危害公共安全罪在主观上应为故意，而本案中付××在逃逸中因心里紧张才又撞上了另外一人，其主观上并不是出于故意致人死亡。而且案发时间在凌晨，逃逸地段也是偏远地区，客观上也不可能造成多人伤亡的后果。这二次的事故都是同一种状态下的犯罪行为造成，因同一行为不能定二个罪名。②被告人付××案发后主动向公安机关投案，应认定为自首。③被告人付××认罪态度好，积极赔偿，取得了被害人家属的谅解，应酌情从轻处罚。以上辩护意见供合议庭参考。

审： 公诉人有无新的辩论意见？

公： ①被告人付××在事故发生时的心态是不一样的。被告人付××是专职司机，驾龄有十几年，非常熟悉道路交通的相关法规，在发生第一起交通事故后没有停车处理肇事事宜而是驾车逃逸，车速反而更快，这就是一种不计后果的故意行为。②被告人肇事地段并非偏僻地段，有行人，路人经过。被害人刘××被车所撞就说明了这一点。因此，被告人付××在第二次交通事故中主观上所持心态为放任的故意。

审： 被告人及辩护人有无新的辩论意见？

被： 没有。

辩： 没有。

第四幕　被告人的最后陈述

审： 法庭辩论终结。根据《中华人民共和国刑事诉讼法》第 193 条之规定，法庭辩论　终结后，被告人有最后陈述的权利。被告人付××，你还有什么陈述的？

被： 我醉酒后所做的事情不理智，但是两起交通事故都是发生在醉酒这种状态下的，我是不希望这种事发生的。

审： 现休庭合议，合议结果当庭宣判。

第五幕　休庭合议

第六幕　当庭宣判

审： 继续开庭，现在宣判。经审理查明，××××年 11 月 9 日晚，被告人付××与同事酗酒后，于次日凌晨驾驶车主贺××的鄂 D34816 雅阁 HG720 小型客车，送同事到山城区红旗镇，在返回市区途经洞庭大道××公司路段时，与在此洞庭大道北侧步行的被害人胡××相撞之后，致使被害人胡××的身体抛起再次与付驾驶室前的挡风玻璃相撞滚落在地死亡。被告人付××继续驾车逃逸至青年路面粉厂路段时，又与骑人力三轮车的刘××相撞，造成两车受损，被害人刘××当场死亡的交通事故，被告人付××第二次交通肇事后，又继续驾车逃逸，往 207 国道行驶至常山火车站附近一巷内停下，然后打电话给车主贺××，告诉其发生交通事故的事实，接着贺××又打电话给被告人付××的姐夫彭××，彭××接到电话后，从临澧赶到常山火车站与被告人付××见面，在征得被告人付××的同意后，彭××向交警部门打电话报警，并要求投案自首，交通警察接到电话后前往常山火车站附近一巷内将被告人付××带至交警二大队接受审查，被告人付××如实供了上述二次交通肇事的事实。常山市公安局法检所尸体检验报告书认定，被害人胡××、刘××均系交通事故致重度颅脑损伤而死亡。常山市公安局交通警察支队直属二大队交通事故认定书认定，被告人付××饮酒后驾驶机动车辆发生交通事故后驾车逃逸，应负事故的全部责任，被害人胡××、刘××无交通违法行为，不负该事故的责任。在本院审理期间，被害人胡××的亲属王××、曾×、何××向本院提起附带民事诉讼，要求被告人付××赔偿死亡赔偿费、丧葬费、抚养费、交通费、生活补助费、处理交通事故的误工费等费用共计人民币 280 704.05 元，经本院主持调解，双方当事人已达成一致意见，由被告人付××赔偿附带民事诉讼原告人王××、曾×、何××经济损失共计人民币250 000元，已当庭履行，本院予以确认。本院认为：被告人付××无视国家法律，违反道路交通管理法律、交通肇事致二人死亡后逃逸，共行为已构成交通肇事罪。公诉机关指控被告人付××犯交通肇事的事实清楚，证据确实、充分，指控的罪名成立。被告人付××发生交通事故的时间是凌晨，且在车辆、行人较少的情况下向郊外逃逸，不具有危害公共安全的隐患，故公诉机关以被告人付××犯以危险方法危害公共安全罪的理由与客观事实不符，本院不予认定。案发后，被告人付××认罪态度较好，本人及在其亲属的配合下，尽力赔偿了被害人的经济损失，二被害人的亲属均已表示谅解，并要求法庭从轻处罚，故本院可酌情从轻处罚。被告人付××能在亲属的说服下，主动投案，应认定为有自首情节，依法可从轻处罚。辩护人熊×的辩护理由成立，本院予以采纳。鉴于上述事实及理由，对被告人付××适用缓刑有不致再危害社会的可能，本院依法对被告人付××宣告缓刑。据此，依照《中华人民共和国刑法》第133条、第67条第1款、第72条第1款、第73条第2、3款之规定，判决如下：

被告人付××犯交通肇事罪，判处有期徒刑3年，缓刑5年。

本判决书将在闭庭后5日内送达。

如不服本判决，可在接到判决书的第2日起10日内，通过本院或者直接向浙江省常山市中级人民法院提出上诉。书面上诉的，应当提交上诉状正本1份，副本9份。

审：被告人付××，你服不服本判决？

被：服从判决。

审：是否上诉？

被：不上诉。

审：现在闭庭。请公诉人退庭。

四、案件简要评析

本案的争议焦点是被告人付××的第二次驾车撞人的行为应定以危险方法危害公共安全罪还是交通肇事罪？要对本案加以准确定性，必须对什么是"连续犯"加以准确理解。我国《刑法》第89条第1款在追诉时效中规定有"连续"犯罪行为，但对什么是连续犯没有作出明确规定。根据我国刑法理论，连续犯，是指出于同一犯罪故意，而连续实施数个独立的同一性质的犯罪行为，触犯了同一罪名的犯罪。连续犯必犯具备以下四个条件：①要有几个独立的犯罪行为；②几个独立的犯罪行为之间，在时间上还必须有连续性；

③几次犯罪行为所触犯的是同一罪名；④几次犯罪行为都出于同一犯罪故意。对于连续犯，应当理解为每一次行为都构成犯罪；如果每一次行为都不构成犯罪，累计起来才构成犯罪，那就不是连续犯，而是刑法理论上称之为的徐行犯。在本案中，被告人付××的第二次驾车撞人行为是在第一次驾车撞人后逃逸过程中发生的。时间上，与第一次驾车撞人行为具有连续性；客观上，其向车辆、行人较少的郊外逃逸，不具有危害公共安全的隐患，可以单独成立为交通肇事犯罪，显然，被告人付××的二次驾车撞人行为是一种典型的连续犯。合议庭最终以交通肇事罪对被告人付××定罪量刑是正确的。

五、付××交通肇事案第一审程序模拟审判中基本诉讼文书

（一）刑事起诉书

浙江省常山市永定区人民检察院
起 诉 书

浙常永检刑诉〔×〕××号

被告人付××，男，××××年×月×日出生于×省×市，身份证号码：×××××××××，汉族，初中文化，职业司机，住××省×市老城镇牛家埠村 10 组。因涉嫌交通肇事罪，××××年 11 月 10 日被常山市公安局直属分局刑事拘留，同月 21 日经本院批准逮捕，当日由该局执行逮捕。

本案由常山市公安局直属分局侦查终结，以被告人付××涉嫌交通肇事罪，于××××年 11 月 24 日向本院移送审查起诉。本院受理后，于次日已告知被告人有权委托辩护人和被害人家属有权委托诉讼代理人，依法讯问了被告人，审查了全部案件材料。

经依法审查查明：

1. 交通肇事罪

××××年 11 月 9 日晚 9 时许，被告人付××与同事喝酒，饮酒后于×××年 11 月 10 日凌晨驾驶鄂 D34×××雅阁 HG×××小型客车，送醉酒的同

事到山城区红旗镇，在返回市区途经洞庭大道××公司路段时，将与在此洞庭大道北侧步行的被害人胡××相撞，被害人身体被撞飞将付驾驶室前的挡风玻璃撞坏，尔后滚落在地死亡，被告人付××开车逃逸。被害人经法医鉴定系重度颅脑损伤而死亡。交通事故认定书认定，被告人付××违反了《中华人民共和国道路交通安全法》第二十二条第一、二款之规定，负事故的全部责任。被害人不负事故的责任。

2. 以危险方法危害公共安全罪

×××× 年 11 月 10 日凌晨，被告人付××明知酒后所驾驶鄂 D34 ×××小型客车已发生交通肇事事故，且在逃逸过程中，应知继续驾驶该车辆会危害到其他人的生命安全。而未终止其行为，当逃逸至青年路××厂路段时，该车与被害人刘××所骑的人力三轮车相撞。导致被害人当场死亡，被告人付××驾车逃离现场。被害人经法医鉴定系重度颅脑损伤而死亡。案发后，被告人付××已赔偿被害人家属各种经济损失 21 万元。

认定上述事实的证据有：①被告人的户卡；②抓获材料；③鉴定资料；④责任事故认定书；⑤证人证言；⑥被告人的供述与辩解。

该院认为：被告人付××无视国家法律，违反道路交通安全法，交通肇事致一人死亡；在逃逸过程中，以危险方法危害公共安全致一人死亡。其行为已触犯《中华人民共和国刑法》第一百三十三条、第一百一十五条第一款之规定，犯罪事实清楚，证据确实、充分，应当分别以交通肇事罪、以危险方法危害公共安全罪追究其刑事责任。被告人付××犯数罪，应数罪并罚，还适用《中华人民共和国刑法》第六十九条第一款之规定。根据《中华人民共和国刑事诉讼法》第一百四十一条之规定，提起公诉，请依法判处。

此致

浙江省常山市永定区人民法院

检察员：周××

××××年×月×日

附：

1. 被告人付××现押常山市第一看守所。

2. 移送主要证据复印件二册，证据目录、证人名单各一份。

（二）刑事辩护词

辩 护 词

审判长、审判员：

　　浙江洞庭律师事务所依法接受本案被告人付××的委托，指派本所律师熊×担任其一审辩护人，出庭为其辩护，维护其合法权益。通过刚才的庭审调查，辩护人对本案的基本事实已经清楚，下面结合法律发表如下辩护意见，供合议庭参考。

　　1. 起诉书指控被告人付××犯交通肇事罪本辩护人不持异议，但指控其犯以危险方法危害公共安全罪，本辩护人认为法律依据不足，定性有误。

　　其理由：根据刑法理论，交通肇事罪与以危险方法危害公共安全罪主要区别有两点：

　　（1）在主观方面，前者出于过失，后者则为故意。交通肇事罪致人重伤与死亡发生在交通运输过程中，主观上出于过失。而以驾车撞人的危险方法构成的危害公共安全罪，并非在从事交通运输，行为人利用驾驶的交通工具在公共场所冲撞人群，其主观上是希望或放任死伤结果的发生。

　　（2）在客观方面，交通肇事罪必须以其行为产生了严重的实际危害后果为构成要件，是一种结果犯；而以危险方法危害公共安全罪，其构成并不要求已实际产生了危害后果，只要行为足以危害公共安全即可构成其罪，属于危险犯。在本案中，被告人如果在逃逸过程中没有造成严重后果，辩护人有理由相信，公诉机关是不可能指控其犯以危险方法危害公共安全罪的，只会将其肇事后逃逸作为一个加重处罚幅度的量刑情节。但起诉书指控的以危险方法危害公共安全罪，属于危险犯的范畴，而这一指控成立的话，就说明行为人只要醉酒驾车肇事后逃逸，其行为就处于一种危险状态，无论是否造成严重后果，都应构成该罪，这与司法实践中对肇事后逃逸仍以交通肇事罪定性是矛盾的。对于这类案件，到底能否以危险方法危害公共安全罪定性，应该要看行为人的主观心态是否出于故意，案件发生的场合，以及行为人客观上有无利用交通工具随意冲撞人群，造成或可能造成多人重伤、死亡的后果。

本案中，被告人付××肇事的时间是在凌晨，逃逸路段选择的也是比较偏僻且行人稀少的青年东路，其犯罪的主观心态与以危险方法在闹市区驾车横冲乱闯危害公共安全有本质的区别。虽然其行为造成了严重后果，但根据发生上述本质的区别。虽然其行为造成了严重后果，但根据发生上述严重后果的时间、地点、条件以及被告人当时所处的醉酒状态等因素综合考虑，被告人主观上并不具备希望或放任危害结果发生的故意，客观上也不可能造成多人伤亡的后果。

综上，起诉人指控的以危险方法危害公共安全罪实为客观归罪。本案两被害人的死亡都是被告人在同一种状态下的犯罪行为造成，但公诉机关却以两个不同的罪名定性，显属不当。因此，本案只能以交通肇事罪定罪处罚。

2. 被告人付××犯罪后主动向公安机关投案，如实供述自己的犯罪事实，应认定为自首。具有法定的可以从轻或者减轻处罚的情节。

3. 被告人付××犯罪后认罪态度好，积极主动赔偿两被害人家属各项经济损失46万元。取得了两被害人家属的谅解，一致同意对其从轻处罚。

4. 恳请合议庭评议时考虑辩护人以上辩护观点，对被告人付××从轻或减轻处罚，给其一个改过自新的机会。

辩护人：熊×

××××年×月×日

（三）刑事判决书

浙江省常山市永定区人民法院
刑事判决书

（×）永刑初字第×号

公诉机关常山市永定区人民检察院。

被告人付××，男，1978年9月1日出生于××省松滋市，身份证号码××××××，汉族，初中文化，职业司机，住××省松滋市老城镇牛家埠村10组。因涉嫌犯交通肇事罪，于××××年11月10日刑事拘留，同年11月

21 日被逮捕。现押常山市第一看守所。

辩护人熊××，浙江洞庭律师事务所律师。

常山市永定区人民检察院以×常永检刑诉［×］412号起诉书指控被告人付××犯交通肇事罪，以危险方法危害公共安全罪，于××××年12月22日向本院提起公诉。本院依法组成合议庭，公开开庭审理了本案。常山市永定区人民检察院指派检察员周××出庭支持公诉，被告人付××及其辩护人熊×到庭参加诉讼。现已审理终结。

常山市永定区人民检察院指控：

1. 交通肇事罪

××××年11月9日晚9时许，被告人付××与同事喝酒，饮酒后，于××××年11月10日凌晨驾驶鄂D34×××雅阁HG×××小型客车，送醉酒的同事到山城区红旗镇，在返回市区途经洞庭大道××公司路段时，将与在此洞庭大道北侧步行的被害人胡××相撞，被害人身体被撞飞将付驾驶室前的挡风玻璃撞坏，尔后滚落在地死亡，被告人付××开车逃逸。被害人经法医鉴定系重度颅脑损伤而死亡。交通事故认定书认定，被告人付××违反了《中华人民共和国道路交通安全法》第二十二条第一、二款之规定，负事故的全部责任。被害人不负事故的责任。

2. 以危险方法危害公共安全罪

××××年11月10日凌晨，被告人付××明知酒后，所驾驶鄂D34××××小型客车已发生交通肇事事故，且在逃逸过程中，应知继续驾驶该车辆会危害到其他人的生命安全。而未终止其行为，当逃逸至青年路××厂路段时，该车与被害人刘××所骑的人力三轮车相撞。导致被害人当场死亡，被告人付××驾车逃离现场。被害人经法医鉴定系重度颅脑损伤而死亡。案发后，被告人付××已赔偿被害人家属各种经济损失21万元。该院认为，被告人付××违反道路交通安全法，交通肇事致一人死亡，在逃逸过程中，以危险方法危害公共安全致一人死亡，其行为已构成交通肇事罪，以危险方法危害公共安全罪，数罪并罚，要求适用《中华人民共和国刑法》第一百三十三条、第一百一十五条第一款、第六十九条之规定，依法判处。

被告人付××对公诉机关指控的犯罪事实不持异议，辩护人熊×对公诉机关指控被告人付××犯交通肇事罪亦不持异议，但对公诉机关指控被告人付××犯以危险方法危害公共安全罪提出如下辩护意见：一是被告人付××在主观方面出于过失；二是被告人付××在客观方面，其行为已产生了严重危害后果，是一种结果犯，本案中，被告人付××肇事的时间是在凌晨，逃逸路段是选择比较偏僻且行人稀少的青年东路。公诉机关指控被告人付××犯以危险方法危害公共安全罪定性，显属不当，本案只能以交通肇事罪定罪处罚。被告人付××有自首情节，又积极赔偿被害人的经济损失，要求法庭从轻处罚。

经审理查明，××××年11月9晚，被告人付××与同事酗酒后，于次日凌晨驾驶车主贺××的鄂D34×××雅阁HG×××小型客车，送同事到山城区红旗镇，在返回市区途经洞庭大道××公司路段时，与在此洞庭大道北侧步行的被害人胡××相撞之后，致使被害人胡××的身体抛起再次与付驾驶室前的挡风玻璃相撞滚在地死亡，被告人付××继续驾车逃逸至青年路面粉厂路段时，又与骑人力三轮车的刘××相撞，造成两车受损，被害人刘××当场死亡的交通事故，被告人付××第二次交通肇事后，又继续驾车逃逸，往207国道行驶至常山火车站附近一巷内停下，然后打电话给车主贺××，告诉其发生交通事故的事实，接着贺××又打电话给被告人付××的姐夫彭××，彭××接到电话后，从临澧赶到常山火车站与被告人付××见面，在征得被告人付××的同意后，彭××向交警部门打电话报警，并要求投案自首，交通警察接到电话后前往常山火车站附近一巷内将被告人付××带至交警二大队接受审查，被告人付××如实供了上述二次交通肇事的事实。常山市公安局法检所尸体检验报告书认定，被害人胡××、刘××均系交通事故致重度颅脑损伤而死亡。常山市公安局交通警察支队直属二大队交通事故认定书认定，被告人付××饮酒后驾驶机动车辆发生交通事故后驾车逃逸，应负事故的全部责任，被害人胡××、刘××无交通违法行为，不负该事故的责任。在本院审理期间，被害人胡××的亲属王××，曾×、何××向本院提起附带民事诉讼，要求被告人付××赔偿死亡赔偿费、丧葬费、抚养费、交通费、生活补助费、处理交通事故的误工费等费用共计人民币280 704.05元，经本院主持调解，双方当事人已达成一致意见，由被告人付××赔偿附带民事诉讼原告人王××、曾×、何××经济损失共计人民币250 000元，已当庭履行，本院予以确认。

另查明，此案在永定区人民检察院起诉期间，被告人付××已向被害人刘××的亲属赔偿经济损失共计人民币210 000元，被害人刘××的亲属已书面对被告人付××表示谅解。

上述查明的事实，有下列经庭审举证、质证、认证的证据予以证实：

1. 常山市公安局交通警察支队直属二大队晏某某，周某某出具证明，证实×××年11月10日凌晨接到被告人付××亲属彭××的报警电话后，当即赶往常山火车站附近一巷内将被告人付××带回交警大队进行审查的事实。

2. 证人彭××的证言，证明×××年11月10日凌晨获悉付××交通肇事后向交警部门报警并要付××投案自首的事实。

3. 证人易××的证言，证明目睹被告人付××驾车二次发生交通事故的时间、地点及逃逸的事实与经过。

4. 出租车司机杨××的证言，证明×××年11月10日凌晨当他开出租车至永定区三间桥十字路口时发现鄂D34×××号小型客车交通肇事后逃逸的事实。

5. 交通事故现场勘查图及笔录，证明被告人付××交通肇事地点。

6. 交通事故照片，证明二被害人已当场死亡及肇事车、三轮车损坏的现场状况。

7. 常公法鉴字（×）第1913、1914号尸体检验报告书，证明二被害人均系交通事故致重度颅脑损伤而死亡。

8. 常公交认字（×）第0039号交通事故认定书，证明被告人付××二次交通事故均应付全部责任的事实。

9. 被害人亲属的领条在卷，证明被告人付××所支付的赔偿款共计46万元已分别由二被害人亲属领取的事实。

10. 被告人付××对交通肇事造成二被害人死亡的事实亦供认不讳。

本院认为：被告人付××无视国家法律，违反道路交通管理法律、交通肇事致二人死亡后逃逸，其行为已构成交通肇事罪。常山市永定区人民检察院指控被告人付××犯交通肇事的事实清楚，证据确实、充分，指控的罪名成立。被告人付××发生交通事故的时间是凌晨，且在车辆、行人较少的情况下向郊外逃逸，不具有危害公共安全的隐患，故公诉机关以被告人付××犯以危险方法危害公共安全罪的理由与客观事实不符，本院不予认定。案发后，被告人付××认罪态度较好，本人及在其亲属的配合下，尽力赔偿了被害人的经济损失，二被害人的亲属均已表示谅解，并要求法庭从轻处罚，故本院可酌情从轻处罚。被告人付××能在亲属说服下，主动投案，应认定为有首情节，依法可从轻处罚。辩护人熊×的辩护理由成立，本院予以采纳。鉴于上述事实及理由，对被告人付××适用缓刑有不致再危害社会的可能，本院依法对被告人付××宣告缓刑。据此，依照《中华人民共和国刑法》第一百三十三条、第六十七条第一款、第七十二条第一款、第七十三条第二、三款之规定，判决如下：

被告人付××犯交通肇事罪，判处有期徒刑三年，缓刑五年。

（缓刑考验期限，从判决确定之日起计算。）

如不服本判决，可在接到判决书的第二日起十日内，通过本院或者直接向浙江省常山市中级人民法院提出上诉。书面上诉的，应当提交上诉状正本一份、副本九份。

审判长　　×××

审判员　　×××

审判员　　×××

××××年一月八日

书记员　　×　×

六、附证据材料

1. 证据之一：常山市公安局交通警察支队二大队的证明材料（略）。证明被告人付××交通肇事逃逸后，由其亲属彭××代为电话报警投案自首的经过。

2. 证据之二：证人彭××的证言（略）。证明××××年11月10日彭××凌晨获悉付××交通肇事后向交警部门报警并要付××投案自首的事实。

3. 证据之三：证人易××的证言（略）。证明易×目睹被告人付××驾车二次撞人的时间、地点及逃逸的事实经过。

4. 证据之四：出租车司机杨××的证言（略）。证明××××年11月10日凌晨当杨××开租车至永定区三间桥十字路口时发生鄂××××小型轿车交通肇事后逃逸的事实。

5. 证据之五：交通事故现场勘查图（略）及笔录。证明被告人付××交通肇事地点及现场勘验情况。

6. 证据之六：×公法鉴字（×）第1913、1914号尸体检验报告书（略）。证明二被害人均系交通事故致重度颅脑损伤而死亡。附：死者照片六张（略）。

7. 证据之七：×公交认字（×）第0039号交通事故认定书（略）。证明被告人付××二次交通事故均应付全部责任的事实。

8. 证据之八：调解笔录及被害人亲属出具的领条（略）。证明被告人付××所支付的赔偿款共计46万元已分别由二被害人亲属领取的事实。

第三编

民事案件第一审普通程序模拟审判

| 第六章 |

民事案件第一审普通程序的基本原理

第一节　民事案件第一审普通程序的概念与特点

一、民事案件第一审普通程序的概念

我国实行四级两审的审判体制。人民法院分为四级，即最高人民法院、高级人民法院、中级人民法院、基层人民法院。其中高级人民法院、中级人民法院、基层人民法院合称为地方人民法院。人民法院审理民事案件，依照法律规定实行两审终审制度，即地方各级人民法院第一审案件的判决和裁定，除法律有特别规定的案件实行一审终审外，当事人可以按照法律规定的程序向上一级人民法院上诉。地方各级人民法院第一审案件的判决和裁定，如果在上诉期限内当事人不上诉，就是发生法律效力的判决和裁定。中级人民法院、高级人民法院和最高人民法院审判的第二审案件的判决和裁定，最高人民法院审判的第一审案件的判决和裁定，都是终审的判决和裁定，也就是发生法律效力的判决和裁定。

民事诉讼第一审程序是指人民法院对自然人、法人或其他组织提起的诉讼进行初次审理、裁判时应当遵循的程序和方法。它是人民法院审理民事案件通常适用的基础程序。第一审程序是相对于第二审程序、特别程序和审判监督程序而言的，它包括普通程序和简易程序。

民事诉讼第一审普通程序，是指人民法院审理第一审民事案件所适用的基本程序。在第一审程序中，它是主干程序；在全部审判程序中，它亦为基本程序。

二、民事案件第一审普通程序的特点

1. 民事案件第一审普通程序是民事诉讼程序中规定得最完整、最规范、最严格的程序。由于简易程序案情简单，在审判中一些步骤或程序可以简化、省略。与简易程序相比，民事案件第一审普通程序则必须严格按法律规定的程序和要求进行。如简易程序中答辩期限经当事人同意后可以缩短；当事人同时到庭的，经当事人同意可以即时开庭；法院通知当事人开庭可以以捎口信、打电话等便捷的方式进行。而普通程序中答辩期则严格规定为 15 天，不能缩短；法院必在开庭之前 3 日前通知当事人出庭；必须用传票传唤当事人参加诉讼等。

2. 普通程序是整个民事诉讼的基础，具有广泛的适用性。第一审程序是整个诉讼程序的基础，没有第一审程序，二审程序和再审程序就无从谈起。而在第一审程序中，简易程序又是普通程序的简化。普通程序不仅是一审程序，同时也是二审程序和再审程序在内的整个诉讼程序的基础。实际上，普通程序起到了一个程序通则的作用。

第二节　民事案件第一审普通程序的诉讼参与人

民事案件第一审普通程序的诉讼参与人员包括合议庭组成人员、当事人及其委托代理人、证人、鉴定人、勘验检查人、法警、翻译（包括哑语翻译）。

一、民事案件第一审普通程序合议庭组成人员

根据民事诉讼法的规定，民事一审合议庭由审判员、陪审员组成合议庭。合议庭的成员人员，必须为单数，其中审判长由院长或庭长指定一人担任，院长或者庭长参加审判的，由院长或者庭长担任审判长。

合议庭还应当配备 1~2 名书记员，担任审判庭的记录工作、并办理有关审判的辅助性事项（如庭前准备工作、处理文书）。

合议庭组成人员确定后，除因回避或者其他特殊情况，不能继续参加案

件审理的之外，不得在案件审理过程中更换。更换合议庭成员，应当报请院长或者庭长决定。合议庭成员的更换情况应当及时通知诉讼当事人。

人民陪审员在人民法院执行职务期间，除不能担任审判长外，同法官有同等的权利义务。模拟活动过程中，可以安排3名学生组成合议庭，指定1名作为审判长，主持审判活动。审判长相当于模拟法庭的执行导演，因此，除了应当具有较强法律理论知识外，还应当具有一定的组织能力，现场驾驭能力，必要时，可以由老师担任。

二、民事诉讼当事人

民事诉讼当事人包括原告、被告、共同诉讼人、诉讼代表人和第三人。原告提起诉讼后，由人民法院通知被告应诉。原告或被告一方是两人或两人以上的，原告起诉有遗漏，对于必要的共同诉讼（诉讼标的同一），应当通知其他共同诉讼人参加诉讼。共同诉讼人达到10人以上，可以推选2~5名代表人参加诉讼。在已经开始的诉讼中，对他人之间的诉讼标的，具有全部的或部分的独立请求权的第三人，可以申请参加诉讼；不具有独立请求权，但案件的处理结果与其有法律上的利害关系的第三人，可以自己申请参加诉讼或由人民法院通知其参加诉讼。当事人为自然人时，如果为无民事行为能力人或限制民事行为能力人，应当通知其法定代表人参加诉讼。当事人为法人时，由其法定代表人到庭参加诉讼。当事人为其他组织时，由其负责人到庭参加诉讼。每一当事人（代表人参加诉讼的为第一诉讼代表人）均可委托1~2名代理人参加诉讼。在组织模拟活动时，应当对上述基本知识结合民事诉讼法的规定进行识记，并应根据法律规定安排相应的人参加模拟活动。

三、民事诉讼其他参与人

民事诉讼其他参与人包括诉讼代理人、证人、鉴定人、勘验检查人、法警、翻译（包括哑语翻译）等。证人不得旁听庭审活动，所以在模拟活动中，证人只在出庭作证的过程中才能进入模拟法庭。根据庭审活动的需要安排，模拟活动时，可以设置1~2名法警，负责维护秩序、传递证据、传唤证人等项工作。

第三节　民事案件第一审普通程序模拟法庭的平面布置

模拟法庭由审判活动区和旁听区组成，以审判活动区为主，保证模拟审判活动能够顺利进行。而两个区域之间应当留1~2米的中间区域。中间区域可以作为通道，同时可以将审判区域和旁听区域隔开，使模拟法庭更显庄严。

模拟法庭可按《最高人民法院关于法庭的名称、审判活动区布置和国徽悬挂问题的通知》（法发〔1993〕41号）设置，审判活动区正中前方设置法台，法台上设置法桌、法椅，为审判人员席位。模拟法庭内法台后上方正中可挂"模拟法庭"的条幅。审判长的座位在条幅下正中处，审判员或陪审员分坐两边。法桌、法椅可以课桌代替，颜色应和法台及法庭内的总体色调相适应，力求严肃、庄重、和谐。法桌中央偏右前方应当放置法槌。书记员的座位最好设置在法台前面正中处，同法台成90°角，紧靠法台，面向法台左面，其座位高度比审判人员座位低20~40厘米，也可以将书记员座位设置在法台右前方，同法台成45°角。书记员的座位应比审判人员座位低20~40厘米。审判台左前方为证人、鉴定人位置，同法台成45°角。法台前方设原、被告及诉讼代理人席位，分两侧相对而坐，右边为原告席位，供原告或原告的法定代表人、负责人、诉讼代表人、委托代理人就座，左边为被告座位，供被告或被告的法定代表人、负责人、诉讼代表人、委托代理人就座。两者之间相隔不少于100厘米，若当事人及诉讼代理人较多，可前后设置两排座位；也可使双方当事人平行而坐，面向审判台，右边为原告座位，左边为被告座位，两者之间相隔不少于50厘米。旁听活动区与审判活动区域相对。

实际工作中，有的人民法院将书记员的座位设置在法台前面正中处，与审判台平行，其座位比审判人员低20~40厘米，证人席在原、被席的中间区域，可以偏向原告席位，同法台成45°角。鉴定人、勘验检查人出庭时，在证人席上就座。

对于第三人的座位位置，法律没有明确的规定，如果是有独立请求权的第三人或依附于原告的无独立请求权的第三人，可以安排在原告的右手方原告席就座，如果是依附于被告的无独立请求权的第三人，可以安排在被告的左手方被告席上就座。或者统一将第三人安排在被告的左手方被告席上就座。

第四节 民事案件第一审普通程序中常用法律文书与写作

一、民事起诉状写作方法与格式

（一）民事起诉状的概念

民事起诉状是公民、法人或其他组织为了维护自己的合法权益，根据事实和证据，依据民法和民事诉讼法的规定，提起诉讼，请求人民法院予以支持，保护其民事权益的诉讼法律文书。

（二）民事起诉状的写作方法

民事起诉状是原告提起民事诉讼时，向人民法院递交的书状。民事起诉状由首部、正文和尾部等三部分组成。

1. 首部即标题，应写明文书名称"民事起诉状"。

2. 正文包括当事人的基本情况、诉讼请求、事实和理由三部分。

（1）当事人的基本情况的写法应与人民法院民事判决书的格式一致。存在共同诉讼人时，应按权利义务的大小确定排列顺序。

（2）诉讼请求写明请求人民法院依法解决有关民事权益争议的具体事项。给付之诉，要写明要求被告履行民事实体义务的具体内容，其中金钱给付一般要求写明具体的给付金额。确认或变更之诉则要求写明需确认或变更的特定法律关系的具体内容。有多个诉讼请求时，应以序号分列，既有确认或变更之诉方面的诉讼请求，又有给付之诉方面的诉讼请求的，应先列确认或变更之诉方面的诉讼请求。离婚诉讼较为特殊，一般要求写明与被告离婚、子女抚养、财产分割三个方面的诉讼请求。

（3）事实和理由。事实部分，要全面反映案件事实的客观真实情况，用语要准确适当，宜直陈简述，客观明确。理由部分主要写明提出诉讼请求的理由和法律依据。证据在诉状中不单独叙述，一般随事实写证据，在写到相关事实时，可以注明证明上述事实的证据有哪些。

3. 尾部。

（1）致送机关名称，分两行写明："此致"、"×××人民法院"。

（2）起诉人（或具状人）签名或盖章，当事人是自然人的，要由本人签字，是法人或其他组织的，由法定代表人或负责人签字并加盖单位公章。

（3）具状日期写明制作书状的时期，要填写准确。

（三）民事起诉状的基本格式

民事起诉状

原告……（姓名、性别、出生年月日、民族、籍贯、职业、工作或工作单位和职务、现住址）。

被告……（所列项目同前）。

第三人……（所列项目同前）。

诉讼请求：

事实和理由

证据和证据的来源，证人姓名和住址

此致

×××人民法院

起诉人：（签名或盖章）

××××年×月×日

附：

1. 本诉状副本×份

2. 证物（名称）×件

3. 书证（名称）×件

（四）民事起诉状的写作范例

民事起诉状

原告杜××，男，××岁，汉族，陕西省西安市人，××酒楼经理，住西安市××区××城××幢×号。

委托代理人梁××，西安市××律师事务所律师。

被告张××，男，××岁，汉族，陕西省西安市人，西安××公司部门经理，住西安市××区××街××号。

被告王××，女，××岁，汉族，陕西省西安市人，西安市××区××街道办事处干部，住址同上。

诉讼请求：

1. 请求法院判令被告张××、王××支付违约金10万元。

2. 请求法院判令二被告赔偿经济损失12.5万元。

3. 诉讼费用由二被告承担。

事实和理由：

1999年11月16日，原、被告双方签订房屋租赁协议，约定：被告张××、王××将其位于本市环城南路38号砖混结构三层约200平方米的楼房及其附属配电、上下水设施租赁给原告杜××作餐饮、娱乐营业之用，年租金7.5万元，租期自1999年11月20日至2003年11月19日；原告必须于每年11月30日前一次性交清全年房租，如推迟30天，被告有权收回房屋；原告在租期未满之前，有权将自己经营的酒楼转让他人，但在转让前应告知被告，并在租金不变的情况下，由被告与受让人另行签订房屋租赁协议；在租期未满前，被告不得终止协议，不得提高房租，如被告终止协议，赔偿原告4年的房租，如原告终止协议，原告所交房租不退，房屋装修部分归被告。

协议签订后，原被告双方依约履行义务。被告将房屋交付给原告，原告一次性向被告支付年租金7.5万元。随后，原告将房屋装修成酒楼经营。2000年11月，租期满1年，原告依约再次支付租金7.5万元。2000年12月19日，原告在《西安晚报》上刊登转让该酒楼的广告。2001年元月初，原告将酒楼转让给第三人李××，并在转让前通知被告转让事宜。转让之后，被告拒不按协议约定与受让人李××另行签订租赁协议，并阻挠其经营，致使李××无法经营，被迫于同年11月底退出酒楼。在此期间，原告因被告的违约行为损失租金7.5万元，造成营业损失5万元。

鉴于上述事实，原告认为，被告的上述行为已经严重违背了双方订立的合同约定，给原告造成了经济损失，损害了原告的合法权益，应当承担违约责任并赔偿损失。根据《合同法》第 107 条及《民事诉讼法》第 108 条规定，诉请你院依法秉公裁决。

此致
××市××区人民法院

起诉人：杜××
2001 年 12 月 5 日

附：

1. 本状副本 2 份
2. 书证 3 份

二、民事答辩状写作方法与格式

（一）民事答辩状的概念

民事答辩状是指民事案件的被告或者被上诉人在收到起诉状或者上诉状副本后，在法定期限内，针对起诉或者上诉的事实、理由和请求，进行回答和辩解时而制作的文书。

（二）民事答辩状的写作方法

民事答辩状，被告收到原告起诉状副本后，针对原告在诉状中提出的事实、理由及诉讼请求，进行回答和辩驳时使用的文书。由首部、正文和尾部等三部分组成。

首部即标题，应写明文书名称"（民事）答辩状"。正文部分包括答辩理由和答辩主张。答辩理由，是答辩状的主体部分，一般要求根据原告提出的诉讼请求及其所依据的事实与理由逐一进行回答和辩驳，答辩时可以分别就案件事实和就适用法律两部分进行答辩。答辩主张，即对原告起诉状或上诉人上诉状中的请求是完全不接受，还是部分不接受，对本案的处理依法提出自己的主张，请求法院裁判时予以考虑。尾部包括致送机关名称，答辩人签名或盖章以及具状日期。

（三）民事答辩状的写作格式

民事答辩状

答辩人：

答辩人因　　　　　　　　一案，提出答辩如下：

此致

×××人民法院

答辩人：

年　月　日

附：本答辩状副本×份

（四）民事答辩状的写作范例

民事答辩状

答辩人：洛阳市公路管理总段。

法定代表人：×××，局长

被答辩人：偃师市总工会。

法定代表人：×××，该总工会主席。

被答辩人：魏××，男，66岁，汉族，洛阳市总工会干部，住偃师××区××街××楼××号。

答辩人因被答辩人（原告）提起公路防护墙倒塌致车毁人亡请求赔偿诉讼一案，答辩如下：

1. 被答辩人在起诉书中指称公路防护墙倒塌是答辩人养护不善所致，与事实不符。

洛阳市东花坛立交桥及该处公路防护墙是属答辩人所有和负责养护。答辩人从修建该墙起就一直小心维护，并多次对该墙采取加固措施。而此次墙之所以倒塌，是因为洛阳地区遇到40年来罕见的特大暴雨袭击。该段公路防护墙因为水位低，被雨水浸泡过久，故而难以承受而倒塌。所以，该墙倒塌完全是自然因素不可抗力所致，依据《民法通则》第107条，答辩人不应承担民事责任。

2. 被害人魏×的不幸身亡与其违章行驶有关

按照机动车道路行驶有关规定，机动车是不能行使在非机动车道上的，否则即是违章。被害人魏×将车驶入非机动车道，在主观上具有过错，且这种过错与公路防护墙倒塌造成损害的结果之间有因果关系。因此，答辩人不应对魏×的不幸身亡承担责任。

根据以上事实，答辩人认为，造成这次车毁人亡事故的直接原因，是被害人魏×违章行驶在非机动车道上遇到了40年不遇的特大暴雨袭击，是不可抗力造成的。答辩人已尽养护义务，不应承担赔偿责任。据此，请求法庭驳回被答辩人的诉讼请求。

此致
洛阳市××区人民法院

答辩人：洛阳市公路管理总段

××××年×月×日

（公章）

附：本答辩状副本2份

三、民事诉讼代理词写作方法与格式

（一）民事诉讼代理词的概念

民事诉讼代理词是民事诉讼当事人的委托代理人在诉讼中依据事实和法律，在法庭辩论阶段发表的，为了维护其所代理一方的合法权益，以被代理人的名义，在代理权限之内发表或递交的具有综合性的代理意见。

（二）民事诉讼代理词的写作方法

民事诉讼代理词的写法比较灵活，并没有统一的格式，大体上由首部、正文和尾部三部分组成。

1. 首部。

（1）注明文书名称，即"代理词"。

（2）称呼语，即"审判长、审判员"。

（3）前言：可以简要说明代理人出庭的合法性、代理权限范围、代理人接受代理后进行了哪些工作，同时还可以表明代理人对全案的基本看法。

2. 正文。正文是代理词的核心内容，是代理人为维护被代理人的合法权益所要阐明的主旨。代理人应当在代理权限内，依据事实和法律，逐项逐条陈述并论证被代理人的诉讼主张成立，揭示、驳斥对方的错误。做到观点简明、层次分明、证据确实、适用法律条文得当、说理充分。对纠纷的主要情节，形成纠纷的原因以及双方当事人争执的焦点进行分析，以分清是非，明确责任。阐明当事人双方的权利和义务统一性，促使当事人彼此之间互相谅解。还可提出解决纠纷的意见和办法，以利于纠纷的解决，保护当事人的合法权益。

3. 尾部。

（1）结束语：对自己的代理意见进行简单明确的归纳，为被代理人提出明确的诉讼请求。

（2）代理人具名：即律师签名，一般要求注明律师事务所名称。

（3）代理词发表日期：一般为开庭当日。

（三）代理词的写作格式

代 理 词

审判长、审判员：

××律师事务所受原告（或被告）×××的委托，指派我（或我们）担任×××纠纷一案的一审诉讼代理人。接受指派后，依法参加了本案的诉讼活动。下面根据庭审质证和认证的证据及相关的法律规定，发表如下代理意见：

一、……

二、……

……

综上所述，代理人认为，……

以上代理意见，请合议庭在合议时予以采纳。

××律师事务所律师：

年 月 日

（四）代理词的写作范例

代　理　词

审判长、审判员：

我受本案原告偃师市总工会及魏××委托，担任本案诉讼代理人。现提出如下代理意见，望予以采纳。

一、本案不能适用不可抗力免责条款

被告市公路总段坚持认为，洛阳市地区普降特大暴雨在以往比较少见，而这种灾害性天气又是造成公路防护墙被大雨浸泡发生倒塌的原因。由于这种原因具有不可预见性、不可避免性和不可克服性，符合《民法通则》第107条因不可抗力造成他人损害的，不承担民事赔偿责任之规定，所以其对公路防护墙因大雨浸泡发生倒塌致他人损害的民事赔偿责任依法应予免除。这种观点并不成立。

根据《民法通则》第153条之规定，不可抗力是指不能预见、不能避免并不能克服的客观情况。本案发生时洛阳地区普降40年以来少遇的特大暴雨，这一自然现象无疑属于不可抗力，但并不能由此认为公路防护墙的管理者可以免责。因为当存在不可抗力与管理瑕疵的竞合时，依据民法理论中原因竞合之规则，管理者应当承担民事赔偿责任。那么本案中市公路总段是否存在管理瑕疵呢？从本案查明的情况看，市公路总段在建设阶段，对立交桥的排水能力即估计不足，致使遭遇特大暴雨后机动车道因积水太多无法通行，车辆不得不行入非机动车道。另外，公路防护墙倒塌系墙体被雨水长时间浸泡所致，而雨水浸泡这一事实，也正说明市公路总段在公路防护墙的日常维修、养护中没有充分履行其应尽的注意义务，主观上存在过错。换言之，如果市公路总段对公路防护墙已尽相应注意义务，维修、养护得当，确保墙体与土方之间不积水，公路防护墙就不可能长时间被雨水浸泡而发生倒塌。由此可见，特大暴雨虽属自然灾害，但是公路防护墙被雨水浸泡引起倒塌，并不具有不可预见性、不可避免性和不可克服性，所以市公路总段的抗辩理由不能成立。

二、被害人魏×违章行为与损害结果无因果关系

本案中，如果被害人未在非机动车道上行驶，确实不会发生车毁人亡这一损害结果。但在当时条件下，由于东花坛立交桥是由偃师进入洛阳的唯一通道，在机动车道不能通行时，车辆驶入非机动车道将是任何一个汽车驾驶员合理必然的选择。显然，不仅被害人本人不可能知道其违章行为会发生本案的损害结果，一般人在同等情形下也无法预见到有可能发生这样的结果。而且被害人的违章行车本身并不具有引起公路防护墙倒塌造成损害结果的可能性。换言之，被害人违章行车与公路防护墙倒塌造成其车毁人亡的损害结果之间实属一种巧合，这种巧合只能说明，被害人违章行车行为是损害结果发生的适当条件而非原因，二者之间没有法律上的因果关系。相反，作为防护墙的管理者其管理瑕疵却使防护墙具有坍塌致人损害的可能性，故应认定有因果关系。被告市公路总段认为被害人违章行为在主观上存在过错，并把这种过错行为认定为损害结果发生的原因之一，从而认定被害人应承担损害赔偿的相应责任，难以成立。

综上所述，被告因养护不善，疏于管理，造成公路防护墙倒塌致使被害人魏×死亡和汽车毁损，被告应承担全部赔偿责任。

以上意见请法庭在合议时给予充分的考虑。

洛阳市××律师事务所律师：黄××
××××年×月×日

四、第一审民事判决书写作方法与格式

（一）民事判决书的概念

民事判决是指人民法院在审理民事案件终结后，根据查明的案件事实和相关的法律，对双方当事人争议的民事权利义务关系，作出的强制性决断。人民法院对民事判决的内容按照规定的格式制作的法律文书，叫作民事判决书。

（二）民事判决书的写作方法

1992年最高人民法院公布的《法院诉讼文书样式（试行）》（以下简称

"92 样式"）详细地规定了第一审普通程序民事判决书的写作格式。然而从 1992 年至今我国社会方方面面都发生了深刻的变化。1998 年最高人民法院公布并实施了《关于民事经济审判方式改革问题的若干规定》，改革了庭审方式，强化了庭审的功能，各地人民法院对裁判文书改革进行了大量的工作。2016 年最高人民法院发表了《民事诉讼文书样式》，目前对于第一审普通程序民事判决书依此进行讲解和说明。

民事一审普通程序民事判决书由标题、正文、落款三部分组成。

1. 标题。标题包括法院名称、文书名称和案号。

（1）标题中的法院名称，一般应与院印的文字一致，但基层法院应冠以省、市、自治区的名称。对于涉外案件，应再冠以"中华人民共和国"。

（2）标题中的案号由立案年度、制作法院、案件性质、审判程序的代字和案件的顺序号组成。其中年度和案件顺序号应用阿拉伯数字，案件顺序号按案件性质、审判程序按年从 1 号开始顺序编号，不得空号，也不得编虚号。如湖南省常德市中级人民法院 2017 年受理的第 3 件一审民事案件，可编案号为（2017）常民初字第 3 号。

2. 正文。正文包括首部、事实、理由、判决结果和尾部。

（1）首部写明当事人身份信息。当事人是自然人的，写明其姓名、性别、出生年月日、民族、籍贯、职业或工作单位和职务、住址。住址应写明其住所所在地；住所地与经常居住地不一致的，写经常居住地。当事人是法人的，写明法人名称和所在地址，并另起一行写明法定代表人及其姓名和职务，如："法定代表人李四，该公司董事长"。当事人是不具备法人条件的组织或起字号的个人合伙的，写明其名称或字号和所在地址，并另起一行写明负责人及其姓名、职务。当事人是个体工商户的，写明业主的姓名、性别、出生年月日、民族、籍贯、住址；起有字号的，并注明"系……（字号）业主。"有法定代理人或指定代理人的，应列项写明其姓名、性别、职业或工作单位和职务、住址，并注明其与当事人的关系，如："系……之父"。有委托代理人的，公民代理的，应列项写明其姓名、性别、出生年月日、职业或工作单位和住址。如果委托代理人系当事人的近亲属，应注明其与当事人的关系。如果委托代理人系律师，只写明其姓名、所在律师事务所，如："委托代理人××，×××律师事务所律师。"委托代理人为法人或非法人组织的工作人员时，应列明代理人姓名和职务。

当事人及其诉讼代理人均出庭参加诉讼的，应写为"原告×××及其委托代理人×××、被告×××及其委托代理人×××、第三人……到庭参加了诉讼"。当事人经合法传唤未到庭的，应写明："被告（或原告）经本院合法传唤无正当理由拒不到庭"。当事人未经法庭许可中途退庭的，应写明："被告（或原告）未经法庭许可中途退庭"。（说明：原告经合法传唤无正当理由拒不到庭或未经法庭许可中途退庭的，一般按撤诉处理，但有例外。）

被告提出反诉的案件，可在本诉称谓后用括号注明其反诉称谓。如："原告（反诉被告）"、"被告（反诉原告）"。

（2）事实。事实部分应写明当事人的诉讼请求、争议的事实和理由，举证、质证和认证情况，法院认定的事实。

当事人的诉讼请求以及争议的事实和理由，主要是通过原告、被告和第三人的陈述来表述的，可以根据起诉状、答辩状进行概括，被告或第三人没有书面答辩或陈述的，可以根据开庭笔录记载的当庭陈述进行概括。对于这些内容的叙述，文句要简练，内容要概括。如果当事人在诉讼过程中有增加或者变更诉讼请求，或者提出反诉的，应当一并写明。

举证、质证和认证情况：详细写明当事人举证的程序，提交的证据材料形式，名称和证明的内容，双方当事人的质证意见，法院对证据材料的认定意见。

法院认定的事实主要包括：①当事人之间的法律关系，发生法律关系的时间、地点及法律关系的性质和内容；②产生纠纷的原因、经过和后果。

法院认定的事实，必须是经过法庭审理查证属实的事实，也就是说，法院认定的每一个事实，都必须有合法有效的证据加以证明。一般应按照时间顺序，客观地、全面地、准确地叙述案情，同时要抓住重点，与争议事实有直接关系的事实，要详述主要情节和因果关系。与争议事实关系不大，但又必须交代清楚的，可以简要概括。叙述事实和列举证据时都要注意保守国家机密和商业秘密，保护当事人的声誉，涉及国家机密、商业秘密和个人隐私的具体内容应不作描述。

（3）理由。理由部分应写明判决的理由和判决所依据的法律。

判决的理由，要根据认定的事实和有关法律、法规和政策或习惯，运用法律理论来阐明纠纷的性质、当事人的责任以及人民法院如何解决纠纷的看法。说理要有针对性，针对当事人的争执焦点和诉讼请求，摆事实，讲法律，分清是非责任。说理要有倾向性，诉讼请求合法有理的予以支持，不合法无理的不予支持。说理要有正义性，判决理由要合法、公正，符合社会正义主流价值观，对违法或不道德的行为应当严肃指明，必要时给予适当批驳，做到以理服人。说理要有法理性，以法言法语，阐明法律规则，填补法律漏洞，合理自由裁量。在引用法律、法规时应当准确、全面、具体。要抓住法条的主旨，切忌断章取义。

判决所依据的法律，应详细写明法律的全称和条、款、项。法律条款属判决的直接依据的，应表述为："依照……"，属判决的参照依据的，应表述为："参照……"。在引用法律条文明，既要引用实体法，还要引用程序法。在引用法律条文时，原则上不要引用法律总则中的原则规定。

（4）判决结果。判决结果，是对案件实体问题作出的处理决定，又称判决主文。判决结果要明确、具体、完整。给付之诉，要写明要求被告履行民事实体义务的具体内容，给付标的为财物的，要写明标的物的名称、数量或数额、给付时间以及给付方式；给付标的物较多时可以概写，详情另附清单。金钱给付一般要求写明具体的给付金额、给付时间以及给付方式。确认或变更之诉则要求写明确认或变更的特定法律关系的具体内容，确认或变更的法律关系有时间界限的，应当写明确认或变更的时间。既确认或变更之诉方面的内容，又有给付之诉方面的内容的，应书写确认或变更方面的内容。判决结果涉及多项权利义务的，按权利义务的大小确定排列顺序。需要驳回当事人其他之诉的，应列为最后一项书写。多个判决结果以"一、……；二、……"方式列示。

（5）尾部。尾部应写明延迟履行责任告知，诉讼费用的负担，当事人上诉权利、上诉期间和上诉法院名称等。

判决主文包括给付金钱义务的，在判决主文后另起一段写明："如果未按本判决指定的期间履行给付金钱义务，应当依照《中华人民共和国民事诉讼法》第二百五十三条规定，加倍支付迟延履行期间的债务利息。"

诉讼费用的负担问题。诉讼费用是由人民法院根据《诉讼费交纳办法》第五章诉讼费用负担的有关规定来决定的，它不属于诉讼争议的问题，因此不应列为判决结果的一项内容，应在判决结果后另起一行写明。

上诉人提交上诉状副本的份数，应根据具体案件的对方当事人的人数来确定。

3. 落款。落款包括合议庭署名、日期、书记员署名、院印。组成合议庭的，由合议庭成员审判长和审判员共同署名；独任审判的，由独任审判员署名。助理审判员参加合议庭或独任审判的，署代理审判员。人民陪审员参加合议庭的，署人民陪审员。

"本件与原本核对无异"印戳，应加盖在正本末页的时间的左下方、书记员署名的左上方，由书记员在将正本与原本（原稿）核对无异后加盖，不得打印。

法院印章在文书负责制完毕后，由印章管理人员在裁判文书正本落款时间之上，盖法为"骑年盖月"、"朱在墨上"。

（三）民事判决书的格式

×××人民法院
民事判决书

（×）×民初字第×号

原告……（写明姓名或名称等基本情况）。

法定代表人（或负责人）……（写明姓名和职务）。

法定代理人（或指定代理人）……（写明姓名等基本情况）。

委托代理人……（写明姓名等基本情况）。

被告……（写明姓名或名称等基本情况）。

法定代表人（或代表人）……（写明姓名或职务）。

法定代理人（或指定代理人）……（写明姓名等基本情况）。

委托代理人……（写明姓名等基本情况）。

第三人……（写明姓名或名称等基本情况）。

法定代表人（或代表人）……（写明姓名和职务）。

法定代理人（或指定代理人）……（写明姓名等基本情况）。

委托代理人……（写明姓名等基本情况）。

……（写明当事人的姓名或名称和案由）一案，本院受理后，依法组成合议庭（或依法由审判员独任审判），公开（或不公开）开庭进行了审理。……（写明本案当事人及其诉讼代理人等）到庭参加诉讼。本案现已审理终结。

原告诉称，……（概述原告提出的具体诉讼请求和所根据的事实与理由）。

被告辩称，……（概述被告答辩的主要内容）。

第三人述称，……（概述第三人的主要意见）。

经审理查明，……（写明法院认定的事实和证据）。

本院认为，……（写明判决的理由）。依照……（写明判决依据的法律条款项）的规定，判决如下：

……（写明判决结果）。

……（写明诉讼费用的负担）。

如不服本判决，可在判决书送达之日起十五日内，向本院递交上诉状，并按对方当事人的人数提出副本，上诉于×××人民法院。

审判长　×××

审判员　×××

审判员　×××

××××年×月×日

（院印）

本件与原本核对无异

书记员　×××

（四）民事判决书的写作范例

1. 原告杜××诉被告胡××相邻纠纷一案判决书（驳回原告诉讼请求，普通程序）。

湖南省临武县人民法院
民事判决书

（2009）临民初字第 23 号

原告杜××，男，1971 年 10 月 8 日出生，汉族，临武县人，农民，现住临武县城关镇文昌南路毛家巷。

委托代理人刘津杏，男，1957 年 12 月出生，汉族，临武县人，农民，现住临武县武水镇刘家村委六组（系杜××之表哥）。

委托代理人曾××，男，城关法律服务中心法律工作者。

被告胡××，男，1976 年 10 月 19 日出生，汉族，临武县人，农民，现住临武县城关镇南溪村三组老街 125 号。

委托代理人唐××，男，城关法律服务中心法律工作者。

原告杜××诉被告胡××相邻纠纷一案，本院于 2008 年 12 月 29 日立案受理后，依法由审判员罗××、张××、杨××组成合议庭，审判员罗××担任审判长，公开开庭进行了审理。原告杜××未到庭参加诉讼，原告的委托代理人刘××、曾××、被告胡××及委托代理人唐××均到庭参加诉讼。本案现已审理终结。

原告杜××诉称，2003 年初，原告杜××经国家相关部门批准，在临武县城关镇文昌南路毛家巷取得一块地基，该地基与被告胡××的地基相邻。2003 年 7 月 4 日，原、被告在临武县城关镇国土管理所的见证下，双方就如何使用地基签订了协议，协议约定相邻处留一条宽 1.7 米、长 10 米的巷道用于通风采光。原告遵照协议约定，于 2003 年 10 月将房屋建成，经质监部门验收合格。2004 年迁入使用至今。2008 年 12 月 5 日，被告胡××在未经原告许可的情况下，违背协议约定擅自在 1.7 米的空间施工，占用了 0.9 米的空间，使协议约定的距离缩短，被告的行为严重侵害了原告的基脚安全，影响了原告的通风采光，故原告为了维护自己的合法权益，特提起诉讼，请求法院判令被告停止侵害，排除妨碍，恢复原状，并由被告承担本案受理费。

为支持其诉讼请求，原告向本院提供了如下证据：

1. 2003 年 7 月 4 日的调解书，拟证明原、被告经临武县城关镇国土所主持调解，达成了双方相邻处留一条宽 1.7 米、长 10 米的空间用于双方通风采光，双方只可开窗，不得开门，并不得在地面建任何建筑物，包括地下建筑。

2. 现场拍摄的照片四张，拟证明被告擅自动工，侵害了原告的利益。

3. 胡××出具的收条，拟证明原告按《调解书》的约定就如何使用相邻处空间补偿了被告 230 元。

4. 胡××私宅用地规划红线图，拟证明本案所争执的 1.7 米，县规划部门并没有批准给被告使用。

被告胡××辩称，原告杜××的起诉书有两个诉请，一是侵权之诉，二是违约之诉，后在庭审时变更为单一的侵权之诉，被告不要求延期审理。侵权之诉有三个具体的诉讼请求，要求被告停止侵害，排除妨害，恢复原状。被告现只是挖基脚，建房时会保证 1.7 米的空间，用于通风采光，被告没有实施侵权行为，是正确行使自己的权利，故请法院驳回原告的诉讼请求。

为支持其答辩主张，被告向本院提供如下证据：

5. 现场示意图，拟证明施工现场情况，无损害事实存在。

6. 原告杜××建房占地的有关数据清单，原告建设用地规划许可证，拟证明原告超规划建房，多建了 12.18 平方米。

经本院组织庭审质证，被告胡××对证据 1 和证据 3 无异议；对证据 2 有异议，认为不能证明有侵权的事实；对证据 4 未提出质证意见。原告杜×× 对证据 5 有异议，认为被告挖基脚占了 1.7 米的范围，有侵权事实的存在；对证据 6 有异议，认为其多建了 12.18 平方米与本案无关，是有关行政部门的事。

根据双方当事人的举证、质证情况，本院认证如下：

证据 1、3、4 具有真实性、合法性、关联性，可作为本案的定案依据；证据 2 不能证明有侵权事实的存在，本院不予确认；证据 5 是被告胡××自绘的原、被告的房屋和宅基地施工的方位示意图，能否证明被告有侵权事实存在，本院无法确认；证据 6 证明的事实与本案无关，本院不予确认。

根据当事人的举证、质证和本院的认证情况，结合庭审中当事人的陈述及本院依职权现场勘验的情况，查明事实如下：

2003 年初，原告杜××经临武县城乡规划局的批准，在临武县城关镇文昌南路毛家巷取得宅基地一块，该宅基地南面与被告胡××的地基北面相邻。2003 年 7 月 4 日，被告向临武县城关镇国土管理所口头反映原告建房利用了被告的地基，向南开窗采光，侵犯了被告的利益，为此要求予以处理。经临武县城关镇国土管理所召集双方调解，制作了调解书，调解书约定：第一条，从对方当事人杜××南墙东角外墙向南距离 1.7 米留着双方共同采光；第二条，双方都可向 1.7 米的巷道方向开窗，但不能正对着对方开窗，不能开门，地面不建任何建筑，包括地下建筑，如化粪池，不准圈养动物、堆放东西。双方都有义务保持该巷道的清洁卫生；第三条，宽 1.7 米、长 10 米的土地面积中由对方当事人杜××补偿当事人胡××（面积 5 平方米，人民币贰佰叁拾元整，￥230.00 元），当日交清，并写具收条；第四条，双方当事人房屋最顶层只能出檐 0.2 米；第五条，当事人胡××经批准建房时，距离对方当事人杜××南墙 1.7 米直线向西垂直升高等内容。2003 年 10 月，原告杜××的房屋建成，2004 年迁入居住至今。2008 年 12 月，被告胡××取得建设用地规划许可证，同月 5 日被告在距离原告房屋南墙东角 1.2 米处沿直线向西挖基脚槽，占用了 1.7 米空间的 0.5 米，基脚槽宽 1.2 米。2008 年 12 月 29 日，原告杜××以被告违背了调解书约定，占用了 1.7 米的空间，侵害了原告的房屋基脚安全，影响了通风采光为由，提起诉讼，请求法院判令被告停止侵害，排除妨碍，按双方协议的约定履行义务。在开庭审理时，原告将其诉请变更为请求法院判令被告停止侵害、排除妨碍、恢复原状。

以上事实有调解书、收条、建设用地规划许可证、现场勘查笔录及当事人的陈述等证据予以证实。

本院认为，本案属相邻纠纷，不动产的相邻权利人应当按照有利生产、方便生活、团结互助、公平合理的原则，正确处理相邻关系。本案中原、被告双方争执的有两个焦点问题：①被告占用 1.7 米的空间挖了 0.5 米的基脚槽，是否对原告的房屋造成了危害；②调解书中所约定的 1.7 米空间被告能否挖基脚。针对这两个问题，评判如下：①被告胡××为建房挖基脚占用 1.7 米空间 0.5 米，目前不影响原告杜××的通风采光，对其房屋没有造成妨碍和危害，被告是在合理限度范围内使用 1.7 米的空间，原告亦未能提出相关证据予以证实被告挖基脚槽的行为对其有危害；②2003 年 7 月 4 日，原、被告就如何使用相邻地基，在临武县城关镇国土所达成的调解书。调解书约定第一条，从对方当事人杜××南墙东角外墙向南距离1.7米留着双方共同采光。该条明确了原、被告相邻处留1.7米的空间用于双方通风采光，亦说明达成协议的目的主要是解决双方的通风采光问题；第二条，双方都可向1.7米的巷道方向开窗，但不能正对着对方开窗，不能开门，地面不建任何建筑，包括地下建筑，如化粪池，不准圈养动物、堆放东西。双方都有义务保持该巷道的清洁卫生。该条明确了双方建房时都可开窗，但不能正对着对方开窗，不能开门，还明确了双方都不能在此建任何建筑，包括地下建筑，但对地下建筑的范畴进行了列举，仅指化粪池，而没有泛指一切建筑物，被告挖基脚并不在该条限制之内，且《中华人民共和国物权法》明确规定不动产权利人因建造、修缮建筑物等必须利用相邻土地、建筑物的，该土地、建筑物权利人应当提供必要的便利。综上所述，被告胡××为建房挖基脚槽，对原告杜××的房屋没有危害和影响，故对原告要求被告停止侵害、排除妨碍、恢复原状的诉讼请求，本院不予支持。经本院主持调解，原、被告未能达成一致。依照《中华人民共和国民法通则》第八十三条、《中华人民共和国物权法》第八十四条的规定，判决如下：

驳回原告杜××的诉讼请求。

案件受理费50元，减半收取25元，由原告杜××承担。

如不服本判决，可在判决书送达之日起十五日内向本院递交上诉状，并按对方当事人人数提出副本，上诉于湖南省郴州市中级人法院。

审判长　　罗××

审判员　　张××

审判员　　杨××

二○○九年四月十六日

书记员　　骆　×

2. 周××诉中国人民财产保险股份有限公司郴州市苏仙支公司保险合同纠纷一案（原告胜诉，简易程序）。

湖南省临武县人民法院
民事判决书

（2009）临民初字第 217 号

原告××，男，1961 年 6 月 14 日出生，汉族，临武县人，农民，现住临武县万水乡井头村委会三组。

委托代理人黄××，湖南民安律师事务所律师。

被告中国人民财产保险股份有限公司郴州市苏仙支公司，住所地郴州市飞虹路 18 号。

法定代理人李××，系该公司总经理。

特别授权委托代理人李×，湖南福城律师事务所律师。

原告××与被告中国人民财产保险股份有限公司郴州市苏仙支公司保险合同纠纷一案，本院于 2009 年 5 月 14 日立案受理，依法由代理审判员谭×适用简易程序公开开庭进行了审理。原告周××及其委托代理人黄××、被告特别授权委托代理人均到庭参加诉讼。本案现已审理终结。

原告诉称：2007 年 3 月 21 日，原、被告签订保险合同，原告为自有的湘 LA6××× 号越野车向被告投保了机动车损失险、不计免赔率特约条款等险种，保险金额是 388 000 元，合同期限自 2007 年 3 月 25 日起至 2008 年 3 月 24 日止。2007 年 6 月 9 日，原告的湘 LA6××× 号越野车行至 S324 线临武城东收费站路段时发生交通事故，造成该车辆损失 50 353 元。为此，原告诉请法院判决被告支付原告保险金 50 353 元并承担本案的诉讼费用。

为支持其诉讼主张，原告向本院提供了如下证据：

1. 原告身份证，拟证明原告主体身份情况；

2. 投保单一张，拟证明原告于 2007 年 3 月 21 日向被告投保了车辆损失险、不计免赔率等险种，投保车辆为湘 LA6××× 号越野车，保险期限自 2007 年 3 月 25 日起至 2008 年 3 月 24 日止。

3. 临公交认字（2007）第 00034 号交通事故认定书，拟证明 LA6××× 号越野车于 2007 年 6 月 9 日发生了保险事故。

4. 车辆损失确认单，拟证明被保险车辆 LA6××× 号越野车发生保险事故损失 50 353 元。

被告辩称：①原告起诉被告的主体名称错误；②即使双方存在保险合同关系，被告也是根据事故认定书划分的责任、调解终结书确定的原则、保险合同条款和特别约定按责进行赔偿，被告只愿意给付保险金 11 120.45 元；③原告放弃对侵权人的赔偿请求后，向被告要求赔偿缺乏法律依据；④请求法院公正处理该案。

被告为支持其抗辩意见，向本院提供了如下证据：

1. 交通事故认定书，拟证明交通事故的发生经过及责任划分。

2. 交通事故调解书，拟证明事故已处理终结。

3. 民事裁定书，拟证明原告放弃对相关人员主张赔偿的权利。

4. 保险条款，拟证明保险公司按次责进行赔偿的程序，被告只承担本案 15% 的赔偿责任，只对原告赔偿 11 120.45 元。

5. 周 ×× 车辆损失确认书，拟证明周 ×× 车辆损失情况。

6. 汪 ×× 车辆损失确认书，拟证明汪 ×× 车辆损失情况。

7. 徐 ×× 车辆损失确认书，拟证明徐 ×× 车辆损失情况。

经本院组织庭审质证，原、被告的质证意见如下：

1. 被告对原告提供的证据 1、2、3、4 没有异议，但是认为证据 2 中，原告没有提交完整的保险合同。

2. 原告对被告提供的证据 1、5、6、7 没有异议；对证据 2 有异议，认为与本案的保险合同无关；对证据 3 有异议，认为此证据不能证明原告放弃了对其他相关人的赔偿权利，相反，证明原告曾经通过法律途径主张过赔偿；对证据 4 有异议，认为被告应当按全赔进行赔偿。

结合双方当事人的陈述和举证、质证情况，本院认证如下：

原告提供的证据 1、2、3、4 均具有真实性、合法性、关联性，可作为本案的定案依据。

被告提供证据 1、5、6、7 均具有真实性、合法性、关联性，可作为本案的定案依据；证据 2 与本案保险合同法律关系无关联性，本院不予采信；证据 3 不能证明原告放弃了对相关人员主张赔偿的权利，被告依然能够向侵权人代位追偿，故本院不予采信；证据 4 属于被告提供的格式合同，现在原、被告对合同条款的含义有两种不同意见，因被告没有证据证明其已就双方争议分歧的条款及减责、免责条款对原告进行了示明、释义，故本院不予采信。

根据当事人的举证、质证和本院的认证情况，结合庭审中双方的陈述，本院查明事实如下：

2007 年 3 月 21 日，原、被告签订保险合同，约定原告为其自有的湘 LA6×××号越野车在被告公司投保第三者责任保险、车上人员责任险、机动车损失保险、玻璃单独破碎险、不计免赔率特约条款及交强险等保险险种，原告一共向被告支付保险费 11 747.51 元。其中，机动车损失保险金额（责任限额）是 388 000 元，保险费为 7429.4 元；投保不计免赔率特约条款的保险费为 1003.33 元。保险期限自 2007 年 3 月 25 日 0 时起至 2008 年 3 月 24 日 24 时止。

2007 年 6 月 9 日，原告驾驶的湘 LA6×××号越野车行至 S324 线临武县城东收费站路段时，与他人车辆发生连环追尾相撞的交通事故，造成湘 LA6×××号车辆损失 50 353 元。临武县公安局交警大队以临公交认字（2007）第 00034 号交通事故认定书，认定原告对此次事故负次要责任。原告曾以财产损害赔偿为由起诉被告及事故中的其他责任人和保险公司，又于 2009 年 5 月 13 日撤诉。2009 年 5 月 14 日，原告以保险合同为由再次将被告诉至本院，请求法院判令被告支付原告保险金 50 353 元并承担本案的诉讼费用。

本院认为，本案属保险合同纠纷。原、被告双方达成的保险合同权益应受法律保护。我国合同法规定，采用格式条款订立合同的，提供格式合同条款的一方应当遵循公平原则确定当事人之间的权利和义务，并应当在合同订立时采取合理的方式提请对方注意免除或限制其责任的条款，还应当按照对方的要求，对该条款予以说明，且对已尽合理提示及说明义务承担举证责任。如果对格式条款的理解发生争议，按通常理解予以解释，有两种以上解释的，应当作出不利于提供格式条款一方的解释。

本案中，原告向被告支付机动车损失保险费 7429.4 元、不计免赔率特约条款的保险费为 1003.33 元，合计保险费 8432.73 元，所投的机动车损失保险金额（责任限额）是 388 000 元，而被告称依保险合同格式条款规定，只能支付原告保险金 11 120.45 元，保险金几乎与保险费相近，显然，被告作为提供格式合同条款的一方没有遵循公平原则确定当事人之间的权利和义务；同时，被告没有就其已对原告已尽合理提示及说明的义务提供证据，应承担举证不能的责任，现在，原、被告对格式条款的理解发生争议，原告要求被告按车辆损失承担全赔责任的解释符合按通常理解的解释，况且，对格式条款的理解有两种以上解释的，应当作出不利于被告的解释，为此，被告以原告在交通事故中负次要责任，按保险合同只支付保险金 11 120.45 元的抗辩理由，本院不予支持。

另外，原告撤回对侵权人的起诉，选择依照保险合同法律关系起诉被告，符合法律规定，并没有造成被告代位请求赔偿权利的丧失。

综上，被告应当履行保险金的全额赔付义务。依照《中华人民共和国合同法》第三十九条、第四十一条、第六十条，《最高人民法院关于适用〈中华人民共和国合同法〉若干问题的解释（二）》第六条，《中华人民共和国保险法》第五条、第十八条、第二十四条、第三十一条，《中华人民共和国民事诉讼法》第四十条第二款之规定，判决如下：

限被告中国人民财产保险股份有限公司郴州市苏仙支公司在本判决生效后十日内给付给原告周书万保险金 50 353 元。

如果未按本判决指定的期间履行给付义务，应当依照《中华人民共和国民事诉讼法》第二百二十九条之规定，加倍支付迟延履行期间的债务利息。

案件受理费 1060 元，减半收取 530 元，由被告中国人民财产保险股份有限公司郴州市苏仙支公司承担。

如不服本判决，可在判决书送达之日起十五日内向本院递交上诉状，并按对方当事人的人数提出副本，上诉于湖南省郴州市中级人民法院。

代理审判员　　谭　×

二〇〇九年六月十二日

书记员　　高××

五、其他民事诉讼文书写作范例

（一）民事裁定书写作范例（准许原告撤回起诉）

郴州市中级人民法院
民事裁定书

（2008）郴民一初字第 20 号

原告（反诉被告）郴州东方时代房地产开发有限公司，住址：郴州市健康路财富广场。

法定代表人刘××，该公司董事长。

委托代理人黄××、颜××，湖南银光律师事务所律师。

被告（反诉原告）张×，男，1968 年 12 月 2 日生。

委托代理人袁××，湖南楚瑞律师事务所律师。

原告（反诉被告）郴州东方时代房地产开发有限公司诉被告（反诉原告）张×房屋租赁合同纠纷一案，于 2008 年 9 月 2 日向郴州市北湖区人民法院提起诉讼。郴州市北湖区人民法院受理后，被告（反诉原告）张×提起反诉。因反诉标的达 13 355 383 元，根据级别管辖规定，郴州市北湖区人民法院于 2008 年 10 月 14 日将该案移送本院审理。2008 年 11 月 12 日，被告（反诉原告）张×以诉争房产损失正在评估为由，请求本院延长反诉期间。本院于 2008 年 12 月 9 日立案并依法组成合议庭，定于 2009 年 1 月 21 日开庭审理。因被告（反诉原告）于 2009 年 1 月 6 日向本院提出延期举证申请，本院同意将开庭时间确定为证据交换之日。2009 年 1 月 21 日，被告（反诉原告）张×以双方当事人正在庭外协商为由，请求本院暂不开庭，给予双方当事人庭外和解的时间。为节约司法资源，减轻当事人的诉累，本院决定暂缓开庭。

在本院审理过程中，原告（反诉被告）郴州东方时代房地产开发有限公司于 2009 年 4 月 8 日、被告（反诉原告）张×于 2009 年 4 月 7 日均以双方当事人达成了庭外和解为由，分别向本院申请撤回本诉和反诉。

本院经审查认为，本案双方当事人分别撤回本诉和反诉是当事人真实意思的表示，且双方当事人庭外已达成和解，纠纷已得到解决，双方当事人的撤诉申请依法应予准许。依照《中华人民共和国民事诉讼法》第一百三十一条第一款之规定，裁定如下：

准许本诉原告郴州东方时代房地产开发有限公司和反诉原告张×撤回本诉和反诉。

本案本诉受理费 31 800 元，减半收取 15 900 元，由原告（反诉被告）郴州东方时代房地产开发有限公司承担；反诉费 50 966 元，减半收取 25 483 元，由被告（反诉原告）承担。

审判长　　　　吴××

审判员　　　　欧××

代理审判员　　许××

二〇〇九年四月十六日

代理书记员　　唐××

（二）民事调解书写作范例

郴州市中级人民法院
民事调解书

（2009）郴民一初字第 4 号

原告陈××，男，1966 年 6 月 21 日生。

委托代理人黄××，湖南银光律师事务所律师。

被告湖南省郴州市湘惠房地产开发有限公司。住所地：郴州市七里大道 11 号。

法定代表人刘××，该公司董事长。

委托代理人刘××，男，1957 年 12 月 23 日生。

委托代理人冯×，湖南民浩律师事务所律师。

第三人郴州市中谊置业投资有限公司。住所地：郴州市五岭大道 89 号招商广场 701 室。

法定代表人刘×，该公司董事长。

委托代理人刘××，男，1957 年 12 月 23 日生。

委托代理人罗×，湖南省郴州市篮剑法律服务所法律工作者。

案由：商品房预售合同纠纷。

原告陈××诉被告湖南省郴州市湘惠房地产开发有限公司及第三人郴州市中谊置业投资有限公司商品房预售合同纠纷一案，于 2009 年 4 月 2 日向本院提起诉讼。本院依法组成合议庭审理了本案。现已审理终结。

经审理查明：2006 年 10 月 14 日，被告湖南省郴州市湘惠房地产开发有限公司为甲方，陈××为乙方，签订了《A 派公寓认购书》。该认购书约定：一、A 派公寓位于郴州市北湖区八一路与人民东路交汇处，具体图纸见附件。二、乙方自愿订购 A 派公寓下列房屋：商铺：位于 A 派公寓 1 栋 1 层，第 5～8 号门面，建筑面积 173.27m²，24 800/m²元售价 4 297 096 元。三、甲方同意乙方按下述方式支付房款：甲方同意乙方选择银行按揭贷款付款方式，首付款计人民币 2 157 096 元。银行按 10 年五成贷款计人民币 2 140 000 元。乙方在签订本协议书之日向甲方支付购房定金计人民币 400 000 元，首付款余款分三期支付：第一期：于 2006 年 10 月 30 日前付 400 000 元；第二期：房屋交付使用时付 200 000 元；第三期：余款计人民币 1 157 096 元于甲方办理好预售证时一次付清。四、甲方确保依法享有出售门面一切合法手续，并有权出售所售门面。根据本认购书，确定将上述房屋出售给乙方，在协议约定期内不得更换买主转卖他人；乙方若需要变更房号或房主姓名，须交纳变更手续费计人民币 2000 元整。五、乙方所购一层临街商铺，如未出现不可抗力因素影响，甲方保证在 2007 年元月 31 日以前交付乙方使用，在此之前根据实际情况乙方可提前进场装修。六、乙方应按期交付房款，逾期付款则未交部分房款应按同期银行利息交付滞纳金，逾期 30 天，甲方不再保留其订购房屋，同时有权将本协议约定的房屋转卖他人，乙方所交定金转作违约金赔偿给甲方，不予退回。若甲方在合同期内将房屋转卖他人，须向乙方双倍返还定金。合同还约定收房、装修等事项。合同签订后，陈××依约于 2006 年 10 月 14日交纳了房屋定金 400 000 元，2006 年 10 月 29 日交纳了房屋预付款 400 000

元。但湖南省郴州市湘惠房地产开发有限公司未能在认购书约定的时间内交付房屋给陈××。2008年3月15日，湖南省郴州市湘惠房地产开发有限公司为甲方，郴州市中谊置业投资有限公司为乙方，签订了协议书。约定：①同意郴州市中谊大厦的建设主体由甲方变更为乙方，相关报建资料的审批及完善，均由乙方负责办理，甲方予以协助；②甲方同意将中谊大楼主体工程以26 000 000元的价格协议转让给乙方，产权归乙方；③付款方式：本合同签订1个月内，付款6 000 000元，楼盘销售开盘后，1个月内再付余款的40%，工程完工验收后，付足总金额的90%，其余款项在2年内付清；④该大楼的建设甲方只负责主体工程，其余工程由乙方负责，该项目的施工单位不变，施工合同不变，仍由柿竹园建筑公司负责承建。2008年3月18日，双方又签订了《补充协议书》，约定：①郴州市湘惠房地产开发有限公司（甲方）以其名义所签订的有关中谊大厦的所有经济合同及协议，从本协议签订生效之日起，全部由甲方独自履行，与乙方无关；②甲乙双方所有债权债务已全部清算完毕，无任何债务纠纷，甲方所有的债权债务及其所有的经济活动与乙方无关。2008年3月27日，郴州市中谊置业投资有限公司办理了诉争房屋地块的《国有土地使用证》、2008年3月11日办理了《建设工程规划许可证》代用证、2008年3月25日办理了《建设用地规划许可证》、2008年5月13日办理了《建筑工程施工许可证》、2008年6月20日办理了《商品房预售许可证》等。房屋建成后，三方因房屋交付酿成纠纷，协商未果后原告陈××遂向法院提起诉讼。

本院在审理过程中，经三方当事人庭外和解，最后在本院主持下，达成了如下调解协议：

一、被告同意原告在满足下列条件下解除双方签订的《A派公寓认购书》。

1. 被告双倍返还原告定金800 000元，返还乙方购房款400 000元。

2. 被告赔偿原告各项损失800 000元。

以上二项合计2 000 000元。

二、甲方按本协议第一条的金额在约定时间内付款到原告指定的账户：×××××，户名：李××，开户行：建设银行。

1. 2009 年 9 月 30 日前支付 1 300 000 元。

2. 2009 年 10 月 31 日前支付 700 000 元。

三、被告未按调解协议书约定的时间付清款项给原告，则应按《A 派公寓认购书》的约定，在调解协议书签订之日起 90 日内，将 A 派公寓（又称"中谊大厦"）第一栋一层 5~8 号门面交付给原告，被告并支付 1 000 000 元的逾期交房违约金给原告。

四、第三人对被告付款或交付门面给原告的义务承担连带责任。

五、本案诉讼费 41 177 元，诉讼保全费 5000 元，由被告承担 30 000 元，由原告承担 16 177 元。

六、本调解协议三方签字盖章后生效。

以上协议，符合法律规定，本院予以确认。

本调解书经双方当事人签收后即具有法律效力。

审判长　　任××

审判员　　曹××

审判员　　吴××

二〇〇九年九月十六日

书记员　　谢　×

第五节　与民事案件第一审普通程序相关问题的规定

一、法庭审判笔录

（一）法庭审判笔录的范围和要求

法庭审判笔录是由人民法院书记员制作的、如实反映人民法院在审判民事案件中审判人员、当事人以及其他诉讼参与人的主要诉讼活动的书面记录。其范围较广，一般包括开庭笔录、调解笔录、宣判笔录、接待笔录、询问笔录、调查笔录、合议庭评议案件笔录、审判委员会讨论案件笔录等。

法庭审判笔录是法庭审判全部活动的反映，是人民法院依法裁判案件的直接根据，是二审和再审人民法院处理上诉案件和再审案件的基础，是人民检察院、上级人民法院对民事审判活动实行法律监督的基本根据。因而，实际工作中对法庭审判笔录有较高的要求：

1. 程序合法。各类法庭审判笔录，是对符合法律规定程序进行的审判活动所作的书面记录，记录必须符合相应法定程序规范要求，由书记员记录。笔录完成后，参加该项法庭审判活动的审判人员、当事人、其他诉讼参与人以及书记员均应在笔录上签名或者盖章。签章前，应认真阅读笔录，认为笔录有误的，在修改前应先向书记员提出。拒绝签章的，记明情况附卷。签章后，任何人不得再行涂改。

2. 客观准确。对于记录的民事审判活动，要如实地进行记载，符合民事审判活动的真实情况，记录出活动的原貌。对于审判人员、当事人、其他诉讼参与人的意思表示，书记员在记录时，应把握住真实意思，不得掺杂个人主观意识。

3. 全面完整。民事法庭审判笔录，均有其基本格式，书记员进行记录时，应按规定的格式记录完整。在记录内容上，应记录全活动的全貌，同时要防止过于冗长，语言应当高度概括精练。

4. 整洁清晰。为便于阅读，要求法庭审判记录从文字到页面均应规整而洁净，清楚而明晰，有条件的，应尽量用电脑记录打印。

（二）法庭审判笔录的主要内容

1. 笔录名称。如开庭笔录、宣判笔录等。

2. 时间、地点，参加诉讼活动的审判人员、书记员的姓名。开庭笔录、调解笔录、宣判笔录还应记明案由。

3. 参加诉讼活动的当事人以及其他诉讼参与人的姓名、性别、年龄、民族、职业、住所等。开庭笔录对未到庭的，应当记明未到庭的情况。

4. 诉讼活动主持人员告知相关的权利义务，案件审理有关程序方面的情况等。

5. 诉讼活动的主要内容。

6. 审判人员、书记员、当事人和其他诉讼参与人的签名或者盖章，或者当事人和其他诉讼参与人拒绝签名或者盖章的情况。

二、延期审理

（一）延期审理的概念

民事诉讼的延期审理是指人民法院开庭审理后，由于发生某种特殊情况，使开庭审理无法按期或继续进行从而推迟审理的制度。延期审理只能发生在开庭审理阶段。

（二）延期审理的法定理由

根据《民事诉讼法》第146条的规定，有下列情形之一的，可以延期开庭审理：①必须到庭的当事人和其他诉讼参与人有正当理由没有到庭的；②当事人临时提出回避申请的；③需要通知新的证人到庭，调取新的证据，重新鉴定、勘验，或者需要补充调查的；④其他应当延期的情形。

三、法庭秩序

（一）法庭秩序的概念

法庭秩序是指为了保障法庭开庭审理民事诉讼案件的各种活动得以正常顺利进行，要求诉讼参与人和其他人应当共同遵守和维护的秩序。法庭秩序是人民法院审理诉讼案件，正确适用法律，实现法院审判职能的重要法律保障。而违反法庭纪律，干扰法庭秩序，是一种藐视国家权力，践踏法律的行为，不仅破坏了法庭审理活动的正常进行，有时还对诉讼参与人的人身安全和公私财产带来威胁和损害。

（二）违反法庭秩序的处理

在开庭审理过程中，诉讼参与人和其他人应当遵守法庭规则。人民法院对违反法庭规则的人，可以予以训诫，责令退出法庭或者予以罚款、拘留。对哄闹、冲击法庭，侮辱、诽谤、威胁、殴打审判人员，严重扰乱法庭秩序的人，依法追究刑事责任；情节较轻的，予以罚款、拘留。

需要对诉讼参与人和其他人采取拘留措施的，应经院长批准，作出拘留决定，由司法警察将被拘留人送交当地公安机关看管。

被拘留人不在本辖区的，作出拘留决定的人民法院应派员到被拘留人所在地的人民法院，请该院协助执行，受委托的人民法院应及时派员协助执行。

被拘留人申请复议或者在拘留期间承认并改正错误，需要提前解除拘留的，受委托人民法院应向委托人民法院转达或者提出建议，由委托人民法院审查决定。

因哄闹、冲击法庭，用暴力、威胁等方法抗拒执行公务等紧急情况，必须立即采取拘留措施的，可在拘留后，立即报告院长补办批准手续。院长认为拘留不当的，应当解除拘留。

被拘留人在拘留期间认错悔改的，可以责令其具结悔过，提前解除拘留。提前解除拘留，应报经院长批准，并作出提前解除拘留决定书，交负责看管的公安机关执行。

上述罚款、拘留等措施可以单独适用，也可以合并适用。对同一妨害民事诉讼行为的罚款、拘留不得连续适用。但发生了新的妨害民事诉讼的行为，人民法院可以重新予以罚款、拘留。

四、第一审程序的期限

民事诉讼第一审程序的审限，是指民事诉讼第一审案件从立案的次日起至裁判宣告、调解书送达之日止的期间，但公告期间、鉴定期间、审理当事人提出的管辖权异议以及处理人民法院之间的管辖争议期间不应计算在内。

适用普通程序审理的第一审民事案件，期限为 6 个月；有特殊情况需要延长的，经本院院长批准，可以延长 6 个月；还需延长的，报请上一级人民法院批准。

适用简易程序审理的民事案件，期限为 3 个月。

适用特别程序审理的民事案件，期限为 30 日；有特殊情况需要延长的，由本院院长批准，但审理选民资格案件必须在选举日前审结。

审理第一审船舶碰撞、共同海损案件的期限为 1 年；有特殊情况需要延长的，经本院院长批准，可以延长 6 个月。

第七章

民事案件第一审普通程序模拟审判操作规程

对于民事案件审判第一审普通程序的具体操作规定比较详细的，应当是最高人民法院 1993 年 11 月 16 日发布的《第一审经济纠纷案件适用普通程序开庭审理的若干规定》。2002 年 4 月 1 日起施行的《最高人民法院关于民事诉讼证据的若干规定》对于民事诉讼法有关民事诉讼证据的内容做了大量的补充和完善，也直接影响到了第一审普通程序庭审操作规程。现主要根据《第一审经济纠纷案件适用普通程序开庭审理的若干规定》和《民事诉讼证据的若干规定》的相关内容，确定民事案件模拟审判第一审普通程序庭审操作规程。为便于与实际工作直接联系，凡主体为"人民法院"的内容，仍以"人民法院"标明，而不称其为"模拟法庭"，以免在模拟活动中混淆"人民法院"、"合议庭"、"审判员"的概念，实际模拟活动中，凡标明"人民法院"为主体的地方，实际主体可以是模拟法庭。当事人及代理人扮演者的称呼，仍采用"原告"、"被告"等法律规定的术语。

第一节　审理前的准备

一、送达起诉状副本，告知开庭时间地点

人民法院对决定受理的案件，应当向原告发出受理案件通知书，并于立案之日起 5 日内向被告送达起诉书副本和应诉通知书。同时或在法律规定的时间内，向双方当事人送达合议庭组成人员通知书、举证通知书和诉讼风险告知书。如果已经确定开庭日期的，应当一并告知当事人及其诉讼代理人开庭的时间、地点。

1. 具体由谁完成上述工作，法律没有明确规定，各地做法不尽相同，传

统的一般做法为由立案庭对原告的起诉是否符合起诉的一般条件进行程序性审查，对符合起诉条件的予以立案，交由办案庭室完成上述工作。

2. 受理案件通知书、应诉通知书、合议庭组成人员通知书、举证通知书主要是告知当事人的诉讼权利和义务。诉讼风险告知书主要是告知当事人的诉讼风险。为了完整的告知当事人的权利和义务，人民法院还可以向当事人送达《诉讼须知》（或《诉讼权利义务告知书》）。

3. 上述通知一般应载明案号，案号应当与判决书文号一致。

4. 合议庭组成人员确定后，应当在开庭前3日内告知当事人，因情事变化，合议庭组成人员需调换的，应当及时告知当事人。如果在开庭前3日内才决定调换的，原定的开庭时间应当顺延。合议庭接受案件后，应当根据有关规定确定案件承办法官，或者由审判长指定案件承办法官。合议庭的审判活动由审判长主持，全体成员平等参与案件的审理、评议、裁判，共同对案件认定事实和适用法律负责。

5. 举证通知书应当告知当事人的举证期限，当事人协商一致的，可以按当事人协商确定，当事人不能达成一致意见时，由人民法院确定，但不得少于30天。

6. 受理通知书、应诉通知书后可附空白法定代表人身份证明书1份（对法人单位），空白授权委托书2份。

7. 被告收到起诉状副本后15日内提出答辩状；人民法院收到答辩状5日内将答辩状副本发送原告。被告不进行答辩不影响人民法院的审理。

8. 当事人增加、变更诉讼请求或者提起反诉的，应当在举证期限前提出。

9. 必要共同诉讼的当事人没有参加诉讼的，应当通知其参加诉讼。通知时应当送达起诉书副本、参加诉讼通知书、合议庭组成人员通知书、举证通知书、诉讼风险告知书。

二、审核诉讼材料

（一）人民法院组织证据交换

开庭前，经当事人提出，人民法院可以组织证据交换；对于证据较多或者复杂疑难的案件，人民法院应当组织当事人在答辩期届满后、开庭审理前交换证据。交换证据的时间可以由当事人协商一致并经人民法院认可，也可以由人民法院指定。人民法院组织当事人交换证据的，交换证据之日举证期限届满。当事人申请延期举证经人民法院准许的，证据交换日相应顺延。证据交换应当在审判人员的主持下进行。在证据交换的过程中，审判人员对当事人无异议的事实、证据应当记录在卷；对有异议的证据按照需要证明的事实分类记录在卷并记载异议的理由。通过证据交换应确定双方当事人争议的主要问题。当事人收到对方交换的证据后提出反驳并提出新证据的，人民法院应当通知当事人在指定的时间进行交换。证据交换一般不超过两次。但重大、疑难和案情特别复杂的案件，人民法院认为确有必要再次进行证据交换的除外。

（二）当事人应当特别注意民事诉讼举证时限及相关时限的规定

1. 负有举证责任的当事人应当在当事人约定或法院指定的期限（即举证期限）内向人民法院提交证据材料，当事人逾期提供证据的，人民法院应当责令其说明理由，必要时可以要求其提供相应的证据。当事人因客观原因逾期提供证据，或者对方当事人对逾期提供证据未提出异议的，视为未逾期。当事人因故意或者重大过失逾期提供的证据，人民法院不予采纳。但该证据与案件基本事实有关的，人民法院应当采纳。对于当事人逾期提交的证据材料，人民法院审理时不组织质证。但对方当事人同意质证的除外。当事人在举证期限内提交证据材料确有困难的应当在举证期限内向人民法院申请延期举证，经人民法院准许可以适当延长举证期限。当事人在延长的举证期限内提交证据材料仍有困难的可以再次提出延期申请，是否准许由人民法院决定。

2. 当事人申请证人出庭作证，应当在举证期限届满前提出。

3. 当事人及其诉讼代理人申请人民法院调查收集证据，在举证期限届满前提出。

4. 当事人依据《中华人民共和国民事诉讼法》第81条第1款的规定向人民法院申请保全证据，在举证期限届满前书面提出。

5. 申请鉴定，应当在举证期限内提出。

（三）合议庭成员审核双方提供的诉讼材料

合议庭成员应当认真审核双方提供的诉讼材料，了解案情，审查证据，掌握争议的焦点和需要庭审调查、辩论的主要问题。对于涉及可能有损国家利益、社会公共利益或者他人合法权益的事实和涉及依职权追加当事人、中止诉讼、终结诉讼、回避等与实体争议无关的程序事项，人民法院应当依职权调查收集证据。符合下列条件之一的，当事人及其诉讼代理人可以申请人民法院调查收集证据：

1. 申请调查收集的证据属于国家有关部门保存并须人民法院依职权调取的档案材料。

2. 涉及国家秘密、商业秘密、个人隐私的材料。

3. 当事人及其诉讼代理人确因客观原因不能自行收集的其他材料。当事人及其诉讼代理人申请人民法院调查收集证据，应当提交书面申请。申请书应当载明被调查人的姓名或者单位名称、住所地等基本情况、所要调查收集的证据的内容、需要由人民法院调查收集证据的原因及其要证明的事实。人民法院对当事人及其诉讼代理人的申请不予准许的，应当向当事人或其诉讼代理人送达通知书。当事人及其诉讼代理人可以在收到通知书的次日起 3 日内向受理申请的人民法院书面申请复议一次。人民法院应当在收到复议申请之日起 5 日内作出答复。

（四）合议庭主持调解

在双方当事人自愿的条件下，合议庭可以在开庭审理前让双方当事人及其诉讼代理人自行协商解决。当事人和解，原告申请撤诉，或者双方当事人要求发给调解书的，经审查认为不违反法律规定，不损害第三人利益的，可以裁定准予撤诉，或者按照双方当事人达成的和解协议制作调解书发给当事人。合议庭审查案卷材料后，认为法律关系明确、事实清楚，经征得当事人双方同意，可以在开庭审理前进行调解。调解达成协议的，制作调解书发给当事人。双方当事人对案件事实无争议，只是在责任承担上达不成协议的，开庭审理可以在双方当事人对事实予以确认的基础上，直接进行法庭辩论。

（五）合议庭确定开庭审理的日期和庭审提纲

开庭审理前达不成协议的，合议庭应即研究确定开庭审理的日期和庭审提纲，并明确合议庭成员在庭审中的分工。开庭日期确定后，书记员应当在开庭 3 日前将传票送达当事人，将开庭通知书送达当事人的诉讼代理人、证人、鉴定人、勘验人、翻译人员。当事人或其他诉讼参与人在外地的，应留有必要的在途时间。公开审理的，应当在人民法院公告栏内贴出书面开庭公告，公布当事人姓名、案由和开庭的时间、地点。

开庭审理前，书记员引导当事人及其他诉讼参与人填好《诉讼参与人签到单》，以查明当事人和其他诉讼参与人的有关身份方面的基本情况和到庭情况。当事人或其他诉讼参与人没有到庭的，应将情况及时报告审判长，并由合议庭确定是否需要延期开庭审理或者中止诉讼。决定延期开庭审理的，应当及时通知当事人和其他诉讼参与人；决定中止诉讼的，应当制作裁定书，发给当事人。

《诉讼参与人签到单》一般每个当事人一份，填写的顺序和方法应与判决书的内容保持一致，具体可参见民事一审判决书格式和写法。上述有关人员未到庭时，基本情况仍应填写，但应注明未到庭。

开庭审理前，书记员应当询问当事人是否有证人出庭作证，若有证人，则要求证人到休息室听候传询，同时告知证人不得旁听庭审。

第二节　宣布开庭

宣布开庭阶段的主要工作有：书记员宣读法庭纪律；审判人员进入法庭；审判长核对当事人及其他诉讼参与人的到庭情况，以查明当事人及其他诉讼参与人的出庭是否符合法律规定；宣布开庭后，告知诉讼权利义务，重点在于回避权的告知及对当事人提出回避申请的处理。宣布开庭阶段具体操作规范分述如下：

一、书记员宣布法庭纪律

书记员宣布当事人及其诉讼代理人入庭，在诉讼参与人入庭后，以《中华人民共和国人民法院法庭规则》为准宣布法庭纪律：

1. 公开审理的民事案件，允许公民旁听。但下列人员不准参加旁听：

（1）未成年人（经法院批准的除外）。

（2）精神病人和醉酒的人。

（3）其他不宜旁听的人。

2. 旁听人员必须遵守下列纪律：

（1）不准录像、录音和摄像。

（2）不得随意走动和进入审判区。

（3）不得发言、提问。

（4）不得鼓掌、喧哗、哄闹和实施其他妨害审判活动的行为。

3. 诉讼参与人应当遵守法庭规则，维护法庭秩序，不得喧哗、吵闹；发言、陈述和辩论，须经审判长或者独任审判员许可。为保证审判活动不受干扰，诉讼参与人和旁听人员都必须停止使用移动电话、寻呼机等通信工具。不准吸烟。

4. 新闻记者旁听应遵守法庭规则，未经审判长许可，不得在庭审过程中录音、录像、摄影。

对于违反法庭规则的人，审判长可以口头警告、训诫，也可以没收录音、录像和摄影器材，责令退出法庭或者经院长批准予以罚款、拘留。对哄闹、冲击法庭，侮辱、诽谤、威胁、殴打审判人员等严重扰乱法庭秩序的人，依法追究刑事责任；情节较轻的，予以罚款、拘留。

二、宣告开庭的程序与内容

1. 书记员宣布："全体起立，请审判长、审判员、陪审员入庭"。待审判人员坐定后，书记员宣布："坐下"。准备工作就绪后，书记员将《诉讼参与人签到单》递给审判长，向审判长报告庭审前准备工作情况：

（1）出庭的诉讼参加人有：……

（2）出庭的其他诉讼参与人有：……

（3）经批准到庭旁听采访的新闻单位及记者有：……

（4）最后，书记员报告：法庭准备工作就绪，请审判长主持开庭。

2. 审判长核对当事人及其诉讼代理人的身份及到庭情况，具体操作方法有两种：

（1）审判长询问当事人是否到庭，当事人到庭的，直接念《诉讼参与人签到单》核对当事人身份。然后询问该当事人的诉讼代理人是否到庭，诉讼代理人到庭的，念《诉讼参与人签到单》和《授权委托书》，核对诉讼代理人身份及委托代理人的代理权限。一般应按原告、被告、第三人的顺序逐一核对。如果有关人员没有到庭的，应当要求该方已到庭人员说明原因。

（2）由当事人及其诉讼代理人向法庭报告身份的基本情况，同时提交身份证明，由审判长按原告、被告、第三人的顺序逐一核对。

两种方法中第一种方法的核对速度可直接由审判长控制，效率较高。诉讼参与人身份经核对无误后，审判长应当分别征求原告、被告、第三人对对方出庭人员有无异议，如各方均表示没有异议，审判长宣布各方当事人及其诉讼代理人符合法律规定，可以参加本案诉讼。如果有异议，由审判长问明有何异议，如果异议成立，合议庭应根据异议的实际情况依法予以处理。

3. 审判长敲击法槌 1 次，宣布案由、审理程序和方式及开始庭审。一般可表述为："根据《中华人民共和国民事诉讼法》第 120 条的规定，今天在此公开审理原告×××与被告×××'××'（案由）一案，现在开庭。"

不公开审理的应当说明理由。如有追加当事人、反诉、延长审限、合并审理等情形的，应一并予以说明。被告经人民法院传票传唤，无正当理由拒不到庭的，审判长可以宣布缺席审理，并说明传票送达合法和缺席审理的依据。无独立请求权的第三人经人民法院传票传唤，无正当理由拒不到庭的，不影响案件的审理。

实际工作中，有另一种做法，即在审判长、审判员、陪审员入庭后，审判长即宣布开庭，也就是在核对当事人身份前即宣布开庭。

4. 审判长宣布合议庭组成人员、书记员名单。可表述为："根据《民事诉讼法》第 39 条规定，本案由审判员×××担任审判长，和审判员（或代理审判员、人民陪审员）×××、×××组成合议庭，书记员（或代理书记员）×××担任记录。（如有）同时出庭的还有翻译人员×××、鉴定人员×××、勘验人员×××。"

5. 审判长根据《民事诉讼法》第 44 条的规定，告知当事人申请回避的权利，询问各方当事人是否申请回避。当事人提出申请回避的，审判长应当根据《民事诉讼法》第 45 条第 1 款的规定要求申请人说明理由。然后审判长宣布休庭。宣布休庭后，敲击法槌 1 次。

对于当事人申请回避的处理，应当依《民事诉讼法》第 46 条、第 47 条的规定进行。院长担任审判长时的回避，由审判委员会决定；审判人员的回避，由院长决定；其他人员的回避，由审判长决定。当事人申请回避的理由不能成立的，由审判长在重新开庭时宣布予以驳回，记入笔录；当事人申请回避的理由成立，决定回避的，由审判长宣布延期审理。

当事人对驳回回避申请的决定不服，申请复议的，不影响案件的开庭。人民法院对复议申请，应当在 3 日内作出复议决定并通知复议申请人，也可以在开庭时当庭作出复议决定并告知复议申请人。

6. 在对回避申请作出决定后，应当继续开庭。继续开庭前审判长应当击法槌 1 次。如果已经宣布延期审理，一般应重新确定开庭时间，重新依法定程序发开庭传票、开庭通知，开庭时应重新核对诉讼参与人的到庭情况。

7. 宣布继续开庭后，审判长应当根据《民事诉讼法》第 49 条、第 50 条、第 51 条、第 124 条、第 126 条、第 127 条的规定告知当事人其他诉讼权利义务。当事人享有的诉讼权利有：①当事人有权委托代理人，收集、提供证据，进行辩论，请求调解，提起上诉，申请执行。②经本庭审判人员允许，当事人可以查阅本案有关材料，并可以复制本案有关材料和法律文书。③双方当事人可以自行和解。④原告可以放弃或者变更诉讼请求。被告可以承认或者反驳诉讼请求，有权提起反诉。⑤当事人在法庭上可以提出新的证据。当事人经法庭许可，可以向证人、鉴定人、勘验人发问。当事人要求重新进行调查、鉴定或者勘验的。⑥当事人在辩论终结时有权进行最后陈述。

当事人的诉讼义务主要有：

当事人必须依法行使诉讼权利，遵守诉讼秩序，履行发生法律效力的判决书、裁定书和调解书。对自己提出的主张提供证据，如实陈述案件事实，不得歪曲事实，提供虚假证据，不得伪造证据。

对于除回避权以外的其他权利义务的告知，由于案件受理后，已向当事人送达了《诉讼须知》（或《诉讼权利义务告知书》）、案件受理通知、应诉通知、举证通知及诉讼风险告知书，开庭时，审判长也可以直接询问当事人是否已经收到相关通知，是否有疑问。对当事人有疑问的地方，审判长作出必要的说明或解答。当事人无疑问后，直接进入法庭调查。这样可以简化程序，把开庭的主要精力放在法庭调查上，有利于提高庭审效率。

<h2 style="text-align:center">第三节　法庭调查</h2>

法庭调查应先由当事人进行陈述，然后举证、质证，认证。

一、法庭陈述

法庭陈述，即由当事人陈述自己的主张及事实和证据，一般按原告、被告、第三人的先后顺序进行陈述。在当事人陈述完毕后，审判长应当根据当事人陈述归纳案件争议焦点，庭审活动能否抓住重点，能否高效率的进行，关键在于争议焦点归纳得是否准确、精炼。法庭陈述阶段的具体操作规范如下：

1. 审判长宣布进行法庭调查。

2. 原告简要陈述起诉的请求和理由，或者宣读起诉书。有共同原告时，对于必要的共同诉讼，一般为一份起诉状。普通共同诉讼合同审理时，有多份诉状，可以要求各原告分别陈述。

3. 被告针对原告起诉中的请求和理由作出承认或者否定的答辩，对双方确认的事实，应当记入笔录，法庭无须再作调查。被告有答辩状时，可以直接宣读答辩状。有共同被告时，一般按起诉状所列被告的顺序，要求多个被告逐一答辩。

4. 第三人陈述或答辩。有独立请求权的第三人陈述诉讼请求及理由。无独立请求权的第三人针对原、被告的陈述提出承认或否认的答辩意见。有书面陈述意见或答辩状时，可以直接宣读。有多个第三人时，应逐个陈述或答辩。

5. 根据当事人的陈述与答辩，由审判长归纳小结当事人陈述的主要观点和案件争议的焦点，争议焦点经双方当事人确认后，审判长应当提示当事人在以后的庭审活动中主要围绕争议焦点进行。

二、举证、质证

1. 举证、质证的概念。证人出庭作证，对书证、物证和视听资料进行质证，对鉴定结论进行质证，对勘验笔录进行质证，具有专门知识的人出庭。举证，是指负有举证责任的当事人一方向人民法院提交证据材料，用以支持自己诉讼主张的过程。这一过程包括当事人调查收集证据、申请法院调查收集证据、申请鉴定、检查勘验以及法院依职权调查收集证据，而不是仅仅包括当事人调查收集证据。质证，是指证据应当在法庭上出示，由当事人围绕证据的真实性、关联性、合法性，针对证据证明力有无以及证明力大小，进行质疑、说明与辩驳。

2. 举证、质证的原则性规定。举证、质证的目的，在于查清案件事实，因此，举证、质证是法庭调查的重点，也是人民法院进行裁判的基础。在举证、质证过程中，审判人员与诉讼参与人均应注意举证、质证的原则性规定：

（1）当事人对自己提出的诉讼请求所依据的事实或者反驳对方诉讼请求所依据的事实有责任提供证据加以证明。没有证据或者证据不足以证明当事人的事实主张的，由负有举证责任的当事人承担不利后果（法律规定的举证责任倒置的除外）。

（2）当事人应当在举证期限内向人民法院提交证据材料，当事人在举证期限内不提交的，视为放弃举证权利。但同时要注意《最高人民法院关于民事诉讼证据的若干规定》有关"新证据"规定，不宜死抠法条，一般认为，只要不是当事人主观原因造成的举证不及时，不宜按"证据失权"处理。

（3）当事人所举的证据必须符合《民事诉讼法》第63条规定的七种证据形式，即书证、物证、视听资料、证人证言、当事人的陈述、鉴定结论、勘验笔录。

（4）涉及国家秘密、商业秘密和个人隐私或者法律规定的其他应当保密的证据，不得在开庭时公开质证。

（5）证据应当在法庭上出示由当事人质证。未经质证的证据，不能作为认定案件事实的依据。当事人在证据交换过程中认可并记录在卷的证据经审判人员在庭审中说明后可以作为认定案件事实的依据。对当事人无争议的事实，无需举证、质证。

3. 举证质证的方法和技巧。

（1）当事人向人民法院提供证据，应当提供原件或者原物。如需自己保存证据原件、原物或者提供原件、原物确有困难的，可以提供经人民法院核对无异的复制件或者复制品。

（2）出示和宣读证据时，应向法庭陈述证据的名称、证据的来源和证据的基本内容，说明提供该份或该组证据的目的，要证明什么问题。

（3）质证时，当事人应当围绕证据的客观性（指证据材料反映的案件事实是否与客观事实一致）、关联性（指证据与案件的待证事实之间是否具有内在的联系，能否对待证案件事实起证明作用）、合法性（指证据取得、表现形式等是否符合法律规定的要求），针对证据证明力（指证据对案件事实的证明价值和证明作用）有无以及证明力大小，进行质疑、说明与辩驳。

（4）对对方提供的证据不作肯定或否定的表态，视为对该证据无异议。对质证意见的辩解也要求明确作出同意或者反对的表态，否则视为无异议。

（5）对一方当事人提供的证据，另一方质证时可以就相关问题发问，但发问须经审判长许可。发问也可以集中到所有证据质证完毕之后，先当事人相互发问，再由审判人员发问。提问应当与证据、案件事实有关，回答应当具体准确。对于无关的问题，当事人可不予回答。

（6）具体质证活动可由审判长授权承办法官主持，以避免庭审活动由审判长唱独角戏。

（7）案件有多个诉讼请求或多个独立存在的事实的，可按每个诉讼请求、每段争议事实的问题由当事人依次举证、质证（可由审判长征求当事人的意见的方式，由当事人自主决定是否按逐个诉讼请求、逐段争议事实举证、质证。质证可以逐份进行，待证事实有多个，且对于同一个待证事实有多份证据材料时，可以要求当事人对同一待证事实所有证据材料出示并说明完毕后，由对方当事人质证，即所谓的分组举证）。

（8）有法警值庭时，由法警传递证据材料，传唤证人。

4. 举证、质证阶段的具体操作规范分述如下：

（1）审判长宣布进行庭审的举证、质证后，应当告知当事人《民事诉讼法》第 64 条以及《最高人民法院关于民事诉讼证据的若干规定》第 2 条规定的举证责任，然后开始质证。

（2）质证一般按下列顺序进行：①原告出示证据，被告、第三人与原告进行质证；②被告出示证据，原告、第三人与被告进行质证；③第三人出示证据，原告、被告与第三人进行质证。

人民法院依照当事人申请调查收集的证据，作为提出申请的一方当事人提供的证据。

人民法院依照职权调查收集的证据应当在庭审时出示，听取当事人意见，并可就调查收集该证据的情况予以说明。

（3）对书证、物证、视听资料进行质证时，当事人有权要求出示证据的原件或者原物。但有下列情况之一的除外：①出示原件或者原物确有困难并经人民法院准许出示复制件或者复制品的；②原件或者原物已不存在，但有证据证明复制件、复制品与原件或原物一致的。

（4）证人、鉴定人应当出庭接受当事人质询。经法庭许可当事人可以向证人、鉴定人、勘验人发问。询问证人、鉴定人、勘验人不得使用威胁、侮辱及不适当引导证人的言语和方式。

证人确有困难不能出庭的，经人民法院许可，证人可以提交书面证言或者视听资料或者通过双向视听传输技术手段作证。当事人自己调查取得的书面证言或者视听资料，可由当事人宣读或说明后提交法庭，对方当事人可以质询；人民法院调查取得的证人证言，可由书记员宣读或说明，双方当事人可以质询。鉴定人确因特殊原因无法出庭的，经人民法院准许，可以书面答复当事人的质询。

需要说明的是：证人不得旁听庭审，应当是自始至终不得旁听，作证完毕，证人应当在核对完笔录后退出法庭。证人在人民法院组织双方当事人交换证据时出席陈述证言的，可视为出庭作证。

（5）当事人可以向人民法院申请由一至二名具有专门知识的人员出庭就案件的专门性问题进行说明。审判人员和当事人可以对出庭的具有专门知识的人员进行询问。经人民法院准许，可以由当事人各自申请的具有专门知识的人员就有案件中的问题进行对质。具有专门知识的人员可以对鉴定人进行询问。

（6）证人出庭作证的程序

证人出庭作证的程序具有特殊性，具体操作程序如下：

第一，传证人××出庭。

第二，要求证人向法庭出示有效身份证件，询问证人姓名、性别、出生年月日、工作单位、职务、住所地、与当事人的关系（特别注意证人与一方当事人或者其代理人有没有利害关系）。

第三，向证人宣布权利和义务：根据《中华人民共和国民事诉讼法》第72条、第111条的规定，凡是知道案件情况的单位和个人，都有义务出庭作证；证人要如实向法庭陈述案件事实，不得作虚假陈述，否则要承担相应的法律责任；证人依法作证的权利受法律保护，法律禁止任何对证人作证进行打击报复；证人对因出庭作证而支付的合理费用及受损的收入有权请求补偿。

第四，证人填写《证人保证书》，要求证人保证如实陈述案件事实，不作伪证或者隐匿证据。

第五，证人向法庭陈述自己知道的案件情况。法庭应当告知证人应当客观陈述其亲身感知的事实。证人作证时，不得使用猜测、推断或者评论性的语言。

第六，经审判长许可，当事人分别向证人发问。

第七，合议庭成员向证人询问。

第八，证人核对笔录后退庭。

（7）双方当事人争议的事实查清后，审判长应当询问双方当事人有无新的证据提出，原告的诉讼请求或被告的反诉请求有无变更。当事人重复陈述的，审判长应当及时提醒或制止。

（8）当事人要求提供新的证据或者合议庭认为事实尚未查清，确需人民法院补充调查、收集证据或通知新的证人到庭、重新鉴定、勘验，因而需要延期审理的，可以宣布延期审理。需要当事人补充证据的，应告知其在限定期间内提供。（延期审理应当宣布休庭，另行通知开庭）

（9）如果不存在需要延期审理的情况，审判长应当宣布质证结束，对双方提交的证据材料进行休庭评议。宣布休庭后敲击法槌1次。

三、认证

（一）认证的概念

认证即人民法院对当事人提交证据材料审核认定。认证的目的是确认各种证据材料的真实性、关联性、合法性和证明力，用以认定案件事实，依法作出裁判。

（二）认证的原则

认证应当遵循一定的原则，即：审判人员应当依照法定程序，全面、客观地审核证据，依据法律的规定，遵循法官职业道德，运用逻辑推理和日常生活经验，对证据有无证明力和证明力大小独立进行判断，并公开判断的理由和结果。

（三）认证的方法

从认证方法上讲，包括单一证据认证和证据的综合判断，如果对方当事人对单一证据没有提出异议，可以直接认定，如果对方当事人提出异议，可按以下方法进行认定：

1. 证据是否原件、原物，复印件、复制品与原件、原物是否相符。

2. 证据与本案事实是否相关。

3. 证据的形式、来源是否符合法律规定。

4. 证据的内容是否真实。

5. 证人或者提供证据的人，与当事人有无利害关系。

（四）人民法院确认证据证明力的情况

对单一证据认证时，一方当事人提出的下列证据，对方当事人提出异议但没有足以反驳的相反证据的，人民法院应当确认其证明力：

1. 书证原件或者与书证原件核对无误的复印件、照片、副本、节录本。

2. 物证原物或者与物证原物核对无误的复制件、照片、录像资料等。

3. 有其他证据佐证并以合法手段取得的、无疑点的视听资料或者与视听资料核对无误的复制件。

4. 一方当事人申请人民法院依照法定程序制作的对物证或者现场的勘验笔录。

5. 人民法院委托鉴定部门作出的鉴定结论，当事人没有足以反驳的理由的。

6. 一方当事人提出的证据，另一方当事人有异议并提出反驳证据，对方当事人对反驳证据认可的，可以确认反驳证据的证明力。

（五）人民法院对证据的证据能力的审查

对以侵害他人合法权益或者违反法律禁止性规定的方法取得的证据，即不具有合法性的证据，应认定证据不具有证据能力，不能作为认定案件事实的依据。

（六）下列证据不能单独作为认定案件事实的依据

1. 未成年人所作的与其年龄和智力状况不相当的证言。

2. 与一方当事人或者其代理人有利害关系的证人出具的证言。

3. 存有疑点的视听资料。

4. 无法与原件、原物核对的复印件、复制品。

5. 无正当理由未出庭作证的证人证言。

6. 当事人陈述。

（七）证据的综合判断

证据的综合判断，是指审判人员对案件的全部证据，应当从各证据与案件事实的关联程度、各证据之间的联系等方面进行综合审查判断。

1. 在诉讼中，当事人为达成调解协议或者和解的目的作出妥协所涉及的对案件事实的认可，不得在其后的诉讼中作为对其不利的证据。

2. 一方当事人提出的证据，另一方当事人认可或者提出的相反证据不足以反驳的，人民法院可以确认其证明力。

3. 双方当事人对同一事实分别举出相反的证据，但都没有足够的依据否定对方证据的，人民法院应当结合案件情况，判断一方提供证据的证明力是否明显大于另一方提供证据的证明力，并对证明力较大的证据予以确认。

因证据的证明力无法判断导致争议事实难以认定的，人民法院应当依据举证责任分配的规则作出裁判。

4. 诉讼过程中，当事人在起诉状、答辩状、陈述及其委托代理人的代理词中承认的对己方不利的事实和认可的证据，人民法院应当予以确认，但当事人反悔并有相反证据足以推翻的除外。

5. 有证据证明一方当事人持有证据无正当理由拒不提供，如果对方当事人主张该证据的内容不利于证据持有人，可以推定该主张成立。

6. 人民法院认定证人证言，可以通过对证人的智力状况、品德、知识、经验、法律意识和专业技能等的综合分析作出判断。

7. 人民法院就数个证据对同一事实的证明力，可以依照下列原则认定：

（1）国家机关、社会团体依职权制作的公文书证的证明力一般大于其他书证。

（2）物证、档案、鉴定结论、勘验笔录或者经过公证、登记的书证，其证明力一般大于其他书证、视听资料和证人证言。

（3）原始证据的证明力一般大于传来证据。

（4）直接证据的证明力一般大于间接证据。

（5）证人提供的对与其有亲属或者其他密切关系的当事人有利的证言，其证明力一般小于其他证人证言。

由于审核认定证据是一个复杂的过程中，一般要求合议庭休庭评议，评议后，能当庭认定的当庭认证，如案件疑难复杂，或对有些证据需要庭审后再调查核实，无法当庭认证的，可不当庭认证。无论是否当庭认证，人民法院均应当在裁判文书中阐明证据是否采纳的理由。

（八）认证阶段的具体操作规范

1. 休庭后，合议庭应当在单独的合议室对双方当事人提交的举证材料进行评议，评议时应当遵守《最高人民法院关于人民法院合议庭工作的若干规定》的相关规定，书记员应当作为评议笔录，审判长应当根据评议情况总结合议庭评议的结论性意见。合议庭进行评议的时候，如果意见分歧，应当按多数人的意见作出决定，但是少数人的意见应当写入笔录。

2. 评议结束后，应当继续开庭。继续开庭前审判长应当击法槌1次。宣布继续开庭后，审判长应当根据评议情况，对于已经形成结论性意见的证据材料作出认证，对于没有形成结论性意见的证据材料，则应根据实际情况作出相应的处理，如果需要补充证据，则应宣布休庭，延期审理；如果需要合议庭进一步评议认定，可以告知当事人"需结合全案证据进行综合认证"，等等。

3. 如果全部证据材料已经全部当庭出示并进行了质证，且不存在需要延期审理的情况，经认证程序后，审判长宣布法庭调查结束。

第四节　法庭辩论

一、在法庭辩论中，当事人应注意的问题

（一）抓住要害，突出重点，切忌偏离主体
辩论应紧紧围绕案件争议焦点进行，不要过分纠缠于细枝末节。

（二）明辨是非，据理制胜
辩论要尊重客观事实，时刻牢记事实用于雄辩。

（三）辩论语言应简明扼要，逻辑性强，避免重复
辩论意见应当不要简单重复起诉状和答辩状的内容，下一轮的发言不要重复上一轮发言的观点与内容。

（四）遵守法庭秩序
辩论发言应当经法庭许可。注意用语文明，不得使用讽刺、侮辱的语言。

（五）吐词清晰，语速适中，音量适当，以便法庭记录
辩论过程中，审判人员可以对当事人进行必要、适当的引导，但不得对案件性质、是非责任发表意见，不得与当事人辩论。根据案件复杂程度，审判长可以将法庭辩论分为对等辩论、对等反复辩论和互相辩论等几个阶段。对等辩论，即按照原告及其诉讼代理人、被告及其他诉讼代理人、第三人及其诉讼代理人的顺序进行辩论。对等反复辩论即当对等辩论后，对该辩而未辩的事项，可根据需要再进行一轮或多轮辩论发言。自由辩论发言，即经过对等辩论后，可进行自由辩论发言，可以直接互相提问，相互辩驳。

二、法庭辩论阶段的具体操作规范

1. 审判长宣布开始法庭辩论。同时可以在辩论前适当提示当事人辩论的

范围和法庭辩论规则。

2. 进行对等辩论，即按原告及其诉讼代理人、被告及其他诉讼代理人、第三人及其诉讼代理人的顺序进行辩论。

3. 一轮辩论结束，法庭可根据实际情况决定是否进行下一轮辩论；如进行下一轮辩论的，应强调发言的内容不宜重复。法庭根据需要可限定每一轮次各方当事人辩论发言的时间。

4. 审判长宣布相互辩论。当事人要求辩论发言的，可以向法庭举手示意。经法庭许可，方能发言。在互相辩论中，当事人未经许可而进行自由、无序的辩论发言或者辩论发言的内容重复的，法庭应予以制止。

应当注意的是，相互辩论并非是法庭辩论的必经程序，如果合议庭认为案件事实清楚，当事人已就案件争议焦点充分发表了意见，可以不进行相互辩论。

5. 在辩论中发现有关案件事实需要进行调查，或者需要对有关证据进行审查的，应当宣布中止法庭辩论，恢复法庭调查。法庭调查结束后，宣布恢复法庭辩论。庭审活动恢复到中止前的阶段。

6. 在确认各方当事人辩论意见陈述完毕后，审判长即可宣布法庭辩论结束。

第五节　当事人最后陈述

一、当事人最后陈述的要求

最后陈述要求当事人主要围绕自己的诉讼请求，自己对案件处理有何要求等内容进行。当事人陈述时，应当简明扼要，观点具体、明确、全面，以便于人民法院准确把握自己诉讼主张的真实意思。审判人员应当认真、耐心听取当事人最后陈述意见，并适当引导当事人准确、具体的表明自己的诉求，一般不宜打断当事人的发言。但其陈述过于冗长，或者陈述的内容与案件没有直接关联的，或者重复陈述的，审判长应以适当的方式予以制止。

二、最后陈述阶段的具体操作规范

1. 陈述的顺序为原告、被告、第三人（一般与诉状所列顺序一致）。

2. 原告陈述的诉讼请求与起诉状不一致时，审判长应当确认当事人是否放弃诉讼请求、变更诉讼请求或者增加诉讼请求，并根据法律规定释明。被告或第三人的最后陈述与以前的陈述不一致时，审判长亦应当确认和释明。

第六节　法庭调解

一、法庭调解的要求

法庭要把握时机，根据案件审理的实际情况，在法庭调查和法庭辩论中适时组织调解。在法庭辩论之后，当事人或者法定代理人出庭参加诉讼，或者委托的代理人有特别授权的，法庭应当组织调解。如果当事人或者法定代理人未出庭参加诉讼，而且委托的代理人也没有特别授权的，法庭不能当庭组织调解。庭后有调解必要和可能的，应当于休庭后组织调解。由于刚经过法庭调查和法庭辩论，当事人情绪对立可能比较严重。法庭应注意调整庭审气氛，讲究工作方法，在做好思想工作的基础上，适时征询当事人调解意愿和开展调解工作。即使不能当庭调解，但确有再行调解的必要和可能的，应当在休庭后进一步做调解工作。

二、法庭调解阶段的具体操作规范

1. 审判长应当根据《民事诉讼法》第93条的规定，宣布进行法庭调解。

2. 审判长询问各方当事人是否愿意调解。

3. 各方当事人均表示愿意调解的，法庭即可组织调解；有一方当事人不同意调解的，主持人宣布：终结调解。随即宣布休庭。

4. 经确认各方当事人均有调解意愿的，审判长宣布现由法庭组织调解。

三、法庭调解的一般程序

1. 先由原告方提出具体、明确的调解方案或调解意见，征询被告和第三人的意见。

2. 被告和第三人不完全同意或拒绝的，可以要求他们提出自己的调解方案或调解意见，然后征询原告方的意见。

3. 双方提出的调解方案或调解意见均被对方拒绝的，法庭认为双方存在调解基础的，可以根据实际情况提出调解方案或调解意见，并征询当事人的意见。

4. 只要存在调解的基础，可以反复组织双方当事人进行协商。

5. 经反复协商后，双方当事人达成调解协议的，法庭应予以审查确认；双方当事人当庭达不成调解协议，但认为有调解基础的，可以在庭后组织双方当事人进行调解；如果没有调解基础的，应终止调解程序，及时作出判决。人民法院进行调解，可以邀请有关单位和个人协助。被邀请的单位和个人，应当协助人民法院进行调解。

6. 调解达成协议，必须双方自愿，不得强迫。调解协议的内容不得违反法律规定。对当事人达成的调解协议，经审查，调解协议内容的合法且系双方当事人真实意思表示的，应依照调解协议制作调解书。调解书应当写明诉讼请求、案件的事实和调解结果。调解书由审判人员、书记员署名，加盖人民法院印章，送达双方当事人。调解书经双方当事人签收后，即具有法律效力。下列案件调解达成协议，人民法院可以不制作调解书：①调解和好的离婚案件；②调解维持收养关系的案件；③能够即时履行的案件；④其他不需要制作调解书的案件。以上情况，双方当事人同意在调解协议上签名或者盖章后生效，经人民法院审查确认后，应当记入笔录或者将协议附卷，并由当事人、审判人员、书记员签名或者盖章后即具有法律效力。当事人请求制作调解书的，人民法院应当制作调解书送交当事人。当事人拒收调解书的，不影响调解协议的效力。

7. 调解成功后，审判长宣布闭庭。宣布闭庭后，审判长应当敲击法槌1次。

8. 调解未达成协议或者调解书送达前一方反悔的，应当及时作出判决。

第七节　休庭、评议和宣判

一、休庭、评议和宣判阶段的具体操作规范

（一）审判长先宣布

现在休庭，然后敲击法槌 1 次。宣布休庭前应告知当事人恢复开庭的时间；如果决定不当庭宣判的，应当告知宣判的时间或者告知："具体的宣判时间和地点另行通知。"

（二）法官退庭和评议

决定当庭宣判的，应于休庭后立即进行评议；定期宣判的，应在庭审结束后 5 个工作日内进行评议。

合议庭评议案件时，先由承办法官对认定案件事实、证据是否确实、充分以及适用法律等发表意见，审判长最后发表意见；审判长作为承办法官的，由审判长最后发表意见。对案件的裁判结果进行评议时，由审判长最后发表意见。审判长应当根据评议情况总结合议庭评议的结论性意见。合议庭成员应当认真负责，充分陈述意见，独立行使表决权，不得拒绝陈述意见或者仅作同意与否的简单表态。同意他人意见的，也应当提出事实根据和法律依据，进行分析论证。合议庭进行评议的时候，如果意见分歧，应当按多数人的意见作出决定，但是少数人的意见应当写入笔录。评议笔录由书记员制作，由合议庭的组成人员签名。评议后，合议庭应当依照规定的权限，及时对已经评议形成一致或者多数意见的案件直接作出判决或者裁定。

（三）审判人员入庭和宣布继续开庭

审判人员入庭的程序按开庭的程序办理。入庭后，审判长敲击法槌后，即宣布现在继续开庭。

（四）宣布评议结果

经合议庭评议，能够当庭宣判的，审判长应宣告：经过合议庭评议，已取得了一致（或多数意见）。现宣告如下……

二、宣判的内容

宣判的内容包括：

1. 认证结论（先前已宣布的认证结论除外）。

2. 认定的案件事实。

3. 裁判理由，主要包括对发生在双方当事人之间的民事法律关系性质的认定，双方当事人的主张是否成立的事实或法律依据，作出裁判所依据的法律条文等。

4. 裁判结果（即判决主文）以及诉讼费的负担。

5. 文书送达时间（10 日内送达）及当事人的上诉权利（判决 15 天的上诉期，裁定 10 天的上诉期）。

对于当事人的基本情况、案由、当事人陈述等部分内容，在当庭宣判时无须宣读。在审判长宣告裁判结果前，由书记员宣布全体人员起立。合议庭成员和书记员，以及诉讼参加人、旁听人员均应起立。判决书宣读完毕，审判长敲击法槌 1 次，然后由书记员宣布请坐下。

三、闭庭

1. 征询意见。宣判后，审判长依次询问当事人对判决（裁定）的意见。对当事人陈述的意见，书记员应当记录在案。

2. 审判长宣布庭审结束，闭庭，并敲击法槌 1 次。书记员宣布全体起立，请审判长、审判员退庭；待合议庭成员退庭后，书记员宣布诉讼参加人和旁听人员退庭。

3. 审阅笔录的说明。书记员应当将法庭审理的全部活动记入笔录，由审判人员和书记员签名。

在宣布休庭后（定期宣判的）或在宣布闭庭后（当庭宣判的）、退庭前，审判长应向诉讼参与人交代阅读法庭笔录的时间（一般应在 5 日内）和地点。能够当庭阅读庭审笔录的，请诉讼参与人阅读并签名。当事人和其他诉讼参与人认为对自己的陈述记录有遗漏或者差错的，有权申请补正。如果不予补正，应当将申请记录在案。当事人和其他诉讼参与人拒绝签名盖章的，记明情况附卷。

第八章

民事案件第一审普通程序模拟审判剧本

第一节　李×诉何×仓储合同纠纷案模拟审判剧本

一、案情简介

原告：李×，女，1970年9月22日出生，身份证编号为××××××，汉族，个体工商户，现住东海市朝阳路18号。

委托代理人：林×，春雷律师事务所律师，其代理权限为特别授权。

被告：何×，女，1968年8月20日出生，身份证编号为××××××，汉族，东海市利民冷库经营业主，住东海市小康路8号。

委托代理人：王×，大地律师事务所律师，其代理权限为特别授权。

案由：仓储合同纠纷

原告诉称：被告何×是从事食品冷冻、冷藏仓储业务的个体户。原告李×从事名贵淡水鱼的购销业务，经常需要将鱼冷冻冷藏保鲜。2015年12月，原、被告双方口头约定由被告为原告冷冻冷藏翘嘴红鲌（俗称白鱼、翘鱼）和鳡鱼。仓储费按每公斤1元计算，在原告提货完毕时结算，双方对仓储期间无约定。之后，原告即从2015年12月17日起陆续向被告交付翘嘴红鲌和鳡鱼；并从2016年2月初开始陆续从被告处提货销售获利。2016年6月的一天，原告在提货后销售时发现，其委托被告冷冻保藏的翘嘴红鲌和鳡鱼已变质而不能食用。至起诉之日止，原告尚存在被告仓库的翘嘴红鲌为4910.5公斤，鳡鱼为396.75公斤。原告认为，其交给被告保管的鱼发生变质，是由于被告保管不善所致。因此而造成原告损失共118 755元，被告应赔偿原告的全部损失。原告为维护自己的合法权益，特诉诸法院，请求判令被告赔偿原告损失 118 775 元，并承担本案全部诉讼费用。2016 年 11 月 9 日，因对已变质鱼变价处置并挽回了部分损失 26 000 元，结合东海市价格认证中心对本案所涉鱼类价格的鉴定，原告将请求被告赔偿的损失金额变更为 88 379 元。

被告何 × 辩称：

1. 原告认为双方对仓储期无约定，与事实不符，事实上双方已口头约定原告应于 2016 年 5 月底以前提货完毕。

2. 原告认为冷藏鱼变质是被告保管不善造成的，但并无证据证明。

3. 被告的冷库符合保管要求和条件，被告主观上亦无过错，原告无证据证明被告违约。

4. 本案医学鉴定中的"组胺超标"是鱼自身的物理、化学性质造成的。科学证明，冷藏并不能完全阻止鱼自身物理和化学反应，"组胺超标"是原告逾期提货所造成的，被告不应承担任何赔偿责任。

5. 被告不负有用化学检测方式验收入库的义务。本案中原告未提供任何验收资料，被告只能按通常验收方式验收，这是双方明知的，故被告不应承担损害赔偿责任。

6. 原告交付冷藏的鱼均已死亡，属于次鲜鱼，有的已接近变质品，被告不应对此负责。综上，请求法院驳回原告诉求。

二、争议焦点

1. 冻鱼变质原因如何认定。

2. 本案如何归责。

三、李 × 诉何 × 仓储合同纠纷案模拟审判剧本

序幕　审理前的准备

依民事诉讼法的规定及司法实践，审理前的准备工作为：

1. 送达诉讼文书，在法定期限内向当事人各方送达案件受理通知书、应诉通知书、举证通知书、起诉书副本、答辩状副本。

2. 确定合议庭组成人员，并告知当事人及申请回避等诉讼权利。

3. 依申请或依法律规定调查收集证据。

4. 依申请或依职权组织庭前证据交换。

5. 依申请财产保全或证据保全，先予执行。

6. 准备庭审提纲，明确合议庭成员分工，做好案件针对性的准备。

7. 在法律规定的期限内公告开庭和通知当事人及代理人开庭。

第一幕 开庭准备

书记员引领原告及其代理人，被告及其代理人进入法庭，在各自的席位上就座。书记员入座。

书记员：请大家安静。

书记员：现宣布法庭纪律。（略）

书记员：请审判人员入庭，全体起立。

审判长：坐下（抬手示意）。

书记员：报告审判长，原告李×诉被告何×仓储合同纠纷一案的原告及其代理人、被告及其代理人已到庭，其身份均已核实无误。法庭准备工作就绪，可以开庭。报告完毕。

（审判长向书记员点头。书记员入座，坐下）。

审判长：（用力击法槌，然后大声宣布），东海市人民法院依据《中华人民共和国民事诉讼法》第 134 条之规定，今天在这里公开开庭审理原告李×与被告何×仓储合同纠纷一案，现在开庭。

审判长：（略停顿）本案依据《中华人民共和国民事诉讼法》第 39 条、第 41 条、第 128 条之规定，由东海市人民法院审判员张斌担任审判长、与审判员李强（以下简称李审判员）、人民陪审员陈华（以下简称陈审判员）三人组成合议庭进行审理，由周军担任书记员。

审判长：现宣布当事人在庭审中享有的诉讼权利应当承担的诉讼义务：

（略……）

审判长：原、被告双方对以上诉讼中的权利与义务是否听清楚了？

原告李×：听清楚了。

被告何 ×：听清楚了。

审判长：对本案的合议庭组成人员及书记员是否申请回避？

原告李 ×：不申请回避。

被告王军：不申请回避。

审判长：（略停顿）依《中华人民共和国民事诉讼法》的相关规定，经审查，各方当事人及诉讼代理人可以参与本案诉讼。

第二幕　法庭调查

审判长：（大声宣布）现在进行法庭调查。首先由原告宣读起诉书。

原告李 ×：（起立）宣读起诉书。（略）

诉讼请求为：①见诉状；②谢谢！

（李 ×向审判长点头，坐下）。

审判长：现由被告答辩。

被告代理人：（起立）我方的答辩意见是：

1. 原告认为双方对仓储期无约定，与事实不符，事实上双方已口头约定原告应于 2016 年 5 月底以前提货完毕。

2. 原告认为冷藏鱼变质是被告方保管不善造成的，但并无证据证明。

3. 被告的冷库符合保管要求和条件，被告主观上亦无过错，原告无证据证明被告违约。

4. 本案医学鉴定中的"组胺超标"是鱼自身的物理、化学性质造成的，科学证明，冷藏并不能完全阻止鱼自身物理和化学反应，"组胺超标"是原告逾期提货所造成的，被告不应承担任何赔偿责任。

5. 被告不负有用化学检测方式验收入库的义务，本案中原告未提供任何验收资料，被告只能按通常验收方式验收，这是双方明知的，故被告不应承担损害赔偿责任。

6. 原告交付冷藏的鱼均已死亡，属于次鲜鱼，有的已接近变质品，被告不应对此负责。综上，请求法院驳回原告诉求。

（被告代理人王×向审判长点头，坐下。）

审判长：依照原、被告的诉辩主张，本庭对本案争议焦点归纳如下：

　　1. 冻鱼变质原因如何认定？

　　2. 本案如何归责？

审判长：（宣读完毕，略停顿），当事人各方对本庭归纳焦点事实，有无
　　异议？

（当事人沉默，均无异议）

审判长：现进行法庭的举证、质证。

［审判长向审判员李×（以下简称"李审判员"）示意，由李审判员引导
法庭的举证、质证、李审判员会意，略停顿］

李审判员：现在由原告举证。

原代：向法庭提供5份证据，第1份证据：原告身份证，拟证明原告身
　　份情况。

李审判员：请法警将原告提交的证据交被告质证。

被代：对该份证据没有异议。

李审判员：请原告继续举证。

原代：现向法庭出示第2份证据：被告何×在验收栏签字的仓储入库单，
　　拟证明原、被告之间存在仓储合同关系，原告交货数量以及鱼入
　　库时已经被告验收的事实。

李审判员：请法警将原告提交的证据交被告质证。

被代：没有异议。

李审判员：请原告继续举证。

原代：现向法庭出示第3份证据：原告记账本和原、被告双方对账时的
　　录音光碟（含录音整理稿），拟证明至起诉时原告储存在被告仓库
　　的翘嘴红鲌共4910.5公斤，鳡鱼共396.75公斤。

李审判员：请法警将记账本、录音整理稿交被告质证，并将录音光碟现
　　场播放。

被代：（听完录音后）对该证据没有异议。

李审判员：请原告继续举证。

原代：现向法庭出示第 4 份证据：东海市疾病预防控制中心检验报告和产品卫生学评价报告书，拟证明原告交被告储存的鱼已经变质。

李审判员：请法警将鉴定报告交被告质证。

被代：对该证据的真实性和合法性没有异议，但我方认为该证据只能证明冻鱼在检验时的质量状况，并不能因此推导出是因冷藏导致鱼变质，不能证明鱼的质量发生变化是被告保管不善所致。

李审判员：请原告继续举证。

原代：现向法庭出示第 5 份证据，东海市价格认证中心出具的涉案鱼类价格认证报告，拟证明涉案冻鱼的价格。

李审判员：请法警将鉴定报告交被告质证。

被代：无异议。

李审判员：原告还没有证据向法庭出示？

原代：没有了。

李审判员：下面由被告向法庭提交证据。

被代：好，我方向法庭出示 8 份证据。第 1 份证据：何 × 以及食品冷冻服务的个体工商户营业执照、卫生许可证、动物防疫合格证，被告的父亲何利民的专业技术职务聘任书复印件，拟证明被告具有食品冷冻经营资格和相应的从业条件。

李审判员：请法警将证据交原告质证。

原代：对该组证据的真实性、合法性、关联性均无异议，但我方特别提请法庭注意，被告拥有相应的仓储资质并不表明被告储存原告的鱼就不会出现鱼变质问题。

李审判员：请被告继续举证。

被代：下面向法庭出示第 2 份证据，即经人民法院许可未出庭的证人季云提供的书面证言（宣读证人证言）。该证据拟证明水产品经营户季云在被告的仓库冷冻的鱼没有因冷冻原因而变质以及原告曾邀约季云以鱼变质为由找被告麻烦但被季云拒绝的事实。

李审判员：请法警将季云提供的书面证言原稿交原告，原告在审核原件后发表质证意见。

原代： 季云的陈述中有估计性措辞，我方认为该证言不能作为本案证据使用。

李审判员： 请被告继续举证。

被代： 下面向法庭提供第3份证据：证人易×证言。

被代： 请法庭传证人易×到庭。

审判长： 传证人易×到庭（法警将被传唤的证人带入法庭，其他未传唤证人不得到场）。

审判长： 下面查明证人身份。

证人：（姓名、性别、出生时间、工作单位、住址）

审判长： 下面由证人填写《证人出庭作证保证书》。

证人填写《证人出庭作证保证书》并签字。（证人出庭作证保证书的内容包括：我依法自愿向法庭作出如下保证：①如实向法庭提供所知的一切案情；②不作伪证；③不提供虚假证词；④不隐匿证据。如与上述保证相悖，愿接受法律制裁。证人：×××；××××年×月×日）。

审判长： 下面由证人宣读作证保证书。

证人： 宣读《证人作出庭证保证书》。

审判长：（先告诉证人：你应当客观地陈述亲身感知的事实，在作证时，不得使用猜测、推断或者评论性的语言）。下面由证人易×向法庭作证。

易×： 我也是做鱼生意的，是原、被告之间仓储业务的中间人，原告在去年冬天进鱼后，让我帮她说话，让被告为她冻鱼。仓储费是1元/公斤，双方当时没有具体约定仓储期，但我们一般是在4~5月份就把货出完。在今年6月份，我曾受原告的邀请，到被告的冻库看原告的鱼出了问题没有，当时在场的有四个人，有原告的丈夫，被告请的雇工江师傅，被告的父亲何利民，我的印象中，我在现场看到的鱼是否坏了讲不好，我感觉鱼应该是进库时是什么样出库时就是什么样。

李审判员：对刚才证人易×的作证，你们是否听清楚了？

原：听清楚了。

原代：听清楚了。

被：听清楚了。

被代：听清楚了。

李审判员：下面由被告方向证人发问。

被代：我只问一个问题，前几天你接到过谁的电话没有？

易：接到过原告的电话，她问我作什么证。

李审判员：下面由原告方向证人发问。

原代：你刚才讲看过鱼的好坏，你是怎么看的？

易：我凭肉眼看的，我做鱼生意有好多年了，一般都是用肉眼看鱼的质量好坏。

原代：我还问证人一个问题，你刚讲"鱼进库时是什么样出库时就是什么样"，依据何在？

易：鱼一般是用放了冰块的容器运来的，我是根据多年的经验作出的结论。

李审判员：证人，你与原、被告分别是什么关系？

易：都是朋友关系，我的货一般都存在被告仓库里。

李审判员：在你介绍原、被告做业务时，原、被告是否对仓储期作过明确约定？

易：不清楚，我只是后来听原告讲过四五月份把货出完。

李审判员：在你介绍原、被告做业务时，原、被告是否对如何验货作出过约定？

易：没有。

李审判员：你们行业上对鱼入库前验收是怎么操作的？

易：一般是入库前进行清洗，然后进行急冻操作。

审判长：请证人核实作证笔录，若认为没有错误或遗漏，就在作证笔录上签名；若认为有错误或遗漏，可以申请补正。（证人核实笔录并签名）

审判长：请证人退庭。

李审判员：请被告就证人证言发表意见。

被代：证人易×当庭提供的证言证明了原告通过易×的介绍到被告冻库冻鱼的情况以及易×和其他人一起通过外观检验方式对原告储存在被告冻库中的鱼的质量进行检验，鱼没有变质的情况。

李审判员：请原告发表质证意见。

原代：我方认为易×讲的"鱼进库时是什么样出库时就是什么样"，缺乏事实依据，原告并没有对易×讲进四五月份就出库的话；同时，易×的证言也恰好证明了原、被告双方对仓储期没有具体约定。

李审判员：被告还有无证据向法庭提交？

被代：下面向法庭提供第4份证据：证人江×证言。请法庭传证人江×到庭。

审判长：传证人江×到庭（法警将证人带入法庭）

审判长：下面查明证人身份。

证人：（姓名、性别、出生时间、工作单位、住址）。

审判长：下面由证人填写《证人出庭作证保证书》。

　　　　　证人填写《证人出庭作证保证书》并签字。

审判长：下面由证人宣读作证保证书。

证人：宣读《证人出庭作证保证书》。

审判长：（先告诉证人：你应当客观地陈述亲身感知的事实，在作证时，不得使用猜测、推断或者评论性的语言）。下面由证人江×向法庭作证。

江×：我在被告的冻库打工有十几年了，鱼的进库、出库质量的具体把关都是我。从2004年开始，原告就开始在我们这里冻鱼了，2004年的鱼早就出货了，没有出现过质量争议。2015年下半年，原告又送了货到我们冻库里储存，我的印象中原告送来的鱼都是死鱼，有脱鳞、溶胆情况，也有鱼肉与鱼骨脱离的情况，我将鱼的质量状况打电话告诉了原告，原告交代我把好质量关。我把发现有明显问题的鱼剖肚挖腮，然后入库，原告按0.2元/公斤的价给我工钱。后来原告讲冻库的鱼出了质量问题，原告就邀了易×、被告的父亲何利民和我几个人到冻库提了 10 条鱼解冻检验，结果是 7 条是好的，另 3 条成色稍微差了一点点。

李审判员： 对刚才证人江×的作证，你们听清楚了没有？

原： 听清楚了。

原代： 听清楚了。

被： 听清楚了。

被代： 听清楚了。

李审判员： 下面由被告方向证人发问。

被代： 原、被告之间是否约定了仓储期间？

江： 约定了，听何老板讲是 3~4 个月，大约 4~5 月份就把货出完。

被代： 今年 5 月份原告没有出货。此前你给原告打电话没有？

江： 打过。

被代： 我方问话完毕。

李审判员： 下面由原告方向证人发问。

原代： 我是否交代过把质量有问题的鱼剔出来？

江： 交代过，但我一般只是把骨、肉分离的那种实在吃不得的鱼剔出来。

原代： 问话完毕。

李审判员： 证人江×，你在发现鱼质量有问题后通知了哪些人？

江： 通知了原告，要她及时出货。

李审判员： 你在鱼的验收环节是怎么操作的？

江： 没有专门的验收人，一般只是在入库前过称，之后由被告给送货的开入库单。

李审判员： 证人核实作证笔录，若认为没有错误或遗漏，就在作证笔录取签名；若认为有错误或遗漏，可以申请补正。（证人核实作证笔录并签名）

审判长： 请证人退庭。

审判长： 请被告就证人证言发表意见。

被代： 证人江×的证言能证明原告送来的鱼在入库时就有质量问题，原、被告双方约定了仓储期，江×通知过原告及时出货。

李审判员： 请原告方发表质证意见。

原代： 江×是被告的雇工，有为其雇主开脱责任的可能，江×讲的鱼入库时有质量问题不真实，而且原告交代过江×把好质量关，把质量有问题的鱼剔除出来。因此，若原告的鱼有质量问题，江×是绝对不会让有问题的鱼入库的；江×也证明了在原告邀人验质时，鱼已经有部分变质了。

李审判员： 被告还有无证据提交。

被代： 下面向法庭出示第 5 份证据：2016 年 3 月至 5 月的手机通话详单，拟证明江×曾多次催原告提货，但原告拒绝提货的情况。

李审判员： 请法警将通话详单交给原告质证。

原代： 对通话详单的真实性没有异议，但该证据只能证明江×与原告通过电话，并不能证明通话内容。

李审判员： 请被告继续举证。

被代： 下面向法庭提供第 6 份证据：我方保存的原告出货记录，拟证明原告存货的数量。

李审判员： 请法警将记账本交给原告质证。

原代： 没有异议。

李审判员： 被告还有没有证据向法庭提交？

被代： 没有了。

李审判员： 法庭举证、质证完毕。原、被告双方是否需要就本案的证据与事实问题向对方发问？

原代： 没有。

被代： 没有

李审判员： 根据双方举证情况来看，关于鱼的规格情况不太具体，我征询一下原、被告双方的意见，原告送交储存的鱼的规格实际情况怎样？

原： 翘鱼 1 斤以上的（剖肚）的占绝大多数，鳊鱼 3 斤左右的占绝大多数，其他的只是极少数。

被：确实是这样的。

审判长：现法庭调查结束，现在开始法庭辩论。

第三幕　法庭辩论

审判长：现在首先由原告发表辩论意见。

原代：审判长、审判员，春雷律师事务所接受原告李×的委托，指派我担任本案的一审诉讼代理人，现根据事实和法律发表如下辩论意见，供合议庭参考。

一、原、被告之间的仓储合同合法有效，依法应予以保护。

被告是从事食品冷藏冷冻服务的个体工商户，原告是经营名贵淡水鱼的个体工商户，经常需要将鱼冷冻储存以保鲜。2015年12月，原、被告之间口头达成一致意见，约定由被告为原告提供冷冻冷藏服务，仓储物翘鱼和鳡鱼，储存价格为1元/公斤，数量以实际入库数为准，对储存期没有具体约定，双方一致同意至原告出库完毕之日止。之后，原告陆续将鱼交付给被告冷冻冷藏，被告亦给原告出具了入库单。我方认为，原、被告之间成立仓储合同关系，双方意思表示真实，合同内容不违反法律、行政法规的强制性规定，也不损害公共利益，签订合同的主体即原、被告双方均为完全民事行为能力人，根据《合同法》第8条、第44条之规定，原、被告之间的仓储合同合法有效，依法应受保护。

二、因被告保管不善而造成了原告的鱼腐烂变质，被告的行为已构成违约，应当对原告承担赔偿责任。

首先，鱼入库时经过了被告验收，被告给原告出具了正式的验收单据，据此可以证实鱼入库时是没有质量问题的，被告称原告的鱼在入库时即存在质量问题，显然缺乏事实依据。而且，即使原告的鱼在入库时可能有部分存在质量问题，被告的雇工江×也当庭证实了原告曾交代过他把好质量关，把有问题的鱼剔除出去。原告为此也向被告支付了费用。因此，即使原告的鱼有部分存在质量问题，也是绝不可能入库的。

其次，原告的鱼变质完全是因为被告保管不善所致，被告称由于鱼自身的物理、化学反应所致的观点没有依据。理由如下：

1. 鱼的正常冷藏保鲜期是 9 个月，根据《鲜、冻动物性水产品卫生标准》（GB2733-2005）第 8 条第 1 款的规定，动物性水产品冷冻后储存在-15℃～-18℃的冷库中，可以贮存 9 个月。作为易腐食品的淡水鱼，即使如被告所言其自身具有自溶特性，会随着时间的推移发生一系列的物理或化学反应，但在-15℃～-18℃的冷库中正常贮藏还是可以保鲜 9 个月的。正因为相信被告有冷藏服务的能力，原告才将鱼送交被告储藏的。

2. 原告的鱼送交被告储藏未满 9 个月就已全部变质，应依法认定为被告保管不善所致。原告最早送鱼入库的时间为 2015 年 12 月 17 日，但在 2016 年 6 月，鱼就已变质，储存期还不足 6 个月。即使截至检验日期，最早入库的鱼也没超过 9 个月的有效保质期。经被告验收入库的鱼在正常的储存期内变质，显然是被告保管不善所致。

3. 被告辩称原告逾期提货导致组胺超标，也没有任何依据。本案中双方并未约定仓储期，因此，原告可在正常的仓储期内随时提货，被告应确保仓储物的质量，被告并不能举证证明原告存在逾期提货行为，也不能举证证明其在鱼可能变质前向原告履行了及时告知义务或催促提货的义务，依法应承担举证不能的不利法律后果。

三、原告的损失金额应依法确定为 88 379 元。

首先，鱼的数量有据可查。一是有记录本，二是有双方录音材料佐证，据此可以认定鳡鱼为 396.75 公斤，翘鱼为 4910.5 公斤。

其次，关于鱼的价格，我方提供了价格认证中心的价格认证报告，足以确定各种鱼的价格。

最后，关于具体金额的计算，我方根据庭审查明的、双方无争议的鱼的规格情况（翘鱼以 1 斤以上占绝大多数，鳡鱼以 3 斤左右的占绝大多数），鳡鱼取 3 斤规格的价格（16 元/公斤），翘鱼取 1 斤规格的价格（22 元/公斤）计算为 114 379 元（4910.5 公斤×22 元/公斤+396.75 公斤×16 元/公斤=114 379 元），减除在开庭前原、被告双方共同见证下处置变质鱼所得 26 000 元后，我方的实际损失为 88 379 元。

综上所述，原、被告之间的仓储合同合法有效，对双方均具有约束力，被告保管不善而导致原告存储的鱼变质，被告的行为已构成违约，被告应依法赔偿原告全部损失。请合议庭依法予以支持。

审判长：请被告发表辩论意见。

被代：备受本市水产品仓储行业普遍关注的李×诉何×仓储合同纠纷一案，本律师接受被告何×的委托，担任其一审特别授权代理人。本代理人接受委托后，进行了大量调查，并就涉及的技术性问题阅读了大量文献资料。

本代理人认为，本案的主要争议焦点是原告李×在被告何×的冷库贮存的鱼，在冷藏一段时间后经化学检验其组胺超标（组胺是鱼体内的一种腐败物质）成为不符合卫生标准的食品，其组胺超标的原因如何认定以及过错责任由谁承担的问题。至于原告在辩论意见中关于损失的计算方法和结论，我方予以认可。

根据庭审质证表明：原告在交库时的鱼属次鲜鱼，接近腐败鱼。同时，组胺是鱼类自身的物理和化学反应所产生，是其自身性质决定的。且原告逾期提货，导致存贮于自身的组胺累积而超标。因而，被告何×依法不应承担赔偿责任，原告李×的诉请没有事实和法律依据，应依法驳回。为此，本代理人发表如下代理意见，供合议庭参考。

一、本案属仓储合同纠纷，原告李×诉请被告何×赔偿损失没有事实依据。一方面，在诉讼过程中，原告李×没有提供一份能够证实其存贮在被告何×处的鱼是因被告何×在提供冷冻冷藏服务时不符合要求而变质的证据，原告李×主张被告保管不善没有相关证据支持。另一方面，原告李×认为冻库中鱼的组胺超标而据此推论被告何×"保管不善"，显然在逻辑上不能成立。

二、鱼体组织内产生组胺是鱼类自身的物理和化学反应，冷冻冷藏只能延缓组胺的产生，并不能阻止其产生。因此，被告何×在本案中对鱼变质的后果，不应承担赔偿责任。

我国《合同法》第394条规定："因仓储物的性质……造成仓储物变质、损坏的，保管人不承担损害赔偿责任"，上述法律规定了保管人的免责情形，即如果仓储物的变质、损坏是由于因仓储物自身的物理和化学性质造成的，保管人不承担责任。

根据科学技术文献出版社的《冷冻食品加工技术与工艺配方》以及国际制冷学会总干事安者·格次（Andre Gac）博士在《制冷学报》上发表的《易腐食品低温保存的物理特性》文章记载：

鱼类属于易腐食品，具有化学、生物和生理反应，是微生物繁殖的带菌者。鱼类在死亡后经历三个阶段：①僵硬阶段，鱼死后，由于血液循环停止，鱼体内的氧的供应也停止，鱼体内的糖原在缺氧的条件下经酵解作用分解成乳酸，并在鱼体内蓄积，糖原无氧分解产生三磷酸腺苷减少。当三磷酸腺苷分解时，肌动蛋白纤丝向肌球蛋白纤丝滑动，由于肌动蛋白纤丝与肌球蛋白纤丝的重叠交叉，导致肌节缩短，肌肉增厚，形成收缩状态的肌动球蛋白，于是肌肉失去伸展性而变得僵硬。②自溶阶段。鱼体内的蛋白质在鱼体中的组织蛋白酶的作用下逐渐被分解，产生氨基酸和其他简单碱性物质，鱼体由原来的酸性转入中性，鱼体肌肉组织进一步变软，失去固有弹性。此时的鱼仍可食用，但鲜度已开始下降。③腐败变质阶段。鱼类的腐败，是一些腐败微生物在鱼体繁殖分解的结果。当微生物向鱼体组织深部侵入，就使其组织中的蛋白质和氨基酸以及其他一些含氮化合物分解成氨、三甲胺、硫化氢、组胺等腐败产物，当这些腐败产物积累到一定程度，鱼体就产生臭味进入腐败阶段。

上述文献还记载：易腐食品里会产生各种反应，如水解、氧化、自溶、发酵等，制冷只能增加食品的贮存期，并不能完全阻止这些反应。

由此得知，鱼体内产生的组胺是其自身的物理和化学反应，是其本身的性质所决定的，冷藏并不能完全阻止其自身的物理和化学反应。组胺检验是用化学方法测定鱼肉的自溶或腐败产物的含量。因此，被告何×具有法定免责情形。

三、被告何×不负有用化学检测方式验收入库的义务。

我国《合同法》第384条规定："保管人应当按照约定对入库仓储物进行验收。……保管人验收后，发生仓储物……质量不符合约定的，保管人应当承担损害赔偿责任"。本代理人认为：仓储物的验收，通常包括货物的品名、数量、规格、外包装状况，以及无须开箱直观可见的锈蚀、损坏、变质等质量情况。在实际验收中，一般以外包装或者货物上的标记为准，外包装或货物上无标记的，以存货人提供的验收资料为准。本案中，原告李×存贮的鱼没有任何标记，亦未提供验收资料。因此，被告何×只能按通常验收方式，即对其品名、数量、规格、外包装等质量情况进行验收，不可能以化学方式对存贮鱼的理化指标是否合格进行验收，这既没有专门检测的技术人员，也没有检测设备。如果要求被告何×以化学方式进行理化指标的验收，显然违背了仓储的交易习惯。从全案证据分析，被告何×收取的仓储费为每公斤1元直至提货为止，从仓储费的低廉可以看出，当事人双方均是明知只能用通常的验收方法进行验收。因此，本案不能认为被告何×已对存贮鱼验收入库，就应当承担损害赔偿责任。否则，严重显失公正。

四、原告李×交付冷冻冷藏的鱼均已死亡，属于次鲜品，有的已接近变质品，被告何×对此不应承担责任。同时，原告李×逾期提货，是造成组胺超标的客观原因，其后果应自行承担。

审判长、审判员，法贵于严明亦贵于公道。在本案诉讼中，本代理人还了解到，原告李×对市场估计错误，盲目大量存鱼，导致货物积压，本人应对此承担责任，而不应无理起诉原告，企图损害他人利益以弥补自己的损失。希望合议庭能查明本案事实，依法判决。谢谢！

审判长：法庭认真听取了各方当事人就本案事实和责任承担等问题所发

表的辩论意见，双方是否还有新的辩论意见。

原代： 我方没有新的意见了。

被代： 我方也没有新的辩论意见。

审判长： 法庭辩论结束。

第四幕　当事人最后陈述

审判长： 根据《中华人民共和国民事诉讼法》第 141 条第 2 款的规定，当事人在法庭辩论终结时有权进行最后陈述。现在，由各方当事人发表最后意见。

原： 请求支持我的诉讼请求。

原代： 请人民法院依法判决。

被： 请求驳回原告的诉讼请求。

被代： 请人民法院依法判决。

第五幕　调解和判决

审判长： 在法庭指导下，经过刚才的法庭调查和法庭辩论，本案的基本事实已经清楚，是非责任已经明确。根据《中华人民共和国民事诉讼法》第 142 条 "法庭辩论终结，判决前能够调解的还可以调解" 的规定，本庭现在主持调解。依照法律规定，调解应当根据当事人自愿的原则，在事实清楚，分清是非的基础上进行，调解协议的内容不得违反法律的规定，双方当事人是否同意调解？

原： 不同意。

被： 不同意。

审判长： 由于双方当事人均不同意调解，本案没有调解的基础，本庭不再调解。现在休庭 30 分钟，合议庭对案件事实、待认证的证据、适用法律和案件的处理意见等进行评议（击法槌一下）。

第六幕　休庭合议

审判长：现在休庭，本案由合议庭进行评议后当庭宣判。

（30分钟后，合议庭合议完毕，合议庭成员和书记员进入法庭，书记员召集当事人和诉讼代理人入座）

第七幕　评议与宣判

审判长：现在继续开庭（击法槌一下）原告李×与被告何×仓储合同纠纷一案，经本庭依法公开审理，审查了证据、调查了事实，听取了各方当事人的陈述和辩论，进行了调解，但未达成调解协议。休庭后，合议庭根据本案事实和双方当事人的举证、质证情况，进行了评议，并取得一致意见，现将本案证据认证如下：

1. 对原、被告双方无争议的下列证据予以采信：原告所举证据1、证据2、证据3、证据5，被告所举证据1、证据6。

2. 对原告所举证据4，被告对该鉴定结论并无异议，只是对鱼的变质原因提出了不同观点，合议庭认为该鉴定结论来源真实、合法，可以作为本案定案的依据。

3. 对被告所举证据2，因无证据证明该证人与原告在被告的同一仓库、同一时段发生过冷冻冷藏业务，故该证据与本案缺少关联性，合议庭对该份证据不予采纳。对被告所举证据3，因证人易×是原、被告双方的业务中介人，与原、被告双方均无利害关系，且参与过2016年6月对原告存储在被告仓库中鱼的验质过程，其对原、被告双方洽谈业务的过程和对鱼验质过程的陈述，合议庭予以采信；但其对鱼变质原因的陈述仅是一种猜测和推断性的表述，合议庭不予采信。对被告提交的证据4，证人江×有关原告交代其把好质量关的陈述，和其参与2016年6月对原告存储在被告仓库的鱼的验质过程中的陈述分别与原告的陈述和证人易×的证言一致，合议庭认为可以作为认定本案相关事实的依据；证人江×有关原告的鱼入库时的质量状

况的陈述，因其与被告存在雇佣关系，合议庭认为不能单独作
为认定本案事实的依据。

根据本院采信的证据和双方当事人对无争议事实的陈述，
本院确认如下案件事实：

一、原、被告双方无争议的事实：何×是从事冷冻、冷藏
业务的经营户，具备仓库经营人的资质。2015年12月，从事名
贵淡水鱼购销的个体经营户李×通过易×的介绍，与何×搭成
口头仓储协议，约定由何×为李×冷藏翘嘴红鲌和鳡鱼，仓储
费按1元/公斤计算，在李×提货完毕时结算。双方对鱼入库验
收的标准、方法和储存鱼的具体条件等均未约定。之后，李×
即从2015年12月17日起陆续向何×交付翘嘴红鲌和鳡鱼，何
×亦分次向李×出具其在验收栏签了字的入库单。从2016年2
月初开始，李×陆续从何×的仓库中提货销售。至2016年7月
19日止，李×在何×的仓库中的存货为翘嘴红鲌4910.5公斤，
鳡鱼396.75公斤，共价值114 379元。2016年6月，李×在提
货销售时发现其存放在何×仓库中的鱼已变质不能食用，即认
为是何×保管不善所致，因此而造成的损失应由何×赔偿。
2016年7月20日，李×向本院起诉，提出前列诉讼请求。通过
对2016年8月7日在何×仓库中李×储存的鱼随机抽检并鉴
定，结论为李×储存在何×仓库中的翘嘴红鲌和鳡鱼的组胺含
量超标，已不符合《鲜冻动物性水产品卫生标准》（GB2733-
2005）所规定的卫生标准。2016年11月6日，在何×在场情
况下，李×将其存放在何×仓库的已变质鱼进行现场处置，全
部变价所得为26 000元。之后，李×将其请求何×赔偿的损失
金额相应下调为88 379元。

二、原、被告双方有争议的事实为：

1. 仓储期如何确定？李×主张洽谈业务时未具体约定，但
未提供证据；何×主张已约定为2016年5月底出货完毕，其证
据主要是：①江×证言；②易×证言。

合议庭经评议后认为：易×是原、被告双方洽谈仓储业务的中介人，有条件了解原、被告双方洽谈业务的情况，其关于仓储期原、被告双方并无约定的当庭陈述可信度较高。故合议庭确认原、被告双方对仓储期并无约定这一事实。

2. 李×送交何×冷冻储藏的鱼在入库前的质量状况如何？李×主张其送交入库的鱼是符合冷冻储藏标准的，其依据是何×在验收栏签字的入库单；何×主张李×送交入库的鱼属次鲜品，有的已接近变质品，本身存在严重质量问题，其依据主要是其雇工江×的证言。

合议庭经评议后认为：仓储物在经保管人验收入库后，仓储物的毁损、灭失风险即暂时由存货人转移给保管人；保管人给存货人出具的其在验收栏上签字的入库凭证即视为仓储物质量合格的证明和今后存货人向保管人主张权利的凭证。何×作为一个理性的职业仓储经营人，其在给李×出具验收、入库单据时应该是审慎的、负责任的，如果没有充足的反证，是不能推翻上述单据的证明力的。庭审中，何×提供了两份反证，该两份反证并不足以反驳李×提供的证据（验收、入库单）。故合议庭采信李×提交的证据并据此认定其提交给何×冷冻储藏的鱼的质量合格。

3. 冻鱼变质的原因如何认定？关于冻鱼变质的具体原因，鉴定部门在检验报告中称无法作出认定；李×认为系被告保管不善所致，但未提供直接证据；何×认为鱼变质与其无关，认为自己有仓储营业资质和经营条件，且提供了相应资质证照予以证明，但是，何×并未向本院提供冻库温度记录单及其他与冻结、冻藏相关的工作记录。在庭审中，何×提供了其他仓储客户的证言，拟证明各该客户在何×冻库冷冻水产品从来没有出现过质量问题。但是，因该证据与本案缺乏关联性，并不能据此证明其在为李×提供仓储服务时可以保证冷冻质量。

合议庭经评议后认为：有关文献资料表明，我国水产品的冻结贮藏是运用人工制冷方法对水产品进行加工和贮藏，一般是将水产品尽可能快速冻结，使其中心温度达到-15℃～-18℃后，贮藏在-18℃左右的冻藏室。而冻鱼质量主要取决于以下因素：原料固有的品质、冻结前后的处理和包装、冻结方式、冻结产品在储藏过程中所经历的温度和时间等。其中，原料固有的品质主要取决于原告，后三者主要与被告相关。研究表明：大多数冻结食品只有在全部或几乎全部冻结的情况下，才能保证成品的良好品质，食品内若有还未冻结核心或部分未冻结区存在，就极易出现变质现象，残留的高浓度的溶液是造成冻结食品变质的主要原因；同时，贮藏期间的冻藏温度及其稳定性对冻品质量影响亦很大。何×并未举证证明其在冻结、冻藏等环节质量管理合规，故并不能排除因被告原因而导致冻鱼变质的可能性。因此，本案中冻鱼变质的具体原因并不确定。

本院认为：

第一，李×与何×之间成立仓储合同关系，李×为存货人，何×为保管人。李×作为存货人，在交存易腐食品时负有说明仓储物性质、提供有关资料的义务；何×作为保管人，则负有提供相应的保管条件、对入库的仓储物进行验收的义务，并承担在验收后发生仓储物的品种、数量、质量不符合约定时的损害赔偿责任。

第二，本案所涉及的仓储物已经变质，不符合仓储物入库前或出库时的验收标准。本案中，原、被告双方对验收标准并未约定。但是，根据诚信原则，在订立（书面或口头）仓储合同时，原、被告双方均应是理性的、诚信的商人，据此可以将入库验收标准合理补充为：①送交入库前鱼至少应符合食用标准并适用于冻结和冻藏；②在经历一定的仓储期后，冻鱼出库时至少仍应符合食用标准并可供正常销售获利。相关专业资料表明，鱼属于易腐食品，鱼的腐败主要是一些腐败微生物在鱼体内繁殖分解的结果；低温条件只能抑制微生物的生长、繁殖和鱼体中酶的活性以及非酶因素引起的化学反应的速率，因而冻结和冷藏只能延长鱼的保鲜、保质期，而不能完全阻止鱼的腐败趋势。因此，冻鱼出库时的质量状况一般不能等同或优于鱼入库时的质量状况。但是，仍以诚信、理性的商人身份来推理，原、被告双方订立仓储合同的目的应为：存货人将鱼交付冷冻的目的在于保鲜后销售以获取更好的销售价格和收益，保管人的目的在于为存货人提供上述服务后收取仓储费，二者互惠互利的同时各自实现其经营目的。因此，在经历一定仓储期后，出库时鱼的质量状况即使相对于入库验收标准有某种程度下降，但至少仍应符合可食用、适于销售的标准，否则，存货人、保管人的经营目的均不能实现。基于上述对合同条款的补充，本院认为出库时已变质的仓储物已不符合验收标准。

第三，对上述后果，原、被告双方均应承担责任。原告有着多年从事名贵淡水鱼购销业务的经验，对自己所经营的鱼的自身特性和仓储的相关知识应有所了解，对其送交入库的鱼的质量状况和验收标准以及保质要求等应尽告知义务；被告作为有着多年冷冻仓储经验的经营者，对鱼入库的质量要求、自己仓库的控温、保鲜储藏能力应十分清楚，对不同种类、不同质量状况的鱼在其冷库中的实际保质期间应该有相当预见能力，特别是应将对冻鱼出库时的质量有重大影响的入库验收标准和原告送交的鱼入库后的实际保质期间等向对方明确提示或与其协商。原、被告双方对仓储合同中的关键条款未进行约定或约定不明，并因无法查明原因造成了仓储物变质的损害后果，但这一后果并不是任何一方故意违反合同的结果，而是双方不能谨慎履行各自义务所致，故该损失应由双方共同分担。

第四，对上述后果，何×应负主要责任，李×应负次要责任。由于受鱼入库时自身的质量状况、入库前的处理和冻结质量以及冻藏期间的温控、仓库管理水平等的制约，鱼的实际保质期会处于一个相对不确定的状态，因此在客观上存在着冻鱼在出库前变质的经营风险。但是，从对仓储物的实际掌控能力来分析，何×作为从事多年冷冻业的仓储经营人和库存鱼的实际管理人，相对于李×而言，更有条件进行冻鱼的质量管理和预测冻鱼的实际保质期。因此，何×在不能举证证明其在冻鱼变质前的合理期间内已通知李×提货或冻鱼已超过有效储存期等法定免责事由成立的情况下，应该对冻鱼的变质后果承担主要责任，这也是职业保管人应该承担的经营风险。同时，李×作为存货人，对鱼入库时的验收标准、仓储期未尽明确告知义务，客观上导致了保管人何×对仓储期产生了与李×不同的理解，并因此可能导致保管人对鱼入库时的质量验收把关不够严格和到位，从而进一步缩短了冻鱼的实际保质期。因此，李×因关键事项上与对方无约定或约定不明，本人亦应对冻鱼变质的后果承担一定的责任。

第五，对于何×提出的其他抗辩理由，因无足够证据佐证或不属于法定的免责事由，本院不予支持。

综上，根据《中华人民共和国民事诉讼法》第 64 条第 1 款，《最高人民法院关于民事诉讼证据的若干规定》第 2 条、第 69 条第 2 项、第 5 项、第 72 条第 1 款，《中华人民共和国合同法》第 8 条、第 10 条第 1 款、第 60 条、第 61 条、第 62 条第 1 款、第 107 条、第 113 条第 1 款、第 120 条、第 383 条第 1 款、第 3 款、第 384 条之规定，判决如下：

书记员： 请全体起立。

审判长： 一、被告何×自本判决生效之日起 3 日内给付原告李×经济损失赔偿款共计 58 000 元。

二、驳回原告李×的其他诉讼请求。

本案受理费 3885 元，财产保全费 650 元，鉴定费 2000 元，共计 6535 元，由原告李×负担 1965 元，被告何×负担 4570 元。

本庭将依照刚才宣判的结果制作民事判决书，判决书将在

10 日内送达双方当事人。如不服本判决，可在判决书送达之日起 15 日内，向本院递交上诉状，并按对方当事人的人数提出副本，上诉于××市中级人民法院。

审判长： 现在闭庭（击法槌一下）。各方当事人及其他诉讼参与人应当当庭或在休庭后五日内阅读法庭笔录。若认为法庭笔录有遗漏或差错的，有权申请补正。当事人、其他诉讼参与人阅读后，应当在法庭笔录上签名或盖章。

书记员： 全体起立，请审判长、审判员退庭。

书记员： 请当事人、旁听人员退庭。

四、李×诉何×仓储合同纠纷案模拟审判中基本诉讼文书

（一）民事起诉状

民事起诉状

原告：李×，女，1970 年 9 月 22 日出生，身份证编号为××××××，汉族，个体工商户，现住东海市朝阳路 18 号。

被告：何×，女，1968 年 8 月 20 日出生，身份证编号为××××××，汉族，东海市利民冷库经营业主，住东海市小康路 8 号。

诉讼请求：

1. 判令被告赔偿原告损失 118 755 元；

2. 由被告承担本案全部诉讼费用。

事实与理由：

被告何×是从事食品冷冻、冷藏仓储业务的个体户。原告李×从事名贵淡水鱼的购销业务，经常需要将鱼冷冻冷藏保鲜。2015 年 12 月，原、被告双方口头约定由被告为原告冷冻冷藏翘嘴红鲌（俗称白鱼、翘鱼）和鳡鱼。仓储费按每公斤 1 元计算，在原告提货完毕时结算，双方对仓储期间无约定。之后，原告即从 2015 年 12 月 17 日起陆续向被告交付翘嘴红鲌和鳡鱼；并从 2016 年 2 月初开始陆续从被告处提货销售获利。2016 年 6 月的一天，原告在

提货后销售时发现，其委托被告冷冻保藏的翘嘴红鲌和鳡鱼已变质而不能食用。至起诉之日止，原告尚存在被告仓库的翘嘴红鲌为 4910.5 公斤，鳡鱼为 396.75 公斤。原告认为，其交给被告保管的鱼发生变质，是由于被告保管不善所致。因此而造成原告损失共 118 755 元，被告应赔偿原告的全部损失。原告为维护自己的合法权益，特诉诸法院，请依法裁判。

　　此致

东海市人民法院

具状人：李　×

2016 年 7 月 20 日

　　原告诉状附页：118 775 元标的额的组成

　　1. 冻翘鱼：共 9281 斤，金额：108 872 元

　　（1）0.8 斤以上~1 斤/条：465 斤 × 10 元/斤 = 4650 元

　　（2）1 斤~2 斤/条（剖肚）：7 496.8 斤 × 11 元/斤 = 82 464 元

　　（3）1 斤~2 斤/条（袋装）：551.4 斤 × 11 元/斤 = 6065 元

　　（4）2 斤以上/条（袋装）：1 307.8 × 12 元/斤 = 15 693 元

　　2. 冻鳡鱼：共 793 斤，金额 9863 元

　　（1）1~3 斤/条：629.5 斤 × 12 元/斤 = 8154 元

　　（2）3~10 斤/条：57.5 斤 × 14 元/斤 = 805 元

　　（3）10 斤以上/条：56.5 斤 × 16 元/斤 = 904 元

　　以上合计金额为 118 755 元

　　（二）民事答辩状

民事答辩状

　　答辩人：何 ×。

　　被答辩人：李 ×。

　　本人现就原告李 × 诉我仓储合同纠纷一案答辩如下：

　　1. 原告认为双方对仓储期无约定与事实不符，事实上双方已口头约定原告应于 2016 年 5 月底以前提货完毕。

2. 原告认为冷藏鱼变质是被告保管不善造成的，但并无证据证明。

3. 被告的冷库符合保管要求和条件，被告主观上亦无过错，原告无证据证明被告违约。

4. 本案医学鉴定中的"组胺超标"是鱼自身的物理化学性质造成的，科学证明，冷藏并不能完全阻止鱼自身物理和化学反应，"组胺超标"是原告逾期提货所造成的，被告不应承担任何赔偿责任。

5. 被告不负有用化学检测方式验收入库的义务，本案中原告未提供任何验收资料，被告只能按通常验收方式验收，这是双方明知的，故被告不应承担损害赔偿责任。

6. 原告交付冷藏的鱼均已死亡，属于次鲜鱼，有的已接近变质品，被告不应对此负责，综上，请求法院驳回原告诉求。

答辩人：何　×

2016 年 8 月 1 日

（三）民事判决书

东海市人民法院
民事判决书

（2016）东民初字第××号

原告李 ×，女，1970 年 9 月 22 日出生，身份证编号为×××××××，汉族，个体工商户，现住东海市朝阳路 18 号。

委托代理人林 ×，春雷律师事务所律师，其代理权限为特别授权。

被告何 ×，女，1968 年 8 月 20 日出生，身份证编号为×××××××，汉族，东海市利民冷库经营业主，住东海市小康路 8 号。

委托代理人王 ×，大地律师事务所律师，其代理权限为特别授权。

原告李 × 与被告何 × 仓储合同纠纷一案，本院于 2016 年 7 月 20 日受理后，依法组成合议庭，于 2016 年 9 月 28 日公开开庭进行了审理。原告李 × 的委托代理人林 ×，被告何 × 及其委托代理人王 × 到庭参加诉讼。在开庭前，根据原告李 × 的财产保全申请，本院依法冻结了被告何 × 的银行存款 66 382.75

元；根据原告李×的鉴定申请，本院于 2016 年 8 月 4 日委托东海市疾病预防控制中心对原告李×存放在被告何×仓库的鱼的质量状况进行了鉴定，并于同日委托东海市价格认证中心对本案所涉鱼类价格进行了鉴定。本案现已审理终结。

原告诉称：被告何×是从事食品冷冻、冷藏仓储业务的个体户。原告李×从事名贵淡水鱼的购销业务，经常需要将鱼冷冻冷藏保鲜。2015 年 12 月，原、被告双方口头约定由被告为原告冷冻冷藏翘嘴红鲌（俗称白鱼、翘鱼）和鳡鱼。仓储费按每公斤 1 元计算，在原告提货完毕时结算，双方对仓储期间无约定。之后，原告即从 2015 年 12 月 17 日起陆续向被告交付翘嘴红鲌和鳡鱼；并从 2016 年 2 月初开始陆续从被告处提货销售获利。2016 年 6 月的一天，原告在提货后销售时发现，其委托被告冷冻保藏的翘嘴红鲌和鳡鱼已变质而不能食用。至起诉之日止，原告尚存在被告仓库的翘嘴红鲌为 4910.5 公斤，鳡鱼为 396.75 公斤。原告认为，其交给被告保管的鱼发生变质，是由于被告保管不善所致。因此而造成原告损失共 118 755 元，被告应赔偿原告的全部损失。原告为维护自己的合法权益，特诉诸法院，请求判令被告赔偿原告损失 118 755 元，并承担本案全部诉讼费用。2016 年 9 月 9 日，因对已变质鱼变价处置并挽回了部分损失 26 000 元，结合东海市价格认证中心对本案所涉鱼类价格所作的鉴定，原告将请求被告赔偿的损失金额变更为 88 379 元。

原告对其诉称的事实在举证期限内向本院提供了下列证据：①原告身份证，拟证明原告身份情况；②验收人何×签字的仓储入库单，拟证明双方存在仓储关系、原告交货数量及鱼入库时已经被告验收的事实；③原告记账本和原、被告双方对账时的录音资料，拟证明至起诉时原告储存在被告仓库的翘嘴红鲌共 4910.5 公斤、鳡鱼共 396.75 公斤；④东海市疾病预防控制中心检验报告和产品卫生学评价报告书，拟证明原告交被告储存的鱼已全部变质；⑤东海市价格认证中心价格认证报告，拟证明原告销售冻鱼的价格。另外，原告还向本院提交了其损失的赔偿金额计算单 1 份。

被告何×辩称：①原告认为双方对仓储期无约定，与事实不符，事实上双方已口头约定原告应于 2016 年 5 月底以前提货完毕；②原告认为冷藏鱼变质是被告保管不善造成的，但并无证据证明；③被告的冷库符合保管要求和条件，被告主观上亦无过错，原告无证据证明被告违约；④本案医学鉴定中的"组胺超标"是鱼自身的物理、化学性质造成的。科学证明，冷藏并不能完全阻止鱼自身物理和化学反应，"组胺超标"是原告逾期提货所造成的，被告不应承担任何赔偿责任；⑤被告不负有用化学检测方式验收入库的义务。本案中原告未提供任何验收资料，被告只能按通常验收方式验收，这是双方明知的，故被告不应承担损害赔偿责任；⑥原告交付冷藏的鱼均已死亡，属于次鲜鱼，有的已接近变质品，被告不应对此负责。综上，请求法院驳回原告诉求。

被告对其辩称的事实在举证期限内向本院提供了下列证据：①何×从事食品冷冻服务的个体工商户营业执照、卫生许可证、动物防疫合格证以及被告的父亲何利民的专业技术职务聘任书复印件，拟证明被告具有食品冷冻经营资格及相应的从业条件；②经本院许可未出庭的证人季云向被告委托代理人提供的书面证言，拟证明季云在被告的仓库冷冻的鱼没有因冷冻原因而变质以及原告曾在2016年3月份邀约季云以鱼变质为由找被告的麻烦但被肖拒绝的事实；③证人易×当庭提供的证言，拟证明原告通过易×介绍到被告冻库冻鱼的情况以及2016年6月份易×与其他人一起通过外观检验方式共同对原告储存在被告冻库中鱼的质量进行检验的情况；④证人江×（被告的雇工）当庭提供的证言，拟证明原告送来的鱼在入库时就存有质量问题，原、被告双方约定了仓储期，江×通知过原告及时出货；⑤证人江×2016年3月至5月的手机通话详单，拟证明江×曾多次催原告提货，但原告拒绝提货的情况；⑥被告保存的原告出货记录，拟证明原告存货的数量。

在庭审质证中，当事人各方对下列证据未提出异议：原告提交的证据1、证据2、证据3、证据5，被告提交的证据1、证据6。被告对原告提交的证据4提出异议，认为该鉴定结论只能证明冻鱼在检验时的质量状况，并不能因此推导出导致鱼变质的原因就是冷藏问题，也不能证明鱼的质量发生变化是被告保管不善所致；原告对被告提交的证据1的真实性、合法性、关联性不持异议，但认为被告拥有相应仓储资质并不表明被告储存原告的鱼时就不会出现鱼变质问题；对被告提交的证据2的合法性提出异议，认为季云的陈述中有估计性措辞，不能作为证据使用；对被告提交的证据3，认为易兵证言恰好证明了原、被告双方对仓储期未具体约定，但原告不认可其对易兵讲过四、五月份出库完毕的话，亦不认可易兵讲的"鱼应该是进库什么样出库就什么样"；对被告提交的证据4，认为江×讲原告的鱼入库时就有质量问题是不真实的，其作为被告雇工有为其雇主开脱责任的可能；而且，原告曾在鱼入库时叮嘱过姜要把好质量关，把质量有问题的鱼剔除出来，因此，若原告的鱼有质量问题，江×是绝对不会让有问题的鱼入库的；江×证言也证明了原告邀人验质时，原告存放在被告处的鱼就有部分变质；对被告提交的证据5的真实性无异议，但认为该证据仅能证明江×与原告通过电话，并不能证明通话内容。

合议庭经评议后，对原、被告双方无争议的下列证据予以采信：原告提交的证据1、证据2、证据3、证据5，被告提交的证据6。上述证据能证明原告的身份和原告存储在被告仓库中鱼的数量情况。对原告提交的证据4，被告只是对鱼的变质原因提出了与原告不同的观点，但对该鉴定的结论并无异议，合议庭认为其来源真实、合法，可以作为本案定案的依据。对被告提交的证据1，尽管原告提出了拥有仓储经营资质并不表明被告储存原告的鱼就不会出质量问题的质异意见，但原告对该证据本身的真实性、合法性及其证明被告具备相应经营资质的目的并无异议，故合议庭对该证据予以采信。对被告提交的证据2因无证据证明该证人与原告在被告的同一仓库、同一时段发生过冷冻冷藏业务，故该证据与本案缺少关联性，合议庭对该份证据不予采纳。对被告所举证据3，因证人易×是原、被告双方的业务中介人，与原、被告双方均无利害关系，且参与过2016年6月对原告存储在被告仓库中鱼的验质过程，其对原、被告双方洽谈业务的过程和对鱼验质过程的陈述，合议庭予以采信；但其对鱼变质原因的陈述仅是一种猜测和推断性的表述，合议庭不予采信。对被告提交的证据4，证人江×有关原告交代其把好质量关的陈述，和其参与2016年6月对原告存储在被告仓库的鱼的验质过程中的陈述分别与原告的陈述和证人易×的证言一致，合议庭认为可以作为认定本案相关事实的依据；证人江×有关原告的鱼入库时的质量状况的陈述，因其与被告存在雇佣关系，合议庭认为不能单独作为认定本案事实的依据；对被告提交的证据5，经审核，在2016年4月至5月期间的详单中由江×主动拨打原告电话的记录仅 1 次，时间为 2016 年 4 月 11 日，与被告及江×述称的情况不一致。合议庭评议后认为，从该详单反映的通话特征分析，显然不能得出"江×多次催原告提货"的结论，故对该证据不予采信。

根据本院采信的证据和双方当事人对无争议事实的陈述，本院确认如下案件事实：

1. 原、被告双方无争议的事实：何×是从事冷冻、冷藏业务的经营户，具备仓库经营人的资质。2015 年 12 月，从事名贵淡水鱼购销的个体经营户李×通过易×的介绍，与何×搭成口头仓储协议，约定由何×为李×冷藏翘嘴红鲌和鳡鱼，仓储费按 1 元/公斤计算，在李×提货完毕时结算。双方对鱼入库验收的标准、方法和储存鱼的具体条件等均未约定。之后，李×即从 2015 年 12 月 17 日起陆续向何×交付翘嘴红鲌和鳡鱼，何×亦分次向李×出具其在验收栏签了字的入库单。从 2016 年 2 月初开始，李×陆续从何×的仓库中提货销售。至 2016 年 7 月 19 日止，李×在何×的仓库中的存货为翘嘴白鲌4910.5 公斤，鳡鱼 396.75 公斤，共价值 114 379 元。2016 年 6 月，李×在提货销售时发现其存放在何×仓库中的鱼已变质不能食用，即认为是何×保管不善所致，因此而造成的损失应由何×赔偿。2016 年 7 月 20 日，李×向本院起诉，提出前列诉讼请求。通过对 2016 年 8 月 7 日在何×仓库中李×储存的鱼随机抽检并鉴定，结论为李×储存在何×仓库中的翘嘴红鲌和鳡鱼的组胺含量超标，已不符合《鲜冻动物性水产品卫生标准》（GB2733-2005）所规定的卫生标准。2016 年 9 月 9 日，在何×在场情况下，李×将其存放在何×仓库的已变质鱼进行现场处置，全部变价所得为 26 000 元。之后，李×将其请求何×赔偿的损失金额相应下调为 88 379 元。

2. 原、被告双方有争议的事实为：

（1）仓储期如何确定？李×主张洽谈业务时未具体约定，但未提供证据；何×主张已约定为 2016 年 5 月底出货完毕，其证据主要是：①江×证言；②易斌证言。

本院认为：易×是原、被告双方洽谈仓储业务的中介人，有条件了解原、被告双方洽谈业务的情况，其关于仓储期原、被告双方并无约定的当庭陈述可信度较高。故合议庭确认原、被告双方对仓储期并无约定这一事实。

（2）李×送交何×冷冻储藏的鱼在入库前的质量状况如何？李×主张其送交入库的鱼是符合冷冻储藏标准的，其依据是何×在验收栏签字的入库单；何×主张李×送交入库的鱼属次鲜品，有的已接近变质品，本身存在严重质量问题，其依据主要是其雇工江×的证言。

本院认为：仓储物在经保管人验收入库后，仓储物的毁损、灭失风险即暂时由存货人转移给保管人；保管人给存货人出具的其在验收栏上签字的入库凭证即视为仓储物质量合格的证明和今后存货人向保管人主张权利的凭证。何×作为一个理性的职业仓储经营人，其在给李×出具验收、入库单据时应该是审慎的、负责任的，如果没有充足的反证，是不能推翻上述单据的证明力的。庭审中，何×提供了两份反证，该两份反证并不足以反驳李×提供的证据（验收、入库单）。故合议庭采信李×提交的证据并据此认定其提交给何×冷冻储藏的鱼的质量合格。

（3）冻鱼变质的原因如何认定？关于冻鱼变质的具体原因，鉴定部门在检验报告中称无法作出认定；李×认为系被告保管不善所致，但未提供直接证据；何×认为鱼变质与其无关，认为自己有仓储营业资质和经营条件，且提供了相应资质证照予以证明，但是，何×并未向本院提供冻库温度记录单及其他与冻结、冻藏相关的工作记录。在庭审中，何×提供了其他仓储客户的证言，拟证明各该客户在何×冻库冷冻水产品从来没有出现过质量问题。但是，因该证据与本案缺乏关联性，并不能据此证明其在为李×提供仓储服务时可以保证冷冻质量。

本院认为：有关文献资料表明，我国水产品的冻结贮藏是运用人工制冷方法对水产品进行加工和贮藏，一般是将水产品尽可能快速冻结，使其中心温度达到−15℃～−18℃后，贮藏在−18℃左右的冻藏室。而冻鱼质量主要取决于以下因素：原料固有的品质、冻结前后的处理和包装、冻结方式、冻结产品在储藏过程中所经历的温度和时间等。其中，原料固有的品质主要取决于原告，后三者主要与被告相关。研究表明：大多数冻结食品只有在全部或几乎全部冻结的情况下，才能保证成品的良好品质，食品内若有还未冻结核心或部分未冻结区存在，就极易出现变质现象，残留的高浓度的溶液是造成冻结食品变质的主要原因；同时，贮藏期间的冻藏温度及其稳定性对冻品质量影响亦很大。何×并未举证证明其在冻结、冻藏等环节质量管理合规，故并不能排除因被告原因而导致冻鱼变质的可能性。因此，本案中冻鱼变质的具体原因并不确定。

本院认为：

（1）李×与何×之间成立仓储合同关系，李×为存货人，何×为保管人。李×作为存货人，在交存易腐食品时负有说明仓储物性质、提供有关资料的义务；何×作为保管人，则负有提供相应的保管条件、对入库的仓储物进行验收的义务，并承担在验收后发生仓储物的品种、数量、质量不符合约定时的损害赔偿责任。

（2）本案所涉及的仓储物已经变质，不符合仓储物入库前或出库时的验收标准。本案中，原、被告双方对验收标准并未约定。但是，根据诚信原则，在订立（书面或口头）仓储合同时，原、被告双方均应是理性的、诚信的商人，据此可以将入库验收标准合理补充为：①送交入库前鱼至少应符合食用标准并适用于冻结和冻藏；②在经历一定的仓储期后，冻鱼出库时至少仍应符合食用标准并可供正常销售获利。相关专业资料表明，鱼属于易腐食品，鱼的腐败主要是一些腐败微生物在鱼体内繁殖分解的结果；低温条件只能抑制微生物的生长、繁殖和鱼体中酶的活性以及非酶因素引起的化学反应的速率，因而冻结和冷藏只能延长鱼的保鲜、保质期，而不能完全阻止鱼的腐败趋势。因此，冻鱼出库时的质量状况一般不能等同或优于鱼入库时的质量状况。但是，仍以诚信、理性的商人身份来推理，原、被告双方订立仓储合同的目的应为：存货人将鱼交付冷冻的目的在于保鲜后销售以获取更好的销售价格和收益，保管人的目的在于为存货人提供上述服务后收取仓储费，二者互惠互利的同时各自实现其经营目的。因此，在经历一定仓储期后，出库时鱼的质量状况即使相对于入库验收标准有某种程度下降，但至少仍应符合可食用、适于销售的标准，否则，存货人、保管人的经营目的均不能实现。基于上述对合同条款的补充，本院认为出库时已变质的仓储物已不符合验收标准。

（3）对上述后果，原、被告双方均应承担责任。原告有着多年从事名贵淡水鱼购销业务的经验，对自己所经营的鱼的自身特性和仓储的相关知识应有所了解，对其送交入库的鱼的质量状况和验收标准以及保质要求等应尽告知义务；被告作为有着多年冷冻仓储经验的经营者，对鱼入库的质量要求、自己仓库的控温、保鲜储藏能力应十分清楚，对不同种类、不同质量状况的鱼在其冷库中的实际保质期间应该有相当预见能力，特别是应将对冻鱼出库时的质量有重大影响的入库验收标准和原告送交的鱼入库后的实际保质期间等向对方明确提示或与其协商。原、被告双方对仓储合同中的关键条款未进行约定或约定不明，并因无法查明原因造成了仓储物变质的损害后果，但这一后果并不是任何一方故意违反合同的结果，而是双方不能谨慎履行各自义务所致，故该损失应由双方共同分担。

（4）对上述后果，何×应负主要责任，李×应负次要责任。由于受鱼入库时自身的质量状况、入库前的处理和冻结质量以及冻藏期间的温控、仓库管理水平等的制约，鱼的实际保质期会处于一个相对不确定的状态，因此在客观上存在着冻鱼在出库前变质的经营风险。但是，从对仓储物的实际掌控能力来分析，何×作为从事多年冷冻业的仓储经营人和库存鱼的实际管理人，相对于李×而言，更有条件进行冻鱼的质量管理和预测冻鱼的实际保质期。因此，何×在不能举证证明其在冻鱼变质前的合理期间内已通知李×提货或冻鱼已超过有效储存期等法定免责事由成立的情况下，应该对冻鱼的变质后果承担主要责任，这也是职业保管人应该承担的经营风险。同时，李×作为存货人，对鱼入库时的验收标准、仓储期未尽明确告知义务，客观上导致了保管人何×对仓储期产生了与李×不同的理解，并因此可能导致保管人对鱼入库时的质量验收把关不够严格和到位，从而进一步缩短了冻鱼的实际保质期。因此，李×因关键事项上与对方无约定或约定不明，本人亦应对冻鱼变质的后果承担一定的责任。

（5）对于何×提出的其他抗辩理由，因无足够证据佐证或不属于法定的免责事由，本院不予支持。

综上，根据《中华人民共和国民事诉讼法》第六十四条第一款、《最高人民法院关于民事诉讼证据的若干规定》第二条、第六十九条第（二）项、第（五）项、第七十二条第一款、《中华人民共和国合同法》第八条、第十条第一款、第六十条、第六十一条、第六十二条第一款、第一百零七条、第一百一十三条第一款、第一百二十条、第三百八十三条第一款、第三款、第三百八十四条之规定，判决如下：

一、被告何×自本判决生效之日起3日内给付原告李×经济损失赔偿款共计58 000元。

二、驳回原告李×的其他诉讼请求。

本案受理费3885元，财产保全费650元，鉴定费2000元，共计6535元，由原告李×负担1965元，被告何×负担4570元。

如不服本判决，可在判决书送达之日起十五日内，向本院递交上诉状，并按对方当事人的人数提出副本，上诉于××省东海市中级人民法院。

审判长　　　　张　　×

审判员　　　　李　　×

人民陪审员　　陈　　×

二〇一六年十二月二十九日

书记员　　　　周　　×

五、案件简要评析

本案争议的主要问题是因合同约定不明导致保管物毁损事实的查明和风险承担。依照我国《合同法》、《仓储保管合同实施细则》的规定及其合同的一般原理，仓储保管人对保管物在保管期间所发生的毁损灭失承担责任；法定免责事由只能是不可抗力、自然原因和货物本身的性质引起的货损，当事人也可以对免责条款进行协商达成协议。同时，合同法也赋予了货物所有人随时检查或提取样品的权利。有的仓储合同期较长，仓储物存在某些变化，若等到提取时才发现问题不仅不能避免损失还会发生损失承担的争议，所以行使该权利无疑为避免纠纷打下良好基础。但是，在本案中，原告没有行使该权利。另外，仓储合同为诺成性合同，这一点显著区别于实践性的保管合同。本案的处理至少存在着两个方面的突破：①以判决的形式进一步确认了仓储保管合同区别于保管合同，其指导性较为显著，这同时也给人们以警示，那就是不能简单地将仓储保管合同等同于一般保管合同而忽视自身应享有的权利和须履行的相关义务；②在责任承担的认定上，既充分考虑了法律的规定性、法律事实的客观性，也注意了法官裁决的自由裁量性，彰显了法律的公平正义。

六、附证据材料

（一）原告证据

1. 原告证据之一：原告的身份证。

2. 原告证据之二：入库单 No. 0002800（略）。

3. 原告证据之三：原告记账本：2016 年大鳡鱼（10 斤以上）出入库登记情况（略）。

4. 原告证据之四：李×诉何×仓储合同纠纷一案的对账录音（略）。

5. 原告证据之五：东海市疾病预防控制中心样品送检单（略）。

6. 原告证据之六：东海市疾病预防控制中心样品检验报告（略）。

7. 原告证据之七：东海市疾病预防控制中心产品卫生学评价报告书（略）。

8. 原告证据之八：价格鉴证书（略）。

（二）被告证据

1. 被告证据之一：调查笔录（略）。

2. 被告证据之二：江×三月份通话详单：中国联通自助服务系统（略）。

3. 被告证据之三：李×翘鱼入、出库明细（2015~2016 年）（略）。

4. 被告证据之四：李×鳡鱼入、出库明细（略）。

5. 被告证据之五：李×出货记录本（略）。

第二节　李 ×、李 ××、刘 × 诉常新市花城公交巴士有限责任公司、张 ×× 雇员损害赔偿纠纷案模拟审判剧本

一、案情简介

三原告诉称：2016 年 1 月 31 日 11 时许，原告李×受被告张××之雇驾驶被告花城巴士公司牌号为湘 RY0×××号 6 路公交车经过常新市文化宫路

段时，因该车电路发生故障不能正常运行，乘客纷纷要求下车，但此时车门无法打开。为排除故障，原告李×便从驾驶室旁的车窗窗口跳下，不慎被保险带绊住腿，导致原告头部着地，当场休克约十分钟，后经常新市第一人民医院香山分院救治，经二次开颅手术，原告才脱离生命危险。现原告已花去医疗费6万余元，而二被告仅支付39 000元。原告驾驶的车辆为被告花城巴士公司所有，由被告张××承包经营。因此，二被告应对原告的损害承担赔偿责任。为此，三原告特具状起诉，诉请判令二被告赔偿三原告各项损失共计人民币459 691元。

被告花城巴士公司辩称：本案所涉车辆已由被告花城巴士公司发包给被告张××，原告李×系被告张××雇请，被告张××并非被告花城巴士公司的员工或雇员，其个人雇请原告李×不属职务行为，因此花城巴士公司不应承担雇员受损的民事赔偿责任；再次，原告李×系无证驾驶，且持案外人李涛的上岗证驾车，在车辆出现故障后处理不当，采用极其危险的爬窗户的方法解决问题，因此，原告自身对损害的发生存有重大过失，依法应免除赔偿义务人的赔偿责任；最后，关于赔偿项目，原告李×系因自身行为受损，因此无权主张精神损害赔偿，另外，原告李××、刘×作为原告李×的父母，不属于无劳动能力且无生活来源的被扶养人，其请求被扶养人生活费于法无据。而且二被告事发已分别向原告李×支付相当费用，该款应从原告李×请求赔偿的额度中予以扣除。

被告张××辩称：首先，原告李×受伤自身存有重大过失，依法应减免赔偿义务人的赔偿责任；其次，原告李××、刘×诉请被扶养人生活费缺乏法律依据；最后，原告主张的相关损失过高。

二、争议焦点

1. 本案是属于雇员损害赔偿纠纷还是劳动争议纠纷。

2. 张××与常新市公共交通总公司在承包合同中的约定是否可以排除花城巴士在本案中的责任。

3. 李×在本案中有没有责任。

4. 李×应当获得的赔偿范围。

三、李×、李××、刘×与常新市花城公交巴士有限责任公司、张××雇员损害赔偿纠纷案模拟审判剧本

序幕　开庭前的准备

书记员召集双方当事人和诉讼代理人到书记员处签到，并收集当事人的身份证明（个人的收集身份证复印件，单位的收集营业执照或机构代码证复印件），完毕后，书记员走上审判台的书记员席。

书记员：（收回签到单并查验）传原告李×、李××、刘×入席就座，请三原告的诉讼代理人周晓明、被告常新市花城公交巴士有限公司的诉讼代理人秦××、程××、被告张××的诉讼代理人蒋××入席就座。

书记员：现在宣布法庭纪律：①法庭内要保持安静，不得鼓掌、喧哗，禁止抽烟；②不得随便走动和进入审判区；③未经法庭允许不准录音、录像和拍照；④未经法庭允许不准发言或者提问；⑤所有诉讼参与人以及旁听人员须将随身携带的寻呼机、手机关闭。对违反法庭规则的人，将视具体情况分别予以警告、训诫、没收录音录像和摄像器材、责令退出法庭、罚款、拘留直至追究刑事责任。

书记员：法庭纪律宣布完毕，全体起立，请审判长、审判员入席就座。

（审判长、审判员入席就座）

审判长：请坐下。

书记员：（书记员向审判长报告）报告审判长，开庭准备完毕，可以开庭。（同时向审判长递交签到单）

第一幕　开庭准备

审判长：（击法槌）常新市武尚区人民法院根据《中华人民共和国民事诉讼法》第134条的规定，今天在这里适用普通程序依法公开审理原告李×、李××、刘×与被告常新市花城公交巴士有限公

司、张××雇员人身损害赔偿纠纷一案。现在开庭。

审判长：首先核对当事人及其诉讼代理人身份。今天出庭的诉讼参与人情况是：

原告李×，男，1980年10月2日出生，汉族，住常新市武城区草坪镇先锋村14组。原告：李××，男，1956年8月5日出生，汉族，住址同上。原告：刘×，女，1956年10月6日出生，汉族，住址同上。三原告的委托代理人周晓明，系湖南大地律师事务所律师，代理权限为特别授权。

第一被告常新市花城公交巴士有限公司。其法定代表人刘凡荣今天没有出庭，其委托代理人泰××，系湖南天泰律师事务所律师，代理权限为特别授权。第二委托代理人程××，系湖南天泰律师事务所律师，代理权限为一般授权。

第二被告张××，男，1972年6月16日出生，汉族，个体经营户，住常新市武尚区三岔路白莲寺104栋11号，今天没有到庭，其委托代理人林彬彦，系湖南南天律师事务所律师，代理权限为特别授权。

审判长：原、被告三方当事人，你们对对方出庭人员有无异议？

李×：无异议。

李××：无异议。

刘×：无异议。

被一代：无异议。

被二代：无异议。

审判长：经核对，以上出庭人员均符合法律规定，可以参加本案诉讼活动。

审判长：根据《中华人民共和国民事诉讼法》第39条、第40条的规定，本院依法组成合议庭，并根据《中华人民共和国民事诉讼法》第128条之规定，向当事人送达告知合议庭组成人员的通知。本案由审判员王锦担任审判长，与审判员刘南青、刘湘组成合议庭，书记员严杰担任记录。原告是否听清楚了？

李 ×：听清楚了。

李 ××：听清楚了。

刘 ×：听清楚了。

审判长：被告是否听清楚了？

被一代：听清楚了。

被二代：听清楚了。

审判长：根据民事诉讼法的有关规定，当事人享有的诉讼权利和应当履行的诉讼义务本庭在庭前送达给各方当事人的诉讼须知、举证通知书中已载明，你们对法律规定的各项诉讼权利和诉讼义务是否清楚？

审判长：原告是否清楚？

李 ×：清楚。

李 ××：清楚。

刘 ×：清楚。

审判长：被告是否清楚？

被一代：清楚。

被二代：清楚。

审判长：当事人及其诉讼代理人均已清楚地知道各自所享有的诉讼权利和应当履行的诉讼义务，本庭在此不再重复宣告。

审判长：根据《中华人民共和国民事诉讼法》第 44 条的规定，当事人认为合议庭组成人员、书记员与本案有利害关系或者其他关系可能影响公正审判，有权申请合议庭组成人员、书记员回避，原、被告对合议庭组成人员及书记员是否申请回避？

李 ×：不申请。

李 ××：不申请。

刘 ×：不申请。

被一代：不申请。

被二代：不申请。

第二幕　法庭调查

审判长： 现在进行法庭调查，首先由原告进行法庭陈述。

原告代： 我代表三原告进行法庭陈述。2016 年 1 月 31 日原告李 × 受被告张 ×× 之雇驾驶被告花城巴士公司车牌号为湘 RY0 ××× 号 6 路公交车经过市文化宫路段时，因车电路发生故障，不能正常运行，乘客纷纷要求下车，但此时车门无法打开，为及时排除故障，原告便从驾驶室的后窗窗口跳下时，腿被保险带缠住。导致原告头部着地，后经常新市第一人民医院香山分院救治，二次开颅手术才脱离死亡威胁，现原告已用去医药费 60 000 余元，原告李 × 的伤情经湖南省常新市司法鉴定中心评定为二级、四级、五级伤残。我方的诉讼请求由 51 万多元调整为 459 691 元。

审判长： 二被告是否收到本院送达的原告的诉状副本？

被一代： 收到。

被二代： 收到。

审判长： 是否与原告陈述的内容一致？

被一代： 一致。

被二代： 一致。

审判长： 被告常新市花城公交巴士有限公司没有向本院提交答辩状，下面由其进行当庭答辩。

被一代： 我代表花城巴士公司进行答辩。①花城巴士公司不是诉讼主体，与原告之间没有雇佣关系，不是法定应当承担责任的被告；②根据人身损害赔偿司法解释第 2 条的规定，原告有重大过错，应减免花城巴士公司的责任；③原告提出的诉讼请求偏高，水分太大，数额应为 184 216 元，且两被告已共给原告赔偿 56 010 元，这应予以冲减。

审判长： 被告张 ×× 没有向本院提交答辩状，下面由被告张 ×× 进行当庭答辩。

被二代： ①原告诉讼请求的赔偿金额偏高，请法院依法裁决；②原告自身有过错，应减轻或免除被告张××的责任。

审判长： 刚才听了原被告的陈述与答辩，本庭将各方当事人的争议焦点概括如下：①李×是否是花城巴士公司的雇员，花城巴士公司是否应当对李×的伤情承担责任；②本案责任的分配是怎样的；③李×经济损失的范围是哪些。各方当事人对本庭的上述归纳有无异议？

李×： 无异议。

李××： 无异议。

刘×： 无异议。

被一代： 无异议。

被二代： 无异议。

审判长： 现在由原告围绕己方的诉讼主张，向本院提交证据，被告方进行质证。

原告代： 共四组证据。

第一组证据。①三原告常住人口登记卡、准驾资格证、驾驶证、户口登记簿，拟证明原告是本案适格主体。

审判长： 由二被告进行质证。

被一代： 对李×的常住人口登记卡无异议，但对他的驾驶证的真实性有异议，是伪造的，因为驾驶证和常住人口登记卡的身份证号码不一致；另外，我们到交警支队查过，没有李×的驾驶证；最后，原告李×的上岗证也是伪造的。

被二代： 同意第一被告的质证意见。

审判长： 原告继续举证。

原告代： ②机动车行驶证、常新市公共交通总公司各线路车辆牌号明细表，拟证明原告所驾驶的车辆系花城巴士公司的。

审判长： 由二被告进行质证。

被一代： 对车辆产权的真实性不持异议，但对其关联性有异议。另外，花城巴士公司已发包给张××，张××与原告是平等民事主体关系，花城巴士公司与原告没有关系。

被二代： 没有异议。

审判长： 原告继续举证。

原告代： 第二组证据，是原告受聘于被告的证据。①证人向作荣、陈厚隆的证词；②倡议书二份，拟证明花城巴士公司发出倡议救助李×的事实；

审判长： 由二被告进行质证。

被一代： 对证人证言的真实性、关联性均不持异议，其恰好证明了两个问题：①李×的伤是自伤，与他人无关，是李×自己的过错；②是张××临时雇请的李×，是雇佣关系。另外，公交公司的倡议捐款行为不能证明公交公司就应承担赔偿责任。

被二代： 无异议。

审判长： 原告继续举证。

原告代： 倡议书的证明观点是，公交公司口口声声说捐款是给李×的，实际上没给原告李×一分钱。

原代： 第三组证据。①原告在常新市第一医院香山分院住院病历一本；②诊断证明书一份；③法医的伤残鉴定书一份。

审判长： 由二被告进行质证。

被一代： 我方仅认可由凯信司法鉴定中心作的鉴定书。

被二代： 我方仅认可由凯信司法鉴定中心作的鉴定书。

审判长： 原告继续举证。

原告代： 第四组证据，（1）鉴定费单据10份，共计1166元。

审判长： 由二被告进行质证。

被一代： 因为票据很多，请合议庭认真审核后确定。

被二代： 请合议庭认真审核后确定。

审判长： 原告继续举证。

原告代： （2）医疗费单据9份，共计69 606元。

审判长： 由二被告进行质证。

被一代： 没有异议。

被二代： 没有异议。

原告代：（3）新增医疗费和后期医疗费的证据，见常新市司法鉴定中心的鉴定结论，但没有凭据，共计 20 000 元。

审判长： 由二被告进行质证。

被一代： 认可，没有异议。

被二代： 新增医疗费应以票据为准。

审判长： 原告继续举证。

原代：（4）定经济损失明细及依据，由七项组成。①误工费，共计 14 400 元，依据鉴定，医疗终结时间 180 天 × 80 元/天计算而来；②交通费，共计 1450 元；③营养费共 2700 元（15 元/天 × 180 天）；④残疾赔偿金，共计 3709 元 × 20 年＝75 780 元，依据农村居民人均标准计算而来；⑤被扶养人生活费共计 135 095 元（3377.38 元/年 × 20 年 × 2 人），依据农村居民生活消费计算而来；⑥护理费 109 500 元（50 元/天 × 20 年 × 365 天 × 30%），依据法医鉴定部分护理和常新市人身损害赔偿办法第 19 条、第 20 条规定计算而来；⑦精神损失费 30 000 元。该七项费用合计为 459 691 元。

审判长： 由二被告进行质证。

被一代： 对医疗费，应当将花城巴士公司已经支付的 25 010 元予以扣除；对误工费，按每天 80 元计算数额偏高，农村标准不可能是每天 80 元；对残疾赔偿金，二级伤残只能乘以 90%，而不能乘以 100%；对交通费无异议；对被扶养人生活费，其父母还没有 60 岁，还没有丧失劳动能力，不应属于被扶养人；对精神损失费 30 000 元，本案属于自伤，不是侵权引起的，根据最高院对精神损失的司法解释，不应有精神损失费；对护理费，每天 50 元的标准太高。

被二代： 对误工费，应按农村标准计算，只应是 1800 多元；李×的父母并未丧失劳动能力，故不存在该赔偿项目；对护理费，比例应是 20%至 30%，不应取最高的 30%。

原告代： 医疗费如果有单据，应该扣除的已扣除。虽然李×的父母从年龄上看好像有劳动能力，但他们并没有生活来源。

审判长：原告继续举证。

原告代：原告举证完毕。

审判长：下面由被告花城巴士公司向本院提交证据，原告方和第二被告进行质证。

被一代：①租赁车辆承包合同，拟证明花城巴士公司和张××是承包关系，张××的行为不是职务行为。另外，按照合同第9条规定，花城巴士公司不承担任何责任。合同里面也有告知，不得请不符合驾驶资格的人上岗和代班。②交警支队提供的查询材料和常新市公交总公司劳资科提供的证明，拟证明李×属于无证上岗，李涛与李×不是一个人。③公交公司交款的证据，拟证明公交公司向医院交了25 010元，其中包括捐款，在此之外，公交公司还借给了刘×2000元。④交警支队对张××的讯问笔录，拟证明张××与李×系雇佣关系以及李×的伤系自伤。举证完毕。

审判长：下面由原告方和第二被告质证。

原告代：我代表三位原告进行质证。①对车辆承包合同的真实性不予认可，因为其发包方不是花城巴士公司，公交公司没有权力发包；②交警查询单不能作为证据，故李×不属于无证上岗；③对公交公司交的25 020元不予认可，其很有可能和张××支付的款项合在一起了；④对讯问笔录的真实性予以认可，但不同意被告代理人的意见。

被二代：我方没有意见。

审判长：第一被告还有证据提交吗？

被一代：没有了。

审判长：下面由第二被告张××举证，原告方和第一被告进行质证。

被二代：我代表张××举证。我方的证据有一组：张××代垫医药费的票据，共计29 465元。举证完毕。

审判长：原告方和第一被告质证。

原告代： 我代表三原告质证。对第二被告的证据，我方没有异议。

被一代： 没有异议。

审判长： 当事人举证完毕。下面本庭有几个问题要向你们发问。

审判长： 被告张××的代理人，李×是不是张××雇请的？

被二代： 张××包车时，李×就跟着来了。

审判长： 张××是否审查了李×是否有上岗证？

被二代： 因为他是随车来的，肯定就有资格了。

审判长： 你们有没有检查司机是否具备上岗资格的程序？

被二代： 没有。

审判长： 花城巴士公司的代理人，花城巴士公司是什么时候与张××签订的合同？

被一代： 2016年1月4日。花城巴士公司是公交公司下面的子公司。张××是社会人员，不是花城巴士公司的职工。确定承包对象时，要求对方有资金，法律并没有对承包人有要求，也没有身份限制。公司现在都是对社会发包，每天收75元，没有公司自己运营的车辆。

审判长： 原告方，李××和刘×夫妇除了李×这个子女外，还有没有其他子女？

原告代： 没有。李×是独生子。

审判长： 本院依据原告申请，委托常新市司法鉴定中心作出了2016年341号司法鉴定。被告花城巴士公司不服，申请重新鉴定，本院又委托常新市凯信司法鉴定所作出了新的鉴定结论。下面，由你们对该两份鉴定记录进行质证。

原告代： 对该两份鉴定书均不持异议。

被一代： 对常新市凯信司法鉴定所作出的新的鉴定结论没有异议。

被二代： 对常新市凯信司法鉴定所作出的新的鉴定结论没有异议。

第三幕　法庭辩论

审判长： 刚才本庭听取了原被告各方当事人的举证、质证，对上述证据将在休庭后一并合议认证，法庭调查结束，下面开始法庭辩论，请原被告围绕争议焦点发表意见，辩论时不得相互争论或使用侮辱性语言。首先由原告方发表辩论意见。

原告代： 审判长，我代表三原告发表辩论意见。我认为，李×是在花城巴士公司驾驶时受到的损害，这是无可争议的事实，这很显然是雇佣关系，雇主对雇员受到的伤害序承担责任。原则是无过错责任原则，只要雇员不是自杀，雇主就要承担全部的责任。李×是雇员，张××是雇主，李×所从事的是职务行为。另外，公司向没有资格的张××发包，公司也有责任。李×的父母没有生活来源，没有劳动能力，故作为责任人即本案两被告，理应承担赔偿责任。花城巴士公司没有尽过人之常情的责任，见死不救，对李×的家人有重大精神损害，到现在为止仅仅借了2000元。原告的诉请合法，理应得到支持。

审判长： 三原告自己还有什么意见没有？

李×： 没有。

李××： 没有。

刘×： 没有。

审判长： 下面由第一被告发表辩论意见。

被一代： 我代表花城巴士公司发表辩论意见。我认为，①原告所说的无过错责任原则，是对最高院该司法解释的误解。该司法解释第2条恰恰规定的是过错责任原则；②承包人只要有完全民事行为能力，就可以承包，只要开车的人有驾照就可以；③职务行为是有一些特征的，它必须要有一个单位，李×与花城巴士公司有什么关系？张××的收入难道交给了花城巴士公司？所以说职务行为是不存在的。我方的代理意见如下：①花城巴士公司不应是本案的被告主体，应驳回原告对花城巴士公司的起诉，原因是：第一，没有事实依据；第二，没有法律依据。②公交公司在本案中是没有过错的，应由张××自己负责。③如果李×是一个合格的熟练的公交车驾驶员，为什么会连车门都打不开？④原告的诉请数额太高，请法院公正认定该数额。

审判长：下面由第二被告张××发表辩论意见。

被二代：我代表被告张××发表辩论意见。我认为，①李×当时的处理方式不当，有过错；当时张××把救护车喊来了，但李×自己拒绝上车，要求回家，回家后发生昏迷，耽误了抢救的时机，亦存在过错；据此，李×自身应承担部分责任。②三原告主张的赔偿金额明显偏高，被扶养人的生活费没有事实基础，另外，本案不存在侵权，故不存在精神损害费。③原告提出的护理费金额也偏高。

审判长：第一轮辩论结束，下面进行第二轮辩论，首先由原告方发表意见。

原告代：花城巴士公司和李×没有合同，故张××就应视为花城巴士公司的代理人；另外，雇员受到损害时，雇员就扩大部分有过错的，才能减免雇主的责任。而本案中，原告李×并没有扩大损失，故不应该减免雇主的责任。

审判长：三原告自己还有什么意见没有？

李×：没有。

李××：没有。

刘×：没有。

审判长：下面由被告花城巴士公司发表辩论意见。

被一代：审判长，我方没有新的辩论意见。

审判长：下面由第二被告张××发表辩论意见。

被二代：审判长，我方也没有新的辩论意见。

第四幕　当事人最后陈述

审判长：法庭辩论结束，下面由各方进行最后陈述。首先由原告方陈述。

李×：希望法庭为我做主，判决二被告赔偿我的经济损失。

李××：希望法庭为我儿做主。

刘×：我没有什么说的。

审判长: 下面由被告花城巴士公司进行最后陈述。

被一代: 请求法院依法判决。

审判长: 下面由第二被告张××进行最后陈述。

被二代: 请求法院依法裁判。

第五幕　法庭调解

审判长: 根据民事诉讼法的规定,人民法院在审理民事案件时,还可以组织当事人进行调解,原告方是否同意调解?

原告代: 经征求三原告的意见,我方同意调解。

审判长: 被告花城巴士公司是否同意调解?

被一代: 经庭前征求被告花城巴士公司法定代表人刘凡荣的意见,该公司认为不应在本案中承担责任,故该公司未授权我进行调解。

审判长: 被告张××是否同意调解?

被二代: 被告张××同意调解,但只同意在已为李×垫付的金额范围内承担责任。

审判长: 本案今天没有调解的基础,本庭不再组织调解。

第六幕　休庭、评议

审判长: 现在休庭,本案由合议庭进行评议后当庭宣判。

(30分钟后,合议庭合议完毕,合议庭成员和书记员进入法庭,书记员召集当事人和诉讼代理人入座)

第七幕　当庭宣判

审判长: 现在继续开庭。本庭经审理查明,2015年6月,常新市公交总公司与案外人鄢红初签订了《常新公交车辆租赁营运合同》,由鄢红初租赁承包经营常新市城区6路线路的营运及湘RY0×××号车辆的承包经营权。合同签订后,鄢红初聘请李×为其担任湘RY0×××号公交车驾驶员,并办理了名为"李涛"的上岗证。2015 年底，公交总公司终止了与鄢红初的租赁承包合同，于 2016 年 1 月 4 日与张××签订了与上述租赁承包合同内容相一致的格式租赁承包合同。受张××的雇请，李×继续留在湘RY0×××号车辆担任驾驶员，为张××开车，所持上岗证姓名依然为"李涛"。2016 年 1 月 31 日上午，李×在家休息，张××电话通知李×，要求其加班开车。当李×驾驶湘RY0×××号公交车行经 6 路线至文化宫站时，因车门打不开，乘客无法下车，李×欲从驾驶室后的窗口跳下后去开启车门，不料脚被保险带缠住，导致头部着地负伤，构成重度伤残。事故发生后，公交公司及张××分别垫付李×住院医药费 25 010 元和 29 465元。本案审理过程中，依据原告李×的申请，本院依法委托常新市司法鉴定中心对原告李×的伤残程度等进行了法医学鉴定。该中心于 2016 年 8 月 2 日作出常司鉴（2016）医鉴字第 341 号法医学鉴定书，该鉴定书认定原告李×的损伤已分别构成二级、四级、五级伤残，医疗终结时间为 180 天，住院治疗期间需护理，终身部分护理依赖、住院治疗期间及门诊治疗期间的医疗费按实际需要，需后期医疗费 20 000 元左右。被告花城巴士公司对该鉴定不服，向本院提出重新鉴定申请，本院遂委托常新市凯信司法鉴定所对原告李×的伤残程度进行重新鉴定，该中心于 2017 年 1 月 12 日作出常凯司鉴（2017）临鉴字第 12413号总第 530 号司法鉴定意见书，该鉴定书认定原告李×的损伤已分别构成二级、四级、五级、八级伤残，医疗终结时间 6 个月，住院期间需陪护一人，终身部分护理依赖，急诊及住院期间医疗费按实际开支酌定，后期医疗费可参考常司鉴（2016）医鉴字第 341 号法医学鉴定书后期医疗费意见。另查明，原告李×急诊及住院已自行支出医疗费合计为 44 566 元。支出法医鉴定费 1166 元。本院认为：据本院业已查明的事实，常新市城区 6 路线路城市公交客运经营权归属于被告花城巴士公司。在实际的经营过程中，被告花城巴士公司实行将其所有的公交车辆及线路经营权以向不特定对象发包的方式的模式经营，该种经营模式是企业经营自主权的体现，但依据权利义务一致的原则，被告花城巴士公司在享有自主经营权的同时，必须承担与其经营权相一致的义务。本案中，被告花城巴士公司在履行其控股公司常新市公共交通总公司与被告张××签订的常新公交车辆租赁承包合同中，虽然约定上岗人员工资、养老金、医保等费用及承包期内发生的交通安全事故损失由承包人负担，但该约定将被告花城巴士公司经营线路公交车上岗人员依法应享有的相关劳动权利以合同的形式转嫁给不具备用工主体的承包人张××承担，该约定依法只在二被告间发生明确相关民事权利义务的法律后果，但该规定显系规避法定义务的行为，损害了不特定对象即公交车上岗司机的合法权益，因此，被告花城巴士公司仍应对承包人用工过程中发生的损害事故承担民事责任。原告李×在受雇于被告张××承包经营的公交车驾驶期间因工作原因受损，被告张××依法应承担相应的赔偿责任。但鉴于原告李×在所驾驶的公交车发生故障时，为排除故障，自身处理不当，采取跳窗的危险方式，且疏于注意自身安全，应认定其对损害的发生具有重大过失，依法可适当减轻二被告的民事赔偿责任。关于具体的赔偿项目及赔偿额度，应包括医疗费 99 041 元（原告李×自支 44 566 元，二被告垫交 54 475 元）、后期治疗费 20 000 元；误工费 9000 元（50 元/天 × 180 天＝9000 元）；护理费 379 000 元（50 元/天 × 180 天+50 元/天 × 365 天 × 20 年＝379 000 元）；营养费 2700 元（15 元/天 × 180 天＝2700 元）；残疾赔偿金 74 180 元 [3709 元/年 × 20 年 ×（90%+5%+5%）＝74 180 元]；精神抚慰金本院酌定为 20 000 元；交通费本院酌定为 1000 元。上列各项合计为 604 921 元，二被告承担该赔偿额度的 70%，即 423 444.7 元，抵扣二被告已付原告李×医疗费 54 475 元，二被告还应赔偿原告李×各项损失 368 969.7 元。关于原告李××、刘×主张的被扶养人生活费，本院认为，二原告并未向本院提交其丧失劳动能力且无其他生活来源的相关证据，其诉讼请求缺乏事实及法律依据，本院依法不予支持。据此，依照《中华人民共和国民法通则》第106条、第119条、第130条、第134条、《最高人民法院关于审理人身损害赔偿案件适用法律若干问题的解释》第1条、第2条、第3条、第11条、第18条第1款、第19条、第20条、第21条、第22条、第24条、第25条、第31条之规定，判决如下：

书记员： 全体起立。

（法庭所有人员均应起立，书记员坐下继续记录）

审判长： 一、被告常新市花城公交巴士有限责任公司、被告张××共同赔偿原告李×各项损失共计人民币368 969.7元，二被告相互承担连带赔偿责任。

二、驳回原告李××、刘×的诉讼请求。

三、驳回原告李×的其他诉讼请求。

本案诉讼费8200元，由二被告各承担3425元，三原告共同承担1350元。

如不服本判决，可在判决书送达之日起15日内，向本院递交上诉状，并按对方当事人的人数提出副本，上诉于湖南省常新市中级人民法院。

上述判决，原、被告是否听清楚了？

李×： 听清楚了。

李××： 听清楚了。

刘×： 听清楚了。

被一代： 听清楚了。

被二代： 听清楚了。

审判长： 今天是口头宣判，本院将在10日内将判决书送达给你们。请原被告及代理人在闭庭后到书记员处核对笔录并签字，如果认为笔录有误，有权要求书记员更正。

审判长： 现在闭庭。（敲击法槌）

四、李×、李××、刘×与常新市花城公交巴士有限责任公司、张×
×雇员损害赔偿纠纷案模拟审判中基本诉讼文书

（一）民事起诉状

民事起诉状

原告：李×，男，现年26岁，汽车驾驶员，住常新市武城区草坪镇先锋
村14组。

监护人：李××，系原告李×之父。

原告：李××，1956年8月5日出生，农民，住址同上。

原告：刘×，女，现年51岁，农民，住址同上，系李×之母。

被告：常新市花城公交巴士有限公司（以下简称巴士公司）。

法定代表人不详。

被告：张××，男，汉族，年龄不详，个体工商户，系巴士公司湘
RY0105号汽车经营者。

请求事项：

1. 判令二被告赔偿三原告各项损失费用404 337元，其中住院费69 606
元，法医鉴定费1166元，住院护理费3504元，住院伙食补助费4320元，营
养费1440元，误工费7200元，交通费1450元，残疾赔偿费62 354.80元，
被赡养人生活费110 257元，后期护理费143 040元。

2. 由二被告赔偿原告李×精神损失费30 000元。

由二被告承担本案诉讼费。

事实与理由：

2016年1月31日11时许，原告李×受被告张××之雇驾驶被告巴士公
司的牌号为湘RY0×××号6路公交汽车经过市文化宫路段时，因该车电路
发生故障，不能正常运行，乘客纷纷要求下车，但此时车门无法打开。为排
除故障，原告便从驾驶室旁的窗口跳下车时，不料，被保险带绊住腿，导致
原告头部着地，当场休克约十分钟。后在常新市第一人民医院香山分院救治，

医院先后做了二次开颅手术，才脱离死亡威胁。事发至今，原告已花费医疗费6万多元。目前，二被告仅支付了3.9万元，余款全由原告及亲友四处筹措，今已债台高筑，欲借无门，现医院诊断为：急性、重度闭合性颅脑外伤；①广泛性脑挫裂伤；②脑内血肿；③颅骨骨折；④颅府骨折；⑤外伤性脑积水。需继续治疗费5万元。

　　原告驾驶的车辆为被告巴士公司所有，并对该线路实施管理，被告张××承包该车，并实际经营该车。因此，二被告在原告受雇期内，应对原告所受损害责无旁贷的承担赔偿责任。今为原告之生存，保护原告合法权益，特具状诉讼，恳请人民法院依法判处。

　　此致
常新市武尚区人民法院

具状人：李　林
二〇一六年四月二十六日

　　（二）民事答辩状

答辩状

　　答辩人：常新市花城公交巴士有限公司（以下简称巴士公司）。

　　被答辩人：李×，男，现年26岁，汽车驾驶员，住常新市武城区草坪镇先锋村14组。

　　被答辩人：李××，1956年8月5日出生，农民，住址同上。

　　被答辩人：刘×，女，现年51岁，农民，住址同上，系李×之母。

　　现就李×诉讼公交公司（以下简称公司）、魏仁俊人身损害赔偿案，本公司发表如下答辩意见：

　　1. 本车属于道路交通事故，应追加保险公司为被告。原告虽因过失自伤，但仍属于道路交通事故。《交通安全法》第119条规定："交通事故"，是指车辆在道路上因过错或者意外造成的人身伤亡或财产损失的事件。这表明，道路交通事故包括车辆在道路上的意外事件，原告属于意外事件，也应认定为交通事故。公司这辆车在保险期内，公司按《交通安全法》第76条（无过错赔偿义务人）规定，已于2016年9月3日向法庭递交了追加中国财险常新市武尚支公司为被告的申请，法院应当通知该保险公司到庭参加诉讼。

2. 保险公司不以责任划分为前提，是无过错限额赔偿。《交通安全法》第76条规定：机动车发生交通安全事故造成人身伤亡、财产损失的，由保险公司在机动车第三者责任强制保险责任限额范围内予以赔偿。超过责任限额的部分，按当事人责任分担。该规定表明，保险公司是法定的赔偿义务人，是不以责任发为前提的对被保险人全额赔偿。

有人提出，现在仍应以商业保险，按责任划分赔偿，这是与《交通安全法》的规定相违背的。我国法律适用原则是，《交通安全法》2004年5月1日实施后，车辆保险凡有与《交通安全法》相违背的赔偿约定是无效的，约定不能对抗《交通安全法》的实施，新法优于旧法，特别法优于普通法，法律优于法规和部门规章，这是人民法院审判中适用法律的基本原则。中国保监会不开展"交强险"业务是自己的问题，但不能对抗《交通安全法》的实施。因此，本案应按《交通安全法》的原则确定保险公司的赔偿。

3. 原告以财物所有权为由状告公司于法无据，应予驳回。《最高人民法院关于审理人身损害赔偿案件适用法律若干问题的解释》（以下简称《解释》）关于赔偿义务人的主体与交通事故有关的有三种：

（1）财物所有人赔偿。《解释》第16条规定，因道路、桥梁、隧道、建筑物、堆放物、树木等倒塌致人伤害的，财物所有人承担赔偿责任。

（2）雇主对雇员赔偿。

（3）被帮工人对帮工人赔偿。

公司不符合上述三种情况的规定，不能列为被告：①公司对车辆有所有权，不是《解释》第10条中所列项目的所有权，且已发包他人经营，这一点讲，不能列为被告；②公司未雇请李×开车，公司不是雇主。公司与张××《承包合同》第9条约定：承包经营期间所发生的费用，由承包方自行处理，其中包括上岗人员工资、养老金、医保等费用。第4条第9项还约定承包人是自己承担交通事故的所有损失，第4条第10项还约定禁止无任何资质人员上岗。这三条约定的核心，承包人自己雇用司机、自己开工资、自己承担事故损失。第一届承包人鄢红初在庭陈述，李×开始由鄢雇请，每天工资40元，鄢转包给张××后由张雇请并开工资。公司与李×没有雇用法律关系，也不能列为被告；③公司与李×没有帮工关系，更不能列为被告。

以上事实表明，原告以财物所有权和雇佣关系状告公司，没有法律和事实依据，应当驳回。

4. 原告自己有重大过错，应相应减轻赔偿人的赔偿数额。《解释》第2条规定：受害人对同一损害结果有重大过失的，可以减轻或者免除赔偿义务人的赔偿责任。原告是自伤，无侵权对象。原告从鄢红初车上下车、张××雇请后，不到公司申办上岗证，开这辆车经历两届承包人不熟悉车门手开关，自己不小心被摔伤，都是自己的过错，虽然有法条支持他的赔偿，但自己要承担大头损失。

5. 被抚养人不具备扶养条件，应当取消。按照《解释》第28条规定，丧失劳动能力的人才能列为抚养对象，但原告没有向法庭提交被扶养人丧失劳动能力的证据，说明还没有丧失劳动能力，不具备扶养条件，不能列赔偿，况且还是农村户口中。

（三）民事判决书

湖南省常新市武尚区人民法院
民事判决书

（2016）武民初字第495号

原告李×，男，1980年10月2日出生，汉族，身份证号码×××××，住常新市武城区草坪镇先锋村14组。

原告李××，男，1956年8月5日出生，汉族，身份证号码×××××，农民，住常新市武城区草坪镇先锋村14组，系原告李×之父。

原告刘×，女，1956年10月6日出生，汉族，身份证号码×××××，农民，住常新市武城区草坪镇先锋村14组，系原告李×之母。

三原告共同委托代理人周晓明，湖南大地律师事务所律师，代理权限系特别授权。

被告常新市花城公交巴士有限责任公司，住所地：常新市人民西路199号。

法定代表人刘凡荣，系该公司总经理。

委托代理人秦××，湖南天泰律师事务所律师，代理权限系特别授权。

委托代理人程××，湖南天泰律师事务所律师，代理权限系一般授权。

被告张××，男，1972年6月16日出生，汉族，身份证号码×××××××，个体经营户，住常新市武尚区三岔路白莲寺104栋11号。

委托代理人林彬彦，湖南南天律师事务所律师，代理权限系特别授权。

原告李×、李××、刘×与被告常新市花城公交巴士有限责任公司（以下简称花城巴士公司）、被告张××雇员受害赔偿纠纷一案，本院于2016年5月18日立案受理，并依法由审判员王锦担任审判长，与审判员刘湘、刘南青组成合议庭，于2016年8月20日公开开庭对本案进行了审理。三原告共同委托代理人周晓明、被告花城巴士公司委托代理人秦××、程××、被告张××的委托代理人蒋××到庭参加诉讼。开庭前，本院依据被告花城巴士公司的重新鉴定申请，依法委托常新市凯信司法鉴定所对原告李×的伤情进行了重新鉴定。本案现已审理终结。

三原告诉称：2016年1月31日11时许，原告李×受被告张××之雇驾驶被告花城巴士公司牌号为湘RY0×××号6路公交车经过常新市文化宫路段时，因该车电路发生故障不能正常运行，乘客纷纷要求下车，但此时车门无法打开。为排除故障，原告李×便从驾驶室旁的车窗窗口跳下，不慎被保险带绊住腿，导致原告头部着地，当场休克约十分钟，后经常新市第一人民医院香山分院救治，经二次开颅手术，原告才脱离生命危险。现原告已花去医疗费6万余元，而二被告仅支付39 000元。原告驾驶的车辆为被告花城巴士公司所有，由被告张××承包经营。因此，二被告应对原告的损害承担赔偿责任。为此，三原告特具状起诉，诉请判令二被告赔偿三原告各项损失共计人民币459 691元。

三原告对其诉称的事实在举证期限内向本院递交了下列证据：

1. 三原告的常住人口登记卡、原告李×的驾驶证、营业性道路运输驾驶员从业资格证、客运车辆准驾资格证、湖南省客运机动车辆准驾证各一份，拟证明三原告的主体资格及原告李×具备合法的客运车辆驾驶资格。

2. 机动车行驶证、常新市公共交通总公司线路车辆牌号明细表，拟证明原告李×驾驶的车辆系被告花城巴士公司所有。

3. 证人向作荣、杨厚隆的书面证词二份，拟证明原告李×受伤的经过。

4. 被告花城巴士公司倡议书二份，拟证明原告李×系被告聘请员工。

5. 原告李×住院病历一本、诊断证明书一份、常新市司法鉴定中心司法鉴定文书一份，拟证明原告李×的伤情及伤残程度。

6. 鉴定费单据10份，拟证明原告支出鉴定费1166元的事实。

7. 医疗费单据9份，拟证明原告支出医疗费69 606元的事实。

被告花城巴士公司辩称：本案所涉车辆已由被告花城巴士公司发包给被告张××，原告李×系被告张××雇请，被告张××并非被告花城巴士公司的员工或雇员，其个人雇请原告李×不属职务行为，因此花城巴士公司不应承担雇员受损的民事赔偿责任；再次，原告李×系无证驾驶，且持案外人李涛的上岗证驾车，在车辆出现故障后处理不当，采用极其危险的爬窗户的方法解决问题，因此，原告自身对损害的发生存有重大过失，依法应免除赔偿义务人的赔偿责任；关于赔偿项目，原告李×系因自身行为受损，因此无权主张精神损害赔偿，另外，原告李××、刘×作为原告李×的父母，不属于无劳动能力且无生活来源的被扶养人，其请求被扶养人生活费于法无据。而且二被告事发已分别向原告李×支付相当费用，该款应从原告李×请求赔偿的额度中予以扣除。

被告花城巴士公司对其辩称的事实在举证期限内向本院递交了下列证据：

1. 常新公交车辆租赁承包合同一份，拟证明被告花城巴士公司与被告张××系承包关系，被告张××的行为不是职务行为。

2. 交警支队车辆管理所查询证明、案外人李涛的驾驶证基本信息各一份，拟证明原告李×系无驾驶证上岗驾车。

3. 被告花城巴士公司上级公司常新市公共交通总公司为原告李×垫付医药费25 010元的收据一份，倡议书及捐款名单一份、原告刘×金额2000元的借支单一份，拟证明被告花城巴士公司已为原告李×支付相应费用的事实。

4. 交警支队对被告张××的讯问笔录一份，拟证明被告张××与原告李×系雇佣关系，原告李×的伤系自身行为造成。

被告张××辩称：首先，原告李×受伤自身存有重大过失，依法应减免赔偿义务人的赔偿责任；其次，原告李××、刘×诉请被扶养人生活费缺乏法律依据；再次，原告主张的相关损失过高。

被告张××对其辩称的事实在举证期限内向本院递交了被告张××垫付原告李×医药费 29 465 元的相关票据。

对原告所举证据 1，被告花城巴士公司对三原告户口底卡未提出异议，但对李×的驾驶证、从业资格证、准驾资格证等均提出异议，认为系伪造；对原告所举证据 2、3、4，二被告均表示认可；对原告所举证据 5，二被告的质证意见是仅认可凯信司法鉴定中心出具的鉴定书；对原告所举证据 6，被告花城巴士公司未发表质证意见，被告张××对其中金额分别为 6 元、70 元的两份票据的客观性提出异议；对原告所举证据 7，被告花城巴士公司未提出异议，被告张××对其中金额分别为 40 元、140 元的票据不予认可。

对被告花城巴士公司所举证据 1，三原告的质证意见是该份合同发包方为常新市公共交通总公司，与被告花城巴士公司无关；对被告所举证据 2，三原告的质证意见是交警支队的查询证明不能作为证据使用；对被告花城巴士公司所举证据 3，三原告不予认可；对被告花城巴士公司所举证据 4，三原告予以认可。对被告张××所举垫付医疗费的相关票据，三原告予以认可。

合议庭认为原告所举证据 1 中的驾驶证、从业资格证等证据均为原件，且有相关行政职能部门的年度审核认可，其作为制式书证，证明效力应大于交警支队出具的查询证明，故合议庭对该组证据予以采信；对二被告无争议的原告所举证据 2、3、4，合议庭予以认可；对原告所举证据 5，合议庭认为符合证据的客观性、关联性、合法性，本院予以采信；对原告所举证据 6，均系收治医院出具的制式收据，合议庭予以采信；对原告所举证据 7，合议庭除对被告张××提出异议的 40 元不予认可外，对其余部分均予以采信。

对被告花城巴士公司所举证据 1，合议庭认为虽然合同签订方为常新市公共交通总公司，但实际履约主体为被告花城巴士公司，因此合议庭对该份证据予以采信；对被告花城巴士公司所举证据 2，合议庭认为查询证明不能对抗书证，故合议庭不予采信；对被告花城巴士公司所举证据 3，合议庭予以认可；对被告花城巴士公司所举证据 4，合议庭亦予以采信。对原告方无异议的被告张××所举垫付医疗费的票据，合议庭亦予以采信。

根据采信的证据及各方当事人的法庭陈述，本院确认以下案件事实：

2015 年 6 月，常新市公交总公司与案外人鄢红初签订了《常新公交车辆租赁营运合同》，由鄢红初租赁承包经营常新市城区 6 路线路的营运及湘 RY0×××号车辆的承包经营权。合同签订后，鄢红初聘请李×为其担任湘 RY0××号公交车驾驶员，并办理了名为"李涛"的上岗证。2015 年底，公交总公司终止了与鄢红初的租赁承包合同，于 2016 年 1 月 4 日与张××签订了与上述租赁承包合同内容相一致的格式租赁承包合同。受张××的雇请，李×继续留在湘 RY0×××号车辆担任驾驶员，为张××开车，所持上岗证姓名依然为"李涛"。2016 年 1 月 31 日上午，李×在家休息，张××电话通知李×，要求其加班开车。当李×驾驶湘 RY0×××号公交车行经 6 路线至文化宫站时，因车门打不开，乘客无法下车，李×欲从驾驶室后的窗口跳下后去开启车门，不料脚被保险带缠住，导致头部着地负伤，构成重度伤残。事故发生后，公交公司及张××分别垫付李×住院医药费 25 010 元和 29 465 元。

本案审理过程中，依据原告李×的申请，本院依法委托常新市司法鉴定中心对原告李×的伤残程度等进行了法医学鉴定。该中心于 2016 年 8 月 2 日作出常司鉴（2016）医鉴字第 341 号法医学鉴定书，该鉴定书认定原告李×的损伤已分别构成二级、四级、五级伤残，医疗终结时间为 180 天，住院治疗期间需护理，终身部分护理依赖、住院治疗期间及门诊治疗期间的医疗费按实际需要，需后期医疗费 20 000 元左右。被告花城巴士公司对该鉴定不服，向本院提出重新鉴定申请，本院遂委托常新市凯信司法鉴定所对原告李×的伤残程度进行重新鉴定，该中心于 2017 年 1 月 12 日作出常凯司鉴（2017）临鉴字第 12413 号总第 530 号司法鉴定意见书，该鉴定书认定原告李×的损伤已分别构成二级、四级、五级、八级伤残，医疗终结时间 6 个月，住院期间需陪护一人，终身部分护理依赖，急诊及住院期间医疗费按实际开支酌定，后期医疗费可参考常司鉴（2016）医鉴字第 341 号法医学鉴定书后期医疗费意见。

另查明，原告李×急诊及住院已自行支出医疗费合计为 44 566 元。支出法医鉴定费 1166 元。

本院认为：据本院业已查明的事实，常新市城区 6 路线路城市公交客运经营权归属于被告花城巴士公司。在实际的经营过程中，被告花城巴士公司实行将其所有的公交车辆及线路经营权以向不特定对象发包的方式的模式经营，该种经营模式是企业经营自主权的体现，但依据权利义务一致的原则，被告花城巴士公司在享有自主经营权的同时，必须承担与其经营权相一致的义务。本案中，被告花城巴士公司在履行其控股公司常新市公共交通总公司与被告张××签订的常新公交车辆租赁承包合同中，虽然约定上岗人员工资、养老金、医保等费用及承包期内发生的交通安全事故损失由承包人负担，但该约定将被告花城巴士公司经营线路公交车上岗人员依法应享有的相关劳动权利以合同的形式转嫁给不具备用工主体的承包人张××承担，该约定依法只在二被告间发生明确相关民事权利义务的法律后果，但该规定显系规避法定义务的行为，损害了不特定对象即公交车上岗司机的合法权益，因此，被告花城巴士公司仍应对承包人用工过程中发生的损害事故承担民事责任。原告李×在受雇于被告张××承包经营的公交车驾驶期间因工作原因受损，被告张××依法应承担相应的赔偿责任。但鉴于原告李×在所驾驶的公交车发生故障时，为排除故障，自身处理不当，采取跳窗的危险方式，且疏于注意自身安全，应认定其对损害的发生具有重大过失，依法可适当减轻二被告的民事赔偿责任。

关于具体的赔偿项目及赔偿额度，应包括医疗费 99 041 元（原告李×自支 44 566 元，二被告垫交 54 475 元）、后期治疗费 20 000 元；误工费 9000 元（50 元/天×180 天＝9000 元）；护理费 379 000 元（50 元/天×180 天＋50 元/天×365 天×20 年＝379 000 元）；营养费 2700 元（15 元/天×180 天＝2700 元）；残疾赔偿金 74 180 元［3709 元/年×20 年×（90%＋5%＋5%）＝74 180 元］；精神抚慰金本院酌定为 20 000 元；交通费本院酌定为 1000 元。上列各项合计为 604 921 元，二被告承担该赔偿额度的 70%，即 423 444.7 元，抵扣二被告已付原告李×医疗费 54 475 元，二被告还应赔偿原告李×各项损失 368 969.7 元。

关于原告李××、刘×主张的被扶养人生活费，本院认为，二原告并未向本院提交其丧失劳动能力且无其他生活来源的相关证据，其诉讼请求缺乏事实及法律依据，本院依法不予支持。

据此，依照《中华人民共和国民法通则》第一百零六条、第一百一十九条、第一百三十条、第一百三十四条、《最高人民法院关于审理人身损害赔偿案件适用法律若干问题的解释》第一条、第二条、第三条、第十一条、第十八条第一款、第十九条、第二十条、第二十一条、第二十二条、第二十四条、第二十五条、第三十一条之规定，判决如下：

一、被告常新市花城公交巴士有限责任公司、被告张××共同赔偿原告李×各项损失共计人民币368 969.7元，二被告相互承担连带赔偿责任。

二、驳回原告李××、刘×的诉讼请求。

三、驳回原告李×的其他诉讼请求。

本案诉讼费8200元，由二被告各承担3425元，三原告共同承担1350元。

如果未按本判决指定的期间履行给付金钱义务，应当依照《中华人民共和国民事诉讼法》第二百二十九条之规定，加倍支付迟延履行期间的债务利息。

如不服本判决，可在判决书送达之日起十五日内，向本院递交上诉状，并按对方当事人的人数提出副本，上诉于湖南省常新市中级人民法院。

审判长　　　王　×

审判员　　　刘××

审判员　　　刘　×

二〇一七年三月五日

书记员　　　严　×

五、案件简要评析

本案是一起因雇员在工作中受伤而引发的民事赔偿纠纷，在司法实践中法官们对该案如何定性是存在很大争议的。一种意见认为，本案是一起劳动争议纠纷。理由是：张××虽享有线路承包权，但对司机的聘请没有充分的自主权，他必须在花城巴士核发了上岗证的司机范围内选择，李×持名为李涛的上岗证为张××所聘，花城巴士没有提出异议，应视为花城巴士默认了李×的上岗资格，李×在工作过程中受伤，应当属于工伤，本案应当按照劳动争议的处理程序，进行仲裁前置。第二种意见认为，本案是一起雇员损害赔偿纠纷。理由是：张××与常新市公交总公司签订的承包合同中已明确约定双方是租赁承包关系，张××的用工有其自行决定，张××聘用李×为司机为其开车，双方形成的是雇佣关系，张××只是在司机聘用等问题上受公司管理。因此本案是雇员损害赔偿纠纷，无须经过仲裁前置程序，而可以直接向人民法院起诉。对此，同学们可以在模拟审判时作思考。

本案的另一争议焦点就是当事人之间的责任分配问题。因本案最终是按照雇员损害赔偿纠纷处理的，因此张××是责任难逃，关键是花城巴士在本案中是否应当承担责任的问题。本案合议庭认为，张××与常新市公交总公司签订的承包合同不能免去其应当承担的责任，他们是一种内部承包关系，其相互之间的约定不能损害第三人的利益，因此花城巴士仍然要承担对承包人在用工过程中的责任。

六、附证据材料

（一）原告证据材料

1. 原告证据一：

（1）李×的户口底卡（略）。

（2）李××的户口底卡（略）。

（3）刘×的户口底卡（略）。

（4）李×驾驶证（略）。

2. 原告证据二：

（1）常新市花城公交巴士有限责任公司大型普通客车行驶证（略）。

（2）常新市公共交通总公司线路车牌号明细（略）。

3. 原告证据三：

（1）向作荣的证词（略）。

（2）陈厚隆的证词（略）。

4. 原告证据四：倡议书（略）。

5. 原告证据五：

（1）李×住院病历。因病历内容与诊断证明书内容相近，且内容较杂，故未录入。同学们模拟审判时可用空白纸张代替。

（2）李×诊断证明书。湖南省常新市第一人民医院香山分院诊断证明书（略）。

6. 原告证据六：李×申请鉴定的鉴定费单据10份，因内容较杂，故未录入。这10份单据可以证明原告支出鉴定费1166元。同学们模拟审判时可用空白纸张代替。

7. 证据七：李×医疗费单据9份，因内容较杂，故未录入。这9份单据可以证明原告支出医疗费69 606元。同学们模拟审判时可用空白纸张代替。

（二）被告花城巴士证据材料

1. 被告证据一：常新公交车辆租赁承包合同（略）。

2. 被告证据二：

（1）常新市交警支队核对机动车驾驶证限制/重复办证的证明。

（2）常新市公交总公司的证明。证明公司6路线湘RY0105车没有办理过李×同志的上岗证。

3. 被告证据三：

（1）花城巴士公司为李×垫付医药费的收据一份（略）。

（2）刘×的借支单一份（略）。

4. 被告证据四：讯问笔录（略）。

（三）被告张××证据材料

第三人张××的证据：为李×垫付医药费的单据共计14张，因较繁杂，故未录入，同学们模拟审判时可用空白纸张代替。

（四）法院调查取证材料

法院调查取证材料一：湖南省常新市司法鉴定中心法医学鉴定书（略）。

法院调查取证材料二：常新市凯信司法鉴定所司法鉴定意见书（略）。

第四编

行政案件第一审普通程序模拟审判

第九章

行政案件第一审普通程序的基本原理

第一节　行政案件第一审普通程序的概念与特点

一、行政案件第一审普通程序的概念

行政案件第一审普通程序是根据我国行政诉讼法的规定，人民法院自立案至作出第一审判决所应遵循的方式、方法和步骤，也是行政案件的当事人进行第一审行政审判通常所遵循的方式、方法和步骤。它包括开庭前的准备、法庭调查、法庭辩论、合议庭评议和宣告判决等环节。由于我国行政审判制度实行两审终审原则，因此，行政案件第一审普通程序是所有行政案件必经的审判程序，第一审普通程序也成为行政审判的基础程序。

二、行政案件第一审普通程序的特点

行政案件第一审普通程序在行政诉讼程序中处于十分重要的地位，具有其他程序无法取代的功能和作用，其基本特征如下：

（一）行政案件第一审普通程序是最完整的行政诉讼审判程序

在行政案件审判程序中，第一审普通程序的内容最系统、最完整，它系统、完整地规定了从当事人起诉、法院受理案件，到开庭前的准备，开庭审理，直至人民法院作出第一审裁判的不同阶段以及各个阶段依次进行的步骤和程序，同时对行政审判的基本制度做了专门的规定。

（二）行政案件第一审普通程序是行政审判中的基础程序

第一审普通程序是人民法院审理第一审案件通常所适用的程序，也是第二审程序或审判监督程序得以进行的前提，因此第一审普通程序是行政诉讼

程序的基础程序。

（三）行政案件第一审普通程序在适用中具有独立性和广泛性

一方面，第一审普通程序是独立的诉讼和审判程序，它不依附于其他程序而独立存在；另一方面，人民法院适用第二审程序和审判监督程序审理各类案件时，如果适用的程序没有相关的规定的，都要适用第一审普通程序的相关规定。

（四）行政案件第一审普通程序的组织形式为合议庭

与民事审判不同，行政案件第一审普通程序必须采取合议庭的组织形式，依少数服从多数的原则对案件进行审理和裁决。合议庭的成员应是 3 人以上的单数。

（五）行政案件第一审普通程序不适用调解

根据我国《行政诉讼法》第 60 条的规定，人民法院审理行政案件，除行政赔偿、行政补偿、行政机关行使法律法规规定的自由裁量权的案件外，不得采用调解方式，也不得以调解方式结案，只能依法作出判决。因此，行政案件第一审普通程序法官不得进行调解或变相调解。审理行政案件不适用调解的原因主要在于：其一，行政诉讼的核心是审理具体行政行为的合法性，此合法性的判断有明确的事实标准和法律依据，不容争议双方当事人相互协商。因此，具体行政行为要么合法，要么违法，在合法与违法之间不存在其他可能，也就不存在法院调解的空间和余地。其二，调解的前提是当事人双方必须对其权利享有实体上的处分权，而在行政案件当事人中，虽然原告可能享有一定的实体处分权，但被告行政机关因为行使的是国家管理权，这些职权同时也是其法定职责，不允许其随意处分。

第二节　行政案件第一审普通程序的诉讼参与人

一、审判人员

基层人民法院、中级人民法院适用普通程序审理的一审行政案件，由审判员（含代理审判员）三人或由审判员和人民陪审三人组成合议庭进行审判。合议庭由院长或者庭长指定审判员一人担任审判长，院长或者庭长参加审判案件的时候，自己担任审判长。审判员和人民陪审员三人组成合议庭，只能由审判员一人、人民陪审员二人组成，或者由审判员二人、人民陪审员一人组成，不得由三名人民陪审员组成合议庭。由审判员和人民陪审员组成合议庭时，审判员担任审判长，人民陪审员不得担任审判长。人民陪审员在参加合议庭审理案件时，同审判员有同等的权利。

二、书记员、证人、翻译人员、鉴定人等

《中华人民共和国行政诉讼法》对书记员的人数没有作出明确规定，司法实践中，一般由一名书记员庭审记录，现在对大型的庭审活动，也常常由二名书记员作庭审记录，一名书记员笔录，一名书记员用电脑记录。除了书记员之外，根据行政模拟审判的需要，还可设立其他人员，如证人、翻译人员、鉴定人等。

三、原告组成人员

根据行政案件的需要，原告可以是 1 人，也可有若干人组成共同原告；每个原告可以聘请1~2 名代理人。

四、被告组成人员

被告是某一行政机关或法律法规授权的组织，如果是两个以上的行政主体共同作出的，则被告是两个或两个以上的行政主体；每个被告可以聘请一至二名代理人。

第三节　　行政案件第一审普通程序中常用法律文书与写作

一、行政起诉状的写作方法与格式

（一）行政起诉状的概念

行政起诉状是指被行政主体所支配的自然人（公民）、法人或其他组织，不服行政主体的具体行政行为，向人民法院递交的陈述诉讼事实、诉讼证据、诉讼理由、诉讼依据和诉讼请求，请求人民法院依法审查该具体行政行为合

法性并撤销或变更具体行政行为，或判决行政主体履行行政职责、行政义务，或承担行政赔偿责任的诉讼文书。行政起诉状就是通俗讲的"民告官"的诉状，它是国家政治民主化和行政法制化达到一定程度的产物。

（二）行政起诉状的写作方法

行政起诉状属文字叙述性文书，其内容依次为：

1. 当事人基本情况。行政诉讼原告是指被行政主体所支配的自然人（公民）、法人或其他组织，也就是被行政权所支配的对象，行政法上称为行政管理相对人。法人包括企业法人、事业法人、社团法人、机关法人4类。机关法人中的行政机关在行政诉讼关系中最为特殊，常会出现两种角色：行政管理相对人或行政主体。区分的关键是看这个机关法人是受行政权支配还是以自己名义行使行政权。若该机关法人被行政权支配就是行政管理相对人。如公安机关在土地管理局申请办理土地使用权证书时就是行政管理相对人。土地局办理土地使用权证书及发证时是行政主体。若该机关法人在行使行政权进行行政管理时就是行政主体。如公安机关在治安处罚时、户籍管理时、交通安全管理时、公共安全管理时就是行政主体。各机关法人行政权范围不同，这就是各自的职能权限不同。该机关法人能够成为行政主体的实质条件就是看法律是否赋予它们某种具体的职能权限。行政主体在行政管理相对人提起行政诉讼时充当行政诉讼的被告。该机关法人在日常进行民事活动时，也就是行使本身具有的民事权利时就是民事主体，发生争议进行诉讼时也只能是民事诉讼主体，即民事诉讼原告或被告或第三人。例如公安局买办公电脑，电脑质量有问题，协商解决不成，公安局可以依据买卖合同或买卖电脑事实，作为原告起诉电脑销售商，公安局此时是民事主体和民事诉讼主体，因而，机关法人的角色取决于它所处的法律关系性质及行使权利的性质，一定要弄准确。

（1）原告××××××（与民事诉讼当事人情况相似）。

（2）被告××××××（全称）住所地×××××。

法定代表人姓名、行政职务。

行政诉讼的被告只能是行政主体，即行使行政权管理行政事务的行政机关或法律、法规授权的组织。行政机关当被告时，行政长官写为法定代表人。法律、法规授权组织当被告时，负责人写为代表人。除二者外，任何社会主体不能充当行政诉讼被告。行政管理的复杂性决定了行政诉讼被告的复杂性。必须按法律及司法解释的规定选准被告。

（3）第三人……（同原告情况）。第三人是指同被起诉的有争议的具体行政行为有行政法上的利害关系的自然人（公民）、法人或其他组织。也就是受被诉的具体行政行为在诉讼上的不同结果直接影响的利害关系人。

2. 诉讼请求（书写居诉状中间）。例：请求人民法院依法撤销或变更××机关××号××决定（具体行政行为）。

行政诉讼的诉讼请求具有自己特殊性，主要请求内容有：

（1）请求人民法院依法撤销某行政机关的某具体行政行为。

（2）请求人民法院依法变更某行政机关的行政处罚行为。

（3）请求人民法院依法判决被告履行法定职责、法定义务。

（4）请求人民法院依法判决被告赔偿行政侵权损失、损害。

诉讼请求要按行政诉讼法的规定，合法合理，客观具体。

3. 事实与理由。

（1）诉讼事实。具体叙述被告的具体行政行为违反法律规定、要求或显失公正或具体不履行法定职责、法定义务或行政行为造成侵害的事实。按背景、时间、地点、人员、原因、动机、目的、过程、后果、现状等要素，把诉讼事实叙述具体、清楚。行政诉讼的诉讼事实一般分为三部分：①原告涉及引起行政主体具体行政行为的事实。②行政主体作出具体行政行为的过程或不作为的具体行政行为过程的事实。还包括行政主体行政违法侵权的行为过程及损害后果的事实。③原告与行政主体交涉、申辩、请求、复议、甚至听证及效果、结果的事实。

（2）诉讼理由。行政诉讼的理由就是以法律为武器，具体论述被告的具体行政行为是违法的，应当依法撤销，行政侵权造成侵害、损害的还应当依法赔偿。如果行政主体以不作为形式不履行法定职责、法定义务，则论述应当依法判决被告限期履行法定职责、法定义务。若行政处罚显失公正，则应当依法予以变更。违法的具体行政行为才被依法撤销，因而，论述具体行政行为违法至关重要。要从行政主体的主体资格，行政管理权限（职能权限、地域权限、权限幅度），行政执法的事实前提（事实是否确实、清楚），行政执法的证据（证据是否确实、充分），执法的法律依据（是否合法、有效），适用法律、法规的结果（定性、结果、轻重、是否合法），行政执法程序（次序先后、告知要求、法定形式、手续票据、取证裁决、公正原则、申辩救济等是否合法、是否做到公正）以及行政执法目的是否正当，动机是否合法等方面论述。只要有一点达不到合法要求，该具体行政行为就是违法的，具体行政行为是违法的，人民法院就应当依法撤销。

具体行政行为违法的具体表现常有以下几种：①行政主体不合法；②超越行政职权；③行政执法事实不清或事实不实；④行政执法证据不实或不充分；⑤行政执法依据不合法或无效；⑥适用法律、法规错误；⑦行政程序违法；⑧滥用行政职权。出现以上任何一个便是具体行政行为违法。因而，只要能论述一个违法表现即会胜诉。最后引用法律、行政法规的规定，参照规章的规定，作为诉讼请求的法律依据。

4. 证据。

说明证人姓名、住址、联系方式。其他证据的名称、来源、证明内容。

5. 送交法院。

此致

×××人民法院

6. 落款。

起诉人姓名（签字或盖章），年 月 日。

起诉人是法人的则要写明起诉人法人全称及法定代表人，加盖法人公章于年月日中间。

（三）行政起诉状的基本格式

行政起诉状

原告：姓名，性别，出生年月日，民族，籍贯，文化程度，工作单位和职业，住址。

被告：全称，住所地，邮编。

法定代表人：姓名，职务，电话。

第三人：姓名，性别，出生年月日，民族，籍贯，文化程度，单位和职业，住址。

诉讼请求：

1. 请求人民法院依法撤销被告×××××违法行政行为。

2. 请求人民法院依法判决×××××。

3. 请求人民法院依法判决×××××。

事实和理由：

……

证据及证据来源、证人姓名和住址、电话。

此致

×××人民法院

起诉人姓名

年　月　日

附：起诉状副本×份

（四）行政起诉状的写作范例

行政起诉状

原告：××省××市××酿酒有限责任公司。

住所地：××市××路××幢××室。

法定代表人：吴××，经理。

被告：××市××区人民政府。

法定代表人：陈××，区长。

诉讼请求：

1. 依法撤销被告对原告生产车间的非法查封。

2. 对被告查扣原告的××酒245箱，××特曲300箱作价赔偿。

3. 赔偿原告因被告的非法查封行为所造成的经济损失20万元。

4. 被告在同等范围内给原告恢复名誉，消除影响，并赔礼道歉。

5. 承担本案的诉讼费用。

事实和理由：

原告是依法成立的生产、销售白酒的有限责任公司，××××年×月×日上午，自称是被告成立的××区酒类市场管理办公室来了数十人，在未向原告出示任何证件的情况下，要对原告公司进行检查。他们在查看了原告的有关文件和厂房车间、仓库、检验室后，未向原告说明任何理由，当即强行将原告生产大门封上，拉走原告××酒245箱、××特曲300箱。他们拉走原告的酒后，仅向原告出具了暂扣便条，便条上加盖的是"××市××区酒类市场整顿领导小组办公室"的印章，查封的封条开始用的是××区技术监督局的封条，由于××区技术监督局坚决反对他们这种违法行为，××××年×月×日上午又被换成"××市××区酒类市场整顿领导小组办公室"的封条。事情发生后，在×月×日和×月××日的××电视新闻中，播放了××区酒类市场整顿领导小组办公室在原告公司非法查扣的有关镜头，并宣称原告为某村庄内一家私营酒厂造假酒，酒办进行了强行关闭。××市××区酒类市场整顿领导小组办公室非法查封原告的生产车间至××××年×月×日才予以解封，所扣原告的××酒被电话通知，要求原告自行拉回，但原告至今不知去向。

综上所述，原告系依法成立的白酒制造有限责任公司，并依法取得了生产、经营白酒的资格。原告所生产的××系列白酒均已通过××市××区卫生局、××市产品质量监督检验所的检验，其检验结果均符合 GB2757-81 标准和 GB10781-89（一级）标准。建厂以来，生产经营状况良好，产品远销上海、北京等地，为本地经济发展做出了贡献。被告临时成立的酒类市场整顿领导小组办公室于中秋、国庆白酒热销期间，从部门利益的保护出发，无视国法，胆大妄为，突然非法查封了原告的生产车间，查扣原告所生产的××酒，严重影响了本厂在全国各地销售市场的节日供应，给原告造成了严重的经济损失和名誉侵害。为维护原告的合法权益，促进被告依法行政，特依法具状诉诸贵院，请求依法公正裁决，判准所请。

此致

××市中级人民法院

起诉人：王××

××××年×月×日

附：书证×件，计×页。

二、行政答辩状的写作方法与格式

（一）行政答辩状的概念

行政答辩状是指行政诉讼中的被告针对原告的起诉，向人民法院递交的陈述诉讼事实、诉讼证据、诉讼理由、诉讼依据，提出否定或反驳对方的诉讼请求的文书。

（二）行政答辩状的写作方法

答辩状仅具有防守性，只是否定和反驳对方的诉讼请求，即打退对方进攻，而不具有进攻性，这是与反诉状不同的地方。

1. 当事人基本情况。

（1）答辩人（本案××）……（同上）。

（2）被答辩人（本案××）……（同上）。

2. 过渡段。"答辩人×××因×××一案，现提出答辩。"

3. 答辩内容。答辩是运用自己掌握的诉讼事实、证据、理由（法理）、依据（法条），针对对方的诉讼请求以及对方依据的事实、证据、法理、法条诸方面进行否定或反驳，从而否定对方诉讼请求的论理说理过程。要求有根有据、有理有法、有针对性、有说服力。

（1）针对对方事实上的问题否定或反驳。

（2）针对对方证据上的问题否定或反驳。

（3）针对对方理由上的问题否定或反驳。

（4）针对对方引用法条上的问题否定或反驳。

（5）归纳对方诉讼请求不能成立或无依据。

（6）表达自己对本案的具体请求，请求人民法院否定或驳回对方。

4. 送达法院。

　　此致

×××人民法院

5. 落款。

　　　　　　　　　　　答辩人：×××（签名或盖章）

　　　　　　　　　　　　××××年×月×日

（三）行政答辩状的基本格式

行政答辩状

答辩人：×××，住址×××。

法定代表人：××。

委托代理人：××。

答辩人×××因×××一案，针对×××的诉讼请求，提出答辩如下：

……

……

此致

×××人民法院

附：本答辩状副本×份

答辩人：×××

年 月 日

（四）行政答辩状的写作范例

行政答辩状

答辩人：×××市××区城市建设环境保护局，住址：××区×街×号。

法定代表人：赖××，局长。

委托代理人：王××，副局长。

因李××不服本局行政处罚向贵法院起诉一案，针对原告李××的诉讼请求，提出答辩意见如下：

1. 关于李××在私房建筑中的5处违章事实和对其处罚的法律依据。

（1）李××违法增建地下室。李××于××××年×月20日写了一份《申请》，请求建南楼二层六间，还未获批准，就于××××年×月初动工挖了地下室，深约一米，西端紧靠西邻居吴××家的门洞。××××年×月×日李××的邻居吴×来我局向建管科原科长袁××反映李××挖地下室，影响他家门洞，请城建局解决。而后，其爱人孙××又来反映此事，并请求尽快解决。当时建管科科长袁××和史××等人到李××家查验了现场，指出李挖地下室是违章施工。史××说："挖地下室必须停工，立即采取防护措施，否则后果自负。"××××年×月李××曾两次找主持建管工作的副局长鲁××，请他帮助把南楼批了。鲁××批评他与邻居关系搞得不好，并告诉他要把邻里关系搞好，办证手续章盖全后，才能批准。此后此事无进展，也就一直未批准他盖南楼的申请。后李于××××年×月又提出盖东楼的申请。在××××年×月9日我局以（××）×建字第×号《私房建筑许可证》批准其建东楼时，史××，袁××对其明确提出："把地下室填上，按许可证批准的事项和有关规定施工。"事实证明，李××建地下室是先斩后奏，没有经过任何人的同意，更没有任何批准手续，纯属违章建筑。其行为违反了《××市私房建筑管理实施细则》第 11 条："在距邻居地界一米内，不准挖坑、挖沟或形成积水"的规定。直到××××年×月13日我局刘××、刘××，吴××等四位同志到李××家，再次丈量所建房屋尺寸，地下室还依然存在。

（2）李××的《私房建筑许可证》上批准的建筑面积为43.3平方米，但其实际建筑面积是45.99平方米，共超出2.7平方米，这是由于加宽、加长了各0.10米而造成的，是违章行为。

（3）李××的《私房建筑许可证》上批准楼房高度为 6 米。李××和其子在××××年×月9日办理许可证时，我局经办人员史××、校××等人向他明确交代了房高6米的起标点是以×村中心点加20厘米起标。随后，我局鲁××又向他强调了这一点。建房户李××是清楚的。这一点，李××在诉状中也承认了。原告自称：是"按照被告批准的（××）×建字第×号《私房建筑许可证》厦建楼图纸和其他要求，于…××××年×月10日在×村×号自家院落内建成一座二层东楼。"但事实上李××又擅自提高房屋的高度，其所建的楼房高度是7.2米，超出标准的高度1.02米。所以认定其违反了《××市私房建筑管理规定实施细则》第3章第5条"房屋的层高一般应控制在3~3.2米……临街房屋标高，高出道中心15~20厘米为宜，不允许任意提高房屋标高，影响四邻"的规定。

（4）擅自改变建筑立面。李××的申请图纸为东楼，正立面为西立面，主要的门窗向西开。按图，有两个向西开的门，并无申请向南开门。因其南临××村×街，东邻胡同、北邻自己的北房，而同意他在三面各开一个小侧窗。但李在施工中，擅自将建筑正立面改成南立面，改变批准的建筑立面，将东楼变成了北楼，因而造成了西侧二层出现了侧窗；同时，由于其将东楼改变成北楼，违背了我局的批示，所以在实际上就等于我局所批的（××）×建字第×号《私房建筑许可证》由于李××的原因而作废。这是明显的违章行为。

（5）违章建挑檐。按照建筑管理的常规，一切建筑物应限定在平面位置图，即坐落图范围内施工。李××所建房屋应在本局批准的 7.02 米 × 6.20 米内进行，超出此范围就是违章。为了防止李建房时违章，当时主管建筑的鲁局长在审批的李的图纸上明确限定西侧在 1~15 米距离内不能有任何建筑，李对此表示同意，并由李的儿子李××盖了章（见图纸）。但原告无视这一批示，擅自建西侧挑檐 1.1 米多。在李建挑檐过程中，我局工作人员史××听到反映后，找李指出其建筑是错误的，要打掉。××××年×月 6 日史××把李××叫到城建局建管科明确告诉李××："批准你建房宽 6.20 米，你违背批示应该改过来：出 20~30 厘米，我们不能说你出了格，可是你出得太多。"后于×月 4 日，鲁局长和史××同去现场，当着李××和其子的面，明确指出挑檐要全部拆掉，李不接受。后来鲁决定去掉一半，最多留 60 厘米。但李××对这一点仍置之不理，至今还保留 1.1 米的大檐。

从以上可以看出，李××在私房建筑中的错误事实是清楚的。对于李××的违法乱纪行为，我们进行多次批评教育，要求其改正违章行为。李非但不听，反而四处活动，托人讲情。根据《×××市建设规划管理办法》第 23 条之规定，李××在建房中违反了：①未领取建筑执照擅自兴建地下室。②未按批准图纸施工，擅自变更设计，增加建筑面积。根据市建（1983）7 号文，即《×××市私房建筑管理实施》第 15 条第 1 款"无营业执照施工或未按执照批准事项施工，擅自改变位置、层数、面积、立面、结构者"视为违法行为之规定，确认李××的私房建筑有五处违章。我局根据《×××市私房建筑管理实施细则》第 17 条第 1 款"责令停工、纠正、限期拆除"；第 2 款

"处罚房主工程造价的10%以下罚款"；第3款"强行拆除"的规定，我局于××××年×月31日对李××下达了《处罚决定书》，要求其：一是去掉西侧挑檐1.1米；二是去掉二层侧窗；三是对擅自建地下室、改变方位、房高、面积罚款1000元。这是有理有据的，是完全合法的。以上是李××私房建筑的违章事实和对其处理的过程。

2.《起诉状》中说："法院看到××××年×月×日诉状后，责成被告给予解决问题，纠正其错误，"这是李××的谎言。我们之所以撤回这个决定，并不是因为我们对李××处罚的错误，而是因为《处罚决定书》中有两处不当：一是引用文不能只引用市建委规定；二是"限期三天"，法律文件上没有这个规定。撤回只是要重新修正罚款条文，而不是要撤销处罚决定。

3.《起诉状》中说："史××经常隔三天两日至施工现场查看，并在竣工验收时也没有提出异议。"李的这种言论纯系捏造。我们城建局每次批建房户是按照程序规定，即报图纸证件、现场查、验灰线、发建筑许可证、竣工验收这五步进行。哪有那么多时间看着他这一家施工？李在施工中擅自挖地下室，当场就予以纠正，并责令其停工，让其填上。在李的楼房即将竣工时，我们才知道其违章造挑檐一事，又多次进行批评，责令其全部打掉，怎么能说没有提出过异议呢？事实上是李××企图把自己违反建筑规定的责任推给了我们城建局罢了！

4.《起诉状》中原告说他没有违反规定。在我们处理李××违章的过程中，李曾四处活动，托人说情，已多次表示自己违章，要求象征性地罚点款。请看省政府办公厅××给×××区长的信，其中写道："我的一个老战友李××同志退休后在原来的地基上盖了几间房，房檐突出了不到一米，按设计图纸不应突出那么多……本人也承认突出的地方是错误的，请你和有关部门说一下，一是叫本人作个检查或是酌情罚点款……"从这封信中看，其一，李××承认自己盖房是违章的；其二，要求罚款不要打掉房檐。可为什么在《起诉状》中，李××又说自己根本没有违章呢？这只能说明李××出尔反尔，搬起石头砸自己的脚。

综上所述，我局对李××所做的处罚决定是完全正确的、是合乎法律规定的。请求法院依法驳回起诉。

此致

××市××区人民法院

答辩人：××区城建局（公章）

××××年×月×日

附：

1. 答辩状副本 1 份

2. 书证 2 份

3. 证人证言 3 份

4. 现场笔录 1 份

三、行政诉讼代理词的写作方法与格式

（一）行政诉讼代理词的概念

行政诉讼代理词是指行政案件当事人的委托代理人在法庭审理的法庭辩论阶段，陈述认定事实的理由、运用证据的理由、适用法律的理由、阐述代理人意见的综合性发言。一般先写成文书。

（二）行政诉讼代理词的写作方法与格式

行政诉讼代理词与辩护词一样，属于演说发言稿，因而仍是按各部分来确定内容结构。

1. 序言。也称序语，也即开场白。一般要点是：顶边先写称呼："审判长、审判员"或"审判长、人民陪审员"等。接着简要说明自己的身份和诉讼地位，也可简要说明自己调查等准备情况。下来直接导入正文。例如：尊敬的审判长、审判员：我是×××律师事务所律师，我受原告×××的委托，担任原告×××的委托代理人。我接受委托后，对本案纠纷的全过程进行了详细的调查取证。刚才，在法庭调查中，我方已提交了大量的物证、书证及鉴定材料，证据确实、充分，事实清楚、明确。现在我就本案几个重要问题发表以下代理意见。

2. 正文。代理词的核心内容，重点内容。把代理人的观点按大小及逻辑

顺序排成大问题、小问题，进行逐层论述。代理人的武器是：诉讼证据、诉讼事实、诉讼理由（法理）、诉讼依据（法条或法律规定）。要通过严密的法律论证，最终归结为诉讼请求有证有据、合理合法，人民法院应当依法予以支持。代理人如果代理的是抗辩一方，所持武器仍是一样：诉讼事实、诉讼证据、诉讼理由（法理）、诉讼依据（法律规定）。只是最终归结到否定或反驳对方的诉讼请求，论述该请求不合理、不合法或无证无据，即对方诉讼请求无事实支持，无证据支持，无法律上的理由，无法律规定上的依据。最终请求人民法院驳回或部分驳回。

一般地，不管原告方或被告方，代理人都应当从以下主要方面考虑本方的攻或守的方略：

（1）本纠纷的职能管辖问题（也称主管），即该纠纷是否属于人民法院受理或直接受理的问题。这有法律的规定和事实要素的一致问题。若不属于人民法院职能管辖，则应当依法裁定不予受理或依法裁定驳回起诉。

（2）级别管辖，地域管辖，专属管辖异议问题。这些管辖异议的提出是有期间的。只要按法律规定找到本纠纷事实的连结点，即可作出有理有据的论证。若在法律规定的期间以外提出，则人民法院一般不予考虑，会裁定驳回管辖异议。但对该裁定可以上诉。这些管辖争议的论点核心是，该人民法院对本案有无法律规定的审判权问题。

（3）法律关系问题。包括有无法律关系，法律关系是否成立及是否合法有效，是否属此种法律关系，法律关系的两大基本要素是否具备，法律要素、事实要素是否存在等。不属法律关系则不能以法律途径、法律形式解决。法律关系论述是一系列的法律理论论述，同时必须结合本案实际。

（4）当事人的资格、权利、诉讼条件。能成为诉讼当事人是有很多相关要件的，有形式上、实质上的资格要件，没有这资格，称为原告不适格，没有诉讼资格，当然无诉讼权利，而诉讼权利常与实体权利相联系，只有否定实体权利才可否定诉讼权利，但是诉讼权利要有法律授权规定，无授权规定则无。起诉、上诉、申诉及相对抗辩均有法律规定的条件，达不到这些条件，就会被告诫、被驳回，这是法律的规则。

（5）诉讼的前提条件及诉讼时效。很多诉讼是具备了前提条件后才能提起或进行，否则，暂时不能提起或进行。如，根据《行政复议法》第 30 条第 1 款规定："公民、法人或者其他组织认为行政机关的具体行政行为侵犯其已经依法取得的土地、矿藏、水流、森林、山岭、草原、荒地、滩涂、海域等自然资源的所有权或者使用权的，应当先申请行政复议；对行政复议决定不服的，可以依法向人民法院提起行政诉讼。"对涉及自然资源的所有权或者使用权的行政案件，如果行政相对人没有提起复议直接向人民法院起诉，人民法院不予立案受理或驳回起诉。诉讼时效是由法律规定的当事人请求人民法院保护自己合法权益的限制期间。超过此期间，对方又抗辩，则人民法院不予保护该实体权胜诉。诉讼前或诉讼中对方以行为重新确认则诉讼时效中断。诉讼时效何时起算也是一个有意义的问题，"知道或应当知道行政行为之时"。有些时效属除斥期间，也要注意。

（6）诉讼事实及诉讼证据。诉讼事实与诉讼证据不可分开，除对方自认以外，二者是相互联系的，事实必须有证据证明，证据就是为了证明事实。要运用证据学理论、科技知识、专业知识、社会知识，以确实、充分的证据证明本方的事实成立，否定对方的虚假事实，或以对方证据的不实或不充分或证明不严密来否定对方事实成立。法律对证据的要求是：证据确实、充分；法律对事实的要求是：事实确实、清楚。事实是很多诉讼要素的基础，是诉讼的两大基本要素之一，事实最为重要，代理人的本领在于把有利于本方的客观事实挖掘出来，支持本方的诉讼请求。而事实必须有确实、充分的证据来支持，否则难以达到目的。证据的收集、筛选、运用是一个很有艺术技巧的问题，更是一个应用科学知识的能力问题。证明事实和运用证据是一个综合素质问题，因而代理人必须具有高素质、高水平、高智商的综合能力，才能写好代理词。

（7）法律理论和法律规定。这就是诉讼理由和诉讼依据。此二者在诉讼论述时也是密不可分。任何法律规定都是在法律理论指导下制定的，任何法律规定都蕴含着法律上的道理，这个道理都是法律理论。任何法律理论都是阐述法律应当如何规定及这样的法律规定的目的、本意、精神、界限及要求等。法条是凝练的，不可能详述。法律规定需要司法解释和法律理论来阐释，甚至司法解释仍然难以理解，则法律理论既阐释法律规定的含义、本意、目的，精神等，同时还阐释司法解释的含义，本意、目的、精神等。法律理论在阐释中甚至发现法律规定的缺陷或失误，这在各国法治史上屡见不鲜。这不是法律的悲哀，而是法律的幸运，更是法治的幸运，它使法治更理性、更人道，它使法律更趋向于良法、善法。法律理论是个常青树，且永远走在立法及司法前面。法律规定都是在法律理论指导下制定的，且它具有稳定性，既落后于法律理论，也落后于社会生活，因而新问题必须以法律理论去解决或用法律理论阐释法律规定的新含义，新精神。在西方法治水平高的国家，好律师的法律理论阐释甚至影响了国会的立法。因而，好的代理人必须有深厚的法律理论知识，同时对现有的法律规定十分清楚，知道现有法律规定的优势及缺陷、不足，清楚立法背景及倾斜角度，正确阐释法律规定。这样才能写出高水平的代理词。

（8）诉讼请求。诉讼请求的四大支柱是诉讼事实、诉讼证据、诉讼理由和诉讼依据。在论述四大支柱客观、充分的情况下，诉讼请求才能成立，才能得到人民法院的支持，官司才能打赢。这四方面缺一不可，才能叫有证有据、有理有法。诉讼请求要具体、明确、可行，不能笼统、含糊、无法实现。

3. 结尾。结尾总结、归纳、概括以上主要观点，再次强调、重申、重复主要观点，上升为结论，以加强和突出代理意见，让合议庭留下深刻印象。结尾一般称为简要概括，再次重申。最后落款：代理人姓名及年月日。

（三）行政诉讼代理词的格式

行政诉讼代理词

审判长、审判员（或人民陪审员）：

······

······

代理人：×××

×××律师事务所律师

××××年×月×日

（四）行政诉讼代理词的写作范例

行政诉讼代理词

审判长、审判员：

　　我受本案被告的委托，担任其第一审行政诉讼代理人。现根据法庭调查的事实，根据有关的法律，提出如下代理意见，请法庭予以考虑并能采纳：

　　1. 原告提出：被告认定其违反了《食盐加碘消除碘缺乏危害管理条例》第26条、《食盐专营办法》第22条规定，未有从领取食盐批发证的单位购进食盐和销售非碘盐，该认定缺乏证据证实。本代理人认为原告该理由不能成立。

　　（1）《食盐加碘消除碘缺乏危害管理条例》第26条明确规定："在缺碘地区销售的碘盐必须达到规定的碘含量，禁止非碘盐和不合格的碘盐进入缺碘地区食用盐市场。"然而，被告人从起诉人家中查出的16吨盐中，非碘盐为11吨，起上诉人当场承认（证据见原告程×于2007年12月23日的问话笔录及现场记录）。

　　（2）《食盐专营办法》第22条规定是针对违反本办法第14条规定应给予的处罚。《食盐专营办法》第14条明确规定："食盐零售单位和受委托代销食盐的个体工商户、代购代销店以及食品加工用盐的单位，应当从当地取得食盐批发许可证的企业购进食盐。"《××省盐业管理实施办法》第11条明确规定："各级盐业公司和食盐零售单位应在本行政区域内经营盐的批发和零售业务……需跨县（市、区）的，须经地区或省辖市盐业行政主管部门批准。"根据以上规定，凡经营食盐的任何单位和个人，均不得超出本行政区域经营，且必须从本行政区域内已取得食盐批发许可证的企业购进食盐。然而，原告程×私自违法从××县行政区域以外的地方购进食盐，绝大部分属无碘盐，且原告程×未能提供证据证明在什么地方购盐，故原告程×的行为属于违法跨区购进私盐的行为。

　　以上事实和理由足以说明原告程×提出的"认定缺乏证据证实"的观点是不能成立的。

　　2. 原告程×提出："在2007年也未实行食盐零售业务要办许可证，那时全县没有一家零售食盐业务的有许可证。"原告程×上述理由也是不能成立的。

《××省盐业管理实施办法》于2001年10月11日发布实施，该办法第8条明确规定："盐业经营实行许可证制度。凡经营盐的批发和零售业务的企业，均须向当地盐业行政主管部门申请领取经营许可证，并向当地行政管理机关申请登记，领取营业执照。未领取经营许可证和营业执照的单位和个人不得经营食盐的批发和零售业务。"自该办法发布实施以来，我县即开始执行该项制度，绝大多数经营食盐的单位和个人均领取了"食盐经营许可证"和"营业执照"。以上铁的事实足以否定原告程×提出的上述理由。原告程×在未领取食盐经营许可证的情况下长期经营食盐事实清楚，证据确凿、充分，足以认定。

3. 原告程×提出：他不应为本案的当事人，因他是其父亲商店的成员。本代理人认为该理由不能成立。原告程×与其父程××共同生活，共同经营食盐，原告程×直接参与和亲自实施违法购进私盐和销售无碘盐，被告对其给予处罚完全符合有关法律规定。

4. 原告程×提出被告人对其处罚过程中违反法定程序是不能成立的。被告在办理原告程×违法购盐和销售无碘盐的过程中，严格依照法定程序，从受理、处理、审批及法律文书送达等均严格按照法定程序。

综上所述，本代理人认为我方当事人对原告程×的处罚是严格依法作出的，并且事实清楚，证据确凿，适用法律正确，请贵院维持我方当事人对原告程×作出的处罚。

代理人：×××

××律师事务所律师

××××年×月×日

四、第一审行政判决书的写作方法与格式

（一）第一审行政判决书的概念

第一审行政判决书，是指第一审人民法院根据我国《行政诉讼法》规定

的第一审程序，对于审理终结的行政诉讼案件依法就案件的实体问题作出处理决定时使用的法律文书。

（二）第一审行政判决书的写作方法

第一审行政判决书，由首部，正文（事实、理由、判决结果）尾部组成。

1. 首部。

（1）标题和案号。标题分两行居中写"×××人民法院行政判决书"。案号由年度、制作法院、案件性质、审判程序代字和案件顺序号组成。例如，"（20××）×行初字第××号"。

（2）诉讼参加人情况。依次写出原告、被告、第三人的姓名或名称及其基本情况或所在地址。作为原告和第三人，若是法人或其他组织，以及作为被告的行政机关，要写其单位的全称和所在地址；另起一行列项写明该单位的法定代表人或代表人的姓名、职务。当事人有代理人的，应另起一行列项写明其法定代理人或指定代理人的姓名、性别、职业或工作单位和职务、住址及其与被代理人的关系。委托代理人是律师的，只写明其姓名和××律师事务所律师；不是律师的，应写明其姓名、性别、职业或工作单位和职务、住址等基本情况。

（3）案由部分。包括案件由来、审判组织、开庭审理过程。书写这一段的目的，是为了表明和便于检查该案在审判程序上是否合法。具体表述为："原告×××不服×××（行政机关名称）××××年×月×日（×）×字第×号处罚决定（或复议决定、其他具体行政行为），向本院提起诉讼。本院受理后，依法组成合议庭，公开（或不公开）开庭审理了本案。……（写明到庭的当事人、代理人等）到庭参加诉讼。本案现已审理终结。"如果有的原告或者被告经两次合法传唤未到庭的，应在上述案由部分最后写明"原（被）告×××经本院两次合法传唤，无正当理由拒不到庭。"

2. 正文。

（1）事实部分。事实部分须写明当事人行政争议的内容，以及经法院审理确认的事实和证据。①当事人行政争议的事实。行政诉讼是以原告不服行政机关的具体行政行为为前提的。当事人行政争议的事实，一般应先写被告所作的具体行政行为的内容，举出的证据和所依据的法律、法规及规章；然后简述原告不服的主要意见、诉讼请求和理由，以及被告的答辩；如有第三人参加诉讼的，再简述第三人的意见。在行文上，要简明扼要，真实反映出当事人之间发生行政诉讼争议的实质问题，避免出现前后重复和照抄起诉状和答辩状的现象。②法院认定的事实和证据。这部分是本判决书的关键部分，叙述的事实要客观真实，表达须具体准确，要把时间、地点、内容、情节和因果关系交代清楚。叙述时一般可按案情发展的时间顺序，重点突出争议焦点的关键情节。根据案件的不同类型，在叙写时要有不同的侧重。判决认定的事实要注重证据，证据必须是经过法庭认证属实的，叙事与举证要紧密结合。行政诉讼案件的取证与其他案件相比有其特殊性：强调被告的举证责任。在行政诉讼中，作为被告的行政机关要为自己的行政行为提供证明其合法性的足够证据，否则要承担败诉的风险。因此，在叙述事实时要体现由被告承担举证责任的原则。

（2）理由部分。理由部分包括判决所根据的事理、法理和所依据的法律、法规的条文。①判决的理由。要根据查明的事实和有关的法律、法规和法学理论，就行政机关所作的具体行政行为是否合法，原告的诉讼请求是否有理，进行分析论证，阐明人民法院的观点。说理要有针对性，具体问题具体分析，依法说理，合乎逻辑。②判决所依据的法律、法规条款。根据《行政诉讼法》的规定，审理行政案件要以法律和行政法规、地方性法规为依据，参照国务院各部、委以及省、自治区、直辖市人民政府和较大的市人民政府制定、发布的行政法规。引用法律、法规时要写到具体的条、款、项、目。既要重视实体法，又要重视程序法。若需参照有关规章时，应写明："根据《中华人民共和国行政诉讼法》第五十三条，参照××规章第××条第×款第×项的规定。"

（3）判决结果。判决结果是人民法院对当事人之间的行政争议作出的实体处理结论。一审行政判决书的判决结果根据上述规定，可分为六类具体表述形式，具体写法见格式。

3. 尾部。

依次写明诉讼费用的负担，交代上诉的权利、方法、期限和上诉审法院，合议庭成员的署名，判决日期和书记员署名等。诉讼费用分为受理费和其他诉讼费，要分别写明费用名称和原告或被告应负担的数额。

（三）第一审行政判决书的规范格式

×××人民法院
行政判决书

（×）×行初字第×号

原告……（写明起诉人的姓名或名称等基本情况）。

法定代表人（或代理人）……（写明姓名和职务）。法定代理人（或指定代理人）……（写明姓名等基本情况）。

委托代理人……（写明姓名等基本情况）。

被告……（写明被诉的行政机关名称和所在地址）。

法定代表人（或代表人）……（写明姓名和职务）。

委托代理人……（写明姓名等基本情况）。

第三人……（写明姓名或名称等基本情况）。法定代表人（或代理人）……（写明姓名等基本情况）。

委托代理人……（写明姓名等基本情况）。

原告×××不服×××（行政机关名称）××××年×月×日（×）×字第×号处罚决定（或复议决定、其他具体行政行为），向本院提起诉讼。本院受理后，依法组成合议庭，公开（或不公开）开庭审理了本案。……（写明到庭的当事人、代理人等）到庭参加诉讼。本案现已审理终结。

……（概括写明被告所作的具体行政行为的主要内容及其事实与根据，以及原告不服的主要意见、理由和请求等）。

经审理查明……（写明法院认定的事实和证据）。

本院认为……（根据查明的事实和有关法律规定，就行政机关所作的具体行政行为是否合法，原告的诉讼请求是否有理，进行分析论述）。依照……（写明判决所依据的法律条款项）的规定，判决如下：

写明判决结果，分六种情况：

1. 维持行政机关具体行政行为的。表述为："维持×××（行政机关）××××年×月×日（×）×字第×号处罚决定（或复议决定、其他具体行政行为）。"

2. 撤销行政机关具体行政行为的。表述为："一、撤销×××（行政机关名称）××××年×月×日（×）×字第×号处罚决定（或复议决定、其他具体行政行为）；二、……（写明被告重新作出具体行政行为的内容。如果是不需要重新作出具体行政行为的，此项不写。如果是确认被告的具体行政行为侵犯原告合法权益而须承担行政赔偿责任的，应当写明赔偿的数额和交付时间）。"

3. 部分撤销行政机关具体行政行为的。表述为："一、维持×××（行政机关名称）××××年×月×日（×）×字第×号处罚决定（或复议决定、其他具体行政行为）的第×项，即……（写明维持的具体内容）；二、撤销××（行政机关名称）××××年×月×日（×）×字第×号处罚决定（或复议决定、其他行政行为）的第×项，即……（写明撤销的具体内容）；三、……（相对撤销部分写明判决被告重新作出具体行政行为的内容。如果是不需要重新作出具体行政行为的，此项不写。如果是确认被告侵犯原告合法权益而须承担行政赔偿责任的，应当写明赔偿的数额和交付时间等）。"

4. 判决行政机关在一定期限内履行法定职责的，表述为："责成被告×××……（写明被告应当履行的法定职责内容和期限）。"

5. 判决变更行政处罚的。表述为："变更×××（行政机关名称）××××年×月××日（×）×字第×号处罚决定（或复议决定），改为……（写明变更后的处罚内容）。"

6. 单独判决行政赔偿的。表述为："被告×××赔偿原告×××……（写明赔偿的金额、交付时间，或者返回原物、恢复原状等）。"

（写明诉讼费用的负担）。

如不服本判决，可在判决书送达之日起十五日内，向本院递交上诉状，并按对方当事人的人数提出副本，上诉于×××人民法院。

审判长　×××

审判员　×××

审判员或人民陪审员　×××

××××年×月×日

（院印）

本件与原本核对无异

书记员　×××

（四）第一审行政判决书的写作实例

××省××市人民法院
行政判决书

（20××）×行初字第×号

原告×××有限公司，住所地××省××市××路×号。

法定代表人孙××，该公司董事长。

委托代理人刘××，男，××××年×月×日出生，汉族，××省××市人，×××有限公司职员，住××省××市××区××东路×号×幢×户。

委托代理人李××，××律师事务所律师。

被告××省××市工商行政管理局，住所地××省××市文化路×号。

法定代表人胡××，该局局长。

委托代理人龚××，男，××××年×月×日出生，汉族，××省××市人，××省××市工商行政管理局公务员，住××省××市××居委会北大路××号。

委托代理人赵××，男，××××年×月×日出生，汉族，××省××市人，××省××市工商行政管理局公务员，住××省××市××居委会××路××号。

原告××有限公司（以下简称××公司）因不服被告××省××市工商行政管理局（以下简称××市工商局）作出的×工商处字（×）第×号工商行政处罚，于××××年×月×日向本院提起诉讼。本院于××××年×月×日立案受理后，向××市工商局送达了起诉书副本及应诉通知书。××市工商局在答辩期内向本院提交了被诉具体行政行为的证据、依据，没有提交答辩状。本院依法组成由审判员王××担任审判长，审判员张××、人民陪审员吴××参加的合议庭，于××××年×月×日公开开庭进行了审理。书记员熊××担任记录。××公司的委托代理人刘××、李××，××市工商局的委托代理人龚××、赵××到庭参加了诉讼。××公司的法定代表人孙××、××市工商局的法定代表人胡××未到庭参加诉讼。本案现已审理终结。

××××年×月×日，××市工商局以××公司侵犯他人注册商标专用权为由，作出了×工商处字（×）第×号行政处罚决定。该决定认为，××公司生产并投放市场销售到本市的商品"乳酸左氧氟沙星注射液"的外包装上标注有"舒尔通"未注册商标，此标示与××股份有限公司在类似商品上已注册商标"舒而通"近似。××公司未经××股份有限公司许可，在类似商品上，将与其注册商标相近似的标志作为自己的商标使用，其行为按《中华人民共和国商标法》第五十二条第（一）项"未经商标注册人的许可，在类似商品上使用与其注册商标相同或者近似的商标"的规定，构成侵犯他人注册商标专用权。根据《中华人民共和国商标法》第五十三条、《中华人民共和国商标法实施条例》第五十二条的规定，××市工商局向××公司下达了×工商处字（×）第×号行政处罚决定：

1. 责令停止上述侵权行为。

2. 罚款50 000元。

××市工商局向本院提供的证据、依据有：

1. ×工商处字（×）第×号《行政处罚决定书》及送达回证，用以证明对××公司的违法行为依法作出了行政处罚并将该行政处罚决定书予以了送达的事实。

2. 标注日期为××××年×月×日的《立案审批表》、标注日期为××××年×月×日的《立案备查登记表》。

3. 对××公司的《调查通知书》。

4. 对高××个体诊所的《询问（调查）笔录》、《现场检查笔录》。

5. ××公司及高××的《营业执照》。

6. 标注有"舒尔通"未注册商标、生产日期为××××年×月×日的"乳酸左氧氟沙星注射液"的外包装盒及标注有"舒尔通"未注册商标的《乳酸左氧氟沙星注射液说明书》各1份。

7. 国家工商行政管理局商标局给××公司发出的"舒尔通"《注册申请受理通知书》。

8. ××股份有限公司的注册商标"舒而通"的《商标档案》、《注册商标公告》、《注册商标续展公告》、《注册商标转让公告》。

9.《听证告知书》及送达回证。

10.《调查终结报告》、《复议申请书》、《行政复议答复书》、《行政复议决定书》。

11. 标注有"舒尔通"未注册商标、生产日期为××××年×月×日的"乳酸左氧氟沙星注射液"的外包装，内有标注有"舒尔通"未注册商标的《乳酸左氧氟沙星注射液说明书》及100ml原装注射液一瓶。

上列2~11号证据，用以证明××市工商局在查处××公司商标侵权违法行为时程序合法，依法收集的证据证明案件事实清楚，定性准确。

12.《中华人民共和国商标法》、《中华人民共和国商标法实施条例》，用以证明××市工商局作出被诉具体行政行为时适用法律、法规准确。

××公司诉称，××××年×月，××市工商局以××公司使用的"舒尔通"商标与××股份有限公司的注册商标"舒而通SHUERTONG"构成近似为由，对××公司作出了×工商处字（×）第×号行政处罚决定。××公司认为：

1. ××公司使用的商标和他人注册商标不构成近似。××公司的商标由三个单体汉字组成，而××股份有限公司的注册商标由三个单体汉字和拼音字母组成，二者在整体结构上不相似。

2. 没有近似商品。××市工商局没有向法庭提交被侵权商标是使用在何种商品上的，即未提交被侵权商品的物证。××公司的商品与××股份有限公司的何种商品近似？××市工商局在没有可比对的被侵权商品的情况下，即认定是近似商品，完全是凭空想象。因此，××公司使用的"舒尔通"商标不构成对他人注册商标专用权的侵犯。

3. ××市工商局作出行政处罚的程序违法。××市工商局实施被诉具体行政行为时，在立案、取证、证据的来源、证据的完整性等方面存在严重的违法行为。综上所述，为维护××公司的合法权益，特向法院提起诉讼，请求撤销××市工商局作出的×工商处字（×）第×号行政处罚决定。

××公司向本院提供了下列证据：

1. ×工商处字（×）第×号《行政处罚决定书》，用以证明被诉具体行政行为客观存在，作为该具体行政行为的相对人，××公司可以依法起诉。

2. ××公司的《企业法人营业执照》，用以证明××公司具有独立的法人资格。

3. 国家工商行政管理总局商标局向该公司发出的"舒尔通"《注册申请受理通知书》及附件，用以证明××公司使用该标示是经依法审批，合法使用的事实。

4.《中国非处方药目录》，用以证明××公司所生产的是处方药，面对的是有专业知识的医生，不直接面对消费者，因此不会误导消费者。

××市工商局辩称，××公司使用被控侵权商标的商品与引证商标核准使用的商品属于类似商品。因为××公司的"乳酸左氧氟沙星注射液"和他人的"片剂、颗粒剂、硬胶囊"都是药品，其用途、生产部门、销售渠道、消费对象均相同。被控侵权商标与引证商标近似。××公司使用的"舒尔通"商标与××股份有限公司的注册商标"舒而通"首、尾两字相同，中间一字读音和字形相近，易使相关公众对商品来源产生误认。××市工商局实施行政处罚时的程序合法，符合国家工商总局《工商行政管理机关行政处罚程序暂行规定》的规定。

经庭审质证，××公司对××市工商局提供的编号为1、3、5、7、8、9、10、12的证据没有异议，本院对这八项证据予以确认。

在庭审质证中，××公司对××市工商局提供的下列证据有异议：

1. 关于证据2，××公司的质证意见为：《立案审批表》和《立案备查登记表》上标注的时间不一致，按照××市工商局的陈述，《立案备查登记表》上的时间具有不可更改性，而该案的《立案审批表》是××市工商局为补足补强办案程序于后来制作的虚假材料。由此可以推定，××市工商局未立案即在办案，属于程序违法。××市工商局的质证意见为：本案已依法进行了立案并填写了《立案审批表》，全部立案程序符合国家工商局《工商行政管理机关行政处罚程序暂行规定》的规定。《立案备查登记表》是按××省工商局内部备案制度的规定所办的手续，该表上显示的时间是本局立案后报省局备案，省局的电脑自动生成的时间。因为是先立案，后备案，《立案审批表》上的时间当然先于《立案备查登记表》上的时间，因此不存在在立案的问题上程序违法。本院认证：立案应当遵守《工商行政管理机关行政处罚程序暂行规定》。该规定没有关于备案的要求。××市工商局在查处××公司涉嫌违法时已依法在本局登记立案，填写了《立案审批表》，立案的时间应以此为准。因此，应当认定本案在立案的问题上没有违法。

2. 关于证据4，××公司的质证意见为：××市工商局制作的两份笔录是××市工商局查处案件的线索来源，这个来源是不存在的。因为从××市工商局提交的证据可以看出，高××的《个体工商户营业执照》连续几年没有年检，且无医疗机构执业许可证佐证，实际上已处于歇业状态，不可能从事医疗活动。而且××市工商局故意回避高××是怎样持有××公司药品来源的事实，没有提供其购买××公司药品的任何证据。××市工商局在对高××诊所的《现场检查笔录》中称：检查发现高××诊所存有××公司生产的侵权商品"乳酸左氧氟沙星注射液"两件并有散装若干瓶。但××市工商局没有提供扣押这些违法药品的清单和实物或实物照片。因此，可以说本案案件的证据来源是虚假的、违法的。××市工商局的质证意见为：对违法物品的查封扣押系另一具体行政行为，该局已另行处理。本院认证：根据《工商行政管理机关行政处罚程序暂行规定》的规定，××市工商局查处××公司违法行为过程中，应当对涉嫌违法的物品——本案××公司生产的存在于高××诊所处的"乳酸左氧氟沙星注射液"两件及散装若干瓶予以先行登记保存或扣留封存并制作清单存卷备案。××市工商局没有提交这方面的证据。××公司的质证意见，本院予以采纳。

3. 关于证据6，××公司的质证意见为：对××市工商局提供的××公司生产的"乳酸左氧氟沙星注射液"的外包装盒及产品说明书的真实性无异议，认为是该公司的物品，但××公司认为该公司生产销售的是药品而不是外包装物盒子；××市工商局也辩称××公司违法的是生产和销售的商品商标侵权，而不是商品外包装——盒子商标侵权。××市工商局提供的该证据缺乏完整性，因而不能作为定案依据。××市工商局的质证意见为：××公司的该包装盒及产品说明书上使用的未注册商标"舒尔通"侵权。本院认证：根据《最高人民法院关于行政诉讼证据若干问题的规定》的相关规定，××市工商局提供物证的，应当是原物，提供原物有困难的，可以提供与原物核对无误的复制件或者证明该物证的照片、录像等其他证据，而××市工商局只提供其认为侵权商品的包装盒，没有提供该商品或其照片等复制件，其收集的证据缺乏完整性。该包装盒及产品说明书两证据，不具有完全真实证明包装盒内的商品就是××公司生产销售的使用了未注册商标"舒尔通"的"乳酸左氧氟沙星注射液"药品的效力。因此，××公司的质证意见，本院予以采纳。

4. 关于证据11，××公司的质证意见为：这是××市工商局现在唯一能提供的××公司生产的商品的原物。但该药品的生产日期为×××× 年×月×日，而××市工商局在高××处发现××公司的违法药品的生产日期是×××× 年×月×日，××市工商局立案调查并在高××查扣××公司的药品的日期为×××× 年×月×日，可见，这瓶药（原物）在××市工商局查处该案时并未生产。这一证据显然是××市工商局为补强证据在事后从他处购买而来，不能作为认定本案事实的依据。××市工商局的质证意见为：是在提供实物时拿错了。本院认证：××市工商局提供的物证上标注的生产日期为×××× 年×月×日，而××市工商局于×××× 年×月×日即制作了本案的调查终结报告，显然提供的物证与本案无关。因此，证据11不具有证明本案事实的效力，本院不予采信。

××市工商局对××公司提供的证据1、2没有异议，本院予以确认。对证据3，××市工商局的质证意见认为，该证据只能说明××公司曾经向国家工商行政管理总局商标局提出过"舒尔通"注册申请，并已被受理，并不表明××公司已取得"舒尔通"注册商标。在未取得"舒尔通"注册商标证之前将其作为商标使用是违反法律规定的。××市工商局的质证意见与事实相符，本院予以采信。对证据4，××市工商局质证认为与本案无关，也不能证明××公司的目的。本院认为《中国非处方药目录》能够证明××公司生产的药品"乳酸左氧氟沙星注射液"系处方药品，可以作为本案的参考。

根据双方当事人举证、质证和本院认证的情况，本院经审理查明：

×××× 年×月×日，××市工商局的工作人员在进行市场检查时，发现××公司生产并投放市场销售到本市的"乳酸左氧氟沙星注射液"药品的外包装及说明书上标注有"舒尔通"未注册商标。该局认为，此标示与××股份有限公司在类似商品上已注册商标"舒而通"近似，遂以其侵犯了他人注册商标专用权为由立案调查。××市工商局认为，××公司未经××股份有限公司许可，在类似商品上将与其注册商标相近似的标志作为自己的商标使用，其行为按《中华人民共和国商标法》第五十二条第（一）项"未经商标注册人的许可，在类似商品上使用与其注册商标相同或者近似的商标"的规定，构成侵犯他人注册商标专用权。同年×月×日，××市工商局向××公司下达了×工商处字（×）第×号行政处罚决定：①责令停止上述侵权行为；②罚款 50 000 元。××公司对此不服，于××××年×月×日向××市工商行政管理局提起行政复议。××××年×月×日，××市工商行政管理局作出复议决定，维持了××市工商局作出的行政处罚决定。××公司遂向本院提起行政诉讼，请求人民法院撤销××市工商局作出的×工商处字（×）第×号行政处罚决定。

另查明，高××的《个体工商户营业执照》未年检，也没有从业资格证明。××市工商局仅向本院提供××公司生产的"乳酸左氧氟沙星注射液"药品的外包装盒和产品说明书，未提供涉嫌违法商品"乳酸左氧氟沙星注射液"的原物或其照片，亦未提供对涉嫌违法物品的处置情况的证据。没有提供被侵权人××股份有限公司商品原物或者照片。××公司未与××股份有限公司签订商标许可使用协议。

本院认为：

1. 关于××公司的行为是否属于侵犯注册商标专用权的情形，应当看其行为是否属于《中华人民共和国商标法》第五十二条第一款第一项所列举的行为。根据《中华人民共和国商标法》的规定，未经商标注册人的许可，在同一种商品或者类似商品上使用与其注册商标相同或者近似商标的行为属于对注册商标专用权的侵犯。因此，判断是否构成商标侵权，应从商标是否相同或近似，是否在类似商品上使用，是否经注册商标人许可使用三个方面来确定。××公司对××市工商局收集的流入到本市的"乳酸左氧氟沙星注射液"的外包装盒和产品说明书上使用了"舒尔通"未注册商标的事实没有异议，可以认定。该标示与××股份有限公司的注册商标"舒而通"同属由中文汉字构成的组合商标，这两个商标在整体上无含义，仅个别汉字不同，读音相近，字形相近，易使相关公众对商品的来源产生误认。根据国家工商行政管理总局商标局《商标审查标准》第三部分第四条第（一）项第四目的规定，可判定为近似商标。××公司在使用"舒尔通"未注册商标时，没有取得"舒而通"注册商标人××股份有限公司的许可使用。××公司的未注册商标是使用在药品上，而××股份有限公司的注册商标指定使用的商品是片剂、颗粒剂、硬胶囊剂，根据国家工商行政管理总局商标局《商标注册用商品和服务国际分类表》、《类似商品和服务区分表》的规定，二者属于类似群组。使用与指定使用商品近似的商标，容易导致消费者误认、误购。××公司的该外包装盒及产品说明书是为其生产销售的商品服务的，由此可以合理地推断，包装盒里面包装的物品应该是该公司生产的涉嫌侵权商品"乳酸左氧氟沙星注射液"。综上，根据本院予以确认的证据，可以推定，××公司在客观上存在侵犯他人注册商标专用权的行为。××公司提出的没有侵权事实的理由不充分，不予支持。

2. 审查××市工商局的被诉具体行政行为的合法性，要看他实施被诉具体行政行为时认定事实是否清楚，主要证据是否充分。《最高人民法院关于行政诉讼证据若干问题的规定》第十一条规定："根据行政诉讼法第三十一条第一款第（二）项的规定，当事人向人民法院提供物证的，应当符合下列要求：（一）提供原物。提供原物确有困难的，可以提供与原物核对无误的复制件或者证明该物证的照片、录像等其他证据；（二）原物为数量较多的种类物的，提供其中一部分。"这一条确定了当事人提供物证的具体要求，行政机关在收集证据时，必须遵守上述规定。××市工商局在收集××公司的涉嫌违法物品的主要证据"乳酸左氧氟沙星注射液"时，没有提供原物或复制件或者该物品的照片、录像等其他证据，仅提供了该商品的外包装盒和产品说明书。在涉嫌违法的商品和其外包装盒之间缺乏具有完整性、关联性和合法性的有效证据。首先，缺乏具有完整性的证据。即没有足够的证据证明××市工商局收集的涉嫌违法的外包装盒包装的商品就是××公司生产销售的涉嫌违法商品。只有作为商品的"乳酸左氧氟沙星注射液"才使用商标，××市工商局只收集了查处涉嫌违法的主要证据的一部分——外包装盒及产品说明书，丢失了证据的主要部分——"乳酸左氧氟沙星注射液"，破坏了证据的完整性和统一性，没有充足的证据让外包装盒及产品说明书与商品"乳酸左氧氟沙星注射液"之间产生必然的、排他的、唯一的联系，因而难以就此确认本案的法律事实。其次，缺乏关联性的证据，××市工商局的证据11虽然是原物品，但从上面标注的生产日期来看，××市工商局在查处该案时，此物品还没有生产。××市工商局辩称在提交原物时拿错了的说法难以让人信服，因此不能将此物件作为本案的证据予以采信。再次，缺乏具有合法性的证据。国家工商行政管理局《工商行政管理机关行政处罚程序暂行规定》第二十二条规定："对有违法嫌疑的物品进行检查时，应当有当事人在场，并制作现场笔录；当事人拒绝到场的，应当在现场笔录中注明"；第二十三条规定："办案机关在查处违法行为过程中，在证据可能灭失或者以后难以取得的情况下，可以采取先行登记保存措施"；第二十四条规定："先行登记保存有关证据，或扣留、封存当事人的财物，应当当场清点，开具清单，由当事人和办案人员签名或盖章，交当事人一份。并分别送达先行登记保存证据、扣留、封存财物的通知书"。这些规定，是工商行政机关在收集、调取证据时必须遵守的法定程序。××市工商局在对××公司的涉嫌违法物品进行查处时，现场笔录中没有当事人到场或拒绝到场的记录；没有对涉嫌违法物品的登记保存清单或查封、扣押、封存财物清单；没有送达这些清单的证明。另外，××市工商局称在对个体工商户高××诊所进行市场检查时，发现了××公司的涉嫌违法物品——"乳酸左氧氟沙星注射液"，但从××市工商局提供的证据可以推断，这个个体诊所并不存在。因此，可以认定××市工商局对××公司实施行政处罚时收集的主要证据缺乏合法性。××市工商局据此认定××公司违法的事实易使当事人产生歧义。××市工商局收集的证据的来源也不符合法律所规定的程序条件和形式要件，因而影响到证据的完整性、关联性和合法性，从而使定案的证据不具有可采信性。××市工商局提出的实施被诉具体行政行为的证据充分，程序合法的理由不能成立。

综上，××公司虽然存在有侵犯他人注册商标专用权的客观事实，但由于××市工商局作出被诉具体行政行为时，收集的主要证据不足且具有违反法定程序的情形而不能被采信，因此，对××公司提出的撤销××市工商局×工商处字（×）第×号行政处罚决定的诉讼请求，本院予以支持。根据《中华人民共和国行政诉讼法》第七十条第（一）项、第（三）项的规定，判决如下：

一、撤销被告××省××市工商行政管理局对原告××有限公司作出的×工商处字（×）第×号行政处罚决定。

二、责令被告××省××市工商行政管理局对原告××有限公司重新作出具体行政行为。

本案案件受理费 2010 元，由被告××市工商行政管理局负担。

如不服本判决，可在判决书送达之日起十五内提起上诉，向本院递交上诉状，并按对方当事人的人数递交上诉状副本，上诉于××省××市中级人民法院。

审判长　　　王××

审判员　　　张××

人民陪审员　吴××

二○××年×月×日

（院印）

本件与原本核对无异

书记员　　　熊××

第四节　与行政案件第一审普通程序相关问题的规定

一、法庭笔录

法庭笔录，是书记员对开庭审理过程的全部审理活动和诉讼活动所作的真实记录。法庭笔录是人民法院重要的诉讼文书，其内容必须全面、准确、客观的反映法庭审理的全过程，包括以下内容：案由；开庭审理的时间、地点；是否公开审理；以及审判员、书记员姓名；当事人、第三人，诉讼代理人和其他诉讼参与人姓名、性别、年龄、民族、职业、住所；审判员告知当事人的诉讼权利和义务；法庭调查、法庭辩论、法庭调解的过程和内容；合议庭评议笔录；当庭宣判的应记明判决主文，当事人对判决的声明；定期宣判的，应另作宣判笔录。法庭笔录应当由全体审判人员、书记员签名，以表明法庭笔录的真实性和严肃性。

从技术要求上讲，法庭笔录必须全面、真实、准确、清楚，如实反映开庭审理的全部活动和整个过程。记载法庭笔录时，书记员应忠实于庭审活动的实际情况，不得任意发挥。对审判人员的发问，各方当事人的陈述以及其他诉讼参与人的发言，均应尽量记录原话，以免发生误解或曲解。法庭笔录的用语应在忠实原意的基础上尽可能规范，并不得使用方言土语。

法庭笔录为人民法院处理案件提供了书面依据，它将开庭审理的活动用文字形式记载下来，不仅为第一审人民法院最后裁判提供了依据，同时也为以后的第二审法院或再审法院进行法律监督积累了原始材料。法庭笔录也是固定证据的一种方法，庭审中的言词活动均以书面形式固定下来，避免证据的灭失。法庭笔录在固定证据的同时，对当事人也是一种法律上的约束，使他们意识到若作了虚假的陈述，将要据此笔录被追究法律上的责任。法庭笔录真实地记录了法院审判人员组织开庭审理的情况，因此，它也是体现人民法院审判水平和审判质量的十分具体和直观的重要材料。

法庭笔录作为一种重要的诉讼材料，当事人和其他诉讼参与人有权要求了解其内容。同时，为了保证记录的准确性，案件审结后，法庭笔录应当当庭宣读，也可以告知当事人和其他诉讼参与人当庭或者在5日内阅读。当事人和其他诉讼参与人，认为对自己的陈述记录有遗漏或者差错的，有权申请补正。经过合议庭和书记员核实，确有遗漏或者差错同意补正的，由书记员把补正的内容和经过记入笔录。如果合议庭和书记员认为没有遗漏或者差错、不予补正的，由书记员将申请的内容和不同意补正的理由，在笔录中加以说明。法庭笔录应当由审判人员和书记员签名，经宣读或阅读后，当事人和其他诉讼参与人认为没有遗漏、差错或虽有遗漏、差错但已作了补正的，应当在笔录上签名或盖章。拒绝签名或盖章的，书记员应将未签名盖章的情况说明附卷。

二、法庭秩序

法庭秩序是指《中华人民共和国人民法院法庭规则》所规定的诉讼参与人和旁听人员应当遵守的秩序和纪律。包括诉讼参与人不得喧哗、吵闹；陈述、发言、辩论等须经审判长许可；公民凭人民法院发出的旁听证进入法庭，旁听人员不得录音、录像和摄影，不准进入审判区等妨碍审判活动的行为。

违反法庭秩序和破坏法庭纪律的行为，可根据行为情节和危害结果的不同，分别做出警告制止、责令强行带出法庭、罚款和拘留四种司法处罚，其中罚款最多不能超过 10 000 元，拘留不能超过 15 日。罚款、拘留必须经过人民法院的院长批准，罚款、拘留应当制作决定书，被罚款、拘留的人对决定不服的，可以向上一级人民法院申请复议，但复议期间不停止对决定的执行。其目的是为了保证司法处罚有效性，防止时过境迁，达不到处罚的目的。对于被拘留的人，如在拘留期间承认并改正错误的，人民法院还可决定提前解除拘留，不能一拘了事，不管不问，经了解只有悔改表现的，就应提前解除。解除拘留权属于人民法院。

对于严重扰乱法庭秩序，构成犯罪的，依照刑法规定以扰乱法庭秩序罪，追究其刑事责任。有的国家称之为"蔑视法庭罪"，有的称"破坏法庭秩序罪"。

三、第一审行政判决的种类

根据行政诉讼判决的性质，行政诉讼一审判决分为驳回原告诉讼请求判决、撤销判决、履行判决、变更判决、确认判决。

（一）驳回原告诉讼请求判决

《行政诉讼法》第 69 条规定："行政行为证据确凿，适用法律、法规正确，符合法定程序的，或者原告申请被告履行法定职责或者给付义务理由不成立的，人民法院判决驳回原告的诉讼请求。"驳回原告诉讼请求判决主要有两种：一种是指人民法院通过审理，认定具体行政行为合法有效，从而作出否定原告对被诉具体行政行为的指控，驳回原告诉讼请求的判决。它是人民法院对被诉具体行政行为的肯定，是人民法院对原告一方诉讼请求的驳回，是人民法院对业已形成的行政法律关系的认可。另一种是指人民法院经审理认为原告的诉讼请求依法不能成立，人民法院直接作出否定原告诉讼请求。第一种情况必须同时满足以下三个条件：

1. 具体行政行为必须证据确凿。即具体行政行为所依据的证据确实可靠，并足以证明具体行政行为认定事实的存在。要做到证据确凿，必须达到如下要求：首先，据以定案的各项证据均是真实可靠的，均反映客观存在的事实；其次，据以定案的各项证据均与案件事实具有关联性，都对案件事实具有证明力；再次，各项证据必须相互协调一致，并对整个案件事实构成完整的证明。

2. 具体行政行为必须适用法律、法规正确。即被诉具体行政行为所适用的法律、法规及相应条款正确合理。它具体包括以下几点：首先，适用的法律、法规，必须与所实施的具体行政行为的行政主体有权适用的；其次，适用的法律、法规，必须与所实施的具体行政行为相适应，必须是所实施的具体行政行为所应当依据的法律、法规，即所适用的法律、法规恰恰是规范、调整这种具体行政行为的法律、法规。

3. 具体行政行为必须符合法定程序。即被告作出的具体行政行为必须符合法律规定的行政程序。符合法定程序的具体要求如下：①符合法定步骤；②遵循法定顺序；③符合法定形式，④符合法定期限；⑤符合法定的方式。

（二）撤销判决

撤销判决是指人民法院经过对案件的审查，认定被诉具体行政行为部分或者全部违法，从而部分或全部撤销被诉行政行为，并可以责令被告重新作出具体行政行为的判决。撤销判决是人民法院对被诉具体行政行为效力的部分或全部的否定，是对原告权益的保护，因而撤销判决在行政诉讼中占用重要地位。

根据行政诉讼法的规定，撤销判决可以分为三种具体形式：

1. 全部撤销，适用于整个具体行政行为全部违法或具体行政行为部分违法但具体行政行为不可分。

2. 部分撤销，适用于具体行政行为部分违法、部分合法，且具体行政行为可分，人民法院只作出撤销违法部分的判决。

3. 判决撤销并责令被告重新作出具体行政行为，其适用于违法具体行政行为撤销后尚需被告对具体行政行为所涉及事项作出处理的情形。

根据《行政诉讼法》第70条的规定，行政行为有下列情形之一的，人民法院判决撤销或者部分撤销，并可以判决被告重新作出行政行为：

（1）主要证据不足。指被诉具体行政行为缺乏必要的证据，不足以证明被诉具体行政行为所认定的事实情况。

（2）适用法律、法规错误。指行政机关作出具体行政行为时错误地适用了法律、法规或者法律、法规的条款。适用法律、法规错误主要有以下几种情况：①相应具体行政行为应当适用此法，却适用了彼法或应同时适用两个或几个法律、法规，而仅适用了其中某一个法律、法规；②相应具体行政行为应适用法律、法规的此条款，却适用了该法律、法规的彼条款，或相应具体行政行为，应同时适用法律、法规的两个或几个条款，而行政机关仅适用了其中一个条款；③相应具体行政行为适用了尚未生效的法律、法规或已经失效的法律、法规；④适用了无权适用的法律、法规；⑤相应具体行政行为的法律适用违反了法律冲突适用规则。在高级法与低级法、新旧法、特别法与一般法的适用中失当。

（3）违反法定程序。指行政机关在实施具体行政行为时违反了法律规定的作出该行为应当遵循的步骤、顺序、方式和时限等要求，它是作出撤销具体行政行为判决一个独立存在的理由，不依附于其他任何条件，只要具体行政行为违反程序，不管实体决定正确与否，都构成撤销该具体行政行为的理由。在模拟审判实践中，模拟法庭以违反法定程序为由，撤销具体行政行为，应当注意掌握以下几条：①目前我国行政审查的对象是法定的行政程序，不是非法定的行政程序，是法定的外部程序，而不是内部行政程序。故而，人民法院在审判中据以撤销的须是违反法律、法规所明文规定的外部行政程序。②应将行政程序法与行政实体法置于同等的法律地位，视之具有同等的法律效力。③一般不作为的具体行政行为，不存在以程序违法为由而判决撤销的问题，在此情况下，只能判决履行。

（4）超越职权。指行政机关实施具体行政行为时超越了法律、法规授予其的权力界限，实施了无权实施的具体行政行为。超越职权主要有下述情况：①超越行政机关级别行使职权的越权行为。如下级行政机关行使了属于上级行政机关的职权，上级行政机关行使了属于下级行政机关的职权。②跨越部门行使职权的越权行为，如甲部门超越主管范围行使了乙部门的职权。③超越地域管理范围行使职权的越权行为，如甲县公安局超越地域管理范围行使了乙地行政机关的职权。⑤超越法律、法规规定的范围、程度、手段、期限等情形行使职权的越权行为，如行政机关实施行政处罚没有按法律规定的范围、幅度、时限和具体执法手段进行处罚的行为。

（5）滥用职权。指行政机关具备实施行政行为的权力，并且其行为形式上也合法，然而行政机关行使权力的目的违反法律、法规赋予其该项权力的目的。

对于撤销判决方式的使用需要注意以下几个问题：①具体行政行为只要具备上述五种情形之一即构成人民法院的撤销理由，每个理由各自独立。②复议决定维持原具体行政行为的，人民法院判决撤销原具体行政行为，复议决定自然无效。③如果判决撤销违法的被诉具体行政行为，将会给国家利益、公共利益或他人利益造成损失的，人民法院在判决撤销的同时，可以分别采取以下方式处理：其一，判决被告重新作出具体行政行为；其二，责令被诉行政机关采取相应的补救措施；其三，向被告及有关机关提出司法建议；其四，发现违法犯罪行为的，建议有权机关进行处理。

（6）明显不当的。《行政诉讼法》第70条第6项规定的"明显不当"，其内涵有三：①对违法行为的处理显失公正的。例如，同类违法行为，其程度、后果相似而处理或严或宽。②明显违背国家基本方针政策的。例如，对乱收费乱罚款行为，有些虽有地方文件规定，但违背了中央文件的基本要求。③为局部利益而影响全局工作的行政行为。例如，在农村土地承包中为建设乡镇企业违反政策，行政机关强令农民解除承包合同。

（三）履行判决

履行判决指人民法院经过审理认定被告负有法律职责无正当理由而不履行，责令被告限期履行法定职责的判决。履行判决适用两种情形：

1. 行政机关不履行法定职责。

2. 行政机关拖延履行法定职责。所谓"不履行"，是指行政机关依法负有职责，应当履行一定的义务，但行政机关明确拒绝履行，且已超过法定履行期限而未履行。所谓"拖延履行"，是指行政机关对于法律、法规未明确规定履行期限的有关事项故意拖延办理，或者对于某些紧急事项不及时办理（虽未超过法定期限）。人民法院应当判决其履行职责，并应根据不同情况在判决中对被告履行职责的期限作出规定。

《行政诉讼法》第 72 条规定："人民法院经过审理，查明被告不履行法定职责的，判决被告在一定期限内履行。"适用履行判决必须具备以下条件：

（1）有关当事人向行政主管机关提出了合法申请，要求行政机关作出一定的行政行为，并且这种申请符合法律规定的条件与形式。

（2）被告对相对人依法负有履行职责的义务。

（3）被告具有不履行或者拖延履行法定职责的行为，而不履行和拖延履行没有合法的理由，即没有法律所规定和认可的理由。

不过，需要注意的是，对被告有法定职责而无正当理由没有履行该法定职责的案件，人民法院并非必须作出履行判决，判决被告履行该法定职责已无实际意义的情况下，人民法院应当作出确认被诉具体行政行为违法或者无效的确认判决，公民、法人或其他组织因被告不履行法定职责所造成的损失可请求行政机关赔偿。

（四）变更判决

变更判决指人民法院经审理，认定行政处罚行为显失公正，运用国家审判权直接改变行政处罚行为的判决。变更判决是人民法院行使司法变更权，对具体行政行为的合理性进行审查的具体体现。变更判决与撤销判决最大的区别是变更判决直接确定了当事人的权利和义务。由于在行政诉讼中人民法院对具体行政行为进行监督和审查的中心是具体行政行为的合法性，所有行政诉讼法对人民法院行使司法变更权作出变更判决规定了一定的限制条件。

《行政诉讼法》第 77 条规定："行政处罚明显不当，或者其他行政行为涉及对款额的确定、认定确有错误的，人民法院可以判决变更。"这就是说，人民法院判决变更具体行政行为，必须具备两个条件：

1. 具体行政行为系行政处罚行为，对非行政处罚的具体行政行为，人民法院不能直接变更。

2. 除涉及对款额的确定、认定确有错误的，人民法院对只对明显不当的行政处罚判决变更。显失公正，是指明显的不公正，指凡具有通常法律知识和道德常识水准的人均可发现和认定的不公正。行政处罚显失公正的具体表现形式包括相同情况不同处罚；不同情况相同处罚；不同区域同一标准；同一区域不同标准；一个行为重复处罚；不考虑相关因素；考虑不相关因素等。

此外，对显失公正行政处罚变更判决的适用，模拟法庭应遵循如下原则：

（1）变更的方向是由重向轻，不能由轻到重。

（2）起诉不加重处罚原则。即，即使原告败诉，也不加重行政处罚的幅度。关于"起诉不加重处罚"，也有例外情形，即它不适用于利害关系人同为原告的情形。关于利害关系人同为原告的情形主要有两种：①被害人与被处罚人同时起诉。被害人要求加重处罚，被处罚人要求减轻处罚，诉讼请求对立，如果不能变更为加重处罚，无异等于取消了被害人的诉权。在这种情况下，可以不适用"起诉不加重处罚"的原则。②起诉人为共同行为人。例如，王某与冯某殴打李某，公安机关对王某和冯某均实施行政拘留的处罚。其中王某是 10 天，冯某是 5 天。王某与冯某不服提起行政诉讼，法院经审查，冯某违法的程度重于王某，公安机关在认定事实方面有错误。在这种情况下，法院可以判决行政拘留冯某 10 天，王某 5 天。之所以作出例外规定，是因为在前述情形下，再恪守"起诉不加重处罚"已不能体现法律的公平、公正的精神原则了。

（五）确认判决

确认判决是指人民法院通过对被诉具体行政行为的审查，确认被诉具体行政行为合法或违法的一种判决形式。确认判决按照被诉具体行政行为合法与否的结果，可分为确认具体行政行为合法或者有效的判决与确认具体行政行为违法或无效的判决。

1. 确认合法或有效判决的适用，需要满足以下两个条件：

（1）经人民法院审查，被诉具体行政行为合法。

（2）对该被诉具体行政行为不适宜驳回诉讼请求，比如行政合同案件中的某些问题。

2. 确认违法或无效的判决适用于不具有可撤销性的具体行政行为，主要包括以下几种情况：

（1）被告不履行法定职责，但判决责令其履行法定职责已无实际意义的。被告不履行法定职责，通常应作出履行判决，判令被告履行法定职责，但在被告履行法定职责已为时已晚，达不到对原告救济的目的，人民法院判决责令被告履行法定职责已无实际意义，在此情况下人民法院应当作出认定被诉具体行政行为违法的确认判决。例如，张某在刘某对其人身安全构成威胁的紧急情况下，要求公安机关对其予以保护，而公安机关没有及时履行保护职责，故张某对刘某实施了轻微伤害。在这种情况下，人民法院再判决公安机关履行法定职责已无意义，就应当判决确认该公安机关不作为违法。

（2）被诉具体行政行为违法，但不具有可撤销内容的。例如，行政机关在实施行政检查中无意损坏了被检查方的设备，这是一个执行职务中的事实行为，又如执法中的强制力使用超过合法限度，这种情况下，所发生的行为已经无法撤销，只能确认其违法。

（3）被诉具体行政行为违法，但是撤销该行政行为后将会给国家利益和公共利益造成重大损失的。通常情况下，被诉具体行政行为违法人民法院应当作出撤销判决，通过撤销被诉具体行政行为保护当事人的合法权益，但如果撤销该具体行政行为将会给国家利益或公共利益带来重大损失，从维护国家利益和公共利益大局出发，人民法院不应作出撤销具体行政行为的判决，而应作出确认违法判决。不过，为保护当事人的合法权益，人民法院应同时判令被诉行政机关采取相应的补救措施；同时，如果给当事人造成损害，人民法院还应依法判决被诉行政机关承担赔偿责任，以补救当事人的损失。

（4）行政行为有实施主体不具有行政主体资格或者没有依据等重大且明显违法情形，原告申请确认行政行为无效的，人民法院判决确认无效。由于被诉具体行政行为依法因存在重大且明显违法情形，导致其本身自始无效，人民法院无从撤销，而应作出确认其无效的判决。例如，行政机关作出某个行政处罚决定，但是未在处罚决定书上盖章，或者某一行政机关公务员以口头的方式裁决某一民事纠纷，当事人不服提起诉讼，人民法院应当确认其是依法不成立或者无效的行政行为。

四、撤诉

撤诉是原告表示或依其行为推定其将已经成立的起诉行为撤销，法院审查后予以同意的诉讼行为。撤诉有自愿申请撤诉和视为申请撤诉两种。

（一）自愿申请撤诉

自愿申请撤诉是指在判决、裁定宣告前的诉讼期间内，原告自动撤回起诉，经人民法院准许而终结诉讼的制度。自愿申请撤诉又可分为两种：

1. 原告主动申请撤诉。

2. 被告改变其所作出的具体行政行为，原告同意并申请撤诉。

根据我国《行政诉讼法》的精神，自愿申请撤诉应当符合以下条件：

（1）提出撤诉申请的人必须是原告或经原告特别授权的代理人，被告或第三人均不能提出撤诉。

（2）被告改变其所作出的具体行政行为，原告仍不同意撤诉的，则不能强迫原告撤诉，人民法院应继续开庭审理。

（3）撤诉必须符合法律规定，原告撤诉不得规避法律，也不能损害国家、集体和他人的利益。对于被告诱使或迫使原告撤诉，逃避司法监督的行为，人民法院不应准予撤诉。

（4）撤诉必须由人民法院作出裁定。人民法院应对撤诉申请进行审查，申请符合条件的，裁定准许撤诉，案件审理终结；申请不符合条件的，裁定驳回申请，案件继续审理。

（5）撤诉时间必须在宣判之前。一经宣判，判决、裁定发生法律效力，撤诉则没有必要了。

（二）视为申请撤诉

视为申请撤诉，是指在行政诉讼中，原告并没有明确表示撤诉的意思，但由于其在诉讼中消极的诉讼行为，法院可推定其意图撤销诉讼。视为申请撤诉的条件为：原告经人民法院两次合法传唤无正当理由不到庭，或者虽到庭但未经法庭同意而中途退庭。需要指出的是，人民法院裁定准许原告撤诉后，原告以同一事实和理由重新起诉的，人民法院不予受理。原告未按规定的期限交案件受理费，又不提出缓交、减交、免交申请，或者提出申请未获批准的，按自动撤诉处理。在撤诉处理后，原告在法定期限内再次起诉，并依法解决诉讼费用预交问题的，人民法院应予受理。

需要明确的是，撤诉必须经人民法院准许。申请撤诉是原告的权利，但是否同意撤诉则需要人民法院审定。目的是为了防止规避法律行为的出现，也是为切实保护公民、法人和其他组织的合法权益。如果人民法院经过审查，认定被告的行政行为确属违法，原告撤诉将会使其规避法律制裁，可以裁定原告不许撤诉。另外，对于被告改变或撤销其所作出的具体行政行为，原告同意而申请撤诉的，人民法院亦应审查其同意的内容是否合法。对于被告改变其所作出的具体行政行为，如果原告申请撤诉未获准许，或者原告不申请撤诉的，人民法院应继续审理被诉的具体行政行为。针对上述情况，《最高人民法院关于适用〈中华人民共和国行政诉讼法〉的解释》第 79 条明确规定：原告或者上诉人申请撤诉，人民法院裁定不予准许的，原告或者上诉人经合法传唤无正当理由拒不到庭或者未经法庭许可而中途退庭的，人民法院可以缺席判决。此外，第三人经合法传唤无正当理由拒不到庭，或者未经法庭许可中途退庭的，不影响案件的审理。

五、缺席判决

缺席判决是指人民法院在开庭审理时，在一方或双方当事人经法院合法传唤无正当理由未到庭陈述、辩论的情况下，合议庭经过审理作出判决。

缺席判决适用下列两种情况，第一种情况：被告经合法传唤无正当理由拒不到庭或到庭后未经法庭准许中途退庭的。在行政审判实践中，有时被告由于缺乏法律意识，封建特权思想作祟而拒绝应诉，从而给行政审判工作设置了障碍。对被告适用缺席判决制度，可有效保证案件的及时审理，维护行政相对人的合法权益。第二种情况：原告虽申请撤诉但法院不准许，原告拒不到庭，或者原告虽未申请撤诉，但经法院两次合法传唤，仍拒不到庭的。这样做有利于维护法律的尊严，避免规避法律行为的出现。

六、延期审理、诉讼中止和诉讼终结

（一）延期审理

延期审理是指人民法院把已定的审理日期或正在进行的审理推延至另一日期再审理的制度。我国《行政诉讼法》对延期审理未作具体规定，根据《民事诉讼法》的规定和行政审判实践，可在下列情形推迟审理：

1. 必须到庭的当事人和其他诉讼参与人没有到庭。当事人经合法传唤未能到庭的，或者有正当理由无法到庭的，均应延期审理。而其他诉讼参与人没有到庭且可能影响案件审理的，也应延期审理。

2. 当事人申请回避，人民法院由于主、客观原因不能立即作出是否回避的决定，或者已作出回避决定，不能马上找到替代人员而延期审理。

3. 需要通知新的证人到庭，调取新的证据，重新鉴定、勘验或者需要补充调查。

4. 其他应当延期的情况，例如主持本案的审判人员因事不能到场等。

（二）诉讼中止

行政诉讼中止是指在行政诉讼过程中，因出现需要中断诉讼进行的情形，诉讼暂时停止，待引起诉讼中止的原因消失后诉讼再继续进行的制度。诉讼中止的特点在于：

1. 出现了应该停止诉讼程序的原因、事件。

2. 由人民法院裁定停止。

3. 这种停止是暂时的，一旦停止诉讼的原因消除后，诉讼程序应当恢复。

根据《最高人民法院关于适用〈中华人民共和国行政诉讼法〉的解释》第 87 条的规定，在行政诉讼中，有下列情形之一的，应当中止诉讼：

（1）原告死亡，须等待其近亲属表明是否参加诉讼的。

（2）原告丧失诉讼行为能力，尚未确定法定代理人的。

（3）作为一方当事人的行政机关、法人或者其他组织终止，尚未确定权利义务承受人的。这里主要是指原告或被告出现合并、撤销、变更、破产以及职能变更等原因而终止，在一定时间内暂时不能确定权利义务承受人的。

（4）一方当事人因不可抗力的事由不能参加诉讼的。这里的不可抗力应作广义的理解，包括火灾、地震、洪水等自然灾害，也包括当事人生病、受伤等原因。

（5）案件涉及法律适用问题，需要送请有权机关做出解释或者确认的。

（6）案件的审判须以相关民事、刑事或者其他行政案件的审理结果为依据，而相关案件尚未审结的。例如，某行政机关涉嫌法人犯罪，同时，相对方对与犯罪事实相关的具体行政行为提起行政诉讼。因为该案涉及的证据在刑事案卷中，行政审判庭无法要求行政机关提供作出被诉具体行政行为的证据，从而无法判断具体行政行为是否合法。在这种情况下，人民法院就应当中止审理。

（7）其他应当中止诉讼的情形。

中止诉讼的原因消除后，恢复诉讼。

（三）诉讼终结

行政诉讼终结是指行政诉讼开始后，出现了使诉讼不可能进行或没有必要继续进行的情形，法院决定结束行政诉讼案件审理的制度。

根据《最高人民法院关于适用〈中华人民共和国行政诉讼法〉的解释》第88条的规定，在行政诉讼中，有下列情形之一的，应当终结诉讼：

1. 原告死亡，没有近亲属或者近亲属放弃诉讼权利的。

2. 作为原告的法人或者其他组织终止后，其权利义务的承受人放弃诉讼权利的。

3. 因以下三种情况中止诉讼满90日仍无人继续诉讼的，裁定终结诉讼，但有特殊情况的除外：

（1）原告死亡，须等待其近亲属表明是否参加诉讼的。

（2）原告丧失诉讼行为能力，尚未确定法定代理人的。

（3）作为一方当事人的行政机关、法人或者其他组织终止，尚未确定权利义务承受人的。

七、被告在一审期间改变被诉具体行政行为的处理

行政诉讼过程中，被告改变具体行政行为的情形经常发生。根据我国《行政诉讼法》的规定，这种情况是被允许的，这是行政诉讼的特殊之处。《最高人民法院关于适用〈中华人民共和国行政诉讼法〉的解释》第81条分别对被告改变具体行政行为的若干情形做了规定：

1. 被告在一审期间改变被诉具体行政行为的，应当书面告知人民法院。

2. 原告或者第三人对改变后的行为不服提起诉讼的，人民法院应当就改变后的具体行政行为进行审理。

3. 被告改变原违法行政行为，原告仍要求确认原行政行为违法的，人民法院应当依法作出确认判决。

4. 原告起诉被告不作为，在诉讼中被告作出具体行政行为，原告不撤诉的，人民法院应当就不作为依法作出确认判决。

八、第一审程序的期限

第一审程序的期限是指人民法院审判第一审案件，从立案到宣判的最长时间期限。根据我国《行政诉讼法》第81条的规定，人民法院应当在立案之日起6个月内作出第一审判决。不过，鉴定、处理管辖权异议和中止诉讼的期间不计算在内。有特殊情况需要延长的，由高级人民法院批准，高级人民法院审理第一审案件需要延长的，由最高人民法院批准。基层人民法院申请延长审理期限，应当直接报请高级人民法院批准，同时报中级人民法院备案。

第十章

行政案件第一审普通程序模拟审判操作规程

第一节　审理前的准备

一、审理前的准备及意义

审理前的准备，是指人民法院受理案件以后，至开庭审理之前，为保证庭审的正常进行而进行的一系列诉讼活动。充分作好审理前的准备工作，有利于当事人之间充分交换诉讼资料，有利于审判人员了解案件的基本情况，掌握双方当事人的诉讼请求，收集、调查必要的证据，使开庭审理顺利进行，对及时、公正地解决纠纷具有重要意义。

二、审理前的准备工作范围

（一）确定审判人员依法组成合议庭

合议庭是人民法院行使行政审判权、审理行政案件的基本组织形式。根据法律的规定，合议庭的组成由审判员或审判员和人民陪审员组成。合议庭成员应是 3 人以上单数。

（二）依法发送起诉状、答辩状

根据《行政诉讼法》第 67 条的规定，人民法院应当在立案之日起 5 日内，将起诉状副本发送给被告，并通知被告应诉。被告应当在收到起诉状副本之日起 15 日内向人民法院提交作出具体行政行为的证据和所依据的规范性文件，并向人民法院提交答辩状。人民法院应当收到答辩状之日起 5 日内，将答辩状副本发送给原告。答辩状是被告针对原告起诉的回应和反驳，它是被告的一项权利，被告不提交答辩状不影响人民法院的审理。但被告在法定期间内，不提交或者没有正当理由逾期提供作出具体行政行为的证据和依据的，应当认定该具体行政行为没有证据和依据，判决被告败诉。

（三）决定案件是否合并审理

根据《行政诉讼法》第 27 条的规定，对于共同诉讼案件，法院决定是否合并审理。共同诉讼分为必要的共同诉讼和普通的共同诉讼。必要的共同诉讼，是指当事人一方或双方为两人以上，诉讼标的是同一具体行政行为的诉讼。对于必要的共同诉讼案件，法院必须合并审理。所谓普通共同诉讼是指当事人一方或双方为两人以上，诉讼标的是同样的具体行政行为的诉讼。对于普通的共同诉讼案件，如果合并审理有利于提高诉讼效率，则法院决定合并审理；如果不宜合并审理，即不能提高诉讼效率，则不合并审理。普通共同诉讼案件，人民法院可以合并审理的情形，具体来说，主要有以下三种：

1. 两个以上行政机关分别依据不同的法律、法规对同一诉讼作出具体行政行为，公民、法人或者其他组织不服向同一人民法院起诉的，人民法院可以合并审理。例如，某县个体户刘某擅自高价批发卷烟且未办理烟草专卖许可证，物价局以违反价格法为由对其处罚，烟草专卖局依据有关烟草专卖法的规定对其处罚，刘某对两个处罚均不服，故向某县人民法院起诉。这种情形是两个诉，而两个诉的标的又是基于同一事实，为了提高诉讼效率，最大限度利用有限的司法资源，人民法院则可以将这两个诉讼请求合并审理。

2. 行政机关就同一事实对若干公民、法人或者其他组织作出的具体行政行为，公民、法人或者其他组织不服分别向同一人民法院起诉的，同一人民法院也可以合并审理。例如：冯某、蒋某、邵某共同将李某打致轻伤。县公安局依据《治安管理处罚法》的规定，分别裁决给予冯某拘留 10 天、蒋某拘留 5 天、邵某拘留 3 天的处罚。他们均不服，向县人民法院提起行政诉讼。因为这 3 个行政处罚决定属于同一性质，而且是基于同一事实作出的，县人民法院可以将这 3 个诉讼请求合并审理。

3. 在诉讼过程中，被告对原告作出新的具体行政行为，原告不服向同一人民法院起诉的，人民法院可以合并审理。张某因在公共场所打架斗殴被某县公安局拘留 10 天，张某不服向县人民法院提起行政诉讼。县人民法院在审理期间，该县公安局又以张某嫖娼行为对其罚款 5000 元，并拘留 15 天，张某依然不服，向县人民法院提起了行政诉讼。对这种两个被诉的具体行政行为是同一个被告对同一个原告的两次违反治安管理的行为作出的，又属于同一人民法院适用第一审程序审理，故可以合并审理。

（四）督促被告及时向法院提交证据

根据我国《行政诉讼法》第 34 条和第 67 条的规定，被告对作出的具体行政行为负有举证责任，应当在收到起诉状副本之日起 15 日内，提供据以作出被诉具体行政行为的全部证据和所依据的规范性文件。被告不提供或者无正当理由逾期提供证据的，视为没有相应的证据。法院应提前告知被告，督促其在法定期限内向法院提交相关证据。

（五）审核诉讼文书和调查收集证据

这是审理前准备的中心内容。通过对原、被告提供的起诉状、答辩状和各种证据的审查、人民法院可以全面了解案情，熟悉原告的诉讼请求和理由、被告的答辩理由及案件的争议焦点。人民法院如果发现当事人双方材料或证据不全，应当通知当事人补充；对当事人不能收集的材料和证据，人民法院可以根据需要主动调查收集证据。对于案情比较复杂或者证据数量较多的案件，人民法院可以组织当事人向对方出示或者交换证据，并将交换证据的情况记录在卷。

需要注意的是，模拟法庭在审查诉讼材料时应制作阅卷笔录，阅卷笔录中应载明案由，双方当事人及其他诉讼参与人的基本情况，行政机关具体行政行为表现形式的处罚决定、处理决定的文号、时间及主要内容，原告人的诉讼请求、事实证据、理由及答辩人答辩的事实和理由，证据的来源，作出具体行政行为所适用的法律、行政法规、规章的名称及条款等。

（六）其他准备工作

1. 决定是否裁定停止具体行政行为的执行。基于行政行为的公定力原理，在行政诉讼中，一般不停止具体行政行为的执行。如果不停止具体行政行为的执行，将给原告造成难以弥补的损失，原告可申请人民法院裁定停止具体行政行为的执行。对于原告的申请，人民法院经审查，如认为有必要停止具体行政行为的执行，可裁定停止具体行政行为的执行。

2. 决定是否裁定进行财产保全和先予执行。在诉讼过程中，人民法院对于因一方当事人的行为或者其他原因，可能使具体行政行为或者人民法院生效裁判不能或者难以执行的案件，可以根据对方当事人的申请作出财产保全的裁定。人民法院审理涉及抚恤金、社会保险金、最低生活保障费等事项的案件，可以根据原告的申请，依法裁定先予执行。

3. 确认、更换和追加当事人。法院在准备阶段还需确认原告、被告、第三人的资格，发现不具备当事人资格者应更换或追加新的当事人。如果有共同诉讼人或第三人需参加诉讼，应通知其参加。此外，对于不通晓当地民族语言文字的诉讼参加人，法院还应为其提供翻译。

4. 确定开庭的地点、时间并通知当事人和其他诉讼参与人。法院开庭审理 3 日前，应以传票或通知书通知当事人和其他诉讼参与人，对公开审理的案件，还应公告开庭的时间、地点和案由。

第二节　宣布开庭

一、开庭审理的含义

开庭审理是指人民法院在当事人和其他诉讼参与人的参加下，依照法律规定的形式和顺序，查清案件事实，分清是非责任，对案件作出处理决定所进行的诉讼活动。开庭审理具有几个特点：诉讼法律关系主体同时参加诉讼活动；当事人充分行使诉讼权利；全部证据受到审查核实。同时，开庭审理应具有一定的形式和顺序。行政诉讼法没有具体规定开庭审理的程序，依照有关规定，行政案件开庭审理的程序可以比照民事诉讼法的规定。

二、开庭审理的形式

《行政诉讼法》第 54 条规定："人民法院公开审理行政案件，但涉及国家秘密、个人隐私和法律另有规定的除外。涉及商业秘密的案件，当事人申请不公开审理的，可以不公开审理。"该条表明，开庭审理的形式有两种：公开审理和不公开审理。公开审理是指人民法院审理行政案件的活动，对社会公开，允许案外人旁听。所谓不公开审理，是指具备法律规定不公开审理条件的行政案件在开庭审理时，除了当事人和人民法院通知到庭的其他诉讼参与人参加外，不允许与本案无关的人参加，不允许群众旁听，不允许记者采访报道。行政诉讼的庭审活动一般应公开审理。对于涉及国家机密的、个人隐私或法律另有规定的，一律不公开审理；对于涉及商业秘密的案件，当事人申请不公开审理，也可以不公开审理。在行政模拟审判程序中，为了提高教学效果，让其他学生观摩模拟审判，一般采取公开审理的形式，因此，所选择的案件，最好不要涉及国家秘密、个人隐私和商业秘密。

三、开庭准备

（一）查明相关诉讼参与人是否到庭

开庭审理前，由书记员查明当事人和其他诉讼参与人是否到庭。一方当事人或双方当事人以及其他诉讼参与人没有到庭的，应将情况及时报告审判长，并由合议庭决定是否延期开庭或者中止诉讼。决定延期开庭的，应重新向当事人送达传票和向其他诉讼参与人送达通知。决定中止的，应当制作裁定书，送达当事人。原告经传票传唤，无正当理由拒不到庭的，可以按撤诉处理；被告经传票传唤，无正当理由拒不到庭的，可以缺席判决。当事人提供的证人在人民法院通知开庭期日，没有正当理由而拒不出庭的，由提供该证人的当事人承担举证不能的责任。

（二）宣布法庭纪律

当事人和其他诉讼参与人均已按时到庭的，或者虽有未按时到庭的当事人或其他诉讼参与人，但合议庭确定不需要延期审理、中止诉讼或按撤诉处理的，即应由书记员宣布当事人及其诉讼代理人入庭，并向他们宣布法庭纪律。依照规定，书记员应予宣布的法庭纪律主要包括：诉讼参与人应当遵守法庭规则，维护法庭秩序，不得喧哗、吵闹；发言、陈述和辩论，须经审判长许可。旁听人员不得录音、录像和摄影（新闻记者未经审判长许可亦不得在庭审过程中录音、录像和摄影），不得随意走动和进入审判区，不得发言、提问，不得鼓掌、喧哗、哄闹和实施其他妨碍审判活动的行为。

（三）核对当事人，宣布案由

依照规定，书记员在宣布完法庭纪律后，即应宣布全体起立，请审判长、审判员、陪审员入庭。然后由书记员向审判长报告当事人及其诉讼代理人的出庭情况，由审判长逐一核对当事人。审判长核对当事人时，应当查明原告、被告及其诉讼代理人的姓名、性别、年龄、职业等身份情况，查明诉讼代理人有无授权委托书及代理权限。当事人及其诉讼代理人身份经审判长核对无误后，审判长即应宣布案由即开始庭审，不公开审理的应当说明理由。被告经合法传唤无正当理由拒不到庭的，审判长可以宣布缺席审理，并说明传票送达的合法和缺席审理的根据；无独立请求权的第三人，无正当理由拒不到庭的，不影响案件审理。

（四）权利告知、回避申请

审判长宣布合议庭组成人员，书记员名单，告知当事人有关的诉讼权利义务，询问当事人是否提出回避申请。告知当事人合议庭组成人员有利于当事人提出申请回避。告知当事人有关诉讼的权利和义务，目的是为了便于当事人更好地行使诉讼权利和履行诉讼义务。当事人提出回避申请的，审判长应当宣布休庭。院长任审判长的回避，由审判委员会决定；审判人员的回避，由院长决定；其他人员的回避，由审判长决定。当事人申请回避的理由不能成立的，由审判长在重新开庭时予以驳回，记入笔录。当事人申请回避的理由成立并决定回避的，由审判长宣布延期审理。当事人对驳回申请回避的决定不服申请复议的，不影响案件的开庭审理。对复议申请，人民法院应当在3日内作出复议决定并通知复议申请人，也可以在开庭时当庭作出复议决定并告知复议申请人。

第三节　法庭调查

一、法庭调查的概念

法庭调查，是指人民法院依照法定程序，在法庭上向当事人和其他诉讼参与人调查案情，审查核实各种证据以及当事人举证、质证的诉讼活动。

二、法庭调查的顺序

法庭调查的主要任务是通过当事人陈述、举证、质证，人民法院审查、核实、认定证据，查明案件事实，为法庭辩论奠定基础。法庭调查应当按照下列顺序进行：

（一）当事人陈述

法庭调查开始，首先是由原告或其代理人口头陈述事实或者宣读起诉状，讲明具体诉讼请求和理由。然后由被告或其代理人口头陈述事实或者宣读答辩状，对原告诉讼请求提出异议或者反诉的，讲明具体请求和理由。有第三人参加诉讼的，应当由第三人或其代理人陈述自己提起诉讼或参加诉讼的理由以及证据。通过当事人的陈述，可以证实案件事实发生、发展的全过程，了解双方当事人的主张及争议的焦点，明确双方当事人的诉讼理由及有关的证据。需要注意的是，法庭调查的重点是双方当事人争议的事实，因而当事人、第三人应当围绕着争议的事实进行陈述，对于与本案无关的陈述，审判人员有权制止；对于需要查清的事实，审判人员有权询问。

（二）证人作证

证人作证前，审判人员应问清证人的基本情况，核对到庭证人是否是法庭依法传唤到庭作证的证人，告知证人的权利和义务，特别是要告知证人要如实作证，否则应承担法律责任。证人有义务就其所知道的案件情况作客观的、真实的陈述，审判人员可以加以引导，使其对案件的有关事实作客观、全面的陈述。对证人证言有疑问或证人证言之间有矛盾的，当事人经审判人员许可后可以质询。证人应当出庭作证，确有困难不能出庭的，所提供的书面证言应当当庭宣读。未在法庭上宣读的证人证言，不能作为认定案件事实的证据使用。

（三）出示书证、物证和视听资料

原告或其代理人出示证据，被告或其代理人质证；被告或其代理人出示证据，原告或其代理人质证。原、被告或其代理人对第三人出示的证据质证，第三人或其代理人对原告或者被告出示的证据质证。审判人员出示法院调查收集的证据，原告、被告和第三人或其代理人质证。经审判长许可，当事人或其代理人可以向证人发问，当事人或其代理人也可以互相发问。无论是当事人或其代理人提供的还是人民法院依法收集的书证、物证和视听资料，都应当当庭宣读、出示和播放，由当事人当庭质证，以辨别真伪。

（四） 宣读鉴定结论

对案件的有关专门性问题进行科学鉴定的，鉴定结论应当在法庭上宣读。鉴定人出席法庭的，应当向法庭说明鉴定的方法和过程，以及鉴定结论的科学依据。审判长可以对鉴定人提问，当事人或其代理人经法庭许可，也可以向鉴定人发问。鉴定结论有疑问或几个鉴定结论之间有矛盾的，人民法院可以决定重新鉴定，当事人也有权请求重新鉴定，但是否准许，应由人民法院决定。

（五） 宣读勘验笔录

人民法院对现场或者物证进行勘验时所作的勘验笔录，应当在法庭调查时宣读，拍摄的照片或绘图，也应当在法庭上出示。当事人经法庭许可，可以向勘验人发问，当事人还有权要求重新勘验，但是否准许，应由人民法院决定。

法庭调查结束之前，审判长应当询问双方当事人有无新的证据提出，原告的诉讼请求或者被告的反诉请求有无变化。当事人要求提供新的证据，或者人民法院认为需要补充调查，收集证据或通知新的证人到庭、重新鉴定、勘验的，可以宣布延期审理。如果法庭认为案件的事实已经查清，必要的证据已经齐全，法庭调查的任务业已完成，由审判长宣布法庭调查结束。

三、法庭调查中应注意的问题

在法庭调查中应当注意的问题：

1. 经过庭审质证的证据能够当即认定的，应当当即认定；当即不能认定的，可以休庭合议后再予以认定；合议之后认为需要继续举证或者进行鉴定、勘验等工作的，可以在下次开庭质证后认定。

2. 一方当事人要求补充证据或者申请重新鉴定、勘验，法院认为有必要的可以准许。补充的证据或者重新进行鉴定、勘验的结论，必须再次开庭质证。

3. 法庭决定再次开庭的，审判长或者独任审判员对本次开庭情况应当进行小结，指出庭审已经确认的证据，并指明下次开庭调查的重点。

4. 法庭调查结束前，审判长应当就法庭调查认定的事实和当事人争议的问题进行归纳总结。

第四节　法庭辩论

一、法庭辩论的概念和主要任务

法庭辩论，是指双方当事人在法庭上就有争议的事实和法律问题，根据法庭调查已经基本查明的事实和证据阐明自己的观点，进行辩驳和论证，以维护其合法权益的活动。法庭辩论的主要任务是通过双方当事人就争议问题行使辩论的权利，对经过法庭调查的事实和证据充分阐明自己的观点和主张，以进一步查明案件事实，核实有关证据，分清是非责任，为人民法院正确适用法律、依法作出判决打下坚实的基础。

二、法庭辩论的内容

法庭辩论的内容，应紧紧围绕法庭调查中提出的问题进行，当事人应当在事实和证据的基础上摆事实，讲道理，遵守法庭秩序，服从法庭指挥，以保证法庭辩论的顺利进行。人民法院应充分调动双方当事人的积极性，保障双方当事人平等地行使辩论权，并对双方的辩论进行正确的引导，对不适当的辩论行为及时制止，以保证辩论能够围绕本案的事实问题和法律问题进行。

三、法庭辩论的顺序

（一）原告及其诉讼代理人发言

原告及其诉讼代理人发言的内容，重点是论证自己的主张，反驳被告的主张。因此其发言应当有针对性，应针对被告主张的事实和理由进行驳斥，并通过摆事实、运用证据来证明自己主张的成立，反驳被告主张的事实和理由。

（二）被告及其诉讼代理人答辩

被告及其诉讼代理人的答辩内容，应针对原告的发言进行辩解和反驳，论证自己反驳的事实和理由。被告提出反诉的，还应对反诉请求所依据的事实和根据进行论证。

（三）第三人及其诉讼代理人发言或答辩

有独立请求权的第三人及其代理人的发言，相当于原告及其诉讼代理人的发言，所不同的是，他除了要陈述自己的主张以外，还要针对本案双方当事人的观点进行驳斥。无独立请求权的第三人在诉讼中虽然依附于诉讼当事人一方，其发言一般为所依附的一方当事人的补充，但最终是为了维护自己的合法权益。

（四）互相辩论

互相辩论的顺序也是先原告，后被告，再第三人。在原告、被告、第三人系统、全面的发言和辩论的基础上，双方互相辩论则主要是针对某项具体事实或某个争执点作针锋相对的辩论。因此，原告、被告、第三人的发言及答辩，只是辩论的开始和展开，而具体事实的澄清或争执事项的明了，则更多的是通过互相辩论解决的。在法庭辩论阶段，审判人员要保证当事人双方及第三人平等地行使辩论权，同时，要引导双方当事人围绕案件事实和争执的焦点进行辩论。

法庭辩论由各方当事人依次发言。第一轮辩论结束，审判长应当询问当事人是否还有补充意见。当事人要求继续发言的，应当允许，但要提醒不可重复。一轮辩论结束后当事人要求继续辩论的，可以进行下一轮辩论。下一轮辩论不得重复上一轮辩论的内容。

法庭辩论应当在法庭调查的基础上进行，但是当事人如果在法庭辩论中提出了符合规定的新的事实和证据，合议庭应及时停止法庭辩论，恢复法庭调查。辩论终结时，审判长应当按原告、被告、第三人的先后顺序，征询他们各自的最后意见。至此，法庭辩论终结。

四、在法庭辩论中应注意的问题

1. 审判人员应当引导当事人围绕争议焦点进行辩论。当事人及其诉讼代理人的发言与本案无关或者重复未被法庭认定的事实，审判人员应当予以制止。

2. 法庭辩论由各方当事人依次发言。一轮辩论结束后当事人要求继续辩论的，可以进行下一轮辩论。下一轮辩论不得重复第一轮辩论的内容。

3. 法庭辩论时，审判人员不得对案件性质、是非责任发表意见，不得与当事人辩论。

第五节　休庭、评议和宣判

合议庭评议和宣告判决是开庭审理的最后阶段，是认定案件事实、正确适用法律、宣告审理结果的阶段。

一、合议庭评议

法庭辩论结束后，合议庭应当休庭，进入评议室进行评议。合议庭进行评议时，首先应就案件事实是否查清进行研究，以正确认定；其次，应分清是非，明确双方当事人责任并正确适用法律，最后决定对案件的处理意见，并决定诉讼费用的负担等问题。评议中如发现案件事实尚未查清，需要当事人补充证据或者由人民法院自行调查收集证据的，可以决定延期审理，由审判长在继续开庭时宣告延期审理的理由和时间，以及当事人提供补充证据的期限。合议庭对案件的评议不公开进行，有不同意见的实行"少数服从多数"的原则，但不同的意见应如实记入评议笔录。评议笔录由合议庭全体人员和书记员签名或盖章。评议笔录不得对外公开，当事人及其诉讼代理人不得查阅、复制。

二、宣告判决

合议庭评议后，应当由审判长宣布继续开庭并宣读判决。宣判时，当事人及其诉讼代理人、旁听人员均应起立。宣判的内容包括：认定的事实、适用的法律、判决的结果和理由、诉讼费用的负担、当事人的上诉权利、上诉期限和上诉的法院。不能当庭宣判的，审判长应当宣布另定日宣判。当庭宣判的，人民法院应当在 10 日内发送判决书。定期宣判，在开庭审理之日以后的期日公开宣告判决。定期宣判的，人民法院在宣判后即应送达判决书。

第十一章

行政案件第一审普通程序模拟审判剧本

第一节　石门县渣砖厂不服常新市劳动和社会保障局
行政确认案模拟审判剧本

一、案情简介

原告：石门县新铺乡牛家山村渣砖厂，负责人牛××，该厂业主。

被告：常新市劳动和社会保障局。

法定代表人：张××，局长。

第三人：秦×，男，1965年1月4日出生，土家族，住湖南省石门县太平镇石水田村5组860××××号。

原告牛家山渣砖厂诉称：秦×系原告牛家山渣砖厂专职司机，工作职责是开车运石灰石。2015年3月30日上午，原告牛家山渣砖厂的爆破员秦××将炸药、导火线、雷管按规定领取后带到采石场准备进行爆破。因矿山安全检查，牛家山村村支书通知秦××到砖厂去，秦××便将爆破物资放在工地。秦×到场后看到有爆破物资，即拿炸药、雷管去洗炮眼，被飞石击伤。秦×的受伤虽是在工作时间、工作地点，但不是因为工作原因所受的伤。秦×的职责是开车，未取得爆破员资格，进行爆破就是违法，违法的行为亦不构成工伤。常劳工伤认字［2016］2082号《工伤认定结论书》认定事实和适用法律均有错误，请求撤销。

被告市劳动保障局辩称：石门县新铺乡牛家山村渣砖厂职工秦×，于2015年3月30日上午在采石场采用爆破方式扩洗炮眼时，被一炸飞的石块击伤头部。经石门县中医院诊断为：脑震荡、头皮裂伤、左侧颧骨骨折、外伤性耳聋。2016年3月10日，秦×向我局提出工伤认定申请。经我局调查核实，我局依法认定秦×所受之伤为工伤。2016 年 7 月 10 日，原告向常新市人民政府申请行政复议，市政府常政复决字［2016］43 号《行政复议决定书》依法维持了我局的具体行政行为。2016 年 8 月 27 日，原告以认定事实和适用法律错误为由，向你院提起行政诉讼。我局认为，秦×所受之伤符合《工伤保险条例》（国务院第 586 号令）第 14 条第 1 款规定的情形，应当依法认定其为工伤。我局作出的《工伤认定结论书》（常劳工伤认字［2016］2082 号），认定事实清楚，证据确凿，适用法律正确，程序合法，请依法予以维持。

二、争议焦点

1. 秦×是否是因工作原因受伤。
2. 被告作出具体行政行为程序是否合法。

三、石门县渣砖厂不服劳动和社会保障行政确认案模拟审判剧本

序幕　开庭前的准备

书记员召集双方当事人和诉讼代理人到书记员处签到，并收集当事人的身份证明（个人的收集身份证复印件，单位的收集营业执照或机构代码证复印件），完毕后，书记员走上审判台的书记员席。

书记员：（收回签到单并查验）传第三人秦×入席就座，请原告石门县新铺乡牛家山村渣砖厂的诉讼代理人李秀云、被告常新市劳动和社会保障局的诉讼代理人刘朋、第三人秦×的诉讼代理人谭明西入席就座。

书记员：现在宣布法庭纪律：①法庭内要保持安静，不得鼓掌、喧哗，禁止抽烟；②不得随便走动和进入审判区；③未经法庭允许不准录音、录像和拍照；④未经法庭允许不准发言或者提问；⑤所有诉讼参与人以及旁听人员须将随身携带的寻呼机、手机关闭。对违反法庭规则的人，将视具体情况分别予以警告、训诫、没收录音录像和摄像器材、责令退出法庭、罚款、拘留直至追究

刑事责任。

书记员： 法庭纪律宣布完毕，全体起立，请审判长、审判员入席就座。

（审判长、审判员入席就座）

审判长： 请坐下。

书记员： （书记员向审判长报告）报告审判长，开庭准备完毕，可以开庭。（同时向审判长递交签到单）

第一幕　正式开庭

审判长： （击法槌）常新市武尚区人民法院行政审判庭根据《中华人民共和国行政诉讼法》第54条的规定，今天在这里依法公开审理原告石门县新铺乡牛家山渣砖厂与被告常新市劳动和社会保障局劳动和社会保障行政确认一案。现在开庭。

审判长： 首先核对当事人及其诉讼代理人身份。今天出庭的诉讼参与人情况是：

原告石门县新铺乡牛家山渣砖厂的负责人牛××今天没有出庭诉讼，其委托代理人是李秀云，湖南前进律师事务所律师，系特别授权代理。被告常新市劳动和社会保障局的法定代表人张××没有出庭，其委托代理人是刘朋，常新市劳动和社会保障局的公务员，系特别授权代理。第三人秦×，男，1965年1月4日出生，土家族，住湖南省石门县太平镇石水田村5组460×××××号。其委托代理人是谭明西，石门县宝峰法律事务所法律工作者，系特别授权代理。

审判长： 原、被告对对方出庭人员有无异议？

原代： 无异议。

被代： 无异议。

第三人代： 无异议。

审判长： 经核对，以上出庭人员均符合法律规定，可以参加本案诉讼活动。

审判长： 根据《中华人民共和国行政诉讼法》第68条的规定，本院依法

> 组成合议庭，并根据《中华人民共和国民事诉讼法》向当事人
> 送达告知合议庭组成人员的通知。本案由审判员魏玉担任审判
> 长，与审判员张春来、杨洋组成合议庭，书记员代成功担任记
> 录。原告是否听清楚了？

原代：听清楚了。

审判长：被告是否听清楚了？

被代：听清楚了。

审判长：第三人是否听清楚了？

第三人代：听清楚了。

审判长：根据行政诉讼法的有关规定，当事人享有的诉讼权利和应当履
行的诉讼义务本庭在庭前送达给各方当事人的诉讼须知、举证
通知书中已载明，你们对法律规定的各项诉讼权利和诉讼义务
是否清楚？

审判长：原告是否清楚？

原代：清楚。

审判长：被告是否清楚？

被代：清楚。

审判长：第三人是否清楚？

第三人代：清楚。

审判长：当事人及其诉讼代理人均已清楚地知道各自所享有的诉讼权利
和应当履行的诉讼义务，本庭在此不再重复宣告。

审判长：根据《中华人民共和国行政诉讼法》第55条的规定，当事人认
为合议庭组成人员、书记员与本案有利害关系或者其他关系可
能影响公正审判，有权申请合议庭组成人员、书记员回避，原、
被告和第三人对合议庭组成人员及书记员是否申请回避？

原代：不申请。

被代：不申请。

第三人代：不申请。

第二幕　法庭调查

审判长： 现在进行法庭调查。由主审法官张春来主持。

审判员： 首先由被告陈述具体行政行为内容。

被代： 宣读常劳工伤认字〔2016〕2082号工伤认定结论书。（内容略）

审判员： 原告、第三人，你们是否收到上述文书？与刚才被告方宣读的是否一致？

原代： 已收到上述文书，与刚才被告方宣读的一致。

第三人代： 已收到上述文书，与刚才被告方宣读的一致。

审判员： 下面由原告陈述起诉的事实与理由。

原代： 我代表原告宣读诉状。行政诉讼状，原告石门县新铺乡牛家山渣砖厂，业主牛××，被告常新市劳动和社会保障局，法定代表人张××，局长，诉讼请求：常劳工伤认字〔2016〕2082号工伤认定结论认定事实和适用法律均有错误，敬请依法撤销。理由如下：秦×系石门县新铺乡牛家山渣砖厂的专职司机，工作职责是开车运石灰石，2015年3月30日上午，该厂的爆破员秦××将炸药、导火线、雷管按规定领取后带到采石场准备进行爆破，因矿山安全检查，该村支部书记通知秦××到砖厂去，秦××便将爆破物资放在工地，秦×在场后看到有爆破物资，即拿炸药、雷管去洗炮眼，被飞石击伤，秦×的受伤虽是在工作时间，工作地点，但不是因为工作原因所受的伤，他的职责是开车，秦×未取得爆破员资格，进行爆破就是违法，违法的行为亦不构成工伤。该工伤认定结论从认定事实和通用法律均有错误，故不服。依法提起诉讼，敬请撤销。此致武尚区人民法院，具状人：石门县新铺乡牛家山渣砖厂，2016年8月27日。

审判员： 被告、第三人，你们是否收到上述诉状？与刚才原告方宣读的是否一致？

被代： 已收到上述诉状，与刚才原告方宣读的一致。

第三人代： 已收到上述诉状，与刚才原告方宣读的一致。

审判员：下面由被告进行答辩。

被代：行政诉讼答辩状，答辩机关：常新市劳动和社会保障局，法定代表人：张××，职务局长。石门县新铺乡牛家山村渣砖厂（原告）不服我局 2016 年 6 月 18 日作出的《工伤认定结论书》（常劳工伤认字〔2016〕2082 号），向你院提起行政诉讼，现答辩如下：

　　石门县新铺乡牛家山村渣砖厂职工秦×，于 2015 年 3 月 30 日上午在采石场采用爆破方式扩洗炮眼时，被一炸飞的石块击伤头部。经石门县中医院诊断为：脑震荡、头皮裂伤、左侧颧骨骨折、外伤性耳聋。2016 年 3 月 10 日，秦×向我局提出工伤认定申请。经我局调查核实，我局依法认定秦×所受之伤为工伤。2016 年 7 月 10 日，原告向常新市人民政府申请行政复议，市政府常政复决字〔2016〕43 号《行政复议决定书》依法维持了我局的具体行政行为。2016 年 8 月 27 日，原告以认定事实和适用法律错误为由，向你院提起行政诉讼。我局认为，秦×所受之伤符合《工伤保险条例》（国务院第 586 号令）第 14 条第 1 款规定的情形，应当依法认定其为工伤。我局作出的《工伤认定结论书》（常劳工伤认字〔2016〕2082 号），认定事实清楚，证据确凿，适用法律正确，程序合法，请依法予以维持。此致常新市武尚区人民法院，2016 年 9 月 9 日

审判员：原告、第三人，你们是否收到上述答辩状？与刚才被告方宣读的是否一致？

原代：已收到上述答辩状，与刚才被告方宣读的一致。

第三人代：已收到上述答辩状，与刚才被告方宣读的一致。

审判员：第三人秦×没有书面意见，下面由第三人秦×进行当庭陈述。

第三人代：秦×在 2015 年 3 月 30 日下午，受老板秦××安排洗炮眼，爆炸受伤，致六级残。秦×在工作时间、工作地点，因工作原因受伤，符合工伤条件，应认定为工伤。秦×虽没有爆破证，但并未受到相关部门的处罚，不属于工伤认定的排除条件。

审判员：经三方各自陈述意见，将各方当事人的争议焦点概括如下：原

告认为秦×并非爆破工而进行洗炮眼操作，继而被炸伤，虽是在工作时间和工作地点，但并非工作原因致伤，秦×是驾驶员，爆破不是其本职工作，不应认定为工伤，请求撤销常劳工伤认字［2016］2082号工伤认定；被告认为常劳工伤认字［2016］2082号工伤认定事实清楚，证据确凿，秦×所受伤害符合工伤认定条件，应予认定为工伤，请求维持工伤认定；第三人认为其是在股东之一的秦××安排下洗炮眼而被炸伤得，属工作原因受伤，应认定为工伤。各方对上述归纳有无异议？

原代：无异议，无补充。

被代：无异议，无补充。

第三人代：无异议，无补充。

审判员：下面对具体行政行为合法性进行审查，首先由被告就是否享有行政管理职权进行举证。

被代：《工伤保险条例》第5条规定了我局享有对工伤进行认定的行政管理职权。

审判员：原告对被告的举证有何质证意见？

原代：无异议。

审判员：第三人对被告的举证有何质证意见？

第三人代：无异议。

审判员：对此证据，合议庭予以认定，可以作为本案定案依据。下面由被告就作出具体行政行为的程序合法性进行举证。

被代：本案在程序上经过了申请、受理、调查核实、认定送达等5个环节，原告不服，向常新市人民政府申请复议，常新市人民政府维持了我局的工伤认定。下面是我们的证据：

1. 工伤认定申请书、工伤认定情况汇总表。

2. 常劳工伤认字（2016）2082号工伤认定结论书及送达回证。

审判员：原告对被告的举证有何质证意见？

原代：被告调查、核实程序没有做，其他无异议。

被代：我们发了协助调查通知书，原告渣砖厂给我局送了报告。

审判员：第三人对被告的举证有何质证意见？

第三人代：对被告的举证无异议。

审判员：对上述两组证据，本庭予以确认，可以作为本案定案依据。下面由被告就认定的第三人受工伤的事实进行举证。

被代：1. 谭明西对申×、郝××、温义州所作的调查笔录。

2. 秦×在石门县中医院住院的病案记录。

3. 石门县劳动争议仲裁委员会关于秦×与牛家山村渣砖厂是否存在劳动关系的仲裁书。

上述证据，证明我局依秦×申请和用人单位意见，根据秦×的代理人谭明西对申×、郝××、温义州等人的调查笔录及医院诊断、劳动仲裁书，认定秦×在工作时间、工作场所，因工作原因受伤，符合《工伤保险条例》第14条第1项之规定，应予认定为工伤。

审判员：原告对被告的举证有何质证意见？

原代：对申×、郝××的调查笔录有异议，对温义州的笔录有异议，上述调查笔录不真实。对其他证据真实性、合法性、关联性无异议。我们也对申×、郝××进行了调查，制作了笔录，并向被告了提交笔录，内容与第三人调查的分歧很大，另外，温义州这个人与本案无关联性，我们甚至不知道他是谁。

审判员：被告有无说明或解释。

被代：没有其他说明的。

审判员：第三人对被告的举证有何质证意见？

第三人代：我说明一下，我们交的三份笔录，是在原告提取之前，第一时间所作，我们的笔录是真实的。对被告提交的证据无异议。

审判员：被告就作出具体行政行为的法律依据举证。

被代：《工伤保险条例》第14条第1款。

审判员：原告对被告的举证有何质证意见？

原代：被告适用法律是错误的，我们不认可。

审判员：第三人对被告的举证有何质证意见？

第三人代：被告适用法律正确。

审判员：原告有无证据出示？

原代：有 11 份证据要提交：

  1. 工伤认定结论书、行政复议决定。拟证明原告对工伤认定不服，已经过行政复议程序。

  2. 采矿许可证、营业执照。拟证明砖厂业主是牛××，只有牛××一人，没有其他人投资，

  3. 秦××爆破员证。

  4. 2015 年 3 月工资表。证明秦×只是砖厂司机，爆破员是秦××。

  5. 爆破器材出入库记录。证明爆破器材由秦××专门保管。

  6. 秦生德调查笔录。拟证明当天喊秦××从事安全检查，没有安排秦×爆破，秦××在砖厂没有股份。

审判员：被告对原告的举证有何质证意见？

被代：没有异议。

审判员：第三人对原告的举证有何质证意见？

第三人代：1. 工资表中，对秦×一栏注明开车，我们怀疑其真实性，因为其他员工的工作职责并未标注，只有秦×一人有标注，显然是事后加上去的。秦×的主要职责是开车，但也会按照老板的安排做一点其他的工作。

  2. 对秦生德的笔录真实性有异议，秦生德不能证明放炮不是秦××安排的，也不能证明秦××在砖厂有无股份。

  3. 其他的没有异议。

审判员：原告对第三人的质证有无说明。

原代：1. 工资表是真实的，秦×确实只从事开车，其工资是固定的，而其他人工资是浮动制的。

  2. 营业执照、采矿许可证均证实砖厂由牛××一人投资，秦生德的陈述是客观的、真实的。

审判员：对上述证据，合议庭在休庭后予以评议和认定。下面由原告继

续举证。

原代： 7. 对村主任陈英豪的调查笔录。拟证明秦××不是砖厂负责人。当天是在进行安全大检查，秦××没有安排秦×放炮。

8. 作业安全操作规程。

9. 安全生产责任制。

10. 事故应急救援预案。

11. 安全生产规章制度。拟证明砖厂对爆破有严格的管理和规章制度。

审判员： 被告对原告的举证有何质证意见？

被代： 1. 渣砖厂业主是牛××与秦××是否安排秦×洗炮眼无关联。

2. 秦×是司机，并不说明其没有兼职放炮。

3. 村支书、主任证词，只能证明当天进行安全大检查。

4. 规章制度与本案无关联性。

审判员： 第三人对原告的举证有何质证意见？

第三人代： 1. 对村主任笔录真实性有异议，村主任并不在场。

2. 对规章制度有异议，其与本案没有关联性，即使秦×违反了规章制度，也不能表明秦×不能认定为工伤。

审判员： 原告对第三人的质证意见有无说明？

原代： 1. 规章制度是要求员工遵守的；

2. 村主任证言是真实、客观的。

审判员： 对原告提交的7~11项证据，本庭休庭合议后再予认定，第三人有无证据提交？

第三人代： 没有新的证据提交，和劳动局提交的一致。

审判员： 庭前，原告方在法定期限内申请了申×、郝××、秦××出庭作证，下面传证人申×到庭陈述证言。

（证人出庭作证前，不得旁听庭审，正式出庭时，证人由法警带领走进法庭）

审判员： 证人申×，在开庭前，根据原告的申请，本院已向你送达出庭通知书，你收到了吗？

申×：收到了。

审判员：请你向法庭提供你的身份证明资料。

申×：（递交其身份证复印件）

审判员：（核对后）申×，请你介绍你的基本情况。

申×：我叫申×，今年61岁，石门县新铺乡黄木岗村村民。现在在牛家山渣砖厂打工。

审判员：原、被告、第三人对证人申×的身份有无异议？

原代：无异议。

被代：无异议。

第三人代：无异议。

审判员：申×，根据我国法律规定，公民有如实作证义务。你应该如实将你知道的情况向法庭陈述，不得作伪证或隐瞒事实，否则要承担法律责任，对此，你听清楚了吗？

申×：我听清楚了。

审判员：证人出庭作证，应当客观陈述亲身感知的事实，不可使用猜测、推断或者评论性的语言，并应当接受当事人、代理人的发问，申×，你听清楚了吗？

申×：听清楚了。

审判员：现在你向法庭宣读证人保证书，并签名。

（法警向申×递交证人保证书）

申×：今天，湖南省常新市武尚区人民法院公开审理石门县新铺乡牛家山村渣砖厂不服被告常新市劳动和社会保障局劳动和社会保障行政确认一案。我被法院传唤出庭作证。本人保证履行法定义务，向法庭如实作证。如果提供虚假证言，愿负法律责任。保证人申×，2016年11月14日。

（申×在保证书上签字，交给法庭）

审判员：请你陈述秦×出事当天的经过，请如实讲。

申×：秦×在厂里开车，当天（2015年3月30日）吃了中饭，大概一两点钟，老二（秦××）走了，秦×自己放炮，被炸倒，自己倒在地上，将头砸伤。

审判员： 原告申请该证人出庭要证明的事实是什么？

原代： 1. 秦××没有安排秦×洗炮眼。

2. 秦×自己洗炮眼炸伤。

审判员： 被告有什么问题需要询问证人？

被代： 你认识他（指秦×）吗？

申×： 认识。

被代： 那天秦×是受秦××安排去洗炮眼的吗？

申×： 秦××没有安排他洗炮眼。

被代： 秦×以前在厂里放过炮没有？

申×： 我没听说过。

被代： 审判员，我的发问完毕。

审判员： 第三人有什么问题需要询问证人？

第三人代： 秦×放炮是谁安排的？

申×： 我不知道。

第三人代： 你和秦××有没有亲戚关系？

申×： 没有亲戚关系。

第三人代： 审判员，我方发问完毕。

审判员： 下面法庭有几个问题要向证人发问。申×，事发当天你是否在现场？

申×： 我在现场。

审判员： 第三人反映你和秦××有亲戚关系，你和秦××到底有无亲戚关系？

申×： 没有，我们住得近，他喊我"叔子"，但没有亲戚关系。

审判员： 秦×在厂里做什么工作的？

申×： 他是开车的司机。

审判员： 你看他放过炮没有？

申×： 我没有看见过。

审判员： 证人申×核对笔录后签字，然后退庭。

　　　　　　传证人郝××到庭。

（证人由法警带领走进法庭）

审判员： 证人郝××，在开庭前，根据原告的申请，本院已向你送达出
　　　　　　庭通知书，你收到了吗？

郝××： 收到了。

审判员： 请你向法庭提供你的身份证明资料。

郝××： （递交其身份证复印件）

审判员： （核对后）郝××，请你介绍你的基本情况。

郝××： 我叫郝××，今年59岁，石门县新铺乡牛家山村村民。现在在
　　　　　　牛家山渣砖厂打工。

审判员： 原、被告、第三人对证人郝××的身份有无异议？

原代： 无异议。

被代： 无异议。

第三人代： 无异议。

审判员： 郝××，根据我国法律规定，公民有如实作证义务。你应该如
　　　　　　实将你知道的情况向法庭陈述，不得作伪证或隐瞒事实，否则
　　　　　　要承担法律责任，对此，你听清楚了吗？

郝××： 我听清楚了。

审判员： 证人出庭作证，应当客观陈述亲身感知的事实，不可使用猜测、
　　　　　　推断或者评论性的语言，并应当接受当事人、代理人的发问，
　　　　　　郝××，你听清楚了吗？

郝××： 听清楚了。

审判员： 现在你向法庭宣读证人保证书，并签名。

（法警向郝××递交证人保证书）

郝××： 今天，湖南省常新市武尚区人民法院公开审理石门县新铺乡牛
　　　　　　家山村渣砖厂不服被告常新市劳动和社会保障局劳动和社会保
　　　　　　障行政确认一案。我被法院传唤出庭作证。本人保证履行法定
　　　　　　义务，向法庭如实作证。如果提供虚假证言，愿负法律责任。
　　　　　　保证人郝××，2016年11月14日。

（郝××在保证书上签字，交给法庭）

审判员：原告申请该证人出庭需要证明什么？

原代：1. 秦××没有安排秦×洗炮眼。

　　　　2. 秦×自己洗炮眼炸伤。

审判员：下面由原告进行发问。

原代：那天出事时，有谁在现场？

郝××：我、申×、秦×三人。

原代：秦×受伤时你是否在现场？

郝××：我在半里外拦人。

审判员：那既然秦×是私自放炮，你为何去拦人？

郝××：他在那里要放炮，我当然要去拦人，不然伤到人麻烦就大了。

原代：有没有谁安排你去拦人？

郝××：没有哪个安排，我主要是怕出事。

原代：秦××走了多大一会，秦×去放炮的？

郝××：秦××走后，炸药都在那里，秦×过来说没事干了，就去放炮。

原代：审判员，我的发问完毕。

审判员：被告有什么问题需要向证人发问？

被代：你认识他（秦×）吗？

郝××：认识，他是秦×，一起做了个把月事。

被代：他到厂里放过炮吗？

郝××：不清楚，我一起只干了一两个月。

被代：那秦××安排秦×洗炮眼没有？

郝××：没有安排。

被代：审判员，我的发问完毕。

审判员：第三人有什么问题需要向证人发问？

第三人代：你能不能保证今天所讲属实？

郝××：属实。

第三人代：你上次接受调查时有录音，你陈述说秦×以前受厂里安排放
　　　　　　过炮，和今天讲的不一致。

郝××：（沉默，没有回答）

第三人代：审判员，我的发问完毕。

审判员：本庭有几个问题向证人发问。郝××，事发当时你在不在现场？

郝××：我没在现场，我去拦人了。

审判员：2015 年 3 月 30 日，厂里发生洗炮眼爆炸事故，当时你是否在场？

郝××：我在厂里，我是搞搬运的，当时准备给秦×的车装石头。

审判员：谁要你去拦人的？

郝××：当时我们几个自己约好的。

审判员：证人郝××退庭，核对笔录后签字确认。传证人秦××到庭。

（证人由法警带领走进法庭）

审判员：证人秦××，在开庭前，根据原告的申请，本院已向你送达出庭通知书，你收到了吗？

秦××：收到了。

审判员：请你向法庭提供你的身份证明资料。

秦××：（递交其身份证复印件）

审判员：（核对后）秦××，请你介绍你的基本情况。

秦××：我叫秦××，今年41岁，石门县新铺乡瓜子峪圩场村民。现在在牛家山渣砖厂打工。

审判员：原、被告、第三人对证人秦××的身份有无异议？

原代：无异议。

被代：无异议。

第三人代：无异议。

审判员：秦××，根据我国法律规定，公民有如实作证义务。你应该如实将你知道的情况向法庭陈述，不得作伪证或隐瞒事实，否则要承担法律责任，对此，你听清楚了吗？

秦××：我听清楚了。

审判员：证人出庭作证，应当客观陈述亲身感知的事实，不可使用猜测、推断或者评论性的语言，并应当接受当事人、代理人的发问，秦××，你听清楚了吗？

秦××： 听清楚了。

审判员： 现在你向法庭宣读证人保证书，并签名。

（法警向秦××递交证人保证书）

秦××： 今天，湖南省常新市武尚区人民法院公开审理石门县新铺乡牛家山村渣砖厂不服被告常新市劳动和社会保障局劳动和社会保障行政确认一案。我被法院传唤出庭作证。本人保证履行法定义务，向法庭如实作证。如果提供虚假证言，愿负法律责任。保证人秦××，2016 年 11 月 14 日。

（秦××在保证书上签字，交给法庭）

审判员： 原告申请证人出庭作证的目的是什么？

原代： 1. 秦××没有安排秦×洗炮眼。

　　　　 2. 秦××没有在现场。

审判员： 下面由原告进行发问。

原代： 秦××，请你把事发当天的情况说一说。

秦××： 因为那天在搞安全检查，我陪村里的书记和村主任搞检查去了，秦×出事时我没有在现场，后来是岩厂打电话，我才赶回去的。我没有安排秦×洗炮眼，是他自己自作主张。

原代： 审判员，我的发问完毕。

审判员： 下面由被告询问证人。

被代： 我们没有问题问。

审判员： 下面由第三人询问证人。

第三人代： 你在厂里有没有股份？

秦××： 我没有股份，厂是牛××的。

第三人代： 厂里的安全制度你知道吗？

秦××： 清楚。

第三人代： 你当天安排秦×放炮没有？

秦××： 没有，当天我把炸药放在箱里，然后就去安全检查了，还跟他们说不要动炸药。

第三人代： 以前你不在的时候，谁替你放炮？

秦××： 没有人替我放炮，因为只有我有爆破证。

第三人代： 你安排秦×放过炮没有？

秦××： 没有。

第三人代： 秦×，请你将过程讲一下。

秦×： 原来没人放炮的时候，老板（秦××）安排我放过几次炮。当天老板要我把炮放完了再去吃中饭，我去放炮就受了伤。

第三人代： 审判员，我的发问完毕。

审判员： 证人秦××退庭，核对笔录签字确认。

审判员： 秦×，放炮是否属你的职责？

秦×： 当时厂里人少，秦××又经常不在，因与我是本家，他就经常安排我放炮。

第三幕　法庭辩论

审判长： 对上述证人证言，本庭休庭合议后再予认定，法庭调查结束，下面开始法庭辩论，请原被告围绕争议焦点发表意见，辩论时不得相互争论或使用侮辱性语言。首先由原告发表辩论意见。

原代： 被告认定第三人秦×为工伤与事实不符，并且适用法律错误。秦×不是由于工作原因受到伤害的，秦×的本职工作是司机，而不是爆破员。出事当天没有任何人安排他洗炮眼，放炮纯粹是其个人行为，厂里不应承担任何赔偿责任。在秦×受伤后，厂里也对其给了一定的经济补偿，尽了人道主义责任，因此请求撤销被告的工伤认定。

被代： 秦×在工作时间、工作地点受伤是不争的事实。有证据表明秦×多次受厂里指派从事爆破工作，且并没有《工伤保险条例》第16条的排除情形，2082号工伤认定事故清楚，适用法律正确，请求维持。

第三人代： 1. 三位证人申×、郝××、秦××的当庭证言是不真实的，与原来调查的录音不符，不排除是受威胁、贿赂后作伪证，法庭应当采信证人最初的证言。

2. 秦×虽然是司机但是秦××经常安排其放炮，出事那天也是受秦××安排放炮，秦×当天饭都没吃，不可能是私自去放炮，而是受秦××安排放炮。

3. 秦×没有违法行为，不属工伤认定排除情形。

综上，秦×的伤应认定为工伤。

审判长： 各方有无新的辩论意见？

原代： 没有。

被代： 没有。

第三人代： 没有。

第四幕　最后陈述

审判长： 法庭辩论结束，下面由三方进行最后陈述。首先由原告方陈述。

原代： 请求撤销2082号工伤认定。

审判长： 现在由被告方陈述。

被代： 请求维持2082号工伤认定。

审判长： 现在由第三人陈述。

第三人代： 请求维持2082号工伤认定。

第五幕　休庭、评议

审判长： 现在休庭，本案由合议庭进行评议后当庭宣判。

（20分钟后，合议庭合议完毕，合议庭成员和书记员进入法庭，书记员召集当事人和诉讼代理人入座）

第六幕　宣　判

审判长： 现在继续开庭。经本庭审理查明：

石门县新铺乡牛家山村渣砖厂不服被告常新市劳动和社会保障局劳动和社会保障行政确认一案经审理查明，第三人秦×

原系原告牛家山渣砖厂职工，工种为司机。2015 年 3 月 30 日，秦×在牛家山渣砖厂采石场运输砖渣时，自行采用爆破方式洗炮眼，被一炸飞的石块击伤头部。经石门县中医院诊断为脑震荡、头皮裂伤、左侧颧骨骨折、外伤性耳聋。2016 年 3 月 10 日，第三人秦×向被告市劳动保障局提出工伤认定申请。被告市劳动保障局受理申请后，收集了当事人身份证明、秦×的医疗诊断证明、劳动关系证明、申×、郝××、温义州的证言，经审查认为，秦×在工作时间、工作场所，因工负伤属实，于 2016 年 6 月 18 日作出常劳工伤认字〔2016〕2082 号工伤认定结论，依据《工伤保险条例》第 14 条第 1 项之规定，对秦×所受之伤予以认定为工伤。原告牛家山渣砖厂不服该工伤认定，于 2016 年 7 月 10 日申请行政复议。2016 年 8 月 12 日，常新市人民政府作出常政复决字〔2016〕43 号行政复议决定，维持该工伤认定。原告仍不服，诉至本院。

本院认为：被告市劳动保障局依法具有负责本行政区域内工伤保险工作的行政职权；被告受理第三人秦×的工伤认定申请后收集了相关材料，经审查后作出工伤认定，并送达给当事人，符合《工伤保险条例》和《工伤认定办法》有关工伤认定程序的规定，但第三人于 2016 年 3 月 10 日提出工伤认定申请，被告于 2016 年 6 月 18 日作出工伤认定，违反了《工伤保险条例》第 20 条"劳动保障行政部门应当自受理工伤认定申请之日起 60 日内作出工伤认定的决定"的规定，属程序违法；被告在行政程序中收集的调查笔录中，证人申×、郝××有关第三人秦×事发当天是否受指派从事爆破工作的陈述与二人当庭陈述不一致，不能证明第三人秦×事发当天是受指派采取爆破方式洗炮眼工作原因受到事故伤害，故被告认为第三人秦×在工作时间、工作地点，因工作原因受伤，应予认定为工伤，主要证据不足。综上所述，常劳工伤认字〔2016〕2082 号工伤认定结论违反法定程序，且认定第三人秦×因工作原因受到事故伤害这一事实的主要证据不足，依法应予撤销，对被告、第三人认为该工伤认定结论认定事实清楚、证据确凿、程序合法的主张，本院不予支持，对原告认为该工伤认定事实错误的诉讼主张，本院予以采信。依照《中华人民共和国行政诉讼法》第70条第1项、第3项之规定，判决如下：

书记员：全体起立。

（法庭所有人员均应起立，书记员坐下继续记录）

审判长：一、撤销被告常新市劳动和社会保障局作出的常劳工伤认字[2016] 2082号《工伤认定结论书》；二、责令被告常新市劳动和社会保障局在本判决生效之日起30日内重新作出具体行政行为。本案诉讼费50元，由被告常新市劳动和社会保障局负担。如不服本判决，可在判决书送达之日起15日内，向本院递交上诉状，并按对方当事人的人数提出副本，上诉于湖南省常新市中级人民法院。上述判决，原、被告和第三人是否听清楚了？

原代：听清楚了。

被代：听清楚了。

第三人代：听清楚了。

审判长：今天是口头宣判，本院将在10日内将判决书送达给你们。请原被告及代理人在闭庭后到书记员处核对笔录并签字，如果认为笔录有误，有权要求书记员更正。

审判长：现在闭庭。（敲击法槌）

原告代理人：李××（签名）

被告代理人：刘×（签名）

第三人：秦×（签名）

第三人代理人：谭××（签名）

审判人员：魏×　张××　杨×（签名）

二〇一六年十一月十四日

四、石门县渣砖厂不服劳动和社会保障行政确认案模拟审判中基本法律文书

（一）行政起诉状

行政起诉状

原告：石门县新铺乡牛家山渣砖厂

业主：牛××

被告：常新市劳动和社会保障局

法定代表人：张××，局长

诉讼请求：

常劳工伤认字［2016］2082号工伤认定结论认定事实和适用法律均有错误，敬请依法撤销。

理由如下：

秦×系石门县新铺乡牛家山渣砖厂的专职司机，工作职责是开车运石灰石，2015年3月30日上午，该厂的爆破员秦××将炸药、导火线、雷管按规定领取后带到采石场准备进行爆破，因矿山安全检查，该村支部书记通知秦××到砖厂去，秦××便将爆破物资放在工地，秦×在场后看到有爆破物资，即拿炸药、雷管去洗炮眼，被飞石击伤，秦×的受伤虽是在工作时间，工作地点，但不是因为工作原因所受的伤，他的职责是开车，秦×未取得爆破员资格，进行爆破就是违法，违法的行为亦不构成工伤。该工伤认定结论从认定事实和通用法律均有错误，故不服。依法提起诉讼，敬请撤销。

此致

武尚区人民法院

具状人：石门县新铺乡牛家山渣砖厂

（公章）

2016年8月27日

（二）行政答辩状

行政答辩状

答辩机关：常新市劳动和社会保障局

法定代表：张××　　职务：局长

石门县新铺乡牛家山村渣砖厂（原告）不服我局 2016 年 6 月 18 日作出的《工伤认定结论书》（常劳工伤认字［2016］2082 号），向你院提起行政诉讼，现答辩如下：

石门县新铺乡牛家山村渣砖厂职工秦×，于 2015 年 3 月 30 日上午在采石场采用爆破方式扩洗炮眼时，被一炸飞的石块击伤头部。经石门县中医院诊断为：脑震荡、头皮裂伤、左侧颧骨骨折、外伤性耳聋。2016 年 3 月 10 日，秦×向我局提出工伤认定申请。经我局调查核实，我局依法认定秦×所受之伤为工伤。2016 年 7 月 10 日，原告向常新市人民政府申请行政复议，市政府常政复决字［2016］43 号《行政复议决定书》依法维持了我局的具体行政行为。2016 年 8 月 27 日，原告以认定事实和适用法律错误为由，向你院提起行政诉讼。我局认为，秦×所受之伤符合《工伤保险条例》（国务院第 586 号令）第 14 条第 1 款规定的情形，应当依法认定其为工伤。

我局作出的《工伤认定结论书》（常劳工伤认字［2016］2082 号），认定事实清楚，证据确凿，适用法律正确，程序合法，请依法予以维持。

此致

常新市武尚区人民法院

常新市劳动和社会保障局

（公章）

二〇一六年九月九日

（三）行政判决书

湖南省常新市武尚区人民法院
行政判决书

（2016）武行初字第 53 号

原告石门县新铺乡牛家山村渣砖厂，住所地石门县新铺乡牛家山村。

负责人牛××，该厂业主。

委托代理人李秀云，湖南前进律师事务所律师，系特别授权代理。

被告常新市劳动和社会保障局。

法定代表人张××，局长。

委托代理人刘×，该局法制科科长，系特别授权代理。

第三人秦×，男，1965 年 1 月 4 日出生，身份证号码××××××，土家族，住湖南省石门县太平镇石水田村 5 组 4603081 号。

委托代理人谭××，石门县宝峰法律服务所法律工作者，系特别授权代理。

原告石门县新铺乡牛家山村渣砖厂（以下简称牛家山渣砖厂）诉被告常新市劳动和社会保障局（以下简称市劳动保障局）劳动和社会保障行政确认一案，本院于 2016 年 9 月 1 日立案，并于 2016 年 9 月 4 日向被告市劳动保障局送达了起诉状副本及应诉通知书。因秦×与本案被诉具体行政行为有法律上的利害关系，本院依法通知秦×为第三人参加诉讼。本院依法组成合议庭，于 2016 年 10 月 17 日公开开庭进行了审理。原告牛家山渣砖厂委托代理人李秀云、被告市劳动保障局委托代理人刘朋、第三人秦×及委托代理人谭××到庭参加诉讼。本案现已审理终结。

2016 年 6 月 18 日，被告市劳动保障局作出常劳工伤认字［2016］2082 号《工伤认定结论书》。该结论书认定，2015 年 3 月 30 日上午，石门县新铺乡牛家山村渣砖厂职工秦×在采石场采用爆破方式洗炮眼时，被一炸飞的石块击伤头部。经石门县中医院诊断为脑震荡，头皮裂伤，左侧颧骨骨折，外伤性耳聋。遂根据《工伤保险条例》第十四条第一款的规定，认为秦×所受之伤符合工伤认定的条件，予以认定为工伤。被告市劳动保障局于 2016 年 9 月 10 日向本院提供了作出被诉具体行政行为的证据、依据：①《工伤保险条例》第 5 条；②秦×的《工伤认定申请表》、《工伤认定情况汇总表》；③常劳工伤认字［2016］2082 号《工伤认定结论书》及送达回证；④秦×的委托代理人谭××对申×、郝××、温义州所作的调查笔录；⑤秦×在石门县中医院的住院病案；⑥石门县劳动争议仲裁委员会［2016］石劳仲字第 4 号《裁决书》；⑦《工伤保险条例》第 14 条第 1 项。以上证据拟证明：①被告市劳动保障局依法具有负责本行政区域内工伤保险工作的行政职权；②被告市劳动保障局作出常劳工伤认字［2016］2082 号工伤认定结论经过了申请、受理、调查核实、认定、送达等程序，程序合法；③2015 年 3 月 30 日上午，秦×在采石场采用爆破方式洗炮眼时，被一炸飞的石块击伤头部；④秦×经石门县中医院诊断为脑震荡、头皮裂伤、左侧颧骨骨折、外伤性耳聋；⑤秦×与牛家山渣砖厂在 2015 年 2 月 23 日至同年 3 月 30 日期间存在事实劳动关系；⑥秦×在工作时间、工作场所因工作原因受伤，符合《工伤保险条例》第 14 条第 1 项之规定，应予认定为工伤。

原告牛家山渣砖厂诉称：秦×系原告牛家山渣砖厂专职司机，工作职责是开车运石灰石。2015 年 3 月 30 日上午，原告牛家山渣砖厂的爆破员秦××将炸药、导火线、雷管按规定领取后带到采石场准备进行爆破。因矿山安全检查，牛家山村村支书通知秦××到砖厂去，秦××便将爆破物资放在工地。秦×到场后看到有爆破物资，即拿炸药、雷管去洗炮眼，被飞石击伤。秦×的受伤虽是在工作时间、工作地点，但不是因为工作原因所受的伤。秦×的职责是开车，未取得爆破员资格，进行爆破就是违法，违法的行为亦不构成工伤。常劳工伤认字［2016］号《工伤认定结论书》认定事实和适用法律均有错误，请求撤销。

原告牛家山渣砖厂出示了下列证据：①常劳工伤认字［2016］2082 号《工伤认定结论书》、常政复决字［2016］43 号《行政复议决定书》，拟证明原告对工伤认定结论不服，申请行政复议，复议机关予以维持；②牛家山渣砖厂的采矿许可证和营业执照，拟证明牛家山渣砖厂系牛××个体经营，没有其他人投资；③秦××的爆破资格证、牛家山渣砖厂 2015 年 3 月工资表，拟证明秦××是爆破员，秦×是原告的司机；④牛家山渣砖厂2015年3月份爆破器材入、出库登记表，拟证明爆破器材由秦××专门保管；⑤对秦生德的调查笔录，拟证明事发当天秦生德喊秦××去搞安全检查，没有人安排秦×爆破，秦××在砖厂没有股份；⑥对陈英豪的调查笔录，拟证明秦××不是砖厂负责人，事发当天进行安全大检查，没有人安排秦×放炮；⑦牛家山渣砖厂《作业安全与操作规程》、《安全生产责任制》、《事故应急救援预案》、《安全生产规章制度》，拟证明原告对爆破有严格的管理和规章制度；⑧证人申×、郝××、秦××证言，拟证明事发经过，秦×是自己放炮炸伤，秦××并没有安排，也没有在现场。

被告市劳动保障局在收到诉状副本之日起10日内提交了答辩状。辩称：常劳工伤认字［2016］2082号《工伤认定结论书》认定事实清楚，证据确凿，适用法律正确，程序合法，请求予以维持。

第三人秦×述称，2015年3月30日下午，秦×受老板秦××的安排洗炮眼，发生爆炸受伤，秦×在工作时间、工作地点，因工作原因而受伤，符合工伤条件，应认定为工伤。秦×没有爆破证实施爆破行为，但并未因此受到处罚，不属于工伤认定的排除条件。

第三人秦×当庭表示所举的证据与被告市劳动保障局一致，未当庭出示所举证据。

在庭审质证中，当事人各方对下列证据未提出异议：被告市劳动保障局所举的证据1、2、3、5、6，原告牛家山渣砖厂所举的证据1、4。原告牛家山渣砖厂对被告市劳动保障局所举证据4、7提出异议，认为证据4中申×、郝××、温义州的调查笔录内容不真实，牛家山煤矿的委托代理人也对申×、郝××进行了调查并制作笔录，申×、郝××在笔录中的陈述与证据4中完全相反；认为证据7中《工伤保险条例》第14条第1项的适用是错误的。被告市劳动保障局对原告牛家山渣砖厂所举的证据2、3、5、6、7、8提出异议，认为证据5、6中秦生德、陈英豪的调查笔录只能证明当天进行安全大检查；认为证据2中业主是牛××与秦××是否安排秦×放炮无关联；认为证据3中工资表注明秦×是司机，并不说明其没有兼职放炮；认为证据7中牛家山渣砖厂各项规章制度与本案没有关联性。第三人秦×对原告牛家山渣砖厂所举的证据 3、5、6、7、8 提出异议，认为证据 3 中工资表注明秦×是司机，是事后加上去的，不具有真实性；认为证据 5 中秦生德的笔录内容是不真实的，不能证明放炮不是秦××安排的，也不能证明秦××在砖厂有无股份；认为证据 6 中陈英豪的笔录内容是不真实的，当时陈英豪并不在现场；认为证据 7 中各项规章制度与本案没有关联性，即便秦×违反相关制度，也不表明秦×不能认定为工伤；认为证据 8 中三位证人的证言不真实，原来没人放炮的时候，老板安排秦×放过几次炮，事发当天老板要秦×把炮放完了再去吃饭，秦×受指派去放炮，导致受伤。另外，原告当庭表示对第三人秦×所举证据的质证意见与对被告所举证据质证意见一致。合议庭评议后认定下列证据合法有效，可作为定案的依据：①被告市劳动保障局所举的证据 1、2、3、5、6，原告牛家山渣砖厂所举的证据 1、4，当事人各方均无异议；②原告牛家山渣砖厂所举的证据 2、3，能客观地反映牛家山渣砖厂的开办情况，秦××是原告爆破员，专门保管爆破器材，秦×是原告司机的事实，被告、第三人所提异议均是针对证明目的，不影响证据的证据力和对上述事实的证明力；③原告所举证据 8，申×、郝××、秦××当庭陈述的证人证言相互印证，证明 2015 年 3 月 30 日，秦××因故离开后，秦×自己放炮洗炮眼，被炸到受伤的事实；④被告所举的证据 7，是被告在认定秦×因工受伤的前提下所适用的法律条文。下列证据：①被告所举证据 4，因申×、郝××在 2015 年 7 月 31 日的调查笔录中对秦×以前是否放过炮，事发当天是否受人指派进行爆破作业的陈述，与申×、郝××当庭陈述不一致，不具有真实性，温义州在 2015 年 7 月 31 日调查笔录中的陈述不能证明事发当天秦×是否受人指派进行爆破作业，且温义州未能出庭作证，真实性无法查实，合议庭不予采信；②原告所举证的证据 5、6，因秦生德、陈英豪事发当时未在现场，陈述的内容与本案不具有关联性，合议庭不予采信；③原告所举的证据 7，因牛家山渣砖厂安全生产的规章制度与本案不具有关联性，合议庭不予采信。

　　本院根据采信的证据及各方当事人对无争议事实的陈述，确认以下案件事实：第三人秦×原系原告牛家山渣砖厂职工，工种为司机。2015 年 3 月 30 日，秦×在牛家山渣砖厂采石场运输砖渣时，自行采用爆破方式洗炮眼，被一炸飞的石块击伤头部。经石门县中医院诊断为脑震荡、头皮裂伤、左侧颞骨骨折、外伤性耳聋。2016 年 3 月 10 日，第三人秦×向被告市劳动保障局提出工伤认定申请。被告市劳动保障局受理申请后，收集了当事人身份证明、秦×的医疗诊断证明、劳动关系证明、申×、郝××、温义州的证言，经审查认为，秦×在工作时间、工作场所，因工负伤属实，于 2016 年 6 月 18 日作出常劳工伤认字［2016］2082 号工伤认定结论，依据《工伤保险条例》第14 条第 1 项之规定，对秦×所受之伤予以认定为工伤。原告牛家山渣砖厂不服该工伤认定，于 2016 年 7 月 10 日申请行政复议。2016 年 8 月 12 日，常新市人民政府作出常政复决字［2016］43 号行政复议决定，维持该工伤认定。原告仍不服，诉至本院。

本院认为：被告市劳动保障局依法具有负责本行政区域内工伤保险工作的行政职权；被告受理第三人秦×的工伤认定申请后收集了相关材料，经审查后作出工伤认定，并送达给当事人，符合《工伤保险条例》和《工伤认定办法》有关工伤认定程序的规定，但第三人于 2016 年 3 月 10 日提出工伤认定申请，被告于 2016 年 6 月 18 日作出工伤认定，违反了《工伤保险条例》第 20 条"劳动保障行政部门应当自受理工伤认定申请之日起 60 日内作出工伤认定的决定"的规定，属程序违法；被告在行政程序中收集的调查笔录中，证人申×、郝××有关第三人秦×事发当天是否受指派从事爆破工作的陈述与二人当庭陈述不一致，不能证明第三人秦×事发当天是受指派采取爆破方式洗炮眼工作原因受到事故伤害，故被告认为第三人秦×在工作时间、工作地点，因工作原因受伤，应予认定为工伤，主要证据不足。综上所述，常劳工伤认字［2016］2082 号工伤认定结论违反法定程序，且认定第三人秦×因工作原因受到事故伤害这一事实的主要证据不足，依法应予撤销，对被告、第三人认为该工伤认定结论认定事实清楚、证据确凿、程序合法的主张，本院不予支持，对原告认为该工伤认定事实错误的诉讼主张，本院予以采信。依照《中华人民共和国行政诉讼法》第七十条第（一）项、第（三）项之规定，判决如下：

一、撤销被告常新市劳动和社会保障局作出的常劳工伤认字［2016］2082 号《工伤认定结论书》。

二、责令被告常新市劳动和社会保障局在本判决生效之日起 30 日内重新作出具体行政行为。

本案诉讼费 50 元，由被告常新市劳动和社会保障局负担。

如不服本判决，可在判决书送达之日起 15 日内，向本院递交上诉状，并按对方当事人的人数提出副本，上诉于湖南省常新市中级人民法院。

审判长　　魏　×

审判员　　张××

审判员　　杨　×

二〇一六年十一月十四日

书记员　　代××

五、案件简要评析

这是一起不服劳动部门工伤认定而提起的行政诉讼，案件争议的焦点在于事实的认定，即秦×是否是因工作原因而受伤。在行政案件中，法庭对具体行政行为所认定的事实和证据是进行充分性审查，即审查其认定的证据是否能充分证明其认定的事实，对其认定的证据一旦出现反证，其认定的事实也将遭到质疑，法庭也会因此而以证据不足撤销其具体行政行为。在本案中，劳动局认定秦×是因工作原因受伤，主要是根据对申×、郝××、温义州的调查笔录，在这三份调查笔录中都显示，秦×当日去以放炮的方式洗炮眼是受厂里的爆破员秦××的安排，而秦××又是渣砖厂的股东之一，由此而认定秦×是因工作原因受伤。然而原告渣砖厂在开庭时申请了申×、郝××、秦××三位证人当庭作证，证词却与调查笔录完全相反，这就造成了法庭对三份调查笔录的质疑，从而导致工伤认定被撤销。应当特别指出的是，法庭对申×、郝××两位证人的证言前后矛盾并没有进行深究，这是基于行政诉讼的特点，法庭并不需要查明这件事实的真相，而只需要查明行政机关的认定证据是否充足，查明事实的真相那将是行政机关下一步的工作。

对于行政机关在程序上的瑕疵，原告在诉讼中并未提及，这种情况如果在民事诉讼中按照不告不理的原则，法庭即使发现也不必指出，但是在行政诉讼中，对于具体行政行为是进行全面性审查，即使当事人没有提出，只要法庭在审理中发现，就要予以认定。正是基于这种规定，法庭对被告作出具体行政行为超过法定期限也作出了认定。

法庭撤销本案的具体行政行为，是因为该具体行政行为在事实认定上证据不足，这并不意味着法庭认为被告不应当认定秦×系工伤，因此法庭除了撤销被诉具体行政行为之外，还为行政机关设置了一个任务，即要求其在判决生效后 30 日内重新作出具体行政行为。

六、附证据材料

（一）被告证据材料

1. 被告证据材料一：工伤保险条例（略）。

2. 被告证据材料二：常新市工伤认定申请表（略）。

3. 被告证据材料三：工伤认定结论书（略）。

4. 被告证据材料四：常新市劳动和社会保障局送达回证（略）。

5. 被告证据材料五：被调查人申×调查笔录；被调查人郝××调查笔录；被调查人温义州调查笔录；被调查人郝××补充调查笔录（略）。

6. 被告证据材料六：石门县中医院住院病案（略）。

7. 被告证据材料七：石门县劳动争议仲裁委员会裁决书（略）。

（二）原告证据材料

1. 原告证据材料一：工伤认定结论书：常劳工伤认字［2016］2082 号（略）。

2. 原告证据材料二：常新市人民政府行政复议决定书（略）。

3. 原告证据材料三：采矿许可证（副本）（略）。

4. 原告证据材料四：秦××的爆破资格证、牛家山渣砖厂的工资发放表。

（因内容较杂，且非关键证据，故未录入，该证据可以证明秦××的爆破员资格及牛家山渣砖厂里秦××是爆破员，而秦×是司机。同学们模拟审判时可用空白纸张代替。）

5. 原告证据材料证据五：牛家山渣砖厂 2015 年 3 月爆破器材入出库登记表。

（因内容较杂，且非关键证据，故未录入，该证据可以证明秦××是唯一的爆破器材的领用人。同学们模拟审判时可用空白纸张代替。)

6. 原告证据材料证据六：被调查人秦生德调查笔录；被调查人陈英豪调查笔录（略）。

7. 原告证据材料七：牛家山渣砖厂《作业安全与操作规程》、《安全生产责任制》、《事故应急救援预案》、《安全生产规章制度》（略）。

（因内容较杂，且非关键证据，故未录入，该证据可以证明牛家山渣砖厂有相关的生产制度，同学们模拟审判时可用空白纸张代替。)

第二节　常新市网吧协会不服工商行政处罚案模拟审判剧本

一、案情简介

原告：常新市网吧协会。

法定代表人：杜××，该会会长。

被告：常新市工商行政管理局武尚分局。

法定代表人：许××，局长。

原告常新市网吧协会诉称，被告常新市工商行政管理局武尚分局作出的常工商武案字（2017）第 541 号行政处罚决定，无论在事实的认定，还是证据的确认，以及法律适用方面均存在十分明显的错误，其具体行政行为侵害了原告的合法权益，依法应予撤销。理由如下：

1. 被告的具体行政行为适用法律错误。①原告是经民政部门核准的社会团体法人，不是《中华人民共和国反不正当竞争法》所规定的经营者，被告对我协会实施行政处罚于法无据；②原告收取的费用已如实入账，不属于商业贿赂不正当竞争行为；原告不是经营者，也不是商品销售者，充值卡服务商和操作系统维护服务商的确定，系全体网协会员为维护自身利益共同表决确定的。虽然原告收取了一定的费用，但是均已如实入账；不存在"在销售或购买商品时收受或索取贿赂"，更不存在"账外暗中收取回扣"问题。

2. 被告的具体行政行为超越职权。原告的收费行为是经全体网吧会员一致通过才实施的，所收费用全部用于网协会员且无利润。原告作为一个社会团体法人，实施上述行为即便有错，也应由原告的登记机关，即常新市民间组织管理局依照《社会团体登记管理条例》的规定实施处罚。故请求依法撤销被告作出的常工商武案字（2017）第 541 号行政处罚决定。

被告常新市工商行政管理局武尚分局辩称：①不论原告的身份是否属于经营者，只要其收取了经营者给付的财物，且由此为该经营者创造了优于其他同业竞争对手的竞争机会，影响了正常的商品交易活动，就构成了商业贿赂的主体，依法应受到工商部门查处；②原告在行为上具有在账外暗中收受回扣的事实，应以受贿论处；③被告对原告的行政处罚是法律赋予的行政权力和职责；④原告屡屡利用行业优势地位进行不正当竞争行为，应予严肃处罚。请求驳回原告的诉讼请求，维持常工商武案字（2017）第 541 号行政处罚决定。

二、争议焦点

1. 被告是否享有处罚的行政职权。
2. 原告的行为是否构成商业贿赂。

三、常新市网吧协会不服常新市工商行政管理局武尚分局工商行政处罚案模拟审判剧本

序幕　开庭前的准备

书记员召集双方当事人和诉讼代理人到书记员处签到，并收集当事人的身份证明（个人的收集身份证复印件，单位的收集营业执照或机构代码证复印件），完毕后，书记员走上审判台的书记员席：

书记员：（收回签到单并查验）传原告常新市网吧协会的法定代表人杜××入席就座，请原告常新市网吧协会的诉讼代理人陈爱华和被告常新市工商行政管理局武尚分局的诉讼代理人毛远泽、庞遥入席就座。

书记员：现在宣布法庭纪律：①法庭内要保持安静，不得鼓掌、喧哗，禁止抽烟；②不得随便走动和进入审判区；③未经法庭允许不准录音、录像和拍照；④未经法庭允许不准发言或者提问；⑤所

有诉讼参与人以及旁听人员须将随身携带的寻呼机、手机关闭。对违反法庭规则的人，将视具体情况分别予以警告、训诫、没收录音录像和摄像器材、责令退出法庭、罚款、拘留直至追究刑事责任。

书记员：法庭纪律宣布完毕，全体起立，请审判长、审判员入席就座。

（审判长、审判员入席就座）

审判长：请坐下。

书记员：（书记员向审判长报告）报告审判长，开庭准备完毕，可以开庭。（同时向审判长递交签到单）

第一幕 正式开庭

审判长：（击法槌）常新市武尚区人民法院行政审判庭根据《中华人民共和国行政诉讼法》第54条的规定，今天在这里依法公开开庭审理原告常新市网吧协会不服被告常新市工商行政管理局武尚分局工商行政处罚一案。现在开庭。

审判长：首先核对当事人及其诉讼代理人身份。今天出庭的诉讼参与人情况是：原告常新市网吧协会，法定代表人杜××，委托代理人陈爱华，湖南中大律师事务所律师，一般授权代理；被告常新市工商行政管理局武尚分局，法定代表人许××，今天未出庭应诉，委托代理人毛××，该局公务员，特别授权代理（被一代）。委托代理人庞×，该局公务员，一般授权代理（被二代）。

审判长：原、被告对对方出庭人员有无异议？

原告：无异议。

被告：无异议。

审判长：经核对，以上出庭人员均符合法律规定，可以参加本案诉讼活动。

审判长：根据《中华人民共和国行政诉讼法》第55条的规定，本院依法组成合议庭，并根据《中华人民共和国民事诉讼法》第115条

之规定，向当事人送达告知合议庭组成人员的通知。本案由审
判员田××担任审判长，与审判员王××、孔××组成合议庭，
书记员代××担任记录。原告是否听清楚了？

原告： 听清楚了。

审判长： 被告是否听清楚了？

被告： 听清楚了。

审判长： 根据行政诉讼法的有关规定，当事人享有的诉讼权利和应当履
行的诉讼义务本庭在庭前送达给各方当事人的诉讼须知、举证
通知书中已载明，你们对法律规定的各项诉讼权利和诉讼义务
是否清楚？

审判长： 原告是否清楚？

原告： 清楚。

审判长： 被告是否清楚？

被告： 清楚。

审判长： 当事人及其诉讼代理人均已清楚地知道各自所享有的诉讼权利
和应当履行的诉讼义务，本庭在此不再重复宣告。

审判长： 根据《中华人民共和国行政诉讼法》第47条的规定，当事人认
为合议庭组成人员、书记员与本案有利害关系或者其他关系可
能影响公正审判，有权申请合议庭组成人员、书记员回避，原、
被告对合议庭组成人员及书记员是否申请回避？

原告： 不申请。

被告： 不申请。

第二幕　法庭调查

审判长： 现在进行法庭调查。

审判长： 首先由被告宣读被诉具体行政行为。

被一代： 宣读常工商武案字（2017）第541号行政处罚决定书（内容略）

审判长： 原告，是否收到该处罚决定，刚才宣读的与你们收到的是否
一致？

原告： 已收到该处罚决定，宣读的处罚决定与我们收到的一致。

审判长： 下面由原告宣读起诉事实与理由。

原代： 宣读行政诉状（内容略）。

审判长： 被告，是否收到上述诉状？刚才宣读的与你们收到的是否一致？

被代： 已收到诉状，刚才宣读的与我们收到的一致。

审判长： 下面由被告进行答辩。

被一代： 宣读答辩状（内容略）。

审判长： 原告，是否收到答辩状？刚才宣读的与你们收到的是否一致？

原代： 已收到答辩状，刚才宣读的与我们收到的一致。

审判长： 下面归纳争议焦点：原告认为其不是反不正当竞争法所指的"经营者"，收入已入账，且其系社团法人，应由登记机关处理。被告认为无论是否系"经营者"，只要收受商业贿赂，就应接受处罚；原告在行为上具有对外收受回扣的事实，应以受贿论处；对原告的行政处罚是法律赋予的行政权力和职责。各方当事人对合议庭的归纳有无异议？

原代： 无异议。

被一代： 无异议。

审判长： 下面进入举证、质证阶段，首先由被告就是否享有行政管理职权进行举证。

被一代： 1.《反不正当竞争法》第 3 条。

2.《关于禁止商业贿赂行为的暂行规定》第 4 条。

审判长： 原告对被告的举证有何质证意见？

原代： 无异议。

审判长： 对此证据，合议庭予以认定，可以作为本案定案依据。下面由被告就作出具体行政行为的程序合法性进行举证。

被一代： 本案于 2017 年 8 月 5 日立案调查，调查终结是 2017 年 11 月 9 日，核审是 12 月 4 日，于 2017 年 12 月 5 日下达听证告知书，12 月 6 日送达，原告未要求听证，12 月 26 日下达行政处罚决定书。原告于 2018 年 2 月 21 日申请复议，市工商局予以维持。

下面是我们的证据：

1. 立案审批表。

2. 案件调查终结报告。

3. 处罚审批表。

4. 听证告知书及送达回证。

5. 行政处罚决定及送达回证。

审判长：由原告进行质证。

原代：没有异议，程序形式上是合法的，但按照该局的规定，办案已超期。

审判长：下面由原告提交被告程序违法的证据。

原代：1.《常新市工商行政管理局武尚分局执法办案暂行规定》。

2.《常新市工商行政管理局武尚分局执法办案补充规定》。

被告的这两个规定里面明确规定办案不得超过 90 天。

审判长：被告有无辩解。

被一代：确实超过了 90 天，但经过了市局审批延期，不然网络上会自动销案，另外，之所以延期也是因为案情复杂，原告极不配合。需要明确的是，我局的规定并非法律依据，不能作为判断我们办案是否违法的依据，我们办案是依据工商总局规定办案。

审判长：原告有无补充？

原代：被告未向法庭提交延期批准文件，也没有提交原告不配合的证据，对被告的辩解我们不予认可。此外，被告办案也未依据工商总局暂行规定出示办案人员的身份证明文件。

审判长：被告有无解释？

被一代：我们对原告调查时已出示单位介绍信和执法人员的执法证，只是是否出具该证明文书在笔录中是看不出来的。

审判长：对该组证据，合议庭在休庭后予以评议和认定。下面由被告就认定的原告的违法事实进行举证。

被一代：共有 13 组证据：

1. 常新市网吧协会 2016 年 4 月 6 日收取黄 × 现金 85 000

元的收条，旨在证明原告以"合作金"名义收取了 X86 的现金。

2. 常新市网吧协会 2016 年 6 月 7 日收取黄×现金 40 000 元的收款收据，旨在证明原告将收取的 85 000 元退还了 45 000 元后，以"市场维护费"名义，向黄×出具了收据。

3. 原告 2016 年 12 月 5 日收取黄× 40 000 元的社会团体会费收据，旨在证明原告做假账。

4. 原告于 2016 年 5 月 19 日收取常新市武尚区创信电脑曹 ×× 10 000 元的收款收据，旨在证明原告以"网络维护保证金"的名义收取了贿赂。

5. 原告收取曹×× 10 000 元"社会团体会费收据"，旨在证明原告做假账。

6. 原告与常新市武尚区 X86 电脑软体总汇签订的《关于指定 X86 作为常新市网吧经营场所网络游戏充值卡唯一销售商的授权委托书》，旨在证明原告在收取 X86 的商业贿赂后，以书面形式规定了 X86 的特殊经营地位。

7. 原告常新市网吧协会对市城区各网吧经营户的通知，旨在证明原告在收取创信电脑曹××等三家经营者商业贿赂后，确定其具有系统维护商资格的通知，保证行贿者用商业贿赂手段换取的利益。

8. 对原告法定代表人杜××的询问笔录，旨在证明原告收取商业贿赂的经过。

9. 对行贿人黄×的询问笔录，旨在证明行贿的经过。

10. 对行贿人创信电脑曹××的询问笔录，旨在证明行贿经过。

11. 原告常新市网吧协会《社会团体法人登记证书》，旨在证明原告是由常新市民间组织管理局登记注册的社会团体法人，以及其业务范围。

12. 行贿人黄×的身份证复印件及其弟李世华的工商注册登记资料。

13. 行贿人曹××的工商登记资料。

审判长： 下面由原告质证。

原代： 1. 对黄×"收条"，该事实不存在，后已经变更，与本案无关联。

2. 对40 000元"收款收据"，是事实，但后来换了正式票据。

3. 无异议。

4. 对曹×× 10 000元"收款收据"无异议。

5. 是事实，无异议，是证据4的正式收据。

6. 无异议。

7. 通知，是一份合同，无异议。

8. 调查笔录，无异议，但对程序合法性有异议，他们没有出示执法人员身份证明。

9～10. 有异议，是证人证言，应出庭作证，我们不认可。

11～13. 无异议。

审判长： 你们只对三份调查笔录有异议？

原代： 是的。

审判长： 被告有无解释？

被一代： 我们已经向被调查人出示证件，只是没有要求记录在笔录。

审判长： 下面由原告就事实部分举反驳证据。

原代： 1. 原告收取创信公司曹×× 10 000元的"社会团体会费收据"，旨在证明收取的费用已如实入账。

2. 收取黄×（X86）折扣款40 000元的"社会团体会费收据"，旨在证明收取的费用已如实入账。

3. 湖南省非税收入票据购领证，购领证号054，证明证据1、证据2是非税局年检过了的，收费已如实入账，在工商局调查之前就已入账。

审判长： 被告进行质证。

被二代： 真实性无异议，该3份证据表明原告是不想入账的是面临调查时才作出。

审判长：原告有无解释。

原代：我们买收据是有严格程序的。

审判长：对该组证据，合议庭评议后作出认定。下面由原告继续举证。

原代：4. 系统软件情况调查表。

被一代：真实性无异议，但不能证明原告证明主张。

原代：5. 网吧业主领款明细，证明收取的费用已如实返还给网吧业主。

被二代：无异议。

原代：下面原告向法庭申请王环出庭作证。

审判长：准许，传证人王×出庭。（证人出庭作证前，不得旁听庭审，正式出庭时，证人由法警带领走进法庭）

审判长：证人王×，在开庭前，根据原告的申请，本院已向你发出出庭通知书，你收到了吗？

王×：收到了。

审判长：请你向法庭提供你的身份证明资料。

王×：（递交其身份证复印件）

审判长：（核对后）王×，请你介绍你的基本情况。

王×：我叫王×，今年31岁，武尚区冰湖社区居民，是天亿网吧的老板。

审判长：原被告对证人王×的身份有无异议？

原代：无异议。

被一代：无异议。

审判长：王×，根据我国法律规定，公民有如实作证义务。你应该如实将你知道的情况向法庭陈述，不得作伪证或隐瞒事实，否则要承担法律责任，对此，你听清楚了吗？

王×：我听清楚了。

审判长：证人出庭作证，应当客观陈述亲身感知的事实，不可使用猜测、推断或者评论性的语言，并应当接受当事人、代理人的发问，王×，你听清楚了吗？

王×：听清楚了。

审判长：现在你向法庭宣读证人保证书，并签名。

（法警向王×递交证人保证书）

王×：今天，湖南省常新市武尚区人民法院公开审理常新市网吧协会不服常新市工商行政管理局武尚分局工商行政处罚一案，我被法院传唤出庭作证。本人保证履行法定义务，向法庭如实作证。如果提供虚假证言，愿负法律责任。保证人王×，××××年×月×日。

（王×在保证书上签字，交给法庭）

审判长：下面由原告询问证人。

原代：你是何时经营网吧的？是什么网吧？

王×：2013年，天亿网吧。

原代：2016~2017年，你店系统、游戏卡由谁服务？

王×：之前一直找X86，无人指定。2016年由网协下了意见征求书，后来指定了X86。

原代：游戏供应商是否给了你折扣？

王×：没有直接给，2016年12月、2018年元月由网协返还。

审判长：由被告询问证人。

被二代：你是天亿网吧业主？有无执照？

王×：没有带营业执照。

审判长：下周一，证人将营业执照提交法庭。

审判长：被告还有无询问？

被二代：没有。

审判长：原告是否还申请其他证人出庭作证？

原代：不申请。

审判长：双方还有无证据提供？

原代：没有。

被一代：没有。

审判长：关于事实部分证据，合议庭经评议后认定。下面由被告就适用法律进行举证。

被一代：1.《反不正当竞争法》第 7 条第 1 款。

　　　　2.《关于禁止商业贿赂行为的暂行规定》第 4 条、第 9 条第
　　　　1 款。

审判长：原告进行质证。

原　代：被告适用法律错误。原告收的钱早已入账，不存在"账外暗中"
　　　　情形，应适用《反不正当竞争法》第 7 条第 2 款。

审判长：被告有无解释?

被一代：入账是做的假账;工商总局的答复规定很明确。

第三幕　法庭辩论

审判长：该组证据，待合议庭评议后认定。法庭调查结束，下面开始法
　　　　庭辩论，请原被告围绕争议焦点发表意见，辩论时不得相互争
　　　　论或使用侮辱性语言。首先由原告发表辩论意见。

原　代：被告具体行政行为程序违法，未出示证明文件，未记录在案;办
　　　　案期限超期。被告对原告实施处罚定性错误，商业贿赂主体是经
　　　　营者，而原告是行业协会，并非经营者。被告适用法律错误，商
　　　　业贿赂是给予回扣、折扣、佣金，且要暗中给予。原告收款是开
　　　　具票据入账，且经过各网吧协商一致，钱款也已返还给网吧，并
　　　　非原告从中牟利。原告若有违法行为，应由登记机关民间组织管
　　　　理局进行查处，被告处罚原告超越职权，请求撤销被告处罚
　　　　决定。

原　告：我们作为行业协会，有权对行业进行管理。我们的业务主管单位
　　　　是常新市民间组织管理局，我们收会费，是由章程规定的，被告
　　　　适用法律断章取义。

审判长：由被告发表辩论意见。

被一代：我们的调查程序符合规定，合法;案件延期是经过批准的，不
　　　　然不会继续进行，调查笔录是合法取得。本案执法，并未违反
　　　　程序规定。原告的违法是事实，其向系统维护商、游戏卡供应
　　　　商收取贿赂证据确凿;网吧业主领款明细表只是一小部分，且

只说明原告受贿后钱的去向，且是原告为逃避责任采取的措施，也不是退还给行贿人。对行贿人的行贿行为，我们也会另行处理，工商总局批复精神，将原告行为列入商业贿赂，应接受处罚，该批复是合法有效的。

被二代：《反不正当竞争法》第 7 条第 2 款有规定，受贿者也要接受处罚，原告向 X86 店、创信电脑收会费是没有依据的，解释只能是原告向其索贿。

审判长：第一轮辩论结束，下面进行第二轮辩论，首先由原告发表进一步的意见。

原代：没有新的意见。

被一代：没有新的意见。

第四幕　最后陈述

审判长：法庭辩论结束，下面进行最后陈述。首先由原告方陈述。

原代：我们所作所为符合法律规定，请求撤销被告处罚决定。

审判长：现在由被告方陈述。

被一代：被告处罚决定，程序合法，证据确凿，请求予以维持。

第五幕　休庭、评议

审判长：现在休庭，本案由合议庭进行评议后当庭宣判。

（20 分钟后，合议庭合议完毕，合议庭成员和书记员进入法庭，书记员召集当事人和诉讼代理人入座）

第六幕　宣　判

审判长：现在继续开庭。

原告常新市网吧协会不服被告常新市工商行政管理局武尚分局工商行政处罚一案，经审理查明，原告常新市网吧协会系常新市民间组织管理局登记注册的社会团体法人，其业务范围是：

宣传党和国家方针、政策、规范管理、文明经营、优质服务。业务主管单位是常新市文化局。原告为便于管理，向常新市网吧协会的会员单位广泛征求意见后，决定对系统软件供应商和网络游戏充值卡供应商进行指定，以便提供更优质的服务。经与供应商协商，原告常新市网吧协会于2016年4月6日收取了网络游戏充值卡供应商常新市武尚区X86电脑软体总汇（以下简称X86）85 000元，作为市场维护费，并出具了收条。2016年6月7日，原告与X86签订了《关于指定X86为常新市网吧经营场所网络游戏充值卡唯一销售的授权委托书》，明确了其为常新市网络经营场所网络游戏充值卡唯一经销商地位，收取X86市场维护费40 000元（系此前收取的85 000元，退还了45 000元），并于同日出具了收款收据。2016年12月5日原告常新市网吧协会将此款转为社会团体会费，并开具了社会团体会费收据。此外，原告常新市网吧协会于2016年5月18日与常新市武尚区创信电脑（以下简称创信电脑）等单位签订了协议，并通知城区各网吧经营户，确定了这三家单位为城区网吧系统维护商，并约定收取这三家单位一定数量的保证金，今后凡是这三家做系统维护有任何问题均可向网吧协会反映，原告将扣除一定数量的押金。2016年5月19日，原告常新市网吧协会收取了创信电脑网络维护保证金10 000元，并出具了收款收据，2016年12月5日，原告将此款转为社会团体会费，并开具了收据。另查明，原告常新市网吧协会陆续向各网吧业主返还了回扣款。2017年8月5日，被告常新市工商行政管理武尚分局以原告无照从事经营行为，同时在经营过程中有商业贿赂行为立案查处，经调查，该局认为，常新市网吧协会为常新市民间组织管理局核准的社会团体法人，经营范围仅限于宣传党和国家的方针政策、规范管理、文明经营、优质服务等，即为常新市网吧提供政策服务和维护网吧正当权益，不具备向网吧以外的业主收取任何费用的经营资格，更不能依靠行业协会的优势地位指定服务商，限制和禁止常新市网吧协会的会员自主选择服务商的权利。该局认为常新市网吧协会的行为已违反了《中华人民共和国反不正当竞争法》第7条第1款、《关于禁止商业贿赂行为的暂行规定》第4条之规定，遂于2017年12月26日作出常工商武案字（2017）第541号行政处罚决定。原告不服，向常新市工商行政管理局申请行政复议，常新市工商行政管理局于2018年5月21日作出常工商行复字〔2018〕第05号行政复议决定，维持了被告作出的具体行政行为，原告仍不服，遂诉至本院，提出前列诉讼请求。

本院认为，被告常新市工商行政管理局武尚分局作为工商行政管理部门，具有对本辖区范围内的不正当竞争行为进行监督检查的法定职权。《中华人民共和国反不正当竞争法》第2条第2款规定："本法所称的不正当竞争行为，是指经营者在生产经营活动中，违反本法规定，扰乱市场竞争秩序，损害其他经营者或者消费者的合法权益的行为。"该法第2条第3款规定："本法所称的经营者，是指从事商品经营或者营利性服务的自然人、法人和非法人组织。"而原告常新市网吧协会是在常新市民间组织管理局登记注册的社会团体法人，其业务范围是：宣传党和国家方针、政策、规范管理、文明经营、优质服务，其业务主管单位是常新市文化局，原告并不是《中华人民共和国反不正当竞争法》所定义的经营者。《关于禁止商业贿赂行为的暂行规定》第4条规定："任何单位或个人在销售或购买商品时不得收受或者索取贿赂。"第9条第1款规定，经营者违反本规定以行贿手段销售或者购买商品的，由工商行政管理机关依照《反不正当竞争法》第19条的规定处罚。而本案中，原告常新市网吧协会即不是经营者，也并未销售或者购买商品。因此，被告常新市工商行政管理局武尚分局依照《中华人民共和国反不正当竞争法》和《关于禁止商业贿赂行为的暂行规定》对原告进行处罚超越了法定职权。据此，对原告要求撤销常工商武案字（2017）第 541 号行政处罚决定的诉讼请求本院予以支持；对被告认为不论原告的身份是否属经营者，只要其收取了经营者给付的财物，且由此为该经营者创造了优于其他同业竞争对手的竞争机会，影响了正常的商品交易活动，就构成了商业贿赂的主体，依法应受到工商部门查处的主张，缺乏法律依据，本院不予采纳。依照《中华人民共和国行政诉讼法》第 72 条第 2 项之规定，判决如下：

书记员：全体起立。

（法庭所有人员均应起立，书记员坐下继续记录）

审判长：撤销被告常新市工商行政管理局武尚分局 2017 年 12 月 26 日作出的常工商武案字（2017）第 541 号行政处罚决定。本案诉讼费 50 元，由被告常新市工商行政管理局武尚分局负担。如不服本判决，可在判决书送达之日起 15 日内提起上诉，向本院递交上诉状，并按对方当事人的人数提出副本，上诉于湖南省常新市中级人民法院。上述判决，原被告双方是否听清楚了？

原告：听清楚了。

被告：听清楚了。

审判长：今天是口头宣判，本院将在 10 日内将判决书送达给你们。请原被告及代理人在闭庭后到书记员处核对笔录并签字，如果认为笔录有误，有权要求书记员更正。

审判长：现在闭庭。（敲击法槌）

原告代理人：陈××（签名）

被告代理人：毛×× 庞×（签名）

审判人员：田×× 王×× 孔××（签名）

二〇一八年七月十一日

四、常新市网吧协会不服常新市工商行政管理局武尚分局工商行政处罚案模拟审判基本法律文书

（一）行政起诉状

行政起诉状

原告：常新市网吧协会。

法定代表人：杜××。

被告：常新市工商行政管理局武尚分局。

法定代表人：许××。

诉讼请求：依法撤销被告作出的常工商武案字（2017）第541号政处罚决定书；本案诉讼费由被告承担。

事实与理由：

被告于2017年12月26日，对原告作出的常工商武案字（2017）第541号行政处罚决定，无论在事实的认定、还是证据的确认，以及法律适用均存在十分明显的错误，其具体行政行为严重地侵害了原告的合法权益，依法应予撤销。

一、被告的具体行政行为适用法律错误

首先，被告认为原告的行为违反了《中华人民共和国反不正当竞争法》第7条第1款，以及《关于禁止商业贿赂行为的暂行规定》第4条。认定原告属于收受贿赂的商业不正当竞争行为。原告认为：被的这一认定是错误的，是对相关法律、规章的曲解。

第一，《中华人民共和国反不正当竞争法》第2条第2款规定："本法所称的不正当竞争行为，是指经营者在生产经营活动中，违反本法规定，扰乱市场竞争秩序，损害其他经营者或者消费者的合法权益的行为。"这就说明实施不正当竞争行为的主体只能是"经营者"。何谓"经营者"？该法第2条第3款明确指出："本法所称的经营者，是指从事商品生产、经营或者提供服务的自然人、法人和非法人组织。"而原告是经民政部门核准的社会团体法人，被告也同样认定原告"不具备经营资格。"因此，原告不是《中华人民共和国反不正当竞争法》上所称经营者。显然被告对原告实施行政处罚于法无据。

第二，原告收取的费用已如实入账，不属于商业贿赂不正当竞争行为。原告不是经营者，也不是商品销售者。充值卡服务商和操作系统维护服务商的确定，系全体网协会员为维护自身利益共同表决确定的。虽然原告向充值卡服务商和操作系统维护服务商收取了一定的费用，但原告依据《中华人民共和国反不当竞争法》第7条第2款的规定，分毫不差均已入账，有市财政非税局年终检查和发票审验为证。如果是受贿，很难想象会有将受贿的款项如实公开入账。因此，原告根本不存在"在销售或者购买商品时收受或者索取贿赂一说"，更不存在"账外暗中收受回扣的问题。"

其次，如前所述，被告依据《关于禁止商业贿赂行为暂行规定》第9条第1款的规定对原告实施行政处罚是错误的。况且，被告处罚认定，原告所收取的款项中有部分系网络维护保证金，收取保证金后只要没有违反双方约定，条件成就时是要返还对方的，是种担保行为。实际上是种民事合同关系，不应受行政法调整的范畴，而被告却以违法所得予没收，其行为是错上加错。

二、被告的具体行政行为超越职权

原告的收费行为是经全体网吧会员一致通过才实施的，所收费用全部用于网吧会员且无利润。原告作为一个社会团体法人，实施上述行为即便有错，也只应当由原告的登记机关，常新市民间组织管理局依据《社会团体登记管理条例》的规定，对原告实施行政处罚，而不应由被告对原告实施行政处罚。因此，被告的具体行政行为超越了职权范围。

综上所述，原告认为：原告是一个社会团体法人，不是商品（或服务）经营者，更没有实施违反《中华人民共和国反不正当竞争法》和《关于禁止商业贿赂行为暂行规定》的行为，被告的具体行政行为适用法律和规章错误，且超越了职权范围。至此，原告经过反复考虑，决定向你院提起行政诉讼，恳请贵院依法撤销被告作出的错误处罚决定。

此致
武尚区人民法院

具状人：常新市网吧协会

法定代表人：杜××

二〇一八年六月三日

（二）行政答辩状

行政答辩状

原告：常新市网吧协会

法定代表人：杜××

被告：常新市工商行政管理局武尚分局

法定代表人：许××

2018 年 6 月 5 日，被告收到常新市武尚区人民法院（2018）武行初字第 24 号《应诉通知书》及原告《行政诉状》副本。原告向人民法院提出了"撤销被告作出的常工商武案字（2017）第 541 号行政处罚决定书和承担本案诉讼费用"的诉讼请求。对此，依据《中华人民共和国行政诉讼法》的有关规定，针对原告提出的事实与理由，被告作出本答辩意见。

一、不论原告的身份是否属经营者，只要其收取了经营者给付的财物，且由此为该经营者创造了优于其他同业竞争对手的竞争机会，影响了正常的商品交易活动，就构成了商业贿赂的主体之一，即收受贿赂者，依法应受到工商部门查处。

（一）原告的特殊身份，具有影响网吧及其与周边服务商正常商品交易活动的能力。

被告认为，原告是经常新市民间组织管理局登记注册的社会团体法人，其业务范围是宣传党和国家的方针政策、规范服务、文明经营、优质服务。且根据《社会团体登记管理条例》（以下简称《社团条例》）第 4 条规定，其不得从事营利性经营活动。从其宗旨来说，原告的确不是从事营利性活动的经营者，但是，原告不是一般的社会团体，它的业务主管单位是文化局，其秘书长由文化局下属的文化稽查大队副大队长彭满群兼任，财务账目也均由文化局人员代管。被告执法人员依法进行行政调查时，原告负责人总是软拖硬抗，拒不全面提供与本案有关的财务账册，直到对其立案调查三个月后，才勉强提供了部分票据。对于行政执法部门的调查，原告尚且如此强硬，那么对于其协会成员的网吧业主来说，其情形可想而知了。实际在网吧协会运作过程中，持证经营的网吧业主无论是否自愿，都必须加入网吧协会，都必须每年缴纳几百元至数千元不等的会费，且若不顺从原告的有关规定，就可能面临正常经营将受到各种干扰，甚至是执法部门的行政处罚。而网吧选择周边服务商为其正常服务经营，这原本是经营者之间的事情，却由于原告的强行指定而不得不统一服从。这在被告的调查过程中，很多网吧业主都反映了这些内情。

（二）慑于原告对我市网吧市场特殊的影响力，经营者为了获得一定时期稳定的市场利益，被迫向其给付了财物。

正是由于原告这种特殊背景的优势地位，才使得其在我市网吧行业与周边服务商的交易行为中扮演限制公平竞争行为的角色而获利成了可能。事实也正是如此，本案中，网络系统维护商和游戏卡销售商在我市的各网吧多年来一直都是按照市场规则从事经营服务活动，服从优胜劣汰的市场规律。但从2016年起，随着原告强制介入，公平竞争秩序被打乱了。在被告向原告调查情况时，原告法定代表人杜××坦陈，"在为网吧进行网络游戏充值卡提供商方面，网协自2016年起，指定了黄×（X86电脑软体总汇）为网络游戏充值卡的供应商，时间为2016年1月，今年我们又指定了联邦软件公司为供应商。在为网吧安装操作系统的电脑公司方面，我们指定了创信、友盟、盛久三家电脑公司为网吧安装操作系统"。"黄×向网协开始交了8.5万元，后来退了4.5万元，实际交了4万元，另三家电脑公司向网协每家交了1万元"。本案行贿方常新市武尚区X86电脑软体总汇经营者黄×在向调查人员陈述时说"我从2015年开业至今一直是在各个网吧销售网络游戏充值卡，2016年4月份左右，网协秘书长彭满群和会长杜××和我联系说，网协准备指定一家经销商为网吧的唯一服务提供商，要我缴纳比别的经销商多一些费用，以换取一年的经销资格，于是我于4月6日交了8.5万元给秘书长彭满群，后来我觉得交多了，要回了4.5万元，实际上出了4万元获得唯一经销资格"。本案另一行贿方常新市创新电脑经营部负责人曹××说"网协搞指定经销商这种做法是从2016年开始的，在此之前我已经在各有证网吧从事了很长一段时间系统安装工作，在网吧老板中有一定知名度，所以网协就要我给网协交2万元，形成垄断经营。我于5月19日交了2万元，开了1万元的收据给我，名目是网络维护保证金，另外1万元由杜××会长打的借条。同时还有另外两家公司交钱后也取得了一年的维护资格。"

（三）原告收取了经营者贿赂后，为其提供了优于其他同业竞争对手的条件。

收人钱财，替人消灾，为了保障行贿人的垄断地位和经济利益，也更是为了显示自己的权力，原告先后出台了两个规定，从制度上硬性剥夺了其他经营者参与市场公平竞争的资格。在"关于指定 X86 作为常新市网吧经营场所网络游戏充值卡唯一指定销售方的授权委托书"中规定，"1. 书面通知所有会员，明确 X86 在常新市网吧经营场所游戏充值卡业务的唯一代理地位，并协助 X86 完成和所有网吧签订唯一购卡合同；2. 召开全市网吧协会负责人会议，协助 X86 更好地做好网络游戏点卡销售市场；3. 对无正当理由拒绝销售的网吧，由网协负责协调工作直到开始销售，时间不超过 5 个工作日。"同时，原告还将本授权书交由市文化局一份，其借助文化局稽查大队的行政手段影响来保证其措施实行的用心可谓良苦。

（四）原告的身份、行为及因此产生的后果，符合法律法规规定的违法特征，依法应予查处。

由此可见，原告虽不是本案中直接参与经营活动的经营者，但是对接受服务和购买商品的网吧业主享有特殊权力的组织，也是本案不正当竞争行为的发动者、操纵者和获利者。其行为不仅仅是收受贿赂，更是一种赤裸裸的索贿。对此，国家工商总局在对《关于旅行社导游人员接受商场支付"人头费"、"停车费"等费用定性处理的答复》有明确解释：《反不正当竞争法》第 7 条禁止经营者为销售或购买商品而采用财物或其他手段进行贿赂的行为，其实质是禁止经营者以不正当的利益引诱交易，经营者无论将这种利诱给予交易对方单位或个人，还是给予与交易行为密切相关的其他人，也不论给予或收受这种利益是否入账，只要这种利诱行为是以争取交易为目的，且影响了其他经营者开展质量、价格、服务等方面的公平竞争，就构成了《反不正当竞争法》第 7 条禁止的商业贿赂。国家工商总局令第 60 号发布的《关于禁止商业贿赂行为的暂行规定》第 4 条规定：任何单位或者个人在销售或者购买商品时不得收受或者索取贿赂。由此可见，构成商业贿赂的主体可以是经营者，也可以是非经营者，只要存在商业贿赂行为，就应属于《反不正当竞争法》调整，工商部门均可对受贿者和行贿者实施行政处罚。

故被告认为，原告作为本案中不正当竞争行为的发动者、操纵者和获利者，同时也作为商业贿赂行为的受贿者，无论其是否是经营者，都应依法查处。

二、原告在行为上具有在账外暗中收受回扣的事实，应以受贿论处。

原告称：其所收费用已如实入账，且所收取的网络维护保证金在条件成熟时会返还给对方，是一种担保行为。

如前所述，由于原告的特殊优势地位，指定了系统服务商和游戏卡销售商垄断我市网吧市场的经营，并强制网吧业主接受被指定的商家服务，这在客观上具备了行贿与受贿的条件。根据《关于禁止商业贿赂行为的暂行规定》第5条第2款的解释，"回扣"是指"经营者在销售商品时在账外暗中以现金、实物或者其他方式退给对方单位或者个人的一定比例的商品价款"。我们都知道，这里的商品包括服务。本案中，经营者付给原告的回扣，就是经营者获得一年交易机会后，经预测可能获取经济利益的一定比例的收益额。《关于禁止商业贿赂行为的暂行规定》第5条第3款同时解释，"账外暗中"是指"未在依法设立的反映其生产经营活动或者行政事业经费收支的财务账上按照财务会计制度规定明确如实记载，包括不记入财务账、转入其他财务账或者做假账等。"本案中，原告先后于2016年5月19日和6月7日以"网络维护保证金"和"市场维护费"的名义，分别向创新电脑老板曹××和X86老板黄×收取了10 000元和40 000元费用。是出具的是网协秘书长彭满群开出的普通收款收据，号码是NO.0015503、NO.0015505。由于这笔钱是经营者取得经营垄断资格后送给原告的回扣，原告原本不打算列为事业性收费科目，更不会以所谓"保证金"名义退回经营者（事实上直到今天也没有退回去）。直到2017年11月8日，原告才向被告执法人员提供了以"社会团体会费收据"开具的上述两笔费用票据，但至今两经营者未领到该票据。由于这两笔费用并不是收取的会费，两经营业主也不是网协会员，所以很明显原告在迫不得已又不愿退钱的情况下，将收受的回扣虚假列为会员会费收入，是标准的做假账的行为。故原告辩称"原告所收保证金会在条件成熟时返还对方，是一种担保行为"，完全与事实相悖，纯属无稽之谈，也不能自圆其说。

由此被告认为，原告具有账外暗中收受回扣的事实，并且为逃避制裁而做假账，应以受贿论处。

三、被告对原告的行政处罚是法律赋予的行政权力和职责。

原告称，被告的具体行政行为超越职权，应该由其登记主管机关常新市民间组织管理局处罚。

通过前文阐述，被告认为原告在身份上为本案中收受商业贿赂的主体，在行为上具有账外暗中收受贿赂的事实。其违法行为的本质就是从事了商业贿赂的不正当竞争行为。根据《社团条例》第6条第3款规定："法律、行政法规对社会团体的监督管理另有规定的，依照有关法律、行政法规的规定执行。"第34条规定："社会团体的活动违反其他法律法规的，由有关国家机关依法处理。"《反不正当竞争法》第3条第2款规定："国务院建立反不正当竞争工作协调机制，研究决定反不正当竞争重大政策，协调处理维护市场竞争秩序的重大问题。"《关于禁止商业贿赂行为的暂行规定》第10条规定："商业贿赂行为由县级以上工商行政管理机关监督检查。工商行政管理机关在监督检查商业贿赂行为时，可以对行贿行为和受贿行为一并予以调查处理。"第9条规定，经营者违反本规定以行贿手段销售或者购买商品的，由工商行政管理机关依照《反不正当竞争法》第19条的规定处罚。由此可见，被告并不是如原告所称的"超越职权"行政，而恰恰是在法律赋予的权利下依法依规行政。

四、原告屡屡利用优势地位进行不正当竞争行为，应予严肃处罚。

本案中，原告打破网吧周边服务商多年来对网吧业主有序的服务规律，强制收取"进门费"，否则禁止其合理合法的公平竞争经营。可以说原告才是我市网吧行业不正当竞争行为的始作俑者。而作为行贿方的经营者来说，他们既要为其行贿行为承担法律责任，又要承受垄断经营的社会压力，还需为支付高额回扣而承担因成本增加的经营风险，得不偿失。从某种意义上说，他们还是受害者，是原告利用强势地位，制定不公平竞争规则的牺牲品。正是由于原告的特殊优势，才有了其与"X86"经营者的委托书的出台，在收取对方4万元市场维护费后，"指定X86作为常新市网吧（包含常新市城区、鼎城、德山）经营场所网络游戏充值卡唯一销售商"，并"对无正当理由拒绝销售的网吧，由网协负责协调工作直到开始销售，时间不超过 5 个工作日"。也正是由于原告的特殊权力，才有了创信电脑等三个经营者在分别交纳 1 万元保证金后，才能被确定其系统维护商资格，并出台了延时处理故障即扣除部分押金的霸王条款。更重要的是，正是由于原告的不正当竞争行为，导致我市网吧行业公平竞争的秩序被破坏，行贿者成本的增加必会导致服务质量与服务价格的比例失衡，最终导致消费者权益受到侵犯和践踏。无独有偶，就在被告执法人员调查期间的 2017 年 8 月底，原告竟然利用其特殊权力，书面通知所有网吧业主，统一上调了消费者上网费用，由 2 元/小时上调至 2.5 元/小时，此举引起了广大消费者和网吧业主的强烈不满，引来众多网民的口诛笔伐。我市物价局经调查，认定网协的行为属于"经营者相互串通，操纵市场价格，损害其他经营者或者消费者的合法权益"的不正当价格违法行为，责令原告立即停止上调消费者上网费用的违法行为。

原告近年来的种种不正当竞争行为，又岂能因其辩称"原告的收费行为是经全体网吧会员一致通过才实施的"而推脱责任，摆脱干系，其苍白而无知的辩词，也实在可笑之极。在此，鉴于原告屡屡从事违法行为，被告建议人民法院发出司法建议函，建议其登记主管机关暂停其业务活动，业务主管单位和审计部门、检察机关查处其违纪违法行为。

综上所述，被告认为原告的行为违反了自愿、平等、公平的商业道德，损害了其他经营者的合法权益，扰乱了社会经济秩序。被告依据《反不正当竞争法》和《暂行规定》的有关规定，对其收受商业贿赂的不正当竞争行为作出没收违法所得 5 万元，并处罚款 10 万元的行政处罚，事实清楚，证据确凿，适用法律正确，程序合法，定性准确，过罚相当，原告的诉称事实与理由均不能成立。

望人民法院依法作出正确判决，驳回原告的诉讼请求，维持被告对原告作出的常工商武案字（2017）第 541 号行政处罚决定。

此致

常新市武尚区人民法院

答辩人：常新市工商行政管理局武尚分局
二〇一八年六月十三日

（三）行政判决书

湖南省常新市武尚区人民法院
行政判决书

（2018）武行初字第 24 号

原告：常新市网吧协会。住所地：常新市文化局。

法定代理人：杜××，该会会长。

委托代理人：陈爱华，湖南中大律师事务所律师。系一般授权代理。

被告：常新市工商行政管理局武尚分局。住所地：常新市武尚区茉莉村。

法定代表人：许××，局长。

委托代理人：毛××，该局公务员。系特别授权代理。

委托代理人：庞×，该局公务员。系一般授权代理。

原告常新市网吧协会不服被告常新市工商行政管理局武尚分局工商行政处罚，于 2018 年 6 月 3 日向本院提起行政诉讼，本院于 2018 年 6 月 4 日受理后，于 2018 年 6 月 5 日向被告送达了起诉状副本及应诉通知书。本院依法组成合议庭，于 2018 年 7 月 11 日公开开庭审理了本案。原告常新市网吧协会的法定代表人杜××、委托代理人陈爱华、被告常新市工商行政管理局武尚分局的委托代理人毛××、庞×到庭参加诉讼。本案现已审理终结。

被告常新市工商行政管理局武尚分局于 2017 年 12 月 26 日对原告作出常工商武案字（2017）第 541 号行政处罚决定，该决定认定：常新市网吧协会自 2016 年开始，利用行业协会优势，指定服务商在向其缴纳一定费用后，便可为常新市城区有关网吧经营者提供操作系统维护和网吧经营场所网络游戏充值卡的服务，服务有效期一年，加入常新市网吧协会的 167 家网吧不得和未经指定的服务商从事经营行为。为此，充值卡服务商黄×（店名简称 X86）、操作系统维护服务商常新市武尚区创信电脑为了获得服务交易机会，分别向常新市网吧协会缴纳了 40 000 元和 10 000 元费用，从而获得了在相关领域内的唯一指定服务商地位。常新市网吧协会收取 50 000 元款项后，为上述服务商开具了网络维护保证金、市场维护费等名目的收据，同时，以常新市网吧协会名义通知所有会员予以确认上述服务商的唯一经营地位。该局认为，常新市网吧协会为常新市民间组织管理局核准的社会团体法人，经营范围仅限于宣传党和国家的方针政策、规范管理、文明经营、优质服务等，即为常新市网吧提供政策服务和维护网吧正当权益，不具备向网吧以外的业主收取任何费用的经营资格，更不能依靠行业协会的优势地位指定服务商，限制和禁止常新市网吧协会的会员自主选择服务商的权利。该局认为常新市网吧协会的行为已违反了《中华人民共和国反不正当竞争法》第7条第1款、《关于禁止商业贿赂行为的暂行规定》第4条之规定。该局遂依据《关于禁止商业贿赂行为的暂行规定》第9条第1款之规定，决定：①责令当事人立即改正上述违法行为；②没收违法所得50 000元，并处罚款100 000元。被告常新市工商行政管理局武尚分局于2018年6月13日向本院提供了作出被诉具体行政行为的证据、依据：

1. 主体权限方面：

（1）《中华人民共和国反不正当竞争法》第3条。

（2）《关于禁止商业贿赂行为的暂行规定》第10条；以上旨在证明其具有作出被诉具体行政行为的法定职权。

2. 程序方面：

（1）常工商武案字（2017）第541号《行政处罚决定书》及送达回证。

（2）常工商武案告字（2017）第541号《听证告知书》及送达回证。

（3）案件调查终结报告。

（4）案件处罚审批表。

（5）案件立案审批表。

以上旨在证明其作出被诉具体行政行为的程序合法。

3. 事实方面：

（1）常新市网吧协会2016年4月6日收取黄×现金85 000元的收条，旨在证明原告以"合作金"名义收取了X86的现金。

（2）常新市网吧协会2016年6月7日收取黄×现金40 000元的收款收据，旨在证明原告将收取的85000元退还了45 000元后，以"市场维护费"名义，向黄×出具了收据。

（3）原告 2016 年 12 月 5 日收取黄 × 40 000 元的社会团体会费收据，旨在证明原告做假账。

（4）原告于 2016 年 5 月 19 日收取常新市武尚区创信电脑曹 × × 10 000 元的收款收据，旨在证明原告以"网络维护保证金"的名义收取了贿赂。

（5）原告收取曹 × × 10 000 元"社会团体会费收据"，旨在证明原告做假账。

（6）原告与常新市武尚区 X86 电脑软体总汇签订的《关于指定 X86 作为常新市网吧经营场所网络游戏充值卡唯一销售商的授权委托书》，旨在证明原告在收取 X86 的商业贿赂后，以书面形式规定了 X86 的特殊经营地位。

（7）原告常新市网吧协会对市城区各网吧经营户的通知，旨在证明原告在收取创信电脑曹 × × 等三家经营者商业贿赂后，确定其具有系统维护商资格的通知，保证行贿者用商业贿赂手段换取的利益。

（8）对原告法定代表人杜 × × 的询问笔录，旨在证明原告收取商业贿赂的经过。

（9）对行贿人黄 × 的询问笔录，旨在证明行贿的经过。

（10）对行贿人创信电脑曹 × × 的询问笔录，旨在证明行贿经过。

（11）原告常新市网吧协会《社会团体法人登记证书》，旨在证明原告是由常新市民间组织管理局登记注册的社会团体法人，以及其业务范围。

（12）行贿人黄 × 的身份证复印件及其弟李世华的工商注册登记资料。

（13）行贿人曹 × × 的工商登记资料；以上 1~13 项证据旨在证明其作出被诉具体行政行为认定的事实清楚。

4. 法律适用方面：

(1)《中华人民共和国反不正当竞争法》第 7 条第 1 款。

(2)《关于禁止商业贿赂行为的暂行规定》第 4 条、第 9 条第 1 款。

(3) 国家工商行政管理局工商公字［1999］第 170 号《关于旅行社或导游人员接受商场支付的"人头费"、"停车费"等费用定性处理的答复》，以上旨在证明其作出被诉具体行政行为适用法律正确。

原告常新市网吧协会诉称，被告常新市工商行政管理局武尚分局作出的常工商武案字（2017）第 541 号行政处罚决定，无论在事实的认定，还是证据的确认，以及法律适用方面均存在十分明显的错误，其具体行政行为侵害了原告的合法权益，依法应予撤销。理由如下：

1. 被告的具体行政行为适用法律错误。

（1）原告是经民政部门核准的社会团体法人，不是《中华人民共和国反不正当竞争法》所规定的经营者，被告对我协会实施行政处罚于法无据。

（2）原告收取的费用已如实入账，不属于商业贿赂不正当竞争行为；原告不是经营者，也不是商品销售者，充值卡服务商和操作系统维护服务商的确定，系全体网协会员为维护自身利益共同表决确定的。虽然原告收取了一定的费用，但是均已如实入账；不存在"在销售或购买商品时收受或索取贿赂"，更不存在"账外暗中收取回扣"问题。

2. 被告的具体行政行为超越职权。原告的收费行为是经全体网吧会员一致通过才实施的，所收费用全部用于网协会员且无利润。原告作为一个社会团体法人，实施上述行为即便有错，也应由原告的登记机关，即常新市民间组织管理局依照《社会团体登记管理条例》的规定实施处罚。故请求依法撤销被告作出的常工商武案字（2017）第541号行政处罚决定。原告提供了如下证据证明其主张：

（1）原告收取创信公司曹××10 000元的"社会团体会费收据"，旨在证明收取的费用已如实入账。

（2）收取黄×（X86）折扣款40 000元的"社会团体会费收据"，旨在证明收取的费用已如实入账。

（3）湖南省非税收入票据购领证，购领证号054，旨在证明购领的非税票据已通过年检并已核销。

（4）《网吧系统软件情况调查表》若干份，旨在证明统一指定系统维护商是经全体网吧业主同意的。

（5）网吧业主的领款明细表，旨在证明收取的款项已发给各位业主。

（6）证人丁×、肖××、王×的证言，旨在证明原告向网络维护商和充值卡供应商收取的费用已发还给各网吧业主。

（7）国家工商行政管理局令第58号《工商行政管理机关行政处罚程序暂行规定》，旨在证明被告办案人员在调查案件时只出示了执法身份证件，而未出示县级以上工商行政管理部门的证明文件，违反了该规定。

（8）《常新市工商行政管理局武尚分局执法办案暂行规定》。

（9）《常新市工商行政管理局武尚分局执法办案补充规定》，以上两项旨在证明被告的办案期限超过了规定的90日。

被告常新市工商行政管理局武尚分局辩称：①不论原告的身份是否属于经营者，只要其收取了经营者给付的财物，且由此为该经营者创造了优于其他同业竞争对手的竞争机会，影响了正常的商品交易活动，就构成了商业贿赂的主体，依法应受到工商部门查处；②原告在行为上具有在账外暗中收受回扣的事实，应以受贿论处；③被告对原告的行政处罚是法律赋予的行政权力和职责；④原告屡屡利用行业优势地位进行不正当竞争行为，应予严肃处罚。请求驳回原告的诉讼请求，维持常工商武案字（2017）第541号行政处罚决定。

经庭审质证，本院对以下证据作如下确认：

1. 对于被告提交的证据，原告对第一、二组无异议，但是认为被告的办案期限超过了规定的90日，且未出示县级以上工商行政管理部门的证明文件，违反了程序规定；合议庭经评议认为，办案期限只是常新市工商行政管理局以及被告的内部规定，没有法律或规章对办案期限作出明确规定；被告在向原告调查时出示了介绍信，对原告的异议不予采纳。对以上二组证据本院予以认定，可以作为本案的定案依据；原告对第三组证据中的第3、5、6、7、11、12、13项无异议，对第1、2、4项的真实性无异议，但是认为此后已另行开具了正式收据，这三份收据与本案无关；对第8项证据的真实性无异议，但是认为被告办案人员在调查时未出示县级以上工商行政管理部门的证明文件，违反了程序规定；对第9、10项证据提出异议，认为系证人证言，证人应出庭作证，因此不予认可；合议庭经评议认为，第1、2、4项证据，系原告开具的，原告的辩解主张不成立；被告在向原告调查时已出具了证明文件；第9、10项系被告向案外人的调查、询问笔录，不是证人证言，因此，对原告提出的异议不予采纳；对以上证据本院予以认定，可以作为本案的定案依据；对于第四组证据，原告对其真实性无异议，但是认为被告适用法律错误。合议庭经评议认为，被告适用法律是否错误不影响法律的客观性。对该组证据本院予以认定，可以作为本案的定案依据。

2. 对于原告提交的证据，被告对第1、2、3项的真实性无异议，但是认为这三份证据表明原告是不想入账的，是面临调查才作出的；对第4项的真实性无异议，但是认为不能证明原告的主张；对第5项无异议，对第7、8、9项证据的真实性无异议，但是认为其已按规定出具了介绍信；因本案案情复杂，已按规定报上一级工商部门批准，因此并未违反程序规定；对第6项证据，原告未当庭举证，但是申请三证人出庭作证（仅王×出庭作证），因被告对第5项证据无异议，原告当庭撤回了要求证人丁×、肖××出庭作证的申请，对于证人王×出庭作证，被告无异议，但是对其是否是网吧业主提出异议；合议庭经评议认为，第1、2、3项证据，原告是在2016年12月5日开具的，且这两份收据在2017年2月5日已核销，而被告对原告立案调查是在2017年8月，被告称原告是在面临调查时才开具收据的主张与客观事实不符；对于第4项证据，可以证明原告曾向各网吧业主就网吧系统情况进行过调查，并就是否统一指定系统软件供应商向各业主征求意见，被告认为该证据不能证明原告的主张与客观事实不符；对第8、9项证据，系被告以及其上级部门的内部规定；对第6项证据，因原告未当庭举证，本院不予认定；对于证人王×的证言，因被告对第5项无异议，王×在庭后向本院提交了合伙协议证明其是天忆网吧的合伙人，经质证，被告认为天亿网吧在工商机关登记的是个体工商户而非合伙企业，其证言也只能证明原告没有受贿，只能证明原告将钱发还给网吧。对证人王×的证言本院不予采信；综上所述，对于原告提交的第1、2、3、4、5、7项证据本院予以认定，可以作为本案的定案依据；对于第6、8、9项证据及证人王×的证言不予采信。

经审理查明，原告常新市网吧协会系常新市民间组织管理局登记注册的社会团体法人，其业务范围是：宣传党和国家方针、政策、规范管理、文明经营、优质服务。业务主管单位是常新市文化局。原告为便于管理，向常新市网吧协会的会员单位广泛征求意见后，决定对系统软件供应商和网络游戏充值卡供应商进行指定，以便提供更优质的服务。经与供应商协商，原告常新市网吧协会于2016年4月6日收取了网络游戏充值卡供应商常新市武尚区X86电脑软体总汇（以下简称X86）85 000元，作为市场维护费，并出具了收条。2016 年 6 月 7 日，原告与 X86 签订了《关于指定 X86 为常新市网吧经营场所网络游戏充值卡唯一销售的授权委托书》，明确了其为常新市网络经营场所网络游戏充值卡唯一经销商地位，收取 X86 市场维护费 40 000 元（系此前收取的 85 000 元，退还了 45 000 元），并于同日出具了收款收据。2016 年 12 月 5 日原告常新市网吧协会将此款转为社会团体会费，并开具了社会团体会费收据。此外，原告常新市网吧协会于 2016 年 5 月 18 日与常新市武尚区创信电脑（以下简称创信电脑）等单位签订了协议，并通知城区各网吧经营户，确定了这三家单位为城区网吧系统维护商，并约定收取这三家单位一定数量的保证金，今后凡是这三家做系统维护有任何问题均可向网吧协会反映，原告将扣除一定数量的押金。2016 年 5 月 19 日，原告常新市网吧协会收取了创信电脑网络维护保证金 10 000 元，并出具了收款收据，2016 年 12 月 5 日，原告将此款转为社会团体会费，并开具了收据。另查明，原告常新市网吧协会陆续向各网吧业主返还了回扣款。2017 年 8 月 5 日，被告常新市工商行政管理武尚分局以原告无照从事经营行为，同时在经营过程中有商业贿赂行为立案查处，经调查，该局认为，常新市网吧协会为常新市民间组织管理局核准的社会团体法人，经营范围仅限于宣传党和国家的方针政策、规范管理、文明经营、优质服务等，即为常新市网吧提供政策服务和维护网吧正当权益，不具备向网吧以外的业主收取任何费用的经营资格，更不能依靠行业协会的优势地位指定服务商，限制和禁止常新市网吧协会的会员自主选择服务商的权利。该局认为常新市网吧协会的行为已违反了《中华人民共和国反不正当竞争法》第 7 条第 1 款、《关于禁止商业贿赂行为的暂行规定》第 4 条之规定，遂于 2017 年 12 月 26 日作出常工商武案字（2017）第 541 号行政处罚决定。原告不服，向常新市工商行政管理局申请行政复议，常新市工商行政管理局于 2018 年 5 月 21 日作出常工商行复字［2018］第 05 号行政复议决定，维持了被告作出的具体行政行为，原告仍不服，遂诉至本院，提出前列诉讼请求。

本院认为，原告常新市工商行政管理局武尚分局作为工商行政管理部门，具有对本辖区范围内的不正当竞争行为进行监督检查的法定职权。《中华人民共和国反不正当竞争法》第 2 条第 2 款规定："本法所称的不正当竞争行为，是指经营者在生产经营活动中，违反本法规定，扰乱市场竞争秩序，损害其他经营者或者消费者的合法权益的行为。"该法第 2 条第 3 款规定："本法所称的经营者，是指从事商品生产、经营或者提供服务的自然人、法人和非法人组织。"而原告常新市网吧协会是在常新市民间组织管理局登记注册的社会团体法人，其业务范围是：宣传党和国家方针、政策、规范管理、文明经营、优质服务，其业务主管单位是常新市文化局，原告并不是《中华人民共和国反不正当竞争法》所定义的经营者。《关于禁止商业贿赂行为的暂行规定》第 4 条规定："任何单位或个人有销售或购买商品时不得收受或者索取贿赂。"第 9 条第 1 款规定，经营者违反本规定以行贿手段销售或者购买商品的，由工商行政管理机关依照《反不正当竞争法》第 19 条的规定处罚。而本案中，原告常新市网吧协会既不是经营者，也并未销售或者购买商品。因此，被告常新市工商行政管理局武尚分局依照《中华人民共和国反不正当竞争法》和《关于禁止商业贿赂行为的暂行规定》对原告进行处罚超越了法定职权。据此，对原告要求撤销常工商武案字（2017）第 541 号行政处罚决定的诉讼请求本院予以支持；对被告认为不论原告的身份是否属经营者，只要其收取了经营者给付的财物，且由此为该经营者创造了优于其他同业竞争对手的竞争机会，影响了正常的商品交易活动，就构成了商业贿赂的主体，依法应受到工商部门查处的主张，缺乏法律依据，本院不予采纳。依照《中华人民共和国行政诉讼法》第七十条第（二）项之规定，判决如下：

撤销被告常新市工商行政管理局武尚分局 2017 年 12 月 26 日作出的常工商武案字（2017）第 541 号行政处罚决定。

本案诉讼费 50 元，由被告常新市工商行政管理局武尚分局负担。

如不服本判决，可在判决书送达之日起十五日内提起上诉，向本院递交上诉状，并按对方当事人的人数提出副本，上诉于湖南省常新市中级人民法院。

审判长　　田××

审判员　　王××

审判员　　孔××

二〇一八年八月十九日

代理书记员　　代××

五、案件简要评析

这是一起因不服工商行政管理处罚而提起的诉讼，当事人对本案的案件事实没有重要分歧，主要的争议焦点是围绕定性的：一是，常新市网吧协会以行业协会的身份为协会成员指定操作系统维护和网络游戏充值卡的服务商，并向服务商收取一定费用的行为是否构成商业贿赂；二是，常新市网吧协会的行为如果违法，是否属于工商行政的管理范畴。对此，双方形成了针锋相对的意见。法庭在审理和合议后，是以原告的主体身份不符合《反不正当竞争法》所界定的主体而撤销工商的行政处罚的，没有对上述争点作出正面回应。这主要是基于行政审判的特点，行政审判是对被告的具体行政行为进行合法性审查，主要包括四个方面：行政管理职权、认定的事实和证据、执法程序、适用法律，在审查中只要认定其中任何一点存在缺陷，即可构成撤销的理由。在本案中，常新市网吧协会是一个有文化部门主管的民间社团法人，是非营利性的组织，当然不构成《反不正当竞争法》所界定的经营者，那么工商部门以《反不正当竞争法》认定原告的行为构成商业贿赂就不成立，因此就可以以此撤销其行政处罚。

尽管如此，笔者认为，同学们在进行模拟审判时仍然可以尝试对当事人争议焦点进行更深入的探讨，如原告的法定身份虽然不是经营者，但其为协会成员指定服务商的行为到底应当怎样认识？是否构成指定购买商品？服务是否也是一种商品？等等。再如，原告收取服务商的费用已开具了正式的收费收据，他们的行为到底是一种做假账的行为还是违反价格管理的行为或者就是合法的行为？这个问题是很重要的，它直接牵涉到行为的定性，如果是做假账的行为，就可能涉嫌工商违法，如果是超越范围收费，就是价格违法，如果是正当收费，就是合法行为。总之，希望同学们在模拟审判的过程中不必拘泥于法院的审判结果，大胆进行探讨，提高自己的行政审判水平。

六、附证据材料

（一）被告证据材料

1. 被告证据材料一：《中华人民共和国反不正当竞争法》（略）。

2. 被告证据材料二：《关于禁止商业贿赂行为的暂行规定》（中华人民共和国国家工商行政管理局第 60 号令 1996 年 11 月 15 日）（略）。

3. 被告证据材料三：常新市工商行政管理局武尚分局行政处罚决定书：关于对常新市网吧协会收受贿赂的商业贿赂行为的处罚决定（略）。

4. 被告证据材料四：常新市工商行政管理局武尚分局送达回证（略）。

5. 被告证据材料五：常新市工商行政管理局武尚分局听证告知书（略）。

6. 被告证据材料六：常新市工商行政管理局武尚分局送达回证（略）。

7. 被告证据材料七：关于对常新市网吧协会收取商业贿赂行为的调查终结报告（略）。

8. 被告证据材料八：常新市工商行政管理局武尚分局行政处罚决定审批表（略）。

9. 被告证据材料九：常新市工商行政管理局武尚分局立案审批表（略）。

10. 被告证据材料十：社会团体会费收据（略）。

11. 被告证据材料十一：收款收据（略）。

12. 被告证据材料十二：杜××借据（略）。

13. 被告证据材料十三：社会团体会费收据（略）。

14. 被告证据材料十四：授权委托书：关于指定 X86 作为常新市网吧经营场所网络游戏充值卡唯一销售商的授权委托书（略）。

15. 被告证据材料十五：常新市工商行政管理局询问（调查）笔录：被询问（调查）人杜×× 询问（调查）笔录；被询问（调查）人黄 × 询问（调查）笔录；被询问（调查）人曹×× 询问（调查）笔录（略）。

16. 被告证据材料十六：社会团体法人登记证书（副本）（略）。

17. 被告证据材料十七：黄 × 的身份证复印件及其弟李世华的工商注册登记资料；曹×× 的工商登记资料。

（以上两类证据因与本案关联性不大，且身份证复印件不宜制作，故请同学们模拟审判时用空白纸张代替。）

（二）原告证据材料

1. 原告证据材料一：社会团体会费收据（略）。

2. 原告证据材料二：社会团体会费收据（略）。

3. 原告证据材料三：社会团体会费收据（略）。

4. 原告证据材料四：网吧系统软件情况调查表（略）。

5. 原告证据材料五：网吧业主领款明细表（略）。

（因该表内容很杂，故未录入，该明细表可以证明业主领款情况，领款时间为 2008 年 1 月 5 日同学们模拟审判时可用空白纸张代替。）

6. 原告证据材料六：调查笔录：被调查人姚安调查笔录；被调查人肖文调查　笔录；被调查人王×调查笔录（略）。

7. 原告证据材料七：《工商行政管理机关行政处罚程序暂行规定》（略）。

参考文献

一、著作类

1. 应松年、姜明安、马怀德主编：《行政法与行政诉讼法学》，高等教育出版社 2017 年版。

2. 叶必丰主编：《行政法与行政诉讼法学》（第 4 版），中国人民大学出版社 2016 年版。

3. 《行政法与行政诉讼法学》编写组：《行政法与行政诉讼法学》，高等教育出版社 2016 年版。

4. 胡建淼、江利红主编：《行政法学》（第 3 版），中国人民大学出版社 2015 年版。

5. 张树义、张力主编：《行政法与行政诉讼法学》，高等教育出版社 2015 年版。

6. 宋朝武、汤维健、李浩主编：《民事诉讼法学》，高等教育出版社 2017 年版。

7. 梁慧星主编：《民法总论》（第 5 版），法律出版社 2017 年版。

8. 张卫平主编：《民事诉讼法》（第 4 版），法律出版社 2016 年版。

9. 江伟主编：《民事诉讼法》（第 5 版），高等教育出版社 2016 年版。

10. 王利民、杨立新主编：《民法学》（第 4 版），法律出版社 2015 年版。

11. 张明楷主编：《刑法学》（第 5 版·上下册），法律出版社 2016 年版。

12. 《刑事诉讼法学》编写组：《刑事诉讼法学》，高等教育出版社 2017 年版。

13. 陈卫东主编：《刑事诉讼法学》，高等教育出版社 2017 年版。

14. 龙宗智、杨建广主编：《刑事诉讼法学》，高等教育出版社 2016 年版。

15. ［美］约翰·奈斯比特：《大趋势——改变我们生活的十个新方向》，梅艳译，新华出版社 1984 年版。

16. 衢葆奎：《国际教育展望》（教育学文集第 25 卷），人民教育出版社 1993 年版。

17. ［美］阿尔文·托夫勒、海蒂·托夫勒：《创造一个新的文明》，陈峰译，三联书店上海分店 1996 年版。

18. 堺屋太一：《知识价值革命》，东方出版社 1986 年版。

19. 马怀德主编：《行政诉讼法学》（第 2 版），中国人民大学出版社 2015 年版。

20. 李丽峰：《刑、民诉讼证明制度比较研究》，法律出版社 2016 年版。

21. 李红、薛少峰编著:《律师公证实训教程》,法律出版社 2018 年版。

22. 何海波:《行政诉讼法》(第 2 版),法律出版社 2016 年版。

23. 王跃:《刑事诉讼中的鉴定意见质证制度研究》,法律出版社 2017 年版。

24. 最高人民法院审判管理办公室编:《最高人民法院优秀裁判文书》(第 2 辑),法律出版社 2014 年版。

25. 法律出版社法规中心编:《民事诉讼常见法律问题及疑难解决法条速查与文书范本》,法律出版社 2013 年版。

26. 刘潇潇主编:《WTO 与应用型法律人才模式研究》,当代中国出版社 2005 年版。

27. 杨贝主编:《法律方法案例教程》,高等教育出版社 2015 年版。

28. 陈学权主编:《模拟法庭实验教程》(第 2 版),高等教育出版社 2016 年版。

29. 杨立新主编:《民法案例分析教程》(第 3 版),中国人民大学出版社 2014 年版。

二、论文类

1. 刘潇潇:"论高校模拟审判教学模式的建构",载《经济与社会发展》2010 年第 1 期。

2. 刘潇潇:"论高校模拟法庭实践课教学过程的特点",载《理论探讨》2009 年第 6 期。

3. 刘潇潇、郭晶梅:"论地方高校法科学生素质结构的建构",载《黑龙江教育学院学报》2002 年第 5 期。

4. 刘潇潇:"论地方高校法科学生能力素质及其培养",载《职业时空》2010 年第 3 期。

5. 刘潇潇:"论高校法律应用型人才培养的环境",载《现代教学研究》2007 年第 5 期。

6. 刘潇潇:"论地方高校法学综合实训教学体系的建构",载《法制与社会》2010 年第 5 期。

7. 刘潇潇:"模拟审判:培养高校法科学生能力素质的有效途径",载《产业与科技论坛》2010 年第 2 期。

8. 刘潇潇:"论高校法理学课程教学中启发式教学法的运用",载《法制与经济(下旬刊)》2010 年第 3 期。

9. 于洋:"明显不当审查标准的内涵与适用——以《行政诉讼法》第 70 条第(六)项为核心",载《诉讼法学、司法制度》(人大复印报刊资料)2018 年第 3 期。

后　记

　　本教材系国家大学生文化素质教育基地规划教材与地方高等院校法学专业转型、培养应用型法律人才的实践教学教材，是湖南省教育厅教改课题《地方高校"一体两翼"卓越法律人才培养模式理论与实践研究》的部分成果，也是湖南文理学院与常德市武陵区人民法院实施院校共建、产学研相结合的成果，本教材凝聚了理论与司法实务界的共同研究成果。多年来，常德市武陵区人民法院一直是湖南文理学院的优秀实习基地，特别是自2003年以来，常德市武陵区人民法院和湖南文理学院法学院就模拟审判问题进行了诸多研究与探索。本教材从组织到编写，既有湖南文理学院的教授老师多年法学教育特别是开展模拟审判研究的成果，也有常德市武陵区人民法院一批资深法官长期司法实践的积累与心得。无疑，本教材对模拟审判这一实践课程的教学，具有实务性、理论性、指导性、工具性价值。

　　本教材是集体合作的结果，编写指导思想和写作大纲由主编拟定，在编写工作会议上进行了比较充分而深入的讨论，根据会议讨论成果和教材内在逻辑，主编对大纲进行了多次修改与完善。常德市武陵区人民法院院长彭家明对本书的提纲和重要观点的确定给予具体指导，并对部分章节予以修改审定。

　　本教材撰写的具体分工如下（按编写章节先后排序）：

　　刘潇潇（湖南文理学院法学院院长、教授）：第一章

　　郭晶梅（湖南文理学院法学院副教授）：第二章

　　王　翀（湖南文理学院法学院博士）：第二章

　　高英明（常德市鼎城区人民法院刑事庭原庭长）：第三、四章

　　单　亮（常德市武陵区人民法院审判管理办公室副主任，二级法官）：第

五章

樊安红（湖南文理学院法学院副教授，兼职律师）：第六章

刘宇学（常德市中级人民法院民一庭副庭长，二级法官）：第七章

胡振华（常德市武陵区人民法院民二庭副庭长，二级法官）：第八章

胡祥彪（常德市武陵区人民法院民三庭副庭长，二级法官）：第八章

杨　成（原湖南文理学院法学院副教授，现为昆明理工大学法学院副教授，兼职律师）：第九、十章

周朝辉（常德市武陵区人民法院党组成员，四级法官）：第八、十一章

在本教材的编写过程中，湖南文理学院院长龙献忠教授、教务处处长郭杰荣教授以及湖南文理学院芙蓉学院院长廖德刚教授、党总支书记叶育新副教授对本书稿的体例结构和内容编排，提出了许多宝贵的意见。在此一并表示衷心的感谢。

需要说明的是，在研究和写作的过程中，借鉴参考和利用了我国学术界的有关研究成果，书中所列主要参考文献未能全面周到，敬祈方家海涵。

刘潇潇

2018 年 5 月 20 日

于白马湖畔